德国联邦法院典型判例研究丛书

德国联邦最高法院典型判例研究

家庭法篇

WANG Baoshi | 王葆莳◎著

法律出版社
LAW PRESS·CHINA

丛书学术委员会

总　序

方小敏*　邵建东**

进入新世纪，随着我国立法工作的不断推进和法律体系的基本形成，加强和完善法律实施对于法治国家建设的重要意义与日俱增。为此，我们希望发挥南京大学-哥廷根大学中德法学研究所多年来在德国法领域的学术积累和人才培养优势，除了把德国的法律、法学专业论文、法学专著翻译引入中国，也很有必要将德国法律实施的情况介绍给中国法律人。裁判文书作为司法活动的重要载体，直接展示司法过程，体现司法结果，阐明法律事实的认定和法律适用的逻辑，是法律实施的重要呈现。中国和德国同属大陆法系国家，德国最高法院的裁判活动对中国的司法实践应当具有更强的亲和性。①而在我国当前深化司法改革的背景下，法院的裁判

* 方小敏，女，江苏无锡人，德国哥廷根大学法学博士，南京大学法学院暨中德法学研究所教授。

** 邵建东，男，江苏常熟人，德国哥廷根大学法学博士，南京大学法学院暨中德法学研究所教授。

① 参见苏力：《道路通向城市——转型中国的法治》，法律出版社2004年版，第219~221页。

文书在体现司法核心价值、推进司法公开、树立司法权威、提升司法公信力方面扮演着特别重要的角色。为此,2004 年南京大学中德法学研究所成立 15 周年之际正式启动的“德国联邦法院典型判例研究丛书”,在今天具有了更大的价值和意义。

我们设想的是一个覆盖法学全领域的、系统的翻译和研究项目。为了尽快有效地展开工作,判例研究丛书第一批五卷《民法总则》、《合同法》、《侵权法》、《物权法》和《公司法》主要由南京大学中德法学研究所成员担纲,集中对德国联邦最高法院(Bundesgerichtshof, BGH,又译为“联邦普通法院”)的民商事判例进行介绍和研究,由南京大学出版社出版。2011 年,我们开始在全国范围内约请作者承担“德国联邦法院典型判例研究丛书”第二批项目。第二批项目扩展至包括联邦宪法法院(Bundesverfassungsgericht, BVerfG)、联邦最高法院、联邦行政法院(Bundesverwaltungsgericht, BVerwG)、联邦财税法院(Bundesfinanzhof, BFH)、联邦劳动法院(Bundesarbeitsgericht, BAG)和联邦社会法院(Bundessozialgericht, BSG)在内的所有联邦法院的典型判例研究。这是一个开放性的研究项目,目前已经展开研究工作的有十多卷书,涉及宪法、劳动法、国际私法、民事诉讼法、破产法、家事法、竞争法等法域,后续还会有行政法、刑法、知识产权法等重要法域的项目研究成果不断跟进。

丛书通过将德国联邦法院系统的典型判例全文翻译,原样呈现德国法律实施的真实情况;并通过对这些判例主要从法律史、法体系和法比较角度进行分析和评价,对判例的实体意义和风格精神进行系统的概括和研究。每本单独成卷的判例研究作品以某一法域如“国际私法”,或某一法域的重要部分如“宪法——基本权利”为主题,选取该领域经典判例为研究对象,展现法律解释和适用的理念、技术和方法,反映司法判例在法律生长中的影响和作用,同时构织出实在法的精要图像。每卷书都致力于使读者既能对相关法域的法律体系、核心制度、法治思想及其形成发展作深入了解和思考,又能对法律解释、适用和发展的理论和实践有具体而系统的认识和理解,是实定法和方法论研究的有机统一。

德国联邦法院系统承担着保障德国自由、民主、联邦制和法治国家基本政体的政治任务，保障和监督法律的实施和公民自由权利的实现，维护德国司法和法制的统一。联邦法院系统通过对法律的解释和适用履行上述使命，并承担着"发展法律"的重要任务。即联邦法院通过法律解释、法律补充（又称制定法内的法律续造，praeterlegem）和法的发现（又称制定法外的法律续造，extremlegem）创造性地解释和适用法律，填补现行法律中的缺漏，在个案中保障当事人的权利并尽力达致社会正义。虽然传统上德国联邦法院法官的主要任务是适用法律，即根据现行法规定对具体案件作出恰当的判决，而"发展法律"即"造法"则属于立法机关的工作范围，但由于社会经济生活变化日新月异，"无法可依"现象出现得越发频繁，今天联邦法院系统的法官造法（Rechtsfortbildung，Richterrecht）已不再是"偶然"的现象。德国联邦法院审理的案件的特殊性、法官的专业性和独立性、裁判结果的终局性效力等因素，决定了法官认知法律、解释法律、补充法律和发现法律的权威性，因而裁判结果的妥当性也能够获得民众的普遍认同。所以，尽管从理论上来说，除联邦宪法法院以外的其他德国联邦法院的判决仅对其裁判的个案具有拘束力，但实际上，这些判决往往超越相关个案，对于类似案件以及未来相关案件的判决都具有某种事实上的拘束力。联邦法院裁判所引起的这种广泛的影响力，是有利于推动法的发展的。一项为联邦法院长期采纳从而相对固定的判例，往往会逐渐演变成习惯法，或者通过修法纳入成文法范围，成为德国现行法律的有机组成部分。联邦法院的经典判例由此对整个德国法制的建设和发展具有重大意义。

我们也能够通过对联邦法院典型判例的研读来领略其风格和精神。德国联邦法院判例最显著的风格是强调以"理"服人，这个理即是包含在法律规范、法律制度、法律原则和法的理念中的理性和规律。德国司法裁判重视裁判理由的说明（Begründung，又译为"法的证立"），即对法学判断经由逻辑严谨的涵摄推理步骤进行充分而完整的论证。

裁判的生命在于说理和论证。联邦法院的说理是翔实、周全、缜密又不失紧凑的。值得注意的是,联邦法院的审判庭在阐述自己立场和观点的过程中,既援引本审判庭以及本系统各级法院其他审判庭以往的相关判例,也经常引用其他联邦法院的相关判例。这种参引论证的好处在于,人们能够对有关司法机关就某类案件的裁判状况一目了然,并体认除法教义体系和法律方法之外,一以贯之的论证(过程)理性即解决问题的理性对法律的统一理解和适用的决定性影响。正是统一论证理性使我们达致"法"。② 此外,审判庭还大量援引现当代学术著作中的代表性观点。"从根本上,在潘德克吞法学的熏陶下培养出来的实务家们,由于对教授们怀着最大的敬意,较之判例,更热衷于频繁引用学说"。③ 联邦法院法官都是某一法域训练有素的法学家,他们撰写的判决书建立在深厚的法学理论基础之上,具有极高的体系性、抽象性和理论性,其内容可以与学术论文相媲美。

通过对德国联邦法院典型判例的关注,我们还可以对"以法律规范作为处理问题的核心"④的法教义学产生直接、生动、全面而准确的认识。一方面了解,德国法官确定法律、理解法律和运用法律的方法和技术;另一方面也体认,德国的法律早已不再是一个自在自为的封闭系统,坚持法教义学传统的同时,德国司法裁判并不排斥对社科知识与价值判断的运用。⑤

丛书各卷作者多是留学德国、对德国法及其相关领域有全面了解和深入研究的优秀的德国法学博士,或是多年从事德国法研究、成果丰硕的青年才俊。他们本着完善法治、实现公平正义的信念和理想,付出精力和心力,把艰深难懂的德国联邦法院裁判文书翻译和介绍给中国读者。他们是默默耕耘的理想主义者,在用自己的付出建设一个法治

② Josef Esser, Grundsatz und Norm in der richterlichen Fortbildung des Privatrechts, J. C. B. Mohr, 2., unveraenderte Aufl., 1964, S. 14ff.; Helmult Coing, Grundzüge der Rechtsphilosophie, 2. Aufl., 1969, S. 89 ff.

③ [日]大木雅夫:《比较法》,范愉译,朱景文校,法律出版社1999年版,第279、280页。

④ RalfDreier, Recht-Moral-Ideologie, Studien zur Rechtstheorie, 1981, S. 72f.

⑤ Manfred Rehbinder, Rechtssoziologie, C. H. Beck, 8. Aufl., 2014, S. 15f.

中国。在此向他们表示敬意和感谢。丛书得到包括我国最高人民法院、德国联邦宪法法院和联邦最高法院多位资深大法官在内的中德两国著名法学家的关心和指导,为此我们特别成立了丛书学术委员会,为丛书各卷判例的选定和研究工作的顺利开展提供学术支持,并体现中德两国法律人携手合作的权威性和良好文风。丛书出版得到法律出版社朱宁女士、刘文科博士、孙东育女士、王珊女士的大力支持,在此表示诚挚感谢。

由于德国联邦法院的裁判涉及广泛的社会领域和深厚的专业知识,系争案件的事实问题和法律问题往往相当复杂,判决书使用的表达方式也比较晦涩难懂,再加上我们的专业水平和语言水平有限,可以查考的资料也不尽齐全,因此本套丛书中的缺点和舛误之处在所难免,真诚欢迎读者批评指正。

2015 年 10 月 7 日
南京

序　言

王葆莳

本书选取德国法院具有典型意义的家庭法判决，旨在通过翻译判决原文，向读者展示德国法院在家庭案件审理过程中的推理过程和利益考量，借此促进对家庭法诸多理论和实践难题的研究。

判例在德国并非正式的法律渊源，《普鲁士普通邦法》甚至明确禁止通过判例和学说发展法律。随着1828年《普鲁士各法院判例》和1847年《德意志各国最高法院判例集》的创设，判例的价值有所提高，1879年设立的帝国最高法院（Reichsgericht）也较为重视先例，提高了判决的地位。① 即便如此，德国法院也不具有英美法系国家法院通过判例创制法律的权力，法院虽然可以对法律进行必要的解释，但不得创制法律。② 联邦最高法院的判决也只对具体案件有效，而不产生普遍意义的判决约束力，

---

① 参见[日]大木雅夫：《比较法》（修订译本），范愉译，法律出版社2006年版，第279~280页。

② 参见最高人民法院课题组：《关于德国判例考察情况的报告》，载《人民司法》2006年第7期，第10页。

甚至对其自身也没有约束力。[③] 德国联邦最高法院引用先前判例时，大多数情况下是为了表明本院对某一问题的一贯看法并未改变。[④]

尽管如此，德国的法律工作者在实践中仍非常重视法院判决。法官和律师在处理案件时均自觉遵循判例，联邦最高法院（Bundesgerichtshof）[⑤]的判例在实践中对下级法院审理同类案件具有事实上的拘束力，对自身裁判同类案件也具有重要参考价值。[⑥] 这一现象和德国的习惯法传统密切相关。在德国，习惯法产生的条件是，有关人员在一定时间段内反复为某种行为，并且在心理上确信他们有义务为这样的行为。德国高等级法院的判例之所以有约束力，就是因为它已经通过法院的长期实践变成了习惯法。只有当"持续判决"构成了一种习惯法时，它才对法院有约束力，法院必须遵守这种持续判决。[⑦]

在体例安排上，本书根据案件所涉家庭法问题编为十章，每一章中包括若干相关案例和作者对该问题的评析。案例由基本信息、裁判要旨、案件事实、裁判理由四部分组成。其中案件基本信息包括案件名称、要点提示、案号和引证注释，便于读者进一步检索。实践中，同一个案件可能涉及多个问题，这就会使章节安排和案件所涉问题不能完全

---

③ 联邦宪法法院的判决除外，因为其负责审理违宪审查案件，判决结果是对合宪性的审查结论，包括对法律合宪性的判断和对公民基本权利保护的裁判，故宪法法院可以直接宣布某项法律因违宪而无效，此种判决对法院及其之外的所有人具有约束力。参见最高人民法院课题组：《关于德国判例考察情况的报告》，载《人民司法》2006年第7期，第11页。

④ 参见欧宏伟：《联邦德国最高法院民事判决书评介》，载《法律适用》2007年第6期，第92页。

⑤ "Bundesgerichthof"（BGH）是德国普通法院系统的最高法院，即民事和刑事案件的终审法院。普通法院管辖刑事和民事案件，包括区法院（AG）、地方法院（LG）、高等地方法院（OLG）和联邦普通法院（BGH）。BGH为德国5个联邦终审法院之一，另外4个是联邦最高劳工法院、联邦最高财政法院、联邦最高社会法院、联邦最高行政法院。这几个最高级别法院做出的裁决是不可上诉的，只有两个例外：一是案件涉及人权问题而由德国联邦宪法法院做出最终裁决；另一个是案件涉及欧盟法上的问题，联邦最高法院做出裁决后可以上诉至欧洲法院。

⑥ 参见邵建东、曾见：《情谊行为还是法律行为——德国联邦最高法院"女方停服避孕药"案评析》，载《安徽大学法律评论》2004年第1期，第1页。

⑦ v. Hoffmann, IPR, 9. Aufl. (2007), S. 10.

一致。例如,第六章的案例一同时涉及当事人对使用人工辅助生育技术的协议和离婚后扶养费。因此在阅读时,宜首先参考基本信息中的"要点提示"和"裁判要旨",以确定该案所涉问题。同时,判决中适用的法条均为当时的法条版本,与现行版本内容有所出入。本书对案例的评析,重在介绍和总结德国相关理论和司法实践,帮助读者理解该判决的法律背景,并非对相关问题的全面论述。另外,笔者在判决部分添加了一些说明性注释,为与判决原文注释区别开来,笔者注均采用页下注格式。

裁判理由部分是整个案例的关键部分。德国判决书侧重通过证据和证明的环节,将"本案事实"部分的原始事实与"判决理由"的法律要件进行有机缝合,并按照请求权基础的要件进行归纳和比对,以此考察当事人的诉讼请求是否成立。[⑧] 就写作风格而言,判决书的说理部分体现出一种高度概念性,甚至是形而上的学术风格,对当代及过去的学者有关待决案件问题的法律见解予以详细的考量,尤其是重视某一问题在学术界所形成的所谓"通说见解"。因此,阅读德国联邦最高法院的判决书可以对德国学术界有关某一问题的见解获得一个明晰的认识;同时,通过德国最高法院民事判决书这种载体,德国司法实务界与学术理论界之间的沟通与对话得以实现,学者研读最高法院的判决进而提出新的理论,嗣后又有可能被最高法院在未来的判决书中加以采纳,从而形成良性循环。[⑨]

在德国民事诉讼法中,"上诉"是个总称,包括控诉(Berufung,第二审上诉)、上告(Revision,第三审上诉)和抗告(Beschwerde,对裁定和命令的上诉)三种。[⑩] 控诉针对的是第一审所做的终局判决,以及终局之

---

⑧ 参见张陈果:《德国民事判决书的说理:格式、内容与方法》,载《人民法治》2015年第10期,第19页以下。

⑨ 参见欧宏伟:《联邦德国最高法院民事判决书评介》,载《法律适用》2007年第6期,第92~93页。

⑩ 关于控诉(Berufung)、上告(Revision)和抗告(Beschwerde)之译法,参见[德]奥特马·尧厄尼希:《民事诉讼法》,周翠译,法律出版社2003年版,第363~393页;[德]狄特·克罗林庚:《德国民事诉讼法律与实务》,刘汉富译,法律出版社2000年版,第426页以下;《德意志联邦共和国民事诉讼法》,谢怀栻译,中国法制出版社2001年版,第117页以下。

前所做的判决(德国《民事诉讼法》第511条和第512条);上告的对象主要是高等地方法院在控诉审中所为的终局判决(第545条),以及控诉法院以不合法为由驳回的控诉(第547条);对法院有关程序申请的裁判,当事人可以提出抗告和再抗告(第567条)。

在本书的写作过程中,家人在生活上给予我很大的支持和帮助,在此向他们表示由衷的感激!感谢南京大学法学院方小敏教授的鼓励、指教和对我迟延交稿的宽容!此外,本书编写过程中,得到湖南师范大学法学重点学科的大力支持,在此一并致谢。

鉴于个人学识有限,书中的错误和问题在所难免,真诚希望广大读者提出批评和意见,期待与各位同仁共勉进步,个人信箱:horstwang@hotmail.com。

2019年6月1日
于岳麓山

目录

主要缩略语对照表

a. A.	anderer Ansicht	其他观点
a. a. O.	amangegebenen Orte	前谒文
a. F.	alte Fassung	旧的观点,旧版
AG	Amtsgericht	区法院
Anh.	Anhang	附录
Anm.	Anmerkung	(判决的)评论
Art.	Artikel	(法律的)条
Aufl.	Auflage	(图书出版的)版次
BauR	Baurecht (Zeitschrift 1. 1970 ff.)	《建筑法》(期刊)
BayObLG	Bayerisches Oberstes Landesgericht	巴伐利亚州最高法院
BB	DerBetriebsbrater	《企业顾问》(期刊)
Bd.	Band	卷、册
Beschl.	Beschluss	(法院)裁定
BGB	Bürgerliches Gesetzbuch	《民法典》
BGBl.	Bundesgesetzblatt	《联邦法律公报》
BGH	Bundesgerichtshof	联邦普通法院
BGHZ	Entscheidungen des Bundesgerichtshof in Zivilsachen	《联邦最高法院民事裁判集》(官方汇编)
BR	Bundesrat	联邦参议院
BSG	Bundessozialgericht	联邦社会法院

BSHG	Bundessozialhilfegesetz	《联邦社会救济法》
BStBl.	Bundessteuerblatt	《联邦租税公报》
BT	Bundestag	联邦议院
BT-Drucks.	Drucksache des Deutschen Bundestages	联邦议会出版物
BVerfG	Bundesverfassungsgericht	联邦宪法法院
BVerfGE	Entscheidungen des Bundesverfassungsgerichts (amtliche Sammlung)	《联邦宪法法院裁判集》
BVerwG	Bundesverwaltungsgericht	联邦行政法院
bzw.	beziehungsweise	也就是说
DB	DerBetrieb	《企业》(期刊)
DDR-RAG.	Rechtsanwendungsgesetz der DDR	德意志民主共和国《法律适用法》
DNotZ	DeutscheNotar-Zeitschrift	《德国公证人杂志》(期刊)
DRiZ	DeutscheRichterzeitung	《德国法官报》(期刊)
EGBGB	Einführungsgesetz zumBürgerlichen Gesetzbuch	《民法典施行法》
EGGVG	Einführungsgesetz zum Gerichtsverfassungsgesetz	《法院组织法施行法》
EGMR	Europäischer Gerichtshof für Menschenrechte	欧洲人权法院
EheG	Ehegesetz	《婚姻法》
Einl.	Einleitung	导论
EMRK	Europäische Menschenrechtskonvention	《欧洲人权条约》
EuGH	Gerichtshof der Europäischen Gemeinschaften	欧共体法院
EuGHMR	Europäischer Gerichtshof für Menschenrechte	欧洲人权法院
EuGRZ	Europäische Grundrechte	《欧洲基本权利》(期刊)
EuGVÜ	Europäisches Übereinkommen über die gerichtliche Zuständigkeit und die Vollstreckung gerichtlicher Entscheidungen in Zivil-und Handelssachen	《关于民商事管辖权和判决承认与执行的欧洲公约》,布鲁塞尔公约
EuZW	Europäische Zeitschrift für Wirtschaftsrecht	《欧洲经济法杂志》(期刊)

EWiR	Entscheidungen zum Wirtschaftsrecht	《经济法判例》(期刊)
FAKomm-FamR	Fachanwaltskommentar Familienrecht	《专业律师法律评注(家庭法卷)》
FamRZ	Zeitschrift für das gesamte Familienrecht	《家庭法大全杂志》(期刊)
FF	ForumFamilienrecht	《家庭法论坛》(期刊)
f.	folgende Seite	本页和后一页
ff.	fortfolgende Seiten	本页和以下各页
FGG	Gesetz über die Angelegenheiten der freiwilligen Gerichtsbarkeit	《非诉事件法》
Fn.	Fussnote	注
FPR	Familie, Partnerschaft, Recht	《家庭、伴侣和法律》(期刊)
FS	Festschrift (für)	(为某人的)纪念文集
FuR	Familie und Recht	《家庭和法律》(期刊)
GG	Grundgesetz	《基本法》
GVG	Gerichtsverfassungsgesetz	《法院组织法》
h. M.	herrschende Meinung	通说
HRR	Höchstrichterliche Rechtsprechung	《最高法院法官判例集》
Hrsg.	Herausgeber	主编
Hs.	Halbsatz	(法律的)半句
JA	Juristische Arbeitsblätter	《法学工作公报》(期刊)
JR	Juristische Rundschau	《法学评论》(期刊)
Jura	Juristische Ausbildung (Zeitschrift)	《法律学习》(期刊)
JurBüro	juristische Büro, Das (CHB)	《司法办公室》(期刊)
JuS	Juristische Schulung (Zeitschrift)	《法学教育》(期刊)
JW	Juristische Wochenschrift	《法学周刊》(期刊)
JZ	Juristenzeitung	《法学家报》(期刊)
KG	Kammergericht	柏林地方法院
KO	Konkursordnung	《破产法》
LG	Landesgericht	地方法院

Lit.	Literatur	参考文献
LM	Lindenmaier-Möhring, Nachschlagewerk des Bundesgerichtshofs in Zivilsachen	林登迈尔和默林主编:《联邦最高法院民事参考资料》
LMK	Kommentierte BGH-Rechtsprechung Lindenmaier Möhring	林登迈尔和默林主编:《联邦最高法院判决评注》
m. Anm.	mit Anmerkung	附有评论
MDR	Monatsschrift für Deutsches Recht	《德国法月刊》(期刊)
m. E.	Meines Erachtens	本人看法
MünchKomm	Münchener Kommentar zum BGB	《慕尼黑民法典法律评论》
m. w. Nachw. m. w. N.	mit weiteren Nachweisen	附其他参考文献
NdsRpfl	Niedersächs Rechtspflege	《下萨克森司法》(期刊)
n. F.	neue Fassung	新的观点
NJW	Neue Juristische Wochenschrift	《新法学周刊》(期刊)
NJW-RR	NJW-Rechtsprechungs-Report, Zivilrecht (Zeitschrift)	《新法学周刊民法裁判报告》
NotBZ	Zeitschrift für die notarielle Beratungs-und Beurkundungspraxis	《公证咨询和认证实务杂志》(期刊)
Nr.	Nummer	数字,编号
NZBau	Neue Zeitschrift für Bau-und Vergaberecht/Privates Baurecht	《新建造和奖励法杂志》(期刊)/私人建造法
NZG	Neue Zeitschrift für Gesellschaftsrecht (Zeitschrift)	《新公司法杂志》(期刊)
OLG	Oberlandesgericht	高等地方法院
OVG	Oberverwaltungsgericht	高等行政法院
Palandt	Palandt, Bürgerliches Gesetzbuch,	《帕朗特民法典评注》
PStG	Personenstandsgesetz	《民事身份登记法》
RegE	Regierungsentwurf	政府提交的立法草案
RG	Reichsgericht	帝国法院

RGBl.	Reichsgesetzblatt	《帝国法律公报》
RGRK	DasBürgerliche Gesetzbuch mit besonderer Berücksichtigung der Rechtsprechung des Reichsgerichts und des Bundesgerichtshofes Kommentar	联邦最高法院法官编:《民法典评注:对帝国法院与联邦最高法院之判决的特别关注》
RGSt	Entscheidungen des Reichsgerichts in Strafsachen	《帝国法院刑事裁判集》
RGZ	Entscheidungen des Rechtsgerichts in Zivilsachen	《帝国法院民事裁判集》
Rn. Rdn. Rdnr	Randnummer	段落边码
RIW	Recht der internationalen Wirtschaft	《国际经济法》(期刊)
Rspr.	Rechtsprechung	法院裁判
S.	Satz; Seite	句,句子;页
Sen.	Senat	审判庭
SGB	Sozialgesetzbuch	《社会法法典》
Soergel	Soergel, Bürgerliches Gesetzbuch mit Einführungsgesetz und Nebengesetzen	《索格尔民法典评论》
Staudinger	Staudinger, Kommentar zum Bürgerlichen Gesetzbuch	《施陶丁格民法典评论》
StAZ	DasStandesamt (Zeitschrift)	《户籍登记机关》(期刊)
StGB	Strafgesetzbuch	《刑法典》
str.	streitig	存在争议
Tz.	Textziffer	段落编号
u. a.	unter anderem; und andere	及其他
Urt.	Urteil	(法院)判决
v.	von	……的
vgl.	vergleiche	参见
VO	Verordnung	条例

VwGO	Verwaltungsgerichtsordnung	《行政法院法》
Vorbem.	Vobermerkung	前言
Warn	Warneyer, Rechtsprechung des RG auf dem Gebiet des Zivilrechts	《帝国法院民事裁判》
WG	Wechselgesetz	《票据法》
WM	Wertpapier Mitteilungen	《有价证券通讯》(期刊)
WuBIIN	Wirtschafts-und Bankrecht (Zeitschrift)	《经济和银行法》(期刊)
WuM	Wohnungswirtschaft und Mietrecht	《住房经济和房租法》(期刊)
z. B	zum Beispiel	例如
ZEV	Zeitschrift für Erbrecht und Vermögensnachfolge	《继承法和财富传承杂志》(期刊)
ZfBR	Zeitschrift für deutsches und internationales Baurecht (1. 1978 ff.)	《德国建设法和国际建设法》(期刊)
ZHR	Zeitschrift für das gesamte Handelsrecht	《综合商法杂志》(期刊)
ZMR	Zeitschrift für Miet-und Raumrecht	《租赁法和空间法杂志》(期刊)
ZPO	Zivilprozessordnung	《民事诉讼法》
ZRP	Zeitschrift für Rechtspolitik	《法律政策杂志》(期刊)
ZRvgl.	Zeitschrift für Rechtsvergleichung	《法律比较杂志》(期刊)
ZS	Zivilsenat	民事审判庭
z. T.	zum Teil	部分的
ZZP	Zeitschrift für Zivilprozess	《民事诉讼杂志》(期刊)

第一章　宪法基本权利对家庭法的影响

判例一　联邦宪法法院2001年2月6日判决：基本权利和意思自治

要点提示：婚姻家庭和意思自治的宪法保护；对夫妻财产合同内容的司法审查；类似案例参见联邦最高法院2006年7月5日判决，案号 XII ZR 25/04。

案号：BGH, Urteil vom 6. Februar 2001 - 1 BvR 12/92.

引证注释：《新法学周刊》2001年卷，第957页。

裁判要旨

孕妇和丈夫在婚前缔结夫妻财产协议（Ehevertrag），其内容涉及离婚后共同子女之照管和扶养状况的，应根据《基本法》第2条第1款结合第6条第

4 款、第 6 条第 2 款①进行审查。

案件事实

抗告人(女方)和被抗告人(男方)为同居关系。抗告人离异并独立扶养一个孩子,发现再次怀孕后催促男方结婚,男方基于扶养费的考虑不愿意结婚。双方在 1976 年 7 月签订夫妻财产合同,约定:"双方最晚应在 1976 年 8 月结婚。女方预产期为 1976 年 11 月。若结婚后因为某些不可预见的原因而离婚,双方互相放弃离婚判决生效时可预见的各项扶养请求权,离婚后男方对共同子女的扶养费以每月 150 马克为限,女方免除男方对该子女的其他各项扶养费义务。"双方在签订协议的当月结婚,孩子于 1976 年 11 月出生。产假结束后,抗告人继续其文员工作,其工资收入远低于男方。双方于 1989 年 12 月离婚,抗告人取得对子女的单独父母照顾权,之后再次结婚。1990 年,双方共同生育的儿子对父亲提出扶养费请求权。区法院认为双方在 1976 年的约定违反善良风俗,判令男方提供其收入信息。男方遂起诉女方(抗告人),要求免除男方对子女的扶养费义务。区法院驳回其诉请,理由是法律上规定亲属间的扶养义务不得放弃,双方约定的免除请求权规避了法律规定。男方提起控诉,高等地方法院支持男方请求,理由是夫妻财产合同中的约定有效;男方有权将该约定作为结婚的前提条件,因为每个人都享有结婚或不结婚的自由;从其内容、动机和目的来看,该约定并不违反善良风俗;免除扶养费并没有和父母照顾权的转移或其他重大经济利益相关联;从女方的工作经历来看,抗告人也不存在经济依

① 《基本法》第 2 条第 1 款:人人有自由发展其人格之权利,但以不侵害他人之权利或不违犯宪政秩序或道德规范者为限。

《基本法》第 6 条:(1)婚姻与家庭应受国家之特别保护。

(2)扶养与教育子女为父母之自然权利,亦为其至高义务,其行使应受国家监督。

(3)惟在养育权利人不能尽其养育义务时,或因其他原因子女有被弃养之虞时,始得根据法律违反养育权利之意志,使子女与家庭分离。

(4)凡母亲均有请求社会保护及照顾之权利。

(5)非婚生子女之身体与精神发展及社会地位,应由立法给予与婚生子女同等之条件。

附性。抗告人认为高等地方法院的判决侵害其享有的《基本法》第6条第1款、第2款和第4款,第103条第1款规定的权利,针对该判决提出宪法抗告。宪法法院撤销高等地方法院判决,将案件发回重审。

裁判理由

一、本宪法抗告(Verfassungsbeschwerde)所涉问题为:若夫妻财产合同中约定,离婚时一方应放弃法定的离婚后扶养请求权并免除一方对共同子女的扶养义务,民事法庭应在何种程度上根据宪法审查夫妻财产合同的内容。

(一)1. 夫妻可以在婚前订立财产合同(Ehevertrag),将其作为结婚的条件。夫妻财产合同适用合同法上的一般规定和家庭法特别规定,后者对夫妻财产合同的形式和内容限制有特别规定。例如,根据《民法典》第1614条第1款,当事人不能通过协议放弃未来的亲属间扶养费请求权。根据《民法典》第1360a条第3款和第1361条第4款第4句,该规定也适用于夫妻。但根据第1585c条,夫妻可以就双方在离婚后的扶养请求权进行约定,甚至可以放弃全部扶养费。根据《民法典》第1408条第1款,当事人可以就夫妻财产制进行约定。但这些约定必须符合《民法典》第1410条规定的形式要件,即夫妻双方必须同时在场,由公证人做成证书。双方通过合同约定养老金补偿的,也必须遵守第1410条的形式要件。双方当事人在签订养老金补偿协议后一年内提出离婚申请的,该约定无效(《民法典》第1408条第2款第2句)。在离婚中就养老金补偿达成协议的,不仅需要做成公证证书,还需要得到家事法院的批准(《民法典》第1587o条第2款第1句和第3句)。如协议中约定夫妻一方对子女的扶养义务由另一方承担,在判例中被视为《民法典》第329条意义上的履行承担(Erfüllungsübernahme),且不影响子女的扶养费请求权(参见联邦最高法院判决,载《家庭法大全杂志》1987年卷,第934页和第935页)。

2. 1988年的一份公开出版物显示,德国约有10%的夫妇签订了夫妻财产合同,其中90%的协议规定了夫妻财产制,半数协议中约定了养老金补偿,约 1/4 的协议涉及离婚后扶养,其中大多数又约定相互放弃扶养费请求权。大多数关于放弃扶养费的协议是在结婚前签订或者在结婚后立即签订的。大约 2%的婚姻中,双方都将放弃婚后扶养费请求权和结婚联系起来(参见 Stach:《夫妻财产协议:法律和事实之间》,1988 年,第 16 页以下)。关于免除子女扶养费的约定,没有具体的调查数据。

3.(1)民事法院在判例中认为,夫妻可以通过财产合同自由约定离婚时的扶养关系,以彰显私法自治原则,但此种约定必须受制于《民法典》第 138 条②第 1 款规定的限制,即约定不能在客观上导致夫妻一方不得不接受社会救济(Sozialhilfebedürftigkeit)(参见联邦最高法院裁判,载《家庭法大全杂志》1983 年卷,第 137 页;《新法学周刊》1991 年卷,第 913、914 页;《新法学周刊》1992 年卷,第 3164、3165 页;哈姆高等地方法院判决,载《家庭法大全杂志》1989 年卷,第 398 页;科隆高等地方法院判决,载《家庭法大全杂志》1990 年卷,第 634 页;塞勒高等地方法院判决,载《下萨克森司法》1990 年卷,第 250 页,哈姆高等地方法院判决,载《新法学周刊:民事案例报告》1999 年卷,第 950 页)。联邦最高法院认为,放弃《民法典》第 1570 条规定的照顾扶养费原则上不构成违反善良风俗的行为(联邦最高法院裁判,载《家庭法大全杂志》1985 年卷,第 788 页)。即使配偶一方因该放弃行为而在离婚后不得不一边照顾子女一边工作,也是如此。在判定某夫妻财产合同是否违反善良风俗时,必须进行整体考虑(Gesamtcharakter)。即使当事人将放弃扶养费和夫妻财产制约定相关联,该事实本身也不必然导致协议无效,因为经济上的生活共同体并不属于婚姻本质。但考虑到儿童最大利益,个案中配偶一方可以提出,随着时间的推移,放弃扶养费的约定不符合《民法典》第 242 条规定的诚信原则,该原则同样适用于扶

---

② 第 138 条 违反善良风俗的法律行为,高利贷

(1)违反善良风俗的法律行为无效。

(2)特别是当法律行为系乘另一方穷困、没有经验、缺乏判断能力或者意志薄弱,使其为自己或者第三人的给付作出有财产上的利益的约定或者担保,而此种财产上的利益与给付显然不相称时,该法律行为无效。

养法(参见联邦最高法院判决,载《家庭法大全杂志》1985年卷,第788、789页;《家庭法大全杂志》1987年卷,第46页;《家庭法大全杂志》1991年卷,第306页)。即使在这种情况下,联邦最高法院也坚持认为,这里主要考虑的因素并不是主观因素,即扶养义务人的行为违反义务或者滥用权利,而是在肯定放弃约定有效的前提下关注未成年共同子女的扶养需求和保护利益(参见联邦最高法院判决,载《家庭法大全杂志》1987年卷,第46页;《家庭法大全杂志》1991年卷,第306页以下)。

据此,对于怀孕妻子在结婚前签订的、约定在离婚情形下放弃对未来丈夫的扶养费请求权的协议,联邦最高法院认可其效力(参见联邦最高法院裁判,载《家庭法大全杂志》1992年卷,第1403页)。新郎没有利用其强势地位(Zwangslage),因为其本身享有结婚自由,也可以要求免除非婚父亲的法律义务(参见联邦最高法院判决,载《家庭法大全杂志》1996年卷,第1536页;《家庭法大全杂志》1997年卷,第1536页;《家庭法大全杂志》1997年卷,第156、157页)。相反,女方尽管放弃了扶养费,但其经济状况仍会因为结婚而有所改善。在没有结婚的情况下,女方作为单亲母亲只能根据《民法典》第1615l条主张为期一年的扶养费请求权。在另一起案件中,单身母亲在夫妻财产合同中放弃了扶养费请求权,联邦最高法院援用《民法典》第242条,以儿童最大利益为由支持女方的扶养费请求权,但限于必要扶养费(notwendigen Unterhalt)。法院认为,有限的扶养费请求权即足以符合儿童最大利益的要求,因为儿童最大利益的目的在于,让照顾子女的父母一方能够全身心照顾和培养。据此,联邦最高法院驳回了法兰克福高等地方法院的意见,后者根据适当扶养原则(Angemessenheit)充分支持了扶养请求权(参见《高等地方法院报告:法兰克福卷》1994年卷,第117页;联邦最高法院裁判,载《家庭法大全杂志》1995年卷,第291页;《家庭法大全杂志》1997年卷,第873页)。

(2)联邦最高法院进一步认为,如果以不行使探望权(Umgangsrecht)为对等义务,则配偶一方免除另一方对共同子女之扶养义务属于违反善良风俗的行为,这种安排构成对父母照顾权的不当商业化(参见联邦最高法院判决,载《家庭法大全杂志》1984 年卷,第 778 页)。但是,如果父母关于照顾权的安排符合儿童利益,而免除扶养义务的条件是将照顾权转移给承担扶养义务的一方,则不属于违反善良风俗(参见联邦最高法院判决,载《家庭法大全杂志》1986 年卷,第 444 页)。

(3)大多数学者支持上述裁判观点(参见 Meder 论文,载《家庭和法律杂志》1993 年卷,第 12、19 页;Langenfeld:《夫妻财产合同和离婚协议手册》第 3 版,1996 年,第 633 段以下的参考文献提示)。但部分学者认为应当重新定义夫妻财产合同中的意思自治及其限制。例如,对于投身家务、照顾子女并在经济上依附他人的配偶一方,应当加以优先保护(Übervorteilungsschutz),以限制契约自由;立法机关对不同类型的夫妻财产合同约定设计了不同的保护措施。配偶一方相对于另一方处于弱势地位时,夫妻财产合同可能会不适当地加重弱势方的负担。例如在配偶一方放弃工作照顾子女,既没有独立收入也没有社会保障的情况下,法院必须介入并加以平衡(参见 Schwenzer 论文,载《民法实务档案》1996 年卷,第 88、109 页;Dethloff 论文,载《法学家报》1997 年卷,第 414 页;Büttner 论文,载《家庭法大全杂志》1998 年卷,第 1 页)。

(二)1. 本案中,抗告人在第一次婚姻中育有一子(5 岁),后与新男友(被抗告人)同居 2 年。1976 年初夏,时年 26 岁的抗告人发现自己再次怀孕。她将这个消息告诉男友后,男友提醒她说,其在开始交往时即声明不想要孩子,也不想结婚。抗告人说男方要求她堕胎,后者表示否认,这是一审中的争议点之一。男方在证词中说抗告人表现得“歇斯底里”,强烈要求在孩子出生之前就结婚,以确保子女的婚生地位。男方当时之所以不愿结婚,主要是担心当时即将颁布的离婚法改革法案,以及离婚时要对女方支付高额的扶养费。

抗告人随后起草了一份夫妻财产合同草案,双方在 7 月初签署该协议,其中约定:协议双方最晚应在 1976 年 8 月结婚。女方怀有身孕,预产期为 1976 年 11 月。若结婚后因为某些不可预见的原因而离婚,缔约双方对于离婚情形约定如下:(1)F 女士和 S 先生互相放弃离婚判决生效时可预见的各项扶养请求权,包括过去、目前和将来的扶养费请求权。(2)在离婚情况下,S先生自离婚判决生效起对前述待出生子女承担每月150马克的扶养费,于每月第5个工作日支付给F女士。F女士免除S先生对该子女的其他各项扶养费义务。缔约地点和时间:斯图加特,1976年7月9日。

双方在签订协议的当月结婚。女方在1976年11月生下一子,并在产假结束后继续从事文员工作,其工资收入远低于男方。双方于1989年12月离婚,抗告人取得对子女的单独父母照顾权,之后又再次结婚。

2. 1990年,儿子对父亲提出阶段诉讼③要求其说明财产状况,并主张扶养费请求权。区法院认为双方1976年的约定违反善良风俗,遂通过部分判决(Teilurteil)要求男方提供收入信息。男方遂起诉女方(抗告人),要求免除其每月必须支付给子女的扶养费中超过150马克的部分。区法院驳回其诉请,理由是法律上规定的亲属间扶养义务不得放弃,双方关于免除扶养义务的约定规避了法律规定。

男方提起控诉,高等地方法院变更一审判决,支持男方请求。理由是夫妻财产合同中的约定有效,且该约定不影响子女向父亲主张全额的法定扶养费。根据私法自治原则,配偶双方甚至在婚前就可以对子女扶养费的分担做出任意约定。男方有权将该约定作为结婚的前提条件,因为每个人都享有结婚或不结婚的自由。从其内容、动机和目的来看,该约定并不违反善良风俗。在这方面,抗告人仍然可以举证。免除扶养费并没有和父母照顾权的转移或其他重大经济利益相关联。从女方的工作经历来看,抗告人也不存在经济依附性。故控诉法院不允许抗告人提起上告。

(三)抗告人认为高等地方法院的判决侵害其根据《基本法》第6条第1款、第2款和第4款,第103条第1款享有的权利,针对该判决提出宪法抗告。

---

③　德国《民事诉讼法》第243条规定了专门适用于信息请求权的诉讼,称为阶段诉讼(Stufenklage)。

本院认为,在审查该协议是否违反善良风俗时,高等地方法院对《基本法》第6条规定的基本权利保护目的存在误解。《基本法》第6条第2款规定了父母对子女有扶养和教育的义务,子女针对父母的扶养费请求权正是父母义务的具体体现。如果扶养义务由父母一方承担,该方父母还要独立照顾子女,显然不符合《基本法》第6条第2款及其对儿童最大利益的保护。高等地方法院认为可以将此种约定作为结婚条件,理由是父亲可以选择不结婚,此种观点显属谬误。该法院没有考虑,双方不仅约定了免除扶养义务,还约定了母亲放弃离婚后扶养费请求权,即该协议完全切断了父亲在离婚情况下的婚姻责任和父母责任。但实际上,即使不结婚,男方也必须向子女支付扶养费。

虽然根据联邦最高法院的判例,当事人原则上可以约定免除子女扶养费义务,但高等地方法院仍应考虑本案中的特殊缔约背景以及协议中各约定的相互影响。抗告人在夫妻财产合同中不仅放弃了自己的离婚后扶养费请求权,还免除了父亲对尚未出生之子女的扶养责任,且没有要求任何对等给付(Gegenleistung)。这等同于父亲完全切断了和子女的自然联系和法律关系,而由母亲承担全部责任。这不符合《基本法》第6条第1款和第2款规定的婚姻家庭保护和父母责任。

此外,抗告人认为该判决侵害了宪法规定的母亲受社会保护和照顾的权利。这些受宪法保护的权利意味着,不能在法律上承认该约定的效力。因为这些约定免除了男方对未出生子女的扶养责任,而让精神脆弱的孕妇独自承担养活自己和子女的压力。国家对准母亲应加以特别保护,帮助并鼓励她对未来生活负责。如果法院的判决将养育、照顾和扶养子女的重任全部交给女方,显然不符合这种保护宗旨。特别是,准母亲承担如此重任时没有要求任何对等给付,尤其需要特别保护。虽然抗告人通过协议约定达到了目的,让子女获得婚生地位,获得一个父亲,从而有更好的未来,但这些均不构成其通过约定单独承担扶养责任的对等给付。高等地方法院要求申请人举证对方要求自己堕胎,作为是否违反善良风俗的判定标准,这一观点并不正确。该法院将抗告人在缔约时是否存在经济依附性作为判定约定是否违反善良风俗的标准,没有意识到这种加重单方负担的约定本身就体现了依赖性(Abhängigkeit)。

此外,高等地方法院仅审查了男方的意见,没有听取抗告人对缔约情况的说明,且不允许抗告人对其判决提出上告,这违反《基本法》第103条第1款④的规定。

(四)关于宪法抗告的评论(略)。

二、宪法抗告成立。被抗告判决违反了抗告人依照《基本法》第2条第1款和第6条第4款享有的权利。该判决违反了《基本法》第6条第2款。

(一)根据《基本法》第2条第1款结合第6条第4款,⑤抗告人不能因为夫妻财产合同而遭受不利,高等地方法院没有正确认识到这一点。

1.(1)在私法交易中,基本权利作为宪法上的价值判断,主要通过民法中的一般性条款(Generalklauseln)发生效力(参见《联邦宪法法院裁判集》第7卷,第198、205页;第42卷,第143、148页)。国家必须保护个人基本权利免受他人侵害(参见《联邦宪法法院裁判集》第46卷,第160页;第49卷,第89页;第53卷,第30页;第56卷,第54页;第88卷,第203页)。法院有义务通过解释和适用法律保障基本权利,并在个案中加以具体化。唯有当法院在判决中对宪法意义,特别是基本权利的保护范围出现原则性的错误理解,并基于该理解产生对实体裁判具有重要影响的解释错误时,宪法法院才会明确反对判决中对基本权利的评价和衡量(参见《联邦宪法法院裁判集》第18卷,第85、93页;第42卷,第143、149页)。本案中即存在上述条件,联邦宪法法院应予以改正。

(2)《基本法》第2条第1款保护意思自治的前提在于,个人在事

---

④ 《基本法》第103条第1款:在法院被控告之人,有请求公平审判之权利。

⑤ 《基本法》第2条第1款:人人有自由发展其人格之权利,但以不侵害他人之权利或不违犯宪政秩序或道德规范者为限。

第6条第4款:凡母亲均有请求社会保护及照顾之权利。

实上享有自决的条件(参见《联邦宪法法院裁判集》第81卷,第242、254页)。合同是个人之间实现自由和独立责任行为的工具,缔约当事人可以自由决定相互之间的利益如何平衡。原则上国家应当尊重当事人达成的一致意见及其背后的利益平衡(参见《联邦宪法法院裁判集》第81卷,第242、254页)。但如果合同加重一方的负担,特别是双方议价能力明显不对等,导致一方当事人在事实上可以单方面决定合同内容时,法律就必须保障缔约双方的基本权利,避免一方的自决被他人意志左右(《联邦宪法法院裁判集》第89卷,第214、232页)。

(3)这一论断同样适用于夫妻双方用以调整婚姻期间和离婚后人身关系的夫妻财产合同。根据《基本法》第6条第1款,夫妻有权自由构建内部的婚姻和家庭责任关系(《联邦宪法法院裁判集》第80卷,第81、92页)。但《基本法》第6条第1款规定的国家对婚姻家庭的特别保护又形成了对婚姻内部安排的前提条件(参见《联邦宪法法院裁判集》第31卷,第58、69页)。必须注意到,婚姻家庭的自由空间也受到《基本法》第3条第2款的调整,即男女双方应处于平等的伴侣关系(参见《联邦宪法法院裁判集》第37卷,第217、249页)。因此,虽然夫妻双方享有通过合同构建内部关系的自由,但如果合同没有体现平等伴侣关系,而是基于不平等的议价能力(Verhandlungsposition)而体现为夫妻一方的单方意志,国家就有权限制此种自由。此种情况下,法院就应当根据民法的一般性条款审查合同内容、修正合同的失衡状态,以保证夫妻财产合同当事人的宪法权益(参见《联邦宪法法院裁判集》第89卷,第214、234页)。

高等地区法院错误地认为,结婚自由排除了法院的内容审查责任。从个人角度而言,当然可以选择与某人结婚或者不结婚,国家对此无权干涉(参见《联邦宪法法院裁判集》第31卷,第58、67页),国家也不能对每个夫妻财产合同中的约定进行审查。但婚姻自由并不意味着,当事人可以通过夫妻财产合同无限制地构建婚姻内部关系,尤其是不能进行单方负担分配(Lastenverteilung)。毕竟婚姻法中也包括了强制性规范。

2. (1)若夫妻财产合同中通过明显的单方负担分配导致对女方不利,且夫妻财产合同是在结婚前夕女方怀孕的情况下缔结的,则《基本法》第6条第4款规定的对母亲的特别保护和照顾就要求法官对夫妻财产合同的内容进行审查(richterliche Inhaltskontrolle)。立法者本身就对夫妻财产合同中的扶养费约定和其他约定(如增益补偿和养老金补偿约定)做出区分,对扶养费约定规定了特别的形式要求和程序要件,以防止合同一方受到欺骗。在这种情况下,法院尤其有义务在内容审查过程中贯彻宪法上的保护意旨,保障怀孕的母亲不会因为来自社会或男方的压力而签订严重违背其利益的协议(参见《联邦宪法法院裁判集》第88卷,第203、296页)。

(2)通常而言,若未婚先孕的女方必须在独自扶养子女和通过结婚让男方共同扶养子女之间选择其一,并因此签订加重自身负担之协议的,即可被视为处于受支配地位。此种情形下,女方作为单身母亲必须考虑自己和未出生子女的生计,其议价能力显然大为削弱。

怀孕对每个女人来说都意味着生活的重大转折。怀孕过程中不仅会有身体上的变化,也潜伏着自身健康和子女健康的风险。怀孕不可避免地会导致女方重新规划其生活,面临新的任务、职责和责任。若未婚妈妈和子女之父亲的关系破裂,更是如此(参见 Vaskovics /Rost/ Rupp:《非婚生子女的生活状况》,1997年,第59页以下)。此外,直至今日,社会上仍存在对未婚母亲和非婚生子女的偏见。结合本案所涉夫妻财产合同的签订时间点来看,科学研究表明,这个时间段的单身母亲相比已婚母亲承受着更高的精神压力,非婚婴儿的死亡率也更高(参见 Anthes:《对未婚母亲的偏见》,载 Neumann 主编:《社会研究和社会民主:布鲁姆纪念文集》1979年,第157、162页)。

此外还要考虑,本案中的未婚孕妇明知自己要独自照顾和扶养子女,到目前为止的事实情况也是如此,她只能向男方主张有限的扶养费,即在子女出生后的一年内因为无法工作或没有其他生活来源才能主张该扶养费。虽然根据《民法典》第16151条第2款第3句,扶养费请求权可以延长到3年,但这和已婚妇女生育后所获得的生活保障不可同日而语。非婚母亲在儿童的幼年期就不得不面临着照顾子女和维持生计的双重压力。

非婚生子女的母亲在经济方面的困难尤其严重。在孩子出生后,由于要单独照顾子女,她的收入往往不足以前的一半。这导致大约 1/3 的未婚母亲及其子女的生活只能维持在社会救济水平(Sozialhilfeniveau)或低于该水平,而婚生子女只有大约 15% 处于该生活水平(参见 Vaskovics /Rost/Rupp 前引书第 126 页)。雪上加霜的是,非婚生子女的父亲还经常不按时支付扶养费。最终的结果就是,无法获得法定最低扶养费的大部分都是非婚生子女(德国家庭、退休人员、妇女和青少年权益保障部主编:《离婚和分居的经济后果》,2000 年,第 139 页以下)。可见,和已婚孕妇或未怀孕单身女子相比,未婚先孕的母亲的处境更为困难,这种困境自然会体现在夫妻财产合同的内容上。正因为未婚孕妇要考虑子女的未来生活,又承担着临产压力,她相对于合同另一方就明显处于受支配地位。

(3)当事人在缔结夫妻财产合同时处于怀孕状态,意味着合同应接受更严格的司法审查。除此之外还要考虑合同双方当事人的财产状况、职业前景、收入和家务分配等,这些都会影响怀孕者的缔约地位。具体个案中,在夫妻财产合同中放弃了法定权益的当事人,应在其他方面得到补偿。

(4)如果夫妻财产合同的内容对未婚先孕的女方明显不利,显然就需要诉诸宪法保护。如果合同单方面加重怀孕方的负担,且没有适当考虑其利益,就属于这种情况(参见《联邦宪法法院裁判集》第 89 卷,第 214、234 页)。

合同约定是否明显加重女方负担,需要结合缔约双方所追求的家庭状况来判定,这也是双方合同的基础。若夫妻双方的工作收入大致相等,并共同承担家务劳动和家庭开支,那么他们约定离婚后各自放弃向对方的扶养费请求权就不属于单方面加重负担。但如果合同一方计划在婚后放弃工作、照顾家庭子女,则放弃离婚后扶养费请求权的约定就属于对其不利的约定。合同中放弃法定权利或增加额外负担越多,越有可能构成单方不利(einseitige Benachteiligung)。

本案中,夫妻财产合同中的结婚承诺并不能抵消对合同一方的单方加重负担。当事人固然可以自由决定是否结婚。一旦他们决定结婚,婚姻就会给双方当事人设立平等的权利义务,包括彼此之间的负担(参见《联邦宪法法院裁判集》第 37 卷,第 217、251 页)。结婚承诺本身并未给承诺一方设立任何单方负担。虽然相对之前的单身状况而言,结婚会产生新的责任义务、缩减了个人的自由处分空间,但这种责任和限制适用于缔约双方,而非单方。

3. 本案中,高等地方法院没有正确认识到《基本法》第 2 条第 1 款结合第 6 条第 4 款规定的保护责任。其既没有注意到本案的特殊情况,即抗告人在缔约时有孕在身,也没有进一步审查夫妻财产合同是否不恰当地加重了抗告人的负担。

鉴于抗告人收入菲薄,同时双方约定离婚后女方单独照顾共同子女,则抗告人放弃离婚后扶养费请求权显然会导致自身经济状况的明显恶化。因为要照顾两个小孩,女方显然也无力通过自身努力提高收入。反之,男方放弃扶养费请求权并没有实际损失,因为他不大可能在离婚后还向独自扶养两个孩子的女方主张扶养费。

此外,子女的扶养费数额是根据男方收入而计算的,申请人根据合同约定还要承担本应由父亲承担的部分扶养费,这对其经济状况而言无疑是雪上加霜。在离婚情形下,抗告人不仅要单独照顾子女,还要维持自身和共同子女的生活费。抗告人加重负担的同时,男方不仅无需承担本来应向女方支付的离婚后扶养费,其对共同子女的扶养费也限于每月 150 马克。这样一来,他在经济方面的负担甚至比非婚生子女的父亲更低。法院基于婚姻自由的原因而没有对该合同内容进行必要审查,也没有认识到此种自由并不意味着当事人可以通过合同做出任意的利益安排。

(二)此外,高等地方法院忽视了《基本法》第 6 条第 2 款的保护要求,没有基于儿童最大利益限制父母的合同约定。

1.《基本法》第6条第2款第1句[⑥]为父母双方平等地设立了扶养与教育子女的权利和义务(参见《联邦宪法法院裁判集》第24卷,第119、143页)。此种父母最高责任服务于儿童最大福利,构成儿童利益的基本权利(参见《联邦宪法法院裁判集》第59卷,第360、382页;第75卷,第201、218页)。因此,倘若父母免除自身对子女的责任并有遗弃子女之虞,父母自由处置子女照顾权的权利就不应得到保护(参见《联邦宪法法院裁判集》第24卷,第119、143页)。父母的不当行为持续危及儿童利益的,根据《基本法》第6条第2款第2句承担监督职能的国家就有义务和权利保障子女的扶养和教育,因为子女作为基本权利的主体,有权要求国家保护,以避免父母权利的不当行使(参见《联邦宪法法院裁判集》第24卷,第119、144页;第55卷,第171、179页;第72卷,第122、134页)。具体可以采取的保护措施取决于父母不承担责任的程度以及儿童最大利益的需求(参见《联邦宪法法院裁判集》第24卷,第119、144页;第60卷,第79、91、93页)。

父母责任还包括从个人财产中划定一定比例作为子女的扶养费,并确保子女得到照顾(《联邦宪法法院裁判集》第68卷,第256、257页;第80卷,第81、90页)。父母内部如何划分责任以及他们是否借助第三人履行该责任,均为其自由决定的范围(《联邦宪法法院裁判集》第47卷,第46、70页;第68卷,第256、257页;第99卷,第216、231页)。在离婚情形下亦是如此。即使父母对离婚达成协议,根据其对子女的责任,他们仍需互相协助,以尽可能地缓解离婚通常会给子女带来的精神负担,并采取合理的、符合儿童利益的方式解决子女的扶养和教育问题(参见《联邦宪法法院裁判集》第31卷,第194、205页;第61卷,第358、372页)。

2.若父母双方约定,离婚情形下由父母一方获得子女的照顾权和扶养权,且免除非照顾子女一方的扶养责任,此种约定即不恰当地解除了其对子女的责任并且危及子女利益,如不能保障子女获得充分照顾

---

⑥ 《基本法》第6条第2款:扶养与教育子女为父母之自然权利,亦为其至高义务,其行使应受国家监督。

或符合父母收入状况的现金扶养费。

(1)子女的扶养费数额一般根据扶养义务人的财产数额和子女需求确定(参见《民法典》第1602条第2款,第1603、1610条),所以扶养费数额由父母的社会地位决定,同时不能危及儿童最佳利益。即使经济条件紧张,子女也可以在父母的照顾和培养下尽可能地得到充分发展。国家也应在适当情况下对家庭提供经济支持。

根据《基本法》第6条第2款第1句,父母如何履行其教育职责以及如何构架子女的生活环境,属于父母自主决定的范围,立法者假定父母在通常情况下都会最大限度地维护子女利益。即使他们在客观上可能没有为子女提供最好的发展条件,也不能因此否定父母的自主权(参见《联邦宪法法院裁判集》第34卷、第165、184页;第60卷,第79、94页)。例如父母虽然很富有,但为了促进子女人格发展而故意降低其生活水平的,国家就不宜干预。但如果父母持续缩减子女生活费的原因是父母一方在经济上要和子女脱离关系,这显然就不是维护儿童利益的举动。父母一方企图摆脱其维护子女利益之责任的,国家应根据《基本法》第6条第2款第2句的规定采取措施。

(2)虽说父母一方免除另一方对子女的扶养费并不影响子女对父母双方的扶养费请求权,但事实上,若扶养子女的一方并无足够财力支持,子女的经济状况就会发生重大变化。此种约定的责任承担不仅让扶养子女一方得不到另一方本应支付的子女扶养费,还要从自己的财产中扣减出子女扶养费,等同于自己放弃了因照顾子女而应获得的离婚后扶养费。照顾子女一方的总生活收入就会明显减少。此外,由于该方父母必须照顾子女,其通过外出工作增加收入的可能性也极为有限。

(3)如果父母约定离婚后由一方承担另一方对子女的扶养费,导致照顾子女的一方在离婚后没有足够的收入维持其和子女生活,该约定即损害了子女的生活状况,违反其父母责任。

如果照顾子女的一方选择自己照顾孩子,以免孩子因父母离婚受到更多心理创伤,其在孩子年幼时就很难外出工作,导致收入减少或没有收入。唯有当照顾子女一方的收入足够支持其和子女的扶养需求,或者能通过其他财产或自身的扶养费弥补收入不足的,才能在免除约定的情况下保障对子女的照顾和扶养。本案中的情况并非如此,照顾子女一方甚至连自己的离婚后扶养费都放弃了,所以离婚后她只能选择让他人照顾子女、自己外出工作,或者缩减自己和孩子的生活开支,这意味着限制子女的发展。两种情况下,均会持续损害子女利益,违反父母对子女的应有责任。

如果照顾子女一方选择外出工作并将子女交给他人照料,唯有当其工作收入足够支付儿童托管费用和生活费用时,才能认可此种免除约定没有对儿童利益带来损害。

3. 抗告人在缔约时的特殊状况应当引起重视,高等地方法院在其判决中没有考虑上述问题,而是简单地认为该约定不影响子女对父母的扶养费请求权,尤其没有考虑到女方负担过重或者家庭生活水平会严重降低的事实。此外,该法院也没有注意到免除约定对子女利益的实际影响。特别是忽视了作为文员的申请人收入菲薄,且在订立夫妻财产合同时已经有一个孩子需要单独扶养;在离婚情形下,她必须独立照顾两个孩子并承担三个人的生活开支。法院在此情形下理应进一步审查免除约定是否会损害共同子女的利益、是否违反父母责任。可见,法院没有正确认识《基本法》第 6 条第 2 款之保护要求的范围和意义,这种保护针对的是不当行使父母权利的行为。

(三)撤销高等地方法院的判决。案件发回重审。

评析　德国宪法基本权利和家庭法

一、历史发展

1900 年的德国《民法典》在总体上保留了父权婚姻结构(die patriarchalische Ehestruktur):男方仍是家庭生活中的主角,负责全面处理与家庭共同生活相关的事务;[7]男方姓氏自动成为婚姻姓氏和家庭姓氏;[8]在法定财产制中,男方负责管理并使用女方的财产;[9]男方在子女照顾方面承担主要义务,独享对子女的财产照顾权和法定代理权。[10]妇女在家庭中被定位为"有权负责共同的家庭事务",[11]并且以此为限享有对外处理权限,即"在家事效果范围内料理丈夫的事务并为丈夫的代理人"。[12]同时,为了严格区别婚姻和婚姻之外的关系,达到将婚姻作为唯一合法伴侣形式的目的,该法对非婚生子采取了保守的态度,"非婚生子女和其父亲不具有亲属关系"。[13]父亲虽然须在子女年满16岁之前承担扶养义务,[14]但在其他方面与子女并无任何法律关系。就母亲而言,子女具有婚生子女地位,[15]但母亲必须和其他监护人共同行使对子女的照顾权,且不享有法定监护权。[16]

"二战"后,德国《基本法》的施行从宪法角度提出了修改家庭法的要求。特别是《基本法》第3条第2款规定:男女有平等之权利,国家应促进男女平等之实际贯彻,并致力消除现存之歧视;第6条第5款规定:非婚生子女之身体与精神发展及社会地位,应由立法给予与婚生子女同等之条件;第117条第1款特别规定:与本法第3条第2项抵触的法律,必须在1953年3月31日之前依照《基本法》进行调整。

在《基本法》和联邦宪法法院的推动下,德国立法者通过《民法领域的男女平权法》《改革婚姻法和家庭法的第一号法律》《家庭姓氏权利法》《非婚生子女法律地位法》《修改子女权利法》《辅佐关系法》《继

---

⑦　原《民法典》第1354条。

⑧　原《民法典》第1356、1616条。

⑨　原《民法典》第1363条。

⑩　原《民法典》第1627、1630、1634条。

⑪　原《民法典》第1356条第1款。

⑫　原《民法典》第1357条。

⑬　原《民法典》第1589条第2款。

⑭　原《民法典》第1708条。

⑮　原《民法典》第1705条。

⑯　原《民法典》第1707条规定:母亲对非婚生子女不具有父母权力。母亲有权利和义务对子女进行人身上的照顾;但不能作为子女的法定代理人。对子女的监护在法律性质上实为辅佐(Beistand)。

承权平权法》《统一未成年子女扶养权利法》等一系列法案,逐步实现了男女平等、婚生子和非婚生子的平等以及对子女权利的特别保护。

目前德国学术通说认为,《基本法》中规定的基本权利是德国法律体系核心价值的体现,可以直接约束各国家机关。⑰基本权利的功能也称为基本权利的"法律效果""保证效果"等,它首先是一种主观权利(subjektive Rechte),同时也构成一种客观的价值判断,具有"客观功能"。⑱这意味着,国家在做任何措施和决定时必须将基本权利作为一个客观价值加以考虑。⑲ 无论是法律的制定还是法律的解释,只要这种活动属于"国家主权的行使",就必须考虑基本权利。简言之,每种基本权利都有两方面的功能,一是限制国家权力、保护个人权益的主观功能,二是约束国家机关的客观价值功能。无论是立法者、司法者还是行政者都不能违反基本权利确立的客观价值。

基本权利的客观价值功能,要求法院处理私人法律关系时也必须考虑基本权利。⑳这种在私法领域的客观价值功能在德国被称为基本权利的第三人效力。德国联邦宪法法院否定"直接第三人效力",但是接受了"间接第三人效力"理论。㉑根据该理论,基本权利的效力扩展于整个法律体系,构成对全部私法和公法有约束力的价值判断。㉒无论处理公法案件还是私法案件,法院都不能做出违反基本权利的判决。

二、基本权利对家庭法的具体影响

德国《基本法》中涉及家庭法的基本权利包括:(1)《基本法》第6条第1款:婚姻和家庭受国家之特别保护。(2)第3条第2款:男女具

---

⑰ *Damm, Karl-Dieter*, Die Einwirkung der Grundrechte des Grundgesetzes auf das nach deutschem internationalen Privatrecht anwendbare ausländische Sach-und Kollisionsrecht (1993), S. 63.

⑱ 张翔:《基本权利的双重性质》,载《法学研究》2005年第3期,第21页。有关基本权利的"客观价值"功能,又参见郑贤君:《作为客观价值秩序的基本权——从德国法看基本权保障义务》,载《法律科学》(西北政法学院学报)2006年第2期,第35页以下。

⑲ 参见张翔:《论基本权利的防御权功能》,载《法学家》2005年第2期,第65页以下。

⑳ *Fritzsche, K. Peter*, Menschenrechte, Eine Einführung mit Dokumenten (2004), S. 47.

㉑ 《联邦宪法法院裁判集》第25卷,第256页;第42卷,第143页(德国杂志案)。

㉒ *Damm*, Einwirkung der Grundrechte, S. 31.

有平等权利，任何人不得因性别遭受歧视或享有特权。（3）第6条第2款：照料和教育子女为父母之自然权利，亦为其至高义务，其行使应受国家监督。（4）第6条第4款：凡母亲均有请求社会保护及照顾之权利。（5）第6条第5款：立法应当保证非婚生子女在身体与精神发展及社会地位方面，具有与婚生子女同等之条件。

联邦宪法法院通过一系列判决，扩展了国家对婚姻家庭的保护范围，赋予《基本法》第6条第1款多种功能：（1）第6条第1款首先构成传统基本权利意义上的自由权，该自由权要求国家保护作为特定个人空间的婚姻和家庭免受外力的侵害，并在家庭领域促进人的独立和自我责任。[23] 相应地，家庭应当被理解为封闭而独立的生活领域，国家有义务尊重和促进家庭的统一和自我责任；包括立法者对夫妻的私人决定自由的尊重，夫妻可以自行安排他们的家务劳动和职业工作。[24]（2）第6条第1款还包含特殊的平等原则，[25]要求对婚姻和家庭的待遇不得低于其他生活或教育形式（禁止歧视），例如，配偶的待遇不能低于单身者，父母的待遇不能低于无子女者，婚姻和其他教育组织不得受歧视，单亲家庭不能在税法上受歧视。[26]（3）第6条第1款还承认婚姻和家庭是一种生活秩序，国家必须提供相应的“制度保障”（Institutsgarantie）。（4）第6条第1款对所有公法和私法领域设定了有约束力的价值判断。这种价值判断一方面禁止国家损害或妨碍婚姻和家庭（妨碍禁止），另一方面也要求国家保护婚姻和家庭不受其他力量的妨碍，并采取促进家庭的措施。[27]

联邦宪法法院在判例中强调了家庭概念中的社会条件：“《基本法》第6条第1款所保护的家庭是父母和子女构成的共同体，无论子女

---

[23] 《联邦宪法法院判例集》第6卷，第55、71页。

[24] 《联邦宪法法院判例集》第6卷，第55、81页；第24卷，第119、135页；第66卷，第84、92页。

[25] 联邦宪法法院的有关判例，载《家庭法大全杂志》1999年卷，第283、286页；《家庭法大全杂志》2001年卷，第603页。

[26] 《联邦宪法法院判例集》第61卷，第319页；第68卷，第143、154页。

[27] 《联邦宪法法院判例集》第6卷，第55、76页。

是否为父母所生，也无论子女是否为婚生；家庭指的是父母和子女之间实际存在的生活和教养共同体，父母要为子女承担责任。”因此，只要子女的亲生父亲事实上对子女承担了责任，并且和子女之间形成了社会联系，即使法律没有承认其父亲的身份，他也可以和子女一起建立《基本法》第6条第1款意义下的家庭。[28] 此外，第6条第1款的保护也适用于外国人。在外国成立的婚姻即使没有遵守德国法的形式要求而不为德国承认，该“跛脚婚姻”也受德国宪法的保护；离婚后的法律效果受到基本权利的保护（即使离婚者一方重新结婚，也不能因此减损对原配偶的基本权利保护）。[29]

基本权利作为宪法上的价值判断，主要通过民法中的一般性条款（Generalklauseln）发生效力。国家必须保护个人基本权利免受他人侵害，法院有义务通过解释和适用法律保障基本权利，并在个案中加以具体化。

三、“公共政策”和家庭中的契约自由

在美国，也有学说和观点主张将国家利益作为审查婚姻协议的判断标准，类似于德国的基本权利审查。借助公共政策审查婚姻协议的基础条件有二：一是国家对婚姻有利益关联；二是婚姻协议对国家利益有直接影响。

（一）婚姻中的国家利益

美国学者Servidea指出，[30]婚姻制度在美国社会中具有三大重要功能：（1）婚姻制度的社会价值首先在于养育子女。国家对该利益的关联性来自于其国家监护人的地位（parens patriae），即如果儿童的父母不能或不愿扶养子女，国家就必须承接这一义务。因此，父母养育自己的子女，就会减轻国家的负担。国家对于养育子女的利益还在于，儿童成年后会对社会产生积极或消极的影响，养育子女的质量将会决定他

---

[28] 联邦宪法法院裁判，载《家庭法大全杂志》2003年卷，第816、822页。

[29] 《联邦宪法法院判例集》第62卷，第323、330页；第66卷，第66、77页。

[30] Karen Servidea, Reviewing Premarital Agreements to Protect the State's Interest in Marriage, 91 Virginia Law Review 535 (2005).

们是否成为对社会有益的成员。(2)国家希望家庭能培养子女的社会基础道德,教育子女学会责任、义务、纪律、尊重等美德。不仅子女在家庭中学习公民道德,配偶也通过婚姻关系提升品德;结婚后人们或许并未意识到婚姻带来的法律义务,但却能清楚地感受到随之而来的道德义务;通过接受和履行这些责任,人们逐渐变得更具有公共精神和自我牺牲精神,而这对于民主社会是非常重要的品质;所以说婚姻用一种非强制的方式将个人转化为社会的自愿参与者。因此,国家优待婚姻并不是为了促进个人之间的私密关系,而是为了保证和促进文明社会。(3)婚姻还具有重要的社会福利功能。婚姻当事人有互相扶养义务,这就减少了对国家保障的依赖,减轻国家的经济负担。

(二)婚前协议条款涉及的国家利益

既然国家对于婚姻有合法利益(养育子女、公民道德和社会保障),如果婚姻协议变更了法定财产分割或扶养义务,就会影响国家的利益。具体而言:(1)若婚姻协议限制了一方对另一方的扶养费请求权或财产分割权,导致该方在离婚后不得不依靠社会救济生活,就会影响国家在婚姻制度上的社会保障利益。从公共财政角度来看,国家当然希望配偶在离婚后仍然互相承担扶养义务,这样可减少社会救济负担。(2)若婚姻协议的实施严重影响未成年子女在离婚后的生活标准,就会损害国家对婚姻养育子女功能的利益。(3)若婚姻协议的规定诱使配偶减少自己在婚姻共同体中的贡献(投资),就会损害婚姻在培养公民道德和养育高质量子女方面的功能。

据此,如果婚姻协议的安排对一方特别不利,就会诱使另一方提出离婚,离婚会直接损害和婚姻相关的国家利益:(1)离婚显著影响养育子女和子女福利。研究表明,[31]出身于离异家庭的孩子比来自正常家庭的子女更少接受教育,更需要精神康复治疗,也更容易发生反社会行为。(2)若配偶一方在协议中占据优势,其在婚姻中遇到问题时,就会倾向于认为离婚是更简单经济的解决办法,而不是通过合作和沟通的

---

[31] See Elizabeth S. Scott, "Rational Decisionmaking About Marriage and Divorce", 76 *Va. L. Rev.* 9, 31-32 (1990).

方式解决问题。这就会损害婚姻的公德教育功能。(3)离婚会危及婚姻的社会保障功能。维持两个家庭的日常开支显然比离婚前一个家庭的开支更大,很多夫妻在离婚前的收入足够维持家用,但离婚后就不得不依靠社会救济。

判例二　联邦宪法法院2004年2月18日判决:姓氏的宪法保护

要点提示:姓氏作为一般人格权的组成部分受宪法保护;禁止将在前婚中取得的婚姻姓氏"转送"给他人的规定不符合宪法(Verfassungswidrigkeit);姓名法的合宪性审查。

案号:BVerfG, Urteil v. 18. 2. 2004-1 BvR 193/97.

引证注释:《联邦宪法法院裁判集》第109卷,第256页;《新法学周刊》2004年卷,第1155页;《家庭法大全杂志》2004年卷,第515页。

裁判要旨

根据《民法典》第1355条第2款,配偶一方不能将在前婚中取得的婚姻姓氏,选为新婚姻的婚姻姓氏,该规定不符合《基本法》第2条第1款结合第1条第1款。[32]

案件事实

根据(当时的)《民法典》第1355条第2款,配偶双方只能选择出生姓氏作为婚姻姓氏。这意味着,配偶一方在离婚后虽然可以继续使用从婚姻中取得的婚姻姓氏(《民法典》第1355条第5款第1句),但

[32] 《基本法》第1条:(1)人之尊严不可侵犯,尊重及保护此项尊严为所有国家机关之义务。(2)德意志人民承认不可侵犯与不可让与之人权,为一切人类社会以及世界和平与正义之基础。(3)下列基本权利拘束立法、行政及司法而为直接有效之权利。

第2条:(1)人人有自由发展其人格之权利,但以不侵害他人之权利或不违犯宪政秩序或道德规范者为限。(2)人人有生命与身体之不可侵犯权。个人之自由不可侵犯。此等权利唯根据法律始得干预之。

不能在新的婚姻中选择该姓氏为婚姻姓氏（“不得转送”）。本案中，抗告人双方于1993年在美国结婚。回到联邦德国后，他们在户政登记机关要求将抗告人1（女方）在前婚中取得的婚姻姓氏确定为新的婚姻姓氏，她在（第二次）结婚前使用该姓氏多年。户政登记官员拒绝出具相关证明，理由是他们选择的姓氏并非双方的出生姓氏，即超出了婚姻姓氏的可选择范围。抗告人提出申请，要求户政登记官员出具证明，该申请被法院驳回。抗告人提出的宪法抗告（Verfassungsbeschwerde，又称宪法诉愿、宪法控诉）获得支持。由于不能主动创设法律，联邦宪法法院设置了期限，要求立法机关在2005年5月15日之前修改违反宪法的法律规定。

裁判理由

本宪法抗告涉及《民法典》第1355条第2款的合宪性问题。根据该规定，夫妻双方只能选择妻子或丈夫的出生姓氏作为婚姻姓氏，不能选择配偶一方从之前婚姻中取得、在结婚时仍在使用的姓氏作为婚姻姓氏。

一、（一）1. 1896年8月18日公布的德国《民法典》最初版本（帝国法律公报第一部分，第195页）第1355条规定，妻子在婚后应以丈夫的家族姓氏作为婚姻姓氏。1957年6月18日通过的《男女平权法案》在第1355条的选择范围中增加了女方的出生姓氏。1976年7月14日通过的《关于婚姻和家庭法的第1号改革法案》将第1355条修改为，配偶双方可以选择任何一方的出生姓氏作为婚姻姓氏。但在双方没有选择婚姻姓氏的情况下，仍以丈夫的姓氏为婚姻姓氏。双方选择婚姻姓氏的范围限于各自的家族姓氏，这就排除了选择通过婚姻取得之婚姻姓氏的可能性。立法理由是防止滥用姓氏选择权利（联邦议会7/650号公开出版物，第97页）。同时在某些条件下，丈夫在离婚后有权禁止前妻继续使用通过婚姻取得的姓氏。

反之，1965年12月20日的德意志民主共和国《家庭法典》第7条第1款规定，当事人可以选择任何一方在结婚时正在使用的姓氏作为婚姻姓氏。

2.(1)联邦宪法法院曾在1991年3月5日的裁定(《联邦宪法法院裁判集》第84卷,第9页)宣布当时的《民法典》第1355条第2款第2句违反宪法。根据该规定,夫妻双方未选择婚姻姓氏时,以男方的出生姓氏为婚姻姓氏。政府在修改家庭姓氏法的立法草案(联邦议会第12/3163号出版物)中曾建议,除了出生姓氏,夫妻双方也可以选择结婚时正在使用的其他姓氏作为婚姻姓氏,试图通过扩大选择范围促使当事人选择婚姻姓氏。草案理由中提出,在新婚姻中使用从前婚中得到的姓氏,可能会伤害前配偶及其亲属的感情,但他们必须容忍这种感情上的不适。通过结婚行为,其出生姓氏未被选定为婚姻姓氏的配偶一方,取得的不仅是婚姻姓氏在婚姻存续期间的使用权。通过配偶双方的共同选择行为,该姓氏已经成为该方配偶自身的权利。允许在新婚姻中使用从前婚中取得的姓氏,可以化解寡妇和鳏夫结婚的尴尬。因为双方在结婚时可能都在继续使用从前婚中取得的姓氏,如果强令他们从出生姓氏中选择新婚姻姓氏,就意味着他们必须恢复几十年都没有使用过的出生姓氏。倘若允许前婚中的配偶一方禁止另一方在新婚中使用从前婚中取得的姓氏,就会损害配偶通过结婚取得姓氏之独立权利(eigenständigen Berechtigung,参见联邦议会第12/3163号出版物,第11页)。

(2)然而,在草案的审议和听证会上,这一拟议条文以压倒多数被否决(参见1993年6月30日联邦议院第12届法律委员会第80次会议记录)。各种贵族社团(Adelsverbände)也到处公开反对扩大婚姻姓氏选择的范围,认为这会造成“头衔通货膨胀”(Titel-Inflation)。最终联邦议会法律委员会建议,考虑到离婚配偶和死者家属的利益,同时为了防止出现权利滥用的风险,婚姻姓氏的选择范围仍应限制在双方的出生姓氏(参见联邦议会第12/5982号出版物,第4、18页)。

因此,1993年12月16日《关于婚姻姓氏法的修订法案》(1994年4月1日起实施,联邦法律公报第1部分,第2054页)将《民法典》第1355条第2款修订为:配偶双方通过对户政登记机关作出声明而选择男方或女方的出生姓氏作为婚姻姓氏。

3. 根据修改后的法律，配偶一方仍不能将在前婚中取得的姓氏作为婚姻姓氏转给新配偶，除非配偶双方国籍不同，且《民法典施行法》第10条第2款第1句㉝指向的配偶一方的国籍国法允许选择前婚中的姓氏。反之，父母一方在前婚中取得的姓氏可以送给子女作为出生姓氏（《民法典》第1617条第1款和第1617a条）。同样，被收养的子女可以取得收养人的姓氏，无论该姓氏是收养人的出生姓氏还是通过结婚取得的姓氏（《民法典》第1757条第1款）。

4. 由于《民法典》第1355条第2款将婚姻姓氏的选择范围限制在双方的出生姓氏，若配偶一方在结婚时放弃自己的出生姓氏而改用另一方配偶的姓氏，其在另一方配偶去世后或离婚后可以继续使用该姓氏并重新结婚，但在新婚姻中不能使用该姓氏作为婚姻姓氏。这一方通常而言都是女方。因为直到1976年，男方姓氏依法即为婚姻姓氏，女方结婚后就必须放弃出生姓氏（娘家姓）；直到1994年，夫妻双方未选择婚姻姓氏时，仍以男方姓氏为婚姻姓氏。1994年姓氏法改革之后，实践中大多数夫妻也会选择丈夫姓氏为婚姻姓氏。虽然对此并无官方统计数据，但联邦宪法法院通过询问汉堡、汉诺威、法兰克福和慕尼黑等地的户政登记部门，确认了民间机构的统计调查结果（参见德国通讯社组织的民意调查；Matthias-Bleck：《德国和欧洲家庭法》，2000年，第108页）。调查显示，2001年和2002年分别有85%和86%的夫妻选择了共同婚姻姓氏，其中93%和97%的夫妻都选择了丈夫的出生姓氏。与此同时，近年来再婚的数量和比重不断增加。2000年再婚占结婚总数的比例在西德和东德地区分别达到36%和41%（参见德国联邦家庭、退休人员、妇女和儿童部主编：《官方统计背后的家庭》，2003年，第69页）。

（二）1. 本案中，两名抗告人于1993年在美国结婚，返回德意志联

㉝ 《民法典施行法》第10条第2款：夫妻可以在结婚时或结婚后在户籍官员面前根据以下法律选择其将来采用的姓名：（1）根据夫妻一方所属国法律，而不必考虑第5条第1款的规定，或者（2）一方惯常居所在德国的，根据德国法律。

邦共和国后,在户政登记部门要求选择抗告人1的姓氏作为婚姻姓氏,该姓氏系其从前婚中取得,且已经使用多年。登记员拒绝签发证明文件,因为该姓氏并非抗告人双方的出生姓氏,超出了可选择婚姻姓氏的范围。抗告人提出申请,要求法院判令户政登记机关出具相关证明,区法院驳回了该诉请。抗告人提起的抗告也被驳回。地方法院认为,《民法典》第1355条第2款的规定明确,并不存在歧义;同时指出,配偶一方通过婚姻取得的另一方出生姓氏,并不构成自身的、独立于婚姻本身的姓名权。婚姻姓氏只是借用的他人姓氏,不能继续用于新的婚姻。柏林高等地方法院(《家庭法大全杂志》1997年卷,第557页)支持地方法院的判决,同时指出:第1355条第2款的规定符合宪法;《基本法》第6条第1款并没有允许当事人选择从前婚中取得的姓氏作为婚姻姓氏,第1355条的规定也没有损害人格权;立法者考虑到离婚配偶的利益,且为了防止权利滥用,故将前婚姓氏排除在婚姻姓氏的选择范围外,这符合比例原则,也不违反宪法规定;此外,抗告人1可以将其目前的姓氏作为姓氏附件加入婚姻姓氏,这就已经充分保护了她的姓氏权益;倘若夫妻双方来自不同国家,且根据国际私法指向的法律有此规定,则可以选择从前婚中取得的姓氏作为新的婚姻姓氏。

2. 抗告人针对上述判决(直接针对)和《民法典》第1355条第2款(间接针对)提出宪法抗告,认为其侵害了自己根据《基本法》第2条享有的人格权和根据《基本法》第6条享有的其他权利;此外还侵害了《基本法》第3条第1款规定的一般平等原则。[34]

抗告人认为,配偶通过结婚取得的姓氏,并非婚姻存续期间的用益权(Nutzungsrecht);该姓氏构成其独立权利,受一般人格权的保护;若不允许其选择该姓氏作为婚姻姓氏,就会侵害其一般人格权。对婚姻姓氏的选择限制不符合《基本法》第6条规定的对婚姻家庭的特别保

---

[34] 《基本法》第2条:(1)人人有自由发展其人格之权利,但以不侵害他人之权利或不违犯宪政秩序或道德规范者为限。(2)人人有生命与身体之不可侵犯权。个人之自由不可侵犯。此等权利唯根据法律始得干预之。

第6条第1款:婚姻与家庭应受国家之特别保护。

第3条第1款:法律之前人人平等。

护。此外，通过婚姻取得的姓氏可以转给该婚姻之外出生的子女，但却不能转给新的配偶使用，这明显违反《基本法》第3条规定的平等原则。对国内婚姻和具有涉外因素的婚姻区别对待也违反平等原则。根据《民法典施行法》第10条第2款第1句，和外国人结婚的德国人在婚姻姓氏的选择上获得优待。

（三）联邦司法部代表联邦政府参加宪法抗告程序，德国家庭法研究会、德国法律人联合会等组织也通过书面和口头辩论形式参加了程序。

二、抗告人1提出的宪法抗告可以受理。但抗告人2的宪法抗告不能受理。因为其没有根据法律规定（《联邦宪法法院法》第23条第1款和第92条）[35]证明其基本权利受到侵害，即在抗告人1根据《民法典》第1355条第2款不能选择结婚时正在使用的姓氏作为婚姻姓氏的情况下，抗告人2未能证明自己的基本权利为何因此受到侵害。他在申请书中只提到，转送通过结婚取得姓氏的权利属于一般人格权，受宪法保护，但这并不能说明他自己有取得该姓氏的权利，且该权利因为《民法典》第1355条第2款违反宪法而受到损害。抗告人2在口头辩论期间又提出，不能选择抗告人1的姓氏作为婚姻姓氏损害了他的行为自由；这也不符合宪法抗告应当充分陈述被侵害权利的要求（《联邦宪法法院法》第92条）。

三、抗告人1提出的宪法抗告成立。《民法典》第1355条第2款规定，配偶双方只能选择男方或女方的出生姓氏作为婚姻姓氏，但不能选择配偶一方在结婚时正在使用的，从之前婚姻中取得的姓氏，这一规定不符合《基本法》第2条第1款结合第1条第1款。柏林高等地方法院基于《民法典》第1355条第2款做出的裁定侵害了抗告人1基于《基本法》第2条第1款结合第1条第1款的一般人格权。

---

[35] 《联邦宪法法院法》第23条第1款：导入程序之声请的提出，应以书面向联邦宪法法院为之。声请应附具理由与必要的证据方法。

第92条：在诉愿理由内应叙明被侵害之权利，及诉愿人认为之侵害机关或官署的作为或不作为。

（一）1. 个人姓氏是其身份或个体的外在标志（Ausdruck seiner Identität und Individualität），受《基本法》第 2 条第 1 款结合第 1 条第 1 款的保护。保护的范围包括名字和姓氏（参见《联邦宪法法院裁判集》第 78 卷，第 38、49 页；第 84 卷，第 9、22 页；第 97 卷，第 391、399 页；第 104 卷，第 373、385 页）。

（1）儿童出生后取得家庭姓氏，其人格就和该姓氏相关联。该姓氏帮助其形成有别于其他人的身份特征（参见《联邦宪法法院裁判集》第 104 卷，第 373、385 页）。姓氏是个人自我认同和区别他人的手段；法律秩序必须尊重和保护个人姓氏（参见《联邦宪法法院裁判集》第 97 卷，第 391、399 页）。

（2）通过婚姻姓氏选择而取得的姓氏同样受到《基本法》第 2 条第 1 款结合第 1 条第 1 款的充分保护。

首先，制定和构建姓氏法是立法者的工作（参见《联邦宪法法院裁判集》第 78 卷，第 38、49 页）。立法机关通过法定程序在《民法典》第 1355 条第 1 款规定，配偶双方原则上应选择婚姻姓氏，以共同姓氏作为整个家庭的标志（参见《联邦宪法法院裁判集》第 104 卷，第 373、387 页）。配偶双方据此选择婚姻姓氏的，意味着一方配偶要放弃现有的姓氏，在未来生活中使用另一方的姓氏作为婚姻姓氏。配偶双方选择的共同婚姻姓氏不仅标志着新家庭单元的建立，同时也是配偶双方用以体现个人身份的标志。这样，新姓氏就构成姓氏使用人之一般人格权的组成部分和外在表达，享有一般人格权的保护。

其次，对通过结婚取得的姓氏的保护并不局限于婚姻存续期间。《基本法》第 6 条第 1 款并没有规定必须在婚姻存续期间才能使用共同的家庭姓氏（参见《联邦宪法法院裁判集》第 104 卷，第 373、387 页），也不要求在婚姻解除时放弃婚姻姓氏。对通过婚姻取得的姓氏的保护完全来自使用人本身的人格权。个人取得姓氏后，就会产生姓氏身份，能够通过姓氏确认自我并为他人所识别。姓氏的身份认同效果无关其取得方式或取得原因。取得方式或原因都不能减损对姓氏的宪法保护。这也同样适用于通过婚姻姓氏选择取得的姓氏。尽管该姓氏是另一方配偶引入的,但它被选择后即构成新使用者的自有姓氏,排除了原先使用的姓氏,构成使用者人格权的一部分。既然它是自有的而非借用的姓氏,就应该享有《基本法》第 2 条第 1 款和第 1 条第 1 款的保护,无论该婚姻姓氏所由产生的婚姻本身是否延续。

2.《民法典》第 1355 条第 2 款侵犯了对通过婚姻姓氏选择取得的姓氏的保护。

一般人格权保护意味着,任何人不得强迫姓氏持有人放弃或变更正在使用的姓氏(参见《联邦宪法法院裁判集》第 84 卷,第 9、22 页)。这一点同样适用于婚姻姓氏;《民法典》第 1355 条第 1 款并没有强迫配偶双方选择共同的婚姻姓氏,他们完全可以在结婚后继续使用之前的姓氏。但如果配偶双方想要选择共同婚姻姓氏,《民法典》第 1355 条第 2 款就会阻止他们选择配偶一方从之前婚姻中取得的、不同于出生姓氏的姓氏。

此种对姓氏选择的限制意味着立法者干涉了姓氏使用者的姓名权。虽然从人格保护角度而言,通过婚姻或出生取得的姓氏并无差异,享有平等保护,但立法者却认为后来取得的姓氏相对于出生姓氏是"质量欠佳"的姓氏,所以配偶双方只能选择出生姓氏作为婚姻姓氏。这就迫使嗣后取得姓氏的使用人在选择婚姻姓氏时,不得不放弃已经使用多年的姓氏,改用其他姓氏。他只能选择现有配偶的姓氏或自己的出生姓氏,后者在其取得现有姓氏后许久不曾使用,没有伴随其人格发展,不能作为现有身份的标识。无视个人选择并正在使用的姓氏,反而重点考虑其已经放弃且只能标识其出身的出生姓氏,无异于在事实上剥夺了法律对姓名的保护。

3.《民法典》第 1355 条第 2 款将通过之前婚姻获得的姓氏排除在婚姻姓氏选择范围之外,属于以违反比例原则的方式侵害姓氏使用者的人格权,即人格权中对姓氏的保护。基于姓名权的重要性,唯有当存在重大理由时,才能以符合比例原则的方式干预姓氏(参见《联邦宪法法院裁判集》第 78 卷,第 38、49 页),而《民法典》第 1355 条第 2 款并不符合这些条件。

(1)尽管如此,仍要适当考虑法律规定背后的原因。

首先,立法者希望通过该规定保护离婚配偶及后去世配偶一方的利益(参见联邦议会第 12/5982 号出版物,第 4、18 页)。离异后,若原配偶一方将通过前婚获得的姓氏用于新的婚姻,并和新配偶使用相同的姓氏,可能会让原配偶另一方(即提供婚姻姓氏的人)感到难受和烦恼。因为姓氏也用于体现血缘关系,显示家庭状况或家庭地位,当婚姻破裂或不复存在时,此种家庭关联也应当随之终止。

其次,立法者还提到,选择前婚姓氏作为新的婚姻姓氏可能存在滥用权利风险,但这不能成为侵害宪法保护的姓名权的理由。立法程序中并没有明确指出会存在哪些权利滥用行为,现实中也不存在此种危险的充分事实依据。政府代表在立法听证的口头辩论中曾经指出,对于那些"特别好"的,包含市场价值的姓氏,不排除有滥用的可能,但没有具体说明何为滥用。如果选择一个姓氏的原因是觉得好听,当然不构成权利滥用,虽然这可能会造成姓氏选择"扎堆"(Häufung)。即使当事人将从前婚中取得的、带有贵族标识的姓氏用于新婚姻,也不构成权利滥用。如果只是为了取得姓氏而虚假结婚(Scheinehen),离婚后又将通过虚假婚姻取得的姓氏用于新婚姻(参见 v. Greiffen 论文,载《法学评论》1992 年卷,第 221、222 页),方构成权利滥用。但对于此种行为,通过审查虚假婚姻之效力即可以有效阻止,无需通过侵犯姓名权的方式预防。此外,即使要防止此种危险,立法者应该关注的也不应当是离婚配偶,而是其家族。

(2)《民法典》第 1355 条第 2 款对姓名权的干涉,侵害了该姓氏持有人的人格权且不符合比例原则。通过比较干预程度和理由可知,该规定不符合《基本法》第 2 条第 1 款结合第 1 条第 1 款。

第一,本案中并无其他同等重要的、需要基本权利保护的利益,以证明《民法典》第 1355 条第 2 款干预姓氏持有人之基本权利的正当性。

每个人(包括离婚者)对自身姓名的权利,来自《基本法》第 2 条第 1 款结合第 1 条第 1 款规定的人格保护。该人格保护包括个人身份和生活空间,并以其姓名表达于外,但这并不意味着其有权利决定其他人的姓氏(参见《联邦宪法法院裁判集》第 104 卷,第 373、392 页)。因此从人格权中不能推导出决定他人姓名的权利,也不能推导出禁止他人选择和自己同样姓氏的权利:宪法不保护姓名专属权(Namensexklusivitä)。离婚后,配偶一方不愿意看到前配偶与其新伴侣使用自己的姓氏,此种心情固然可以理解,但这种利益的分量和宪法所保护的姓名权不可同日而语。

第二,基本权利受侵害的是在之前婚姻中放弃自己出生姓氏的配偶一方,即选择另一方的出生姓氏作为新姓氏的配偶一方,也包括那些因为法律的违宪规定而被迫放弃自己姓氏的配偶。[36] 根据《民法典》第 1355 条第 2 款的规定,若他们重新结婚并打算和新配偶一起选择婚姻姓氏,就不得不再次放弃正在使用的姓氏。反之,另一方配偶,即前婚中提供婚姻姓氏的一方,在重新结婚后却可以选择该姓氏为婚姻姓氏,虽然这同样会伤害前伴侣的感情。可见,提供婚姻姓氏一方的利益是阻止其前配偶在新婚姻中继续使用该婚姻姓氏;如果要顾及这一利益,通过婚姻姓氏选择取得新姓氏的人将不得不承担双重的姓氏变更负担。《民法典》第 1355 条第 2 款在利益衡量上只考虑将其出生姓氏作为婚姻姓氏的配偶一方,而未考虑通过婚姻姓氏获得新姓氏的一方。后者在离婚后不能阻止前配偶的新伴侣获得该姓氏。

第三,单方面考虑提供婚姻姓氏的配偶一方的利益,不能证明干预基本权利的正当性,因为这意味着作为宪法基础的平等原则无法贯彻于婚姻姓氏法中。尤其是,之前的婚姻姓氏法以违反平等原则的方式要求女方在婚后采用男方姓氏,离婚后她不想和前夫的新配偶使用同一姓氏,但立法并没有考虑她的利益。后来立法者被要求贯彻平等原则,把女方的姓氏也列入婚姻姓氏的选择范围,但他们又想通过《民法典》第 1355 条第 2 款继续维护男方的利益。这一规定的实施效果更有利于男方,因为其出生姓氏被选定为婚姻姓氏的一方更有可能在新婚姻中选定自己的姓氏作为婚姻姓氏;而 1976 年之前,根据当时的法律,必须以男方姓氏作为婚姻姓氏。这样一来,《民法典》第 1355 条第

---

[36] 之前的法律规定,在双方都未选择婚姻姓氏的情况下,以男方姓氏为婚姻姓氏。

2款实际上就干涉了离婚女子或丧偶妇女在再婚时继续使用现有婚姻姓氏的权利。

第四,1976年6月14日通过的《改革方案》没有在实质上改变此种单边状况。因为配偶双方对于婚姻姓氏选择未能达成一致时,男方姓氏仍然优先。事实上,男方姓氏直到今天仍在婚姻姓氏选择上占据主导地位。大多数人结婚时会选择男方姓氏作为婚姻姓氏,所以《民法典》第1355条第2款产生的不利影响主要还是针对女方。第1355条第2款的规定还会造成一种看法,即某姓氏被选择为婚姻姓氏后,其并非平等属于配偶双方,而是优先属于婚姻姓氏提供者,其对该姓氏有更多的处分权。

第五,虽然通过前婚取得姓氏的配偶一方在重新结婚时可以将原来的婚姻姓氏登记为姓氏附件(《民法典》第1355条第4款),但这也不能证明干涉姓名权的正当性。

配偶双方选择其中一方的姓氏作为共同婚姻姓氏时,其姓氏未被选择为婚姻姓氏的配偶一方虽然可以将其目前的姓氏作为附件添加到婚姻姓氏中,即可以在一定程度上将其现有姓氏所代表的身份标识体现在婚姻姓氏中(参见《联邦宪法法院裁判集》第104卷,第373、388页),但这并不足以缓和第1355条第2款的影响。因为根据该规定,配偶双方根本不可以将从前婚中取得的姓氏作为新的婚姻姓氏。对选择范围的限制意味着,配偶双方一开始就失去了此种选择可能性。虽然当事人可以选择姓氏附件,但这并没有弥补限制婚姻姓氏选择范围的不正当性。

(二)柏林高等地方法院依据该违反宪法之规范作出的裁定侵害了抗告人1根据《基本法》第2条第1款结合第1条第1款享有的基本权利。该裁判系针对两个抗告人一并做出,故该裁定应全部撤销。

四、(一)不符合《基本法》的规范原则上应被宣告无效(《联邦宪法法院法》第95条第3款第1句和第2句)。但如果有其他可以排除违宪效果的途径,且宣告无效有损立法机关之自由拟订的,亦可不宣告其无效(《联邦宪法法院裁判集》第77卷,第308、337页;第84卷,第168、186页)。立法机关可以将本判决视为契机,再次改革婚姻姓氏法。立法机关必须在 2005 年 3 月 31 日之前修改现有法律,使其符合《基本法》的要求。

(二)1. 法院和行政机关不得适用被宣告为违宪的法律规范(参见《联邦宪法法院裁判集》第 82 卷,第 126、155 页;第 84 卷,第 168、187 页)。本案不存在该原则的例外情形。若修订后的新规范无法消除对人格权的侵害,或者造成新的人格权侵害,即构成新的违宪情形;新规定可能会引起新的姓氏变更。

2. 第 1355 条第 2 款的不可适用性并不意味着配偶双方必须从他们的出生姓氏中择一为婚姻姓氏才能结婚。从合宪角度而言,不能对《民法典》第 1355 条的其他部分做出此种解释,因为本条并不构成法定的结婚障碍。在新规定出台之前,对于使用从前婚取得之姓氏为(新)婚姻姓氏的案件,应当有过渡性规则(Auffangregelung)。最为可行的方案就是,让配偶双方继续保留结婚前使用的姓氏。这种方式不会干预立法机关的权力,并且避免了反复的姓氏变化。双方应待新的规定生效后,再行选择婚姻姓氏。

3. 对于在本判决宣布之前已经结婚的配偶而言,应继续保持《民法典》第 1355 条第 2 款的姓氏法效力。立法者必须对此种情况设立特别规定。考虑到法律的安定性(Rchtssicherheit)和权利和睦(Rechtsfrieden),不宜一概排除现有规则的效力。但立法者必须确保消除违宪规范对未来的不利影响(参见《联邦宪法法院裁判集》第 84 卷,第 9、24 页)。新的规定必须适用于所有按照目前规定不能选择婚姻姓氏的夫妻。应确保他们将来能够在平等原则的基础上使用姓氏。具体内容和过渡性条款由立法者在新婚姻姓氏法中决定。

4. 对于已经进入程序的选择配偶一方之姓氏为婚姻姓氏的案件,为了避免诉讼费用损失,应当中止审理,直到新的法律规定颁布。

评析 联邦宪法法院和姓氏法改革

德国联邦宪法法院在 1991 年通过判决指出,当时的《民法典》第

1355 条第 2 款第 2 句的规定违反《基本法》,要求立法者修改有关婚姻姓氏的规定。[37] 1993 年的《家庭姓氏权利法》(Gesetz über die Neuordnung des Familiennamensrechts)[38]以该判决为基础,对姓名法的规定作出了重大调整。该法取消了姓氏的强制统一原则,结婚者"应该"选择共同婚姻姓氏,而并非"必须"这样做。[39] 当事人可以从夫或妻的出生姓氏中选择"婚姻姓氏",但仍不能将双方姓氏结合为复姓。[40] 联邦宪法法院认为 1993 年的改革法仍有违宪嫌疑。[41] 因为该法规定,当事人不能选择基于先前婚姻取得的姓氏作为婚姻姓氏,而只能选择其出生姓氏。联邦宪法法院认为这违反了《基本法》第 2 条第 1 款和第 1 条第 1 款。立法者不得不对婚姻姓名法再次进行修订。由此产生了 2005 年的修订案。[42] 根据新法的规定,配偶双方不仅可以选择出生姓氏,也可以选择配偶一方基于先前婚姻或同居伴侣关系取得的姓氏。[43]

联邦宪法法院特别指出,对通过婚姻取得的姓氏的保护来自使用人本身的人格权。个人取得姓氏后,就会产生姓氏身份,能够通过姓氏确认自我并为他人所识别。姓氏的身份认同效果无关其取得方式或取得原因。取得方式或原因都不能减损对姓氏的宪法保护。这也同样适用于通过婚姻姓氏选择取得的姓氏。尽管该姓氏是另一方配偶引入的,但它被选择后即构成新使用者的自有姓氏,排除了原先使用的姓氏,构成使用者人格权的一部分。既然它是自有的而非借用的姓氏,就应该享有《基本法》第 2 条第 1 款和第 1 条第 1 款的保护,无论该婚姻姓氏所由产生的婚姻本身是否延续。

---

[37] Entscheidung vom 5. März. 1991, BVerfGE 84, 9 ff.

[38] Familiennamensrechtsgesetz-FamNamRG vom 16. Dezember 1993 (BGBl. 1993 I S. 2054). Zur Gesetzgebungsgeschichte: Bundestags-Drucksache 12/3163 vom 14. 8. 1992. Dazu meine Glosse: Der Name ist Schall und Rauch, FamRZ 1992, S. 1015 ff.

[39] § 1355 Abs. 1 BGB i. d. F. des FamNamRG.

[40] § 1355 Abs. 2 BGB i. d. F. des FamNamRG.

[41] Urteil vom 18. 2. 2004, BGBl. 2004 I S. 431.

[42] Gesetz zur Änderung des Ehe-und Lebenspartnerschaftsnamensrechts vom 6. Februar 2005 (BGBl. I S. 203). 参见《联邦法律公报》,第 1 部分,第 203 页。

[43] § 1355 Abs. 2 BGB i. d. F. des Gesetzes vom 6. Februar 2005.

第二章　夫妻间协议的法律约束力和司法审查

判例一　联邦最高法院 1986 年 4 月 17 日判决:“药丸案”[①]

要点提示:情谊行为和法律行为的区分;男女双方基于私密关系而做出的约定,如关于采取避孕措施的约定属于有约束力的法律行为,还是情谊行为;服用避孕药约定中的法律拘束意思(Rechtsbindungswille)是否违反善良风俗(Sittenwidrigkeit)。

案号:BGH, Urt. vom 17. April 1986 - IX ZR 200/85.

引证注释:《联邦最高法院民事裁判集》第 97 卷,第 372 页;《新法学周刊》1986 年卷,第 2034 页。

---

① 参见邵建东、曾见:《情谊行为还是法律行为——德国联邦最高法院“女方停服避孕药”案评析》,载《安徽大学法律评论》2004 年第 1 期,第 1 页以下。

裁判要旨

1. 非婚共同生活的双方当事人约定由女方服用避孕药,该约定涉及最核心的个人自由领域(engsten persönlichen Freiheitsbereich),不能适用有关法律行为的规定。一方当事人不遵守约定且不通知对方的,也不发生合同法意义上的损害赔偿请求权。

2. 成年当事人自愿发生性关系的,应为由此诞生的新生命承担责任;若事实上生育了子女,即使一方在采取避孕措施方面欺骗了另一方,他们的私密领域(Intimbereich)原则上也不受侵权法调整。

案件事实

原告系被告在前案中的诉讼代理人。该前案由被告在K地的基层法院和地方法院针对S女士提起。本案中原告起诉的目的是要求被告支付律师费用。被告认为自己不负有付费义务,同时认为原告违反律师义务,应对自己承担损害赔偿责任。

被告未婚,自1977年底起与单身女子S(当时18岁)共同生活。被告称两人当时的关系是"类似于婚姻的共同生活"。至少在1980年底之前,双方都同意在这种关系下不生育子女,并由S服用避孕药物。1980年12月,S停止服药,但并未将这一事实告诉被告。当被告于1981年3月得知S怀孕时,双方关系即告破裂。1981年11月3日,两人的子女Sv. S出生。经生效判决确认,被告系Sv. S的非婚生父亲,需支付扶养费。在该亲子关系诉讼中,原告为被告代理。S作为证人作证说,她无论如何想要与被告有一个孩子,所以就停服了避孕药。

被告认为,他有权要求S赔偿损害,因此委托原告来实现其利益。他告诉原告,他与S之间达成了不生育子女的约定,该约定在S受孕时仍是有效的;S故意停止服用避孕药,目的是要与自己生育一个孩子,并敦促自己与她结婚。她曾经向一个女证人承认,自己是在男方不知情且违背其意志的情况下停止服用避孕药的,并"完美骗过了他"。

原告从S的行为违反合同义务的角度出发,认为被告要求赔偿其支付给孩子的扶养费的诉讼有获胜的希望。他们认为,Sv. S是联邦最高法院第六民事大审判庭 1980 年 3 月 18 日判决意义上的、出于计划生育方面的原因而属于意料之外的孩子。因此,他们建议被告对其前女友 S 提起诉讼。

在 1982 年 12 月提交法院的起诉书中,原告举证阐述了被告向他们描述的事实。他们认为,根据联邦最高法院的判例,本案中存在损害,有关采取避孕措施的约定有效。原告的意见可以概括为:"被告自身承认在原告不知情的情况下违背他们之间达成的约定,停止服用避孕药,以达到与原告生育子女的目的,其行为违反合同约定,需承担损害赔偿义务。"一审法院认为起诉不具备条件并予以驳回。法院认为,S 女士是否具有法律上的拘束意思(Bindungswillen),以及此种法律行为是否与德国《民法典》第 138 条的规定相符合,都存在疑问;即使此种法律行为能够成立,依照第 306 条也应无效,因为服用避孕药并不是万无一失的保护措施。法院认为不存在德国《民法典》第 823 条以下条款规定的请求权。

本案原告在告知被告一审败诉的信函中,认为败诉原因在于法院"不敢触及合同评价这一棘手问题"。他进一步提出,"对该判决提起控诉(Berufung)是有意义的,而且绝对必要"。被告遂委托原告提起上诉。原告仍根据此前所持法律观点提出控诉。在控诉法院提高诉讼标的额之后,被告开始怀疑继续进行程序是否有意义,因为 S 的经济状况很差,依靠社会救济金生活。被告就此征询原告的意见,即使其根据"判例"获得损害赔偿,是否会由于 S 一无所有而无法获得实际赔偿。原告答复说,即使获得胜诉判决,执行的希望也十分渺茫。被告说:"基于费用考虑,我还是决定撤回控诉。否则,我很想通过主张自己的权利树立一个这方面的典型。"原告遂根据委托以被告的名义撤回了控诉。原告以 15,000 德国马克的诉讼标的为基础,计算其律师费用。被告反驳说,原告进行了一场没有获胜希望的诉讼,给自己造成了损失,因此原告对他负有损害赔偿义务,这就排除了原告对律师费的请求权。在本案中,原告主张其费用请求权,被告则提起反诉,要求原告支付由被告支付的诉讼费用。

地方法院驳回了原告的起诉,支持被告的反诉。高等地方法院驳回原告的控诉。原告虽然获准提起上告,但未能获得上告法院的支持。②

裁判理由

一、控诉法院认为应该驳回起诉,因为被告根据德国《民法典》第242条并不负有履行原告所诉请的律师报酬请求权的义务。原告有过错且违反了律师义务,对被告负有损害赔偿义务。

控诉法院认为,律师必须充分研究当事人陈述的案情,如认为诉讼没有获胜希望,应向当事人说明,并劝说其不要通过诉讼途径主张权利。

前案即属于此种无望获胜的情形。从联邦最高法院1980年3月18日的"绝育案"裁判(BGHZ 76,249,259)中并不能直接推导出原告主张的损害赔偿请求权。这些裁判中不存在任何依据,表明其确立的原则适用于男女双方计划实施的避孕措施失败的情形。在此类情形下,如果赋予一方损害赔偿请求权,意味着以不当方式侵入当事人受一般人格权框架保护的隐私领域(Intimsphäre)。被告的利益不能高于全面保护人格尊严这一利益。因此,这里无需讨论类婚姻生活共同体中的男女有关避孕的约定在法律上是否有效,抑或根据德国《民法典》第306条或第138条属于无效。原告在其咨询意见中并没有提及这些显而易见的法律观点,显然违反了德国《民法典》第276条规定的适当注意义务。他们本应当劝阻被告不要提起这种毫无胜诉希望的诉讼。但他们不仅未加劝阻,甚至也没有向被告指出该诉讼中存在的特别风险。

二、上告法院并未推翻上述观点。

(一)律师接受当事人的委托针对第三人主张权利时,即有义务审

② 德国的上诉制度包括控诉(Berufung)、上告(Revision)和抗告(Beschwerde)三种形式。对一审法院的判决可以提出控诉,对二审判决可以提出上告,对法院裁定可以抗告。对缺席判决的异议不属于上诉。参见《德意志联邦共和国民事诉讼法》,谢怀栻译,中国法制出版社2001年版,第117页以下。

查当事人的诉求在相关事实背景下能否获得支持[参见联邦最高院法院 1963 年 1 月 17 日判决，III ZR 145/61，载《保险法杂志》(VersR) 1963 年卷，第 387、388 页；联邦最高法院 1973 年 12 月 4 日判决，VI ZR 10/72，载《保险法杂志》1974 年卷，第 488、489 页；联邦最高法院 1984 年 10 月 16 日判决，VI ZR 304/82，载《新法律周刊》1985 年卷，第 264、265 页]。若毫无获胜希望，律师必须劝阻起诉。当事人坚持起诉的，律师必须向其明确指出诉讼风险。当事人在获得详细告知后仍坚持起诉的，律师可以在不违反其法定义务的情况下满足其要求(联邦最高法院 1973 年 12 月 4 日的判决，VI ZR 10/72，载《保险法杂志》1974 年卷，第 488 页)。即使当事人的主张具有合理的法律支持，但由于尚未形成稳定司法判例等方面的原因导致法律状态不明朗的，律师也必须向其当事人说明目前法律状况下的疑问和顾虑，并根据当事人在听取这些说明后所作的决定来确定是否采取下一步措施(参见联邦最高法院 1960 年 11 月 21 日的判决，III ZR160/59，载《新法律周刊》1961 年卷，第 601、602 页；1974 年 6 月 25 日的判决，VI ZR 18/73，载《新法学周报》1974 年卷，第 865、1866 页；《联邦最高法院民事裁判集》第 89 卷，第 178 页、182 页；相反观点参见前述联邦最高法院 1984 年 10 月 16 日的判决；学说上的反对观点参见 Borgmann/Haug：《律师义务和责任》，1979 年版，第 20 节第 3 部分，第 79 页)。

(二)原告违反了如下义务：

1. 原告曾经向被告建议提起诉讼并且提起上诉，因为他们认为被告的诉求很有希望成功。原告在上告理由中指出，他们向被告作了说明，认为被告与 S 女士达成的有拘束力的协议可以产生请求权和反请求权。这使得被告在前案的控诉审中依然确信他"根据判例是享有损害赔偿请求权的"，而他仅仅是出于经济上的考虑才放弃"实现其权利"。

2. 如对法律状态不存在疑问和顾虑，那么原告在没有说明特别风险的情况下劝说被告进行前案诉讼的行为不违反其义务。但本案的情形并非如此。

(1)若当事人约定在其共同生活关系中不生育子女且S应服用避孕药物,其中一方当事人违反该约定的,法院并无任何可能会支持合同上的损害赔偿请求权。

首先值得怀疑的是,本案中是否存在法律行为意义上的约定。

法律行为通过相应的意思表示而成立。表意人有意识地做出一项有拘束力的、法律行为意义上的意思表示,或者依据诚实信用原则以及交易习俗有理由将该项表示理解为具有法律拘束意思的表达时,方可认为存在意思表示(《联邦最高法院民事裁判集》第91卷,第324、327、329、330页)。S为防止怀孕而承诺服用避孕药,从社会交往习惯(Verkehrssitte)来看,此种承诺不能视为她愿意接受法律上拘束的意思表示。

对于非婚姻生活共同体中的双方当事人来说,缔结婚姻并不存在法律上或经济上的障碍,那么其不结婚的选择就意味着,他们不希望用婚姻制度的相关规范来调整他们之间的关系,也就是不愿意将其自由的伴侣关系置于法律规定的约束之下(相关当事人的通常态度,参见v. Münch:《无结婚证书的婚姻》,1982年,第146、147页;Munder:《民法典评注》,第1302条附录部分,边码9)。因此,在通常情况下,这种共同体的双方当事人将其关系建立在其个人的道德和礼仪观念以及感情和信任的基础之上。他们恰恰不想使其人身关系和经济关系受到法律调整(《联邦最高法院民事裁判集》第77卷,第55、58页;联邦最高法院1981年2月23日的判决,II ZR 124/80,载《家庭法大全杂志》1981年卷,第530页;1985年9月16日的判决,II ZR 283/84,载《法学家报》1986年卷,第239页;Ulmer:《慕尼黑民法典评注》,第2版,第705条序言,边码53;Diederichsen:《帕朗特民法典评注》,第45版,导言,第1353条注8a;Dieter Schwab:《非婚共同生活体》,1978年,第76页;De Witt/Huffmann:《非婚共同生活体》,第2版,边码70、71;持不同意见者有Roth-Stielow:《最高法院版民法典评注》,第12版,第1353条序言,边码31)。因此,唯有在例外情况下,双方才期望用法律来调整他们之间的财产关系(联邦最高法院1983年10月3日的判决,II ZR 133/

82,载《家庭法大全杂志》1983年卷,第1213、1214页)。况且根据一般观念,双方当事人更不会愿意将其人身性质的隐秘关系(persönlichen, intimen Beziehung)作为合同拘束的标的。

原告没有查明,被告与S是否就其他人身关系特别是双方经济关系进行合同约定。若双方对伴侣关系并无其他合同约定,则从客观评价者的角度来看(参见《联邦最高法院民事裁判集》第21卷,第102、107页),就不能简单地把一项有关最核心人身关系的约定视为特别约定的、愿受法律拘束的协议。

因此,前案中的一审法院有理由怀疑,在原告所陈述的事实中,S是否有法律意义上的拘束意思(Bildungswille)。

即使能认定S发出了一项有拘束力的法律行为上的意思表示,从而有意识地达成了上述协议,该法律行为也是无效的,因为其涉及最核心的人身自由领域(engste persönliche Freiheitsbereich),该领域不受合同法调整。

对于发生性关系的两造当事人而言,在关于孩子的问题上可能会不断有新的决定和想法,这属于双方的人格尊严和人格权(Zur personalen Würde und zum Persönlichkeitsrecht)。所以他们应一直享有决定是否采取避孕措施的自由。这一决定自由涉及其人格以及自主决定发展的最核心的部分(参见哈姆地方法院判决,载《企业杂志》1969年卷,第2353、2356页)。由此得出结论,伴侣一方不得事先以具有法律拘束力的方式有效地承担定期服用某种避孕药物的义务。

一方伴侣不再愿意采取避孕措施的,即使其并未将这一情况告知另一方,另一方也并不因此产生合同上的损害赔偿请求权,否则就会对一方的隐私领域造成难以接受的影响。

(2)不认可原告在上告状中的观点。被告指称的S的行为不产生基于侵权行为的请求权。

德国《民法典》第823条和后续条款规定,只有违反共同生活之基本道德观念和秩序原则的行为,才会产生责任后果。两个成年人因自愿发生性关系而产生的私密关系原则上不受侵权法调整,因为他们的行为不仅为满足性需求,也会诞生新的生命;即使一方在采取避孕措施的问题上欺骗了另一方导致子女出生,也是如此。

在本案中,基于未成年子女利益的考量,也应如此处理。被告的儿子与母亲S共同生活。S负责照顾、教育子女,并根据德国《民法典》第1606条第3款负担其扶养费。母亲的生活状况和生活水平自然会在各方面影响孩子。若亲生父亲能够主张损害赔偿,必然会在人身、心理和经济方面严重损害孩子的利益。这个孩子会和母亲一起承受经济上的和心灵上的负担。在对母亲实施强制执行措施的情形下,此种影响尤为严重。母亲若要独自承担两人的生活开支,将不得不从事工作,而这又会影响其对子女的照顾。孩子日后必然也会知晓母亲在心灵上和经济上承担压力的原因,进而会觉得是因为自己的存在才导致母亲向父亲承担责任,这会损害孩子应有的人格尊严。

(三)原告在前案中有过错地违反了他们的咨询义务,未尽到作为律师在委托合同中所负的注意义务(德国《民法典》第276条)。他们在预判案件的审理结果时未遵循一般的法学方法,未认识到诉请权利在法律上存疑。因此,他们不仅未向被告指出该诉讼明显存在风险,反而让被告产生了"根据判例"享有损害赔偿请求权的想法。

根据原告自己的陈述,他们在接受被告咨询时主要参考了联邦最高法院第六民事审判庭1980年3月18日的裁判(《联邦最高法院民事裁判集》第76卷,第249、259页)。他们对案情中关键的、明显可以识别的差异发生了认识错误;他们以孩子是否构成"损害"作为咨询和代理思路的出发点,这在方法上是不精确的。虽然原告正确地认识到不能依照侵权法主张请求权,但他们也没有充分论证合同上的损害赔偿请求权能够成立,从而没有认识到产生诉讼风险的关键性问题。他们没有充分依据证明前案中存在具有法律拘束的意思。他们应该知道,联邦最高法院(联邦最高法院1980年3月24日的判决,II ZR 191/79,载《新法律周报》1980年卷,第1520、1521页)以及大部分学者(参见Derleder论文,载《新法学周报》1980年卷,第545页)。均认为,非婚生活共同体中双方当事人不愿婚姻的事实本身,即说明他们不愿接受法律上的拘束;如要认定他们存在通过法律行为规范其财产法律关系的法律拘束意思,就必须具备特别的依据。因此,原告应当考虑到,虽然双方曾明确约定在同居期间不生育子女,但这本身尚不足以说明他们之间存在符合客观判定标准的、受法律约束的意图。原告显然也没有认识到,当事人的拘束标的是否具有法律行为上的可处分性;故而没有指明由此产生的诉讼风险。

原告认为联邦最高法院第六民事审判庭有关绝育失败的损害赔偿判决可以支持其观点,但该案与本案事实存在本质差异,因为 Sv. S 根本就不是意料之外的孩子,而只是父母的一方不想生育而已。原告在前案中认为 Sv. S 也是父母不想生育的孩子,这是错误的。将诉讼请求建立在案情明显存在差异的判例基础上,不符合律师应有的认真态度。

三、上告法院(Berufungsgericht)认为原告应承担被告损失,即在前案中承担的诉讼费和本案的反诉费用。本院予以支持。

评析 夫妻间协议的法律约束力

一、问题的提出

本案判决涉及两个不同的案件和诉讼。判决书中所称的“前案”涉及未婚同居关系中的男女以及代理男方提起诉讼的律师。诉讼起因是双方约定同居期间暂不要子女,由女方服用避孕药,但女方却违反该项约定,自行中止服用避孕药,导致怀孕生子;男方要求女方赔偿因此所遭受的损害,即他必须承担的子女扶养费。男方在律师的建议和代理下,向一审法院提起诉讼,要求女方因违约或侵权承担赔偿责任。一审法院驳回起诉。男方在律师的建议下向二审法院提起控诉。在二审法院审理期间,男方认为女方无力支付赔偿,故撤回了上诉。此案结束后,男方的代理律师要求男方支付代理费。男方拒绝支付,理由是自己当初听从了律师建议才提出诉讼并上诉;律师违反了职业义务,提供了不正确的咨询和代理服务,所以他不仅不应该支付律师费用,还应该请求律师支付损害赔偿金。该前案引发了本案争议,本案原告是男方的代理律师,被告是男方。原告要求被告支付律师代理费,被告提出反诉,要求原告赔偿损害。一审法院判决驳回原告的起诉,支持反诉。原告不服判决提起控诉,二审法院驳回了控诉,原告再提起上告,亦未获得成功。本案的最终结果是律师无权要求男方支付代理费,但真正的焦点是男方与女方之间有关服用避孕药的约定究竟具有什么样的性质和效力。

法院的主要观点为:(1)非婚同居关系中,双方关于避孕措施的约定不构成法律行为意义上的约定,不属于法律行为,而属于情谊行为。其理由在于,双方在能够结婚的情况下选择非婚同居,这本身就表明双方不愿意用法律规范来调整双方之间的人身关系,尤其是人身关系中最核心的、最隐秘的两性关系。同理,即使一方在采取避孕措施的问题上欺骗了另一方,他们的隐私领域原则上也不受侵权法的调整,故女方停服避孕药怀孕生子的行为也不构成侵权。(2)就算双方的约定构成法律行为,此项约定也是无效的,因为其内容违反善良风俗。两性关系是人格尊严和人格权的具体体现,当事人在该领域享有绝对自由,这种自由构成了个人人格及其自主发展的最核心的部分,不能通过法律行为加以禁止或限制。因此双方的约定无效,女方怀孕不构成违反合同义务。如果认可该约定的效力,还会违反儿童福利最大化原则,不利于未成年子女的成长,损害其人格利益。

关于法院指出的第二个问题,人身性约定的善良风俗审查,将在后续案例中进一步评析,这里先分析法院关注的第一个问题,即婚姻关系中的人身义务约定是否具有法律效力。婚姻协议在内容上可能涉及夫妻关于怀孕或生育子女的约定、父母子女关系的设立和终结、家庭内部的权利义务或资源分配,而这些方面通常被视为涉及个人身份的核心选择(core choices constitutive of a person's identity),具有高度的人身性质。由此产生的问题是,当事人能否借助合同将这些涉及人身的权利义务加以固定?此种协议的法律性质和效力,不仅在理论上存在争议,也是司法实践中的热点问题。

二、理论争议

从理论上来说，一个人在社会交往中的各种行为，均可以分为法律行为和非法律行为，其区分标准是行为人是否具有受法律拘束的意思、该行为是否会产生法律上的权利和义务等。法律行为，泛指行为人在从事行为时具有受法律拘束的意思，并且根据行为人的意思该行为会依法产生法律上的权利、义务和责任的行为。③ 非法律行为，是发生在法律层面之外的行为，行为人不具有受法律拘束的意思，因此从事这些行为也不可能依法产生法律上的权利、义务或责任等后果。德国《民法典》并未对这些行为加以规范，学理上对这些行为也没有统一的称呼，德国民法学者习惯上称之为纯粹的"情谊行为"或"社会层面上的行为"。

对于界定法律行为与情谊行为，德国民法学说及司法判例认为，首先应当看行为人在从事此项行为时是否具有相应的意思。这个意思，即行为人愿意接受法律拘束的意思，或者希望其行为产生法律后果的意思。如果行为人在从事行为时将这个意思实际表达了出来，或者人们可以通过解释得出行为人具有这个意思的结论，那么，此项行为便是法律行为；反之，则是情谊行为。联邦最高法院在一则判例中认为，界定法律行为与情谊行为，应当以当事人的意思为判断标准。"一项情谊行为，只有在给付者具有法律上受拘束的意思时，才具有法律行为的性质。这种意思，表现为给付者有意使他的行为获得法律行为上的效力……亦即他想引起某种法律拘束力……而且受领人也是在这个意义上受领这种给付的。如果不存在这种意思，则不得从法律行为的角度来评价这种行为"。法院应当采用某些"客观的"或"规范性的"标准，来认定行为人究竟是否具备法律拘束意思，④具体包括：(1)行为是无偿的还是有偿的。如果行为是有偿的，行为人和相对人往往都具有

③　参见邵建东、曾见：《情谊行为还是法律行为——德国联邦最高法院"女方停服避孕药"案评析》，载《安徽大学法律评论》2004 年第 1 期，第 8 页。

④　参见邵建东、曾见：《情谊行为还是法律行为——德国联邦最高法院"女方停服避孕药"案评析》，载《安徽大学法律评论》2004 年第 1 期，第 9 页。

受法律拘束的意思。但需要指出的是,无偿性虽然是一项重要的标准,但并不是唯一的标准。(2)一方托付给另一方的法益是否具有重大的价值,或者是否可能产生巨大的风险。如果相关法益具有重大价值,则可认为双方都具有法律拘束的意思,例如将一个小孩托付给熟人看管,即可认为该熟人有义务采取一切措施,避免该孩子遭受可预见的生命、健康风险。(3)行为所涉事务在法律上和经济上的重要性。如果行为所涉事务在法律上和经济上很重要,则可认为双方具有法律拘束意思,反之则不具备。

多数美国学者主张承认婚姻协议的法律效力,认为婚姻协议给当事人提供了通过契约构建生活关系的可能性,从而增强对未来生活的可预见性和长期规划。否定此种协议意味着将市场和家庭在空间上区分开来,⑤强化了传统家庭的角色分配,构成对妇女和少数群体的歧视和压迫。具体而言:(1)婚姻协议本质上是对夫妻权利义务的自由选择和安排,是意思自治的体现。⑥ 在现代社会,通过协议安排婚姻关系的情况日益普遍。法院否定当事人的婚姻协议具有法律效力,实质上就是否定人们通过协议创设新型家庭关系的意愿,给当事人的未来生活造成很大的不确定性。⑦ (2)美国法院通常不支持关于婚姻一般义务和非金钱扶养义务的约定。这种对财产约定和非财产约定的区分处理,强化了家庭和市场的区分,有利于在经济上居于强势地位的配偶一方,而不利于从事家庭劳动的一方。⑧ 美国家庭法和法律史领域的学者很早就指出,⑨从历史角度来看,法院拒绝将合同法引入家庭法律领域,就是要把市场和家庭分割为两个相互隔绝的领域;这种分割强化了男女的社会不平等,否定或低估女性的贡献(undervaluing the contribu-

---

⑤ Melissa Murray,"Strange Bedfellows:Criminal Law,Family Law,and the Legal Construction of Intimate Life",94 *Iowa L. Rev*. 1253,1256 (2009).

⑥ 参见康娜:《论我国婚姻协议法律规定之完善》,载《学术交流》2009年第9期,第57页。

⑦ Matsumura,at 165.

⑧ Matsumura,193.

⑨ See,e. g. Janet Halley,"What Is Family Law?:A Genealogy Part II",23 *Yale J. L. & Human*. 189,265-67 (2011).

tions of women)。因为妇女对家庭的贡献一般不体现为金钱,将家庭和市场分割就意味着限制妇女的议价能力,她对家庭的贡献无法折合成市场价值,同时又失去了工作机会;这名义上是保护妻子不参与残酷的商业竞争,实际上使妻子在很多方面失去能力。[⑩] 所以将家庭和市场领域分开是在两个领域压迫妇女的有力工具。[⑪] 另有学者指出,[⑫]夫妻在人身关系上的约束和自由如何平衡,主要是双方的内部问题,取决于个人能力和性格特质(Eigenschaften Persoenlichen Eigenschaft),所以很难为夫妻设立某种抽象的模范样板,法院也不宜以某种固定的家庭模式约束当事人。

三、比较法观察

在美国早期司法实践中,由于担心当事人协议会损害婚姻制度,而婚姻又是"家庭和国家社会之基础",法院一般通过公共政策来限制婚姻协议,维护婚姻的神圣性和道德性。[⑬] 1932 年美国《第一次合同法重述》中规定,限制婚姻的协议、婚姻代理协议、关于分居或扶养费的约定、便利离婚的约定、改变婚姻本质义务的约定、已婚者和他人结婚的约定等均属于不被允许的合同。[⑭] 这些规定体现了对婚姻制度的保护立场,不允许私人通过协议改变婚姻的法定义务。[⑮]《第二次合同法重述》的规定有所缓和,但仍限制"个人通过私人约定改变婚姻义务或者在家庭内部形成某种法律关系的权利"。[⑯] 以婚前协议为例,若协议中规定的财产分配以离婚为条件,法院会认为这些约定鼓励当事人离婚、

---

⑩ Matsumura, at 179.

⑪ See Reva B. Siegel, "Home as Work: The First Woman's Rights Claims Concerning Wives' Household Labor," 1850–1880, 103 *Yale L. J.* 1073, 1214 (1994).

⑫ Nina Dethloff, *Familienrecht*, 29. Aufl., (2009), § 1, Rn. 8.

⑬ Joanna L. Grossman & Lawrence M. Friedman, *Inside the Castle: Law and the Family in 20th Century America* 209–10 (2011).

⑭ Restatement (First) of Contracts § § 581–89 (1932).

⑮ 例如,法院认为限制婚姻义务的合同是对年轻男女的不当诱惑,鼓励他们在婚姻关系之外保持性关系,而同居协议会削弱作为社会基础的婚姻和家庭。See Hewitt v. Hewitt, 394 N. E. 2d 1204, 1207 (Ill. 1979).

⑯ *Restatement (Second) of Contracts* ch. 8, topic 3, intro. note (1981).

违反婚姻本质而不予承认;[17]反之,如果是以死亡为条件的约定,一般可以获得认可。在 Stratton v. Wilson 案中,[18]针对同一份婚前协议,法院支持其中关于一方死亡后生存配偶权益的条款,同时否定其中关于离婚后扶养费的约定。

法院否认婚姻协议的理由在于,此类协议会改变《第一次合同法重述》中规定的"婚姻本质义务"(essential incidents of marriage)。[19] 虽然重述本身没有阐释何谓"本质性"婚姻义务,但法院在实践中经常援用这一理由否定减免丈夫扶养义务的协议,[20]或变更妻子向丈夫提供家庭服务的协议。[21] 有时候,法院还将本质义务扩展到国家规定的婚姻义务,例如在内布拉斯加州高等法院审理的一起案件中,当事人同意妻子决定家庭住所,而依照普通法规则妻子的住所应当由丈夫决定,法院据此否定协议效力。[22] 由于国家对婚姻制度存在利益关系,所以即使当事人的协议不涉及离婚,法院也以此理由否定协议效力;某法院甚至指出,承认和执行此种合同,无异于允许当事人通过私人协议随心所欲地安排他们的婚姻内容,但婚姻内容原本只能由法律设定。[23]

从 1979 年起,法院对婚前协议的态度趋于缓和。[24] 1970 年的 Pos-

---

[17] Lenore J. Weitzman, *The Marriage Contract: Spouses, Lovers, and the Law*, 338 (1981).

[18] 185 S. W. 522,525-26 (Ky. 1916)

[19] Restatement of Contracts § 587 (1932).

[20] 如果协议减免了丈夫的离婚后扶养义务,法院通常认为这会诱使丈夫摆脱婚姻。例如在 Corcoran v. Corcoran 案中,协议中规定丈夫送给妻子一套房产,换取对方的扶养承诺,法院认为此种约定无效。21 N. E. 468,468 (Ind. 1889).

[21] 例如 Youngberg v. Holstrom 案中,当事人约定一方对另一方家务劳动支付报酬,法院认为此约定无效,因为这"本系婚姻关系应有之意"。108 N. W. 2d 498,502 (Iowa 1961).

[22] Isaacs v. Isaacs,99 N. W. 268,270 (Neb. 1904).

[23] Cumming v. Cumming,102 S. E. 572,577 (Va. 1920).

[24] Karen Servidea, "Reviewing Premarital Agreements to Protect the State's Interest in Marriage",91 *Virginia Law Review* 535,539 (2005).

ner v. Posner 案[25]（以下简称波斯纳案）开始承认以离婚为条件的婚前协议条款，这被视为司法态度的转折点。[26] 佛罗里达州高等法院在判决中指出，双方在协议中以死亡为条件的约定同样会诱使当事人离婚，这和以离婚为条件的约定并无二致；进而，考虑到无过错离婚的发展趋势，国家已经不再坚持限制离婚之政策，因此不宜再以保护婚姻的国家利益为由否定此种约定。[27]波斯纳案后，其他州也逐渐接受该案观点，但它们采纳的理由均为"无过错离婚原则的发展"，而没有讨论此种条款是否违反婚姻本质。如同 Lindey 和 Parley 教授指出的，无过错离婚原则的引入，降低了人们对占据优势地位的配偶一方将不公平协议强加给另一方的担心。[28] 虽然法院逐步承认并执行某些类型的婚姻协议，[29]但有关婚姻家庭内部关系的约定，如扶养义务、子女事务、生育决定等仍然很难被法院认可。[30]

总体而言，目前美国大多数州允许当事人缔结有关财产分配的婚前协议（agreements regarding property distribution），[31]承认夫妻婚后缔结的有关分居或离婚的协议（postmarital agreements），包括夫妻双方关于离婚时的权利义务协议。[32]但多数法院仍坚持认为婚姻一般关系和非金钱性质的扶养义务属于"不可磋商之事项"（non-negotiable），趋向于

---

[25] Posner v. Posner, 233 So. 2d 381 (Fla. 1970). See Brian Bix, "Bargaining in the Shadow of Love: The Enforcement of Premarital Agreements and How We Think about Marriage", 40 *Wm. & Mary L. Rev* 145, 151 n. 20 (1998).

[26] 虽然此前俄克拉荷马州在 1960 年的休斯敦诉休斯敦案中已经承认并执行了妻子放弃离婚后扶养费的婚前协议约定，但该案没有影响其他法院的立场。Hudson v. Hudson, 350 P. 2d 596, 597 (Okla. 1960).

[27] Posner v. Posner, 233 So. 2d 384 (Fla. 1970).

[28] Alexander Lindey & Louis I. Parley, *Lindey and Parley on Separation Agreements and Antenuptial Contracts* § 110. 70(2)(c) (2d ed. 2002).

[29] See Katharine B. Silbaugh, "Marriage Contracts and the Family Economy", 93 *Nw. U. L. Rev*. 65, 70-71 (1998).

[30] Kaiponanea T. Matsumura, "Public Policing of Intimate Agreements", 25 *Yale J. L. & Feminism* 163.

[31] See William N. Eskridge, Jr., "Family Law Pluralism: The Guided-Choice Regime of Menus, Default Rules, and Override Rules", 100 *Geo. L. J.* 1881, 1917 & n. 142 (2012).

[32] See, Ansin v. Craven-Ansin, 929 N. E. 2d 955, 958 n. 1, 961 (Mass. 2010).

否定当事人关于丈夫扶养义务、妻子家务义务、一夫一妻和性生活方面的约定。也就是说,当事人意图变更"传统夫妻关系"的协议均难以获得法院的支持。

在德国,学说上一致认为,配偶双方针对婚姻共同生活的核心领域的约定不具有法律约束力;此种约定的约束力会侵害配偶一方的个人自决权,也不符合婚姻的本质。例如,丈夫同意以人工授精方式怀孕的,原则上其随时可以告知妻子撤回同意,同时解除该同意行为相关联的约定;即使双方约定该协议具有不可撤回的约束力,也没有法律效力,因为其违反家庭法的基本原则和宪法权利。[33]

进一步而言,婚姻基于其人身属性,在其核心领域可以不受侵权规则的调整,即"婚姻法和家庭法排除了侵权规则的适用"。[34] 例如婚姻妨害行为(如通奸行为)直接涉及配偶之间的内部生活关系和性关系,此种内部关系不在侵权责任法的调整范围,侵害该种法律关系不会产生一般意义上的财产赔偿请求权。

判例二　联邦最高法院2006年7月5日判决,[35]夫妻财产合同的司法审查

要点提示:在"结构失衡"情形下对夫妻财产合同的内容审查(《民法典》第138条)和履行审查(《民法典》第242条)。[36]

---

[33] BGH, Urteil vom 21. Februar 2001-XII Z 34/99, NJW 2001, 1789.

[34] BGH v. 10. Dez. 1989, FamRZ 1990, 367.

[35] 劳伦茨教授(Stephan Lorenz)评价该判决"对夫妻财产合同之效力审查和履行审查进行了教科书般的论述,代表了司法实践中的主流观点"。类似判决参见联邦最高法院2005年5月25日判决,案号XII ZR 296/01,载《家庭法大全杂志》2005年卷,第1444页以下。

[36] 《民法典》第138条　违反善良风俗的法律行为,高利贷

(1)违反善良风俗的法律行为无效。

(2)特别是当法律行为系乘另一方穷困、没有经验、缺乏判断能力或者意志薄弱,使其为自己或者第三人的给付作出有财产上的利益的约定或者担保,而此种财产上的利益与给付显然不相称时,该法律行为无效。

第242条　依诚实和信用原则履行给付

债务人有义务依诚实和信用,并参照交易习惯,履行给付。

案号：BGH, Urteil vom 5. Juli 2006-XII ZR 25/04.

引证注释：《新法学周刊》2006 年卷，第 3142 页；《德国公证人杂志》2006 年卷，第 920 页；《家庭法大全杂志》2006 年卷，第 1359 页。

裁判要旨

孕妇缔结之夫妻财产合同的效力审查。

案件事实

被申请人[37]在经公证的夫妻财产合同中放弃部分离婚后权利，在离婚关联诉讼中[38]向申请人主张离婚后扶养费。

申请人（男方）生于 1963 年，被申请人（女方）生于 1965 年，双方于 1995 年 8 月 2 日结婚。儿子雅各布在 1995 年 9 月 20 日出生，双胞

---

[37] 德国在民事诉讼法中将当事人称为原告和被告，在《家庭事件和非讼事件程序法》中将在诉讼中处于原告地位的一方改称"申请人"（Antragsteller），将诉讼中处于被告地位的一方称为"被申请人"（Antragsgegner）。

[38] 《家庭事件和非讼事件程序法》第 137 条　离婚事件和后续事件的合并

（一）离婚和后续事件应当一并审理并作出裁判（关联诉讼）。

（二）后续事件指的是，在应当判决离婚的案件中，配偶一方至迟在离婚事件一审口头辩论前两周提出的、且已发生诉讼系属的下列家庭事件：

1. 养老金调整事件；
2. 涉及对未成年共同子女之扶养义务或基于婚姻产生的法定扶养义务的扶养事件，未成年人请求扶养费的简易程序除外；
3. 婚姻住宅和家庭用具事件；和
4. 夫妻财产制事件。

《养老金调整法》第 6 条至第 19 条、第 28 条规定的情形下，养老金调整事件无须当事人申请。

（三）后续事件还包括涉及变更或剥夺父母照顾、探望权、交还共同未成年子女的亲子关系事件，以及配偶一方对另一方之未成年子女的探望权，只要配偶一方在离婚事件一审程序的口头辩论结束之前申请合并审理；但若合并审理不符合子女最佳利益，法院可以不合并审理。

（四）在需要移送或送交的情况下，具备本条第 2 款和第 3 款规定之条件的程序应移送至审理离婚事件的法院。

（五）第 2 款规定的后续事项即使没有合并审理，仍然属于后续事件；多个后续事件没有合并审理的，相互之间仍然存在合并关系。本条第 3 款规定的后续事件没有合并审理的，应作为单独程序处理。

胎兄弟汉斯和保罗在1998年3月9日出生。

1995年7月21日，双方当事人签订夫妻财产合同并办理公证，约定采取分别财产制，并互相放弃离婚后的扶养费请求权，具体约定如下：

4.1　任何一方从结婚之日起8年之内提出离婚的，自离婚判决生效起，T先生有义务每月支付1500马克扶养费，期限为2年。如果有婚生子女且其在离婚时未满3岁，扶养费数额提高至每月2000马克，有多个子女的，扶养费支付到最年幼子女满3岁为止。

4.2　任何一方从结婚之日起8年之后、13年之内提出离婚的，自离婚判决生效起，T先生有义务每月支付2000马克扶养费，为期2年。

4.3　任何一方从结婚之日起13年之后提出离婚的，自离婚判决生效起，T先生有义务每月支付2500马克扶养费，期限为2年。

4.4　若双方共同子女和母亲共同生活，则第4.1至4.3条规定的扶养费支付期限相应延长，直到共同子女年满16岁为止；有多个子女的，以最年幼子女为准，无论妻子是否因为照顾子女而无法外出工作。

双方在合同中没有对养老金补偿做出约定。

申请人在2003年3月之前一直担任某石油企业的经销商，每月毛收入(Bruttoeinkommen)为7780欧元。2003年2月，申请人的父亲去世。申请人和他的兄弟共同继承了父亲的企业资产，两人分别在两家公司担任总经理，并从公司领取工资。

被申请人取得企业经济学的大学文凭，婚前在一家律师事务所工作，每年毛收入为10万马克。

双方后经区法院判决离婚。法院判令将每月60.33欧元的养老金期待权转入被申请人的保险户头，将婚姻住房交给她使用，同时判令申请人自离婚判决生效起至2014年3月9日止，每月支付766.94欧元(1500马克)的扶养费。法院驳回了其他扶养费请求权。被申请人提出控诉，高等地方法院将扶养费部分改判为：2003年4月11日至5月31日、2003年12月1日至2004年1月4日每月支付1164欧元；2003年6月1日至11月30日每月支付1198欧元；2004年1月5日至31日每月支付 1189.75 欧元；从 2004 年 2 月 1 日开始每月支付 1624.94 欧元。申请人提出预备反诉（Eventualwiderklage）指出，若控诉法院认定双方关于配偶扶养费的约定无效，应全部驳回扶养费请求。反诉被驳回。申请人提出上告。上告仍被驳回。

裁判理由

一、附带控诉[39]

控诉法院将申请人提出的预备反诉视为附带控诉，认为其已过时限而驳回。

二、控诉

（一）控诉法院认为（该判决发表在《家庭法大全杂志》2004 年卷，第 805 页以下）：被申请人有权依据《民法典》第 1570 条按照婚内生活标准主张离婚后扶养费，其主要理由如下：

该夫妻财产合同建立在双方缔约地位不平等的基础上，体现了申请人的单方主导地位，故未能通过根据《基本法》第 2 条第 1 款结合第 6 条第 2 款和第 4 款[40]进行的司法审查。根据该协议，离婚对男方在经济上的影响微乎其微。双方关于分别财产制和法定扶养费的约定尚在可接受范围内，但削减被申请人根据《民法典》第 1570 条享有的因照

---

[39] 附带控诉，又称为“加入控诉”（Anschlussberufung，cross appeal）。

德国《民事诉讼法》第 524 条：

（1）被控诉人可以附带提出控诉。实现方式是向控诉法院提交附带控诉状（Berufungsanschlussschrift）。

（2）即便未在控诉期间内控诉或者放弃控诉，被控诉人依然可以进行附带控诉。附带控诉的有效期限为控诉答辩期内。但若该附带的目的涉及一项未来生效的持续性给付，则不受该期限限制。

（3）附带控诉状中应说明理由。准用第 519 条第 2 款和第 4 款、第 520 条第 3 款和第 521 条的规定。

（4）如果控诉本身被撤回或者驳回或控诉请求被驳回，附带控诉随之失效。

[40] 《基本法》第 2 条第 1 款：人人有自由发展其人格之权利，但以不侵害他人之权利或不违犯宪政秩序或道德规范者为限。

第 6 条第 2 款：扶养与教育子女为父母之自然权利，亦为其至高义务，其行使应受国家监督。第 4 款：凡母亲均有请求社会保护及照顾之权利。

顾子女而产生的扶养费请求权,导致其处于不合理的不利地位,就超出了可容忍的范围。申请人本人承认,被申请人在讨论夫妻财产合同内容时曾提出,扶养费数额不能满足需要。之后她显然因为担心结婚计划搁浅而做出让步。这里的时间节点很能说明问题:在得知怀孕情况后,双方就出现分歧,被申请人搬到母亲家居住;申请人于1995年7月9日向她求婚,双方商定的婚礼日期为1995年8月2日;随后申请人就拿出准备好的夫妻财产合同草案,并明确表示不签订合同就不会举行婚礼。在这个时候,被申请人已经好几个月备受煎熬,纠结于是放弃工作,还是承担边工作边照顾孩子的双重压力;加之其前段时间购买住房,导致债台高筑。申请人的求婚让她松了一口气,同时又面临新的选择,要么签下夫妻财产协议,要么重新独自面对各种困难。在这种情况下,应当推定申请人在合同谈判中拥有单方面的支配地位。因为他生活优越,坐拥经营状况良好的家族企业,而女方则面临沉重的经济压力。

本案当事人在夫妻财产协议中并没有"一揽子"放弃所有权利,其中没有排除养老金补偿,也约定了照顾子女扶养费。[41] 但不容忽视的是,双方约定的扶养费远低于法定的扶养费数额。此外还要考虑,被申请人婚前就有每年10万马克的收入,婚后却因为操持家务而失去该收入和在职场进一步发展的机会。上述两方面都是对夫妻财产合同进行司法审查时应当考虑的因素。根据联邦宪法法院的判决,应结合《基本法》第2条第1款和第6条第2款进行审查。需要进一步探讨的是,该夫妻财产合同是否构成《民法典》第138条意义上的违反善良风俗,是否应根据《民法典》第242条进行修正。

---

[41] 因照顾子女而主张的扶养费:离婚配偶一方为了照料和教育未成年的共同子女而无法从事(全职)职业的,有权向另一方主张扶养费。

《民法典》第1570条第1款:子女出生后3年内,照料子女的父母一方可以直接向离婚伴侣要求扶养费,而无需任何其他条件。只要符合公平原则,并且以此为限,可以延长扶养请求权的期限;这时要考虑子女的利益以及是否存在其他照料子女的可能性。第2款:扶养请求权还可以进一步延长,只要从子女照料的情形、婚姻中从事职业的情况以及婚姻的存续期间来看,这样做符合公平原则。

夫妻财产合同中约定的每月766.94欧元的扶养费,甚至还不够支付被申请人和孩子租用公寓的房租(825欧元)。将被申请人的扶养费限制在合同约定的数额,还会影响子女的福利。因为扶养费不足,被申请人将不得不牺牲陪伴孩子的时间外出工作,或者为了陪伴孩子而降低生活标准,这些当然都会影响孩子的成长。因此必须调整合同内容,让被申请人足额获得因照顾子女的扶养费。实际上,《民法典》第1570条和第1578条规定的因照顾子女的扶养费,尚不足以弥补她因照顾孩子无法从事工作而遭受的职业和经济损失。如果不是因为照顾子女,被申请人本可以达到一定的职业高度,但她在离婚后是否还能达到这一职业高度,颇值得怀疑。虽然被申请人后来和其他男子交往,这也是双方离婚的原因之一,但这并不意味着被申请人会基于《民法典》第1579条第6项的规定失去扶养费请求权。申请人自己也承认,他和被申请人在1999年11月发生激烈争执时,被申请人和另一男子的短暂交往早已结束。被申请人在这次争执中受伤。

(二)上述观点通过了本院的法律审查。

1. 如同本院在2004年2月11日判决(《联邦最高法院民事裁判集》第158卷,第81页以下)中所指出的,虽然当事人原则上可以自行约定离婚后果,但这种私法自治不能背离法定规则的保护目的(Schutzzweck)。例如,不能通过合同或婚姻生活安排造成明显不利于一方的负担分配,特别是考虑到另一方因此获得的不合理利益,导致协议总体上背离了婚姻本质。双方的约定内容和离婚后果核心领域(Kernbereich des Scheidungsfolgenrechts)的关系越密切,就越要慎重考察配偶一方的负担,同时更加严格审查另一方所获利益的正当性。离婚后果的核心领域首先就是《民法典》第1570条规定的因照顾子女而主张的扶养费。其他法定离婚后果按照一定的顺序排列,在具体案件中结合权利人的状况加以审查(参见《联邦最高法院民事裁判集》第158卷,第97页以下;2005年5月25日判决,XII ZR 221/02,载《家庭法大全杂志》2005年卷,第1449、1450页;XII ZR 296/01,载《家庭法大全杂志》2005年,第1444、1446页)。

事实审法官(一审法官)必须审查,当事人偏离法定离婚后果的约定是否存在明显的单边负担分配,且令被增加负担一方难以接受(unzumutbar erscheint)。对此法官首先要进行效力审查(Wirksamkeitskontrolle),即在不考虑配偶双方未来发展和生活状况的情况下,看缔约时是否就已经呈现出以离婚为条件的明显单边负担分配,导致合同约定本身因违反善良风俗而全部或部分无效(《民法典》第138条第1款)。法官必须全面评价(Gesamtwürdigung)缔约时当事人的具体情况,尤其是收入和财产状况、对婚姻生活的规划安排以及约定对配偶和孩子的影响。需要考察的主观方面包括配偶双方约定所追求的目的和其他动机,这些动机诱使获益配偶设计合同结构,并促使受损配偶接受这种设计。唯有当合同约定完全或严重偏离了法定离婚后果,且没有通过其他方式对受损配偶因此遭受的不利加以补偿,他们选择的生活方式也无法合理支持获益一方的正当性时,才能认定其违反善良风俗。

通过了效力审查的合同,还要依据《民法典》第242条进行履行审查(Ausübungskontrolle)。这里就不再考虑订立合同时的条件,而是重点审查在共同生活破裂时,约定排除法定离婚后果是否会导致单方负担分配;且在通盘考虑另一方配偶因此获得的利益、该方当事人对约定的信赖利益以及婚姻性质后,此种单方负担分配是否为不可接受的(unzumutbar)。在配偶一方援引合同约定主张排除法定离婚后果的情况下,即使该约定未能通过履行审查,也不会因为第242条的规定而直接无效。法官应根据现有情况,合理考虑双方的正当利益后作出裁判(《联邦最高法院民事裁判集》第158卷,第100页;2005年5月25日判决,XII ZR 296/01,载《家庭法大全杂志》2005年,第1444、1446页)。

2. 控诉法院虽然没有直接回答该夫妻财产约定是否违反善良风俗(《民法典》第138条第1款),但明确指出该合同未能通过《基本法》第2条第1款、第6条第2款和第4款的司法审查,必须根据法定扶养费标准加以调整。这从结果来看并无不妥。

(1)虽然控诉法院没有直接说明根据《民法典》第138条第1款进行的效力审查的结果,但仍对相关事实进行了全面评估,履行了事实审法官的职责,尤其是详细调查了缔约时的具体情形,以及该协议对被申请人生活、职业和经济方面的影响。这些事实调查足以支持其对合同总体评价的正当性。控诉法院认为双方的扶养费约定没有通过司法审查,因为其明显加重一方在离婚情形下的负担;在不考虑未来发展的情况下,该约定因违反善良风俗而无效。

(2)高等地方法院明确指出,妻子在缔约时怀孕这一事实本身尚不足以否定双方约定的效力。这在法律上无可指摘。从查明的事实来看,被申请人(妻子)当时也希望孩子能在婚内出生。但申请人却提出不签订协议就不结婚。正因如此,女方尽管心怀疑虑,最终还是签署了合同。女方主要担心自己无法应对照顾子女和外出工作的双重负担,同时她当时基于税负考虑购置了房屋,导致债台高筑。这些事实本身虽然不足以证明合同违反善良风俗,但至少可以说明被申请人的谈判地位较弱。因此必须对合同进行较严格的司法审查,在总体评价中考虑所有相关因素(参见审判庭 2005 年 5 月 25 日判决,XII ZR 296/01,载《家庭法大全杂志》2005 年卷,第 1447 页)。

(3)不能仅因为夫妻双方对照顾子女扶养费做出和法律规定不同的约定,就认为夫妻财产合同违反善良风俗。虽然照顾子女扶养费属于离婚后果的核心领域,但这并不意味着完全排除了当事人意思自治的空间。更重要的是要结合缔约背景考察,相关约定是否以违反善良风俗的方式损害了被申请人的利益。

就时间角度来看不存在违反善良风俗的情形。因为合同中明确规定,若被申请人和子女共同居住,她可以索要扶养费直到最小的孩子年满 16 岁,无论照顾子女是否影响其外出工作。这实际上已经比司法实践中通常给予照顾子女一方的保护更为优越(参见 Kalthoener/Büttner/Niepmann:《有关扶养费数额的判例汇编》第 9 版,第 403 段)。

但双方当事人在夫妻财产合同中还约定了照顾子女扶养费的数额:任何一方从结婚之日起 8 年之内提出离婚的,自离婚判决生效起,T 先生有义务每月支付 1500 马克扶养费,期限为 2 年。如果有婚生子女且其在离婚时未满 3 岁,扶养费数额提高到每月 2000 马克,有多个子女的,该扶养费支付到最年幼子女满3岁为止。若婚姻存续期间长于8年,则扶养费相应调高到2000马克或2500马克。考虑到购买力降低的因素,双方当事人在上告审中均同意对该数额适当调高,但申请人在一审中曾主张"一分钱都不会多付"。上告人认为,考虑到物价上涨因素,应当以调高的扶养费数额而非以合同中约定的数额为评价基础。根据《民法典》第1410条,此种约定应当办理公证证书,未办理公证手续的扶养费约定应属无效(《民法典》第125、139条)。所以这里没有必要进一步讨论如何调高扶养费。

即使约定的扶养费数额低于法定标准(《民法典》第1578条),也不意味着该约定即违反善良风俗。需要考虑的是,双方约定8年内离婚所应支付的1500马克扶养费,仅比杜塞尔多夫表格(1992年6月1日公布的数据)规定的最低生活标准(Existenzminimum)高出200马克。同时合同中没有保值条款(Wertsicherungsklausel),故可以预见该扶养费不足以支付扶养义务期间的最低生活保障。根据1996年1月1日起适用的杜塞尔多夫表,最低生活标准已调高到1500马克。更为重要的是,在扶养费不足以维持生活的情况下,合同对于因此遭受不利的配偶一方没有任何补偿。

被申请人拥有企业经济学学位,婚前在一家律师事务所工作,每年毛收入为10万马克。由于婚后6周孩子就出生了,她不得不放弃工作照顾家庭,而合同中仅规定了照顾子女的扶养费请求权,可见双方对婚姻生活的规划既是如此。

在这种情况下,被申请人在收入、职业发展以及个人养老保险方面遭受的不利均未得到补偿。实际上,双方在合同中完全可以对此种不利做出补偿约定。虽然被申请人每月可领取15,500马克,直到最小的子女年满16岁,但这本身并不构成赔偿。即使只照顾一个孩子,原则上也不能指望照顾子女的配偶一方在孩子年满8岁前外出工作。约定的扶养费数额并不能补偿被申请人在经济和职业发展方面的损失。她之所以同意此种明显不利的合同约定,是不想影响婚礼的举行,更担心工作和照顾子女的双重压力。没有证据表明,配偶双方的特殊情况,或他们追求的婚姻类型,或受益配偶的其他重大利益可以支持此种约定的合理性。据此,夫妻财产合同中关于扶养费的约定不能通过审查。该约定根据《民法典》第 138 条第 1 款无效。

3. 双方关于扶养费的约定被认定无效后,申请人应根据婚内生活水平向被申请人支付扶养费(《民法典》第 1570 条)。控诉法院根据双方收入情况重新计算了扶养费数额。上诉人对此并没有提出异议。

4. 不得根据《民法典》第 1579 条第 6 项拒绝支付全部或部分扶养费。控诉法院明确指出,申请人和被申请人在 1999 年 11 月发生激烈争执时,被申请人和另一男子的短暂交往早已结束,且被申请人在这次争执中的受伤系导致双方分居的重要原因。上告人对此并无异议。

判例三　联邦最高法院 2008 年 6 月 9 日判决,夫妻财产合同的司法审查

要点提示:夫妻财产合同中排除养老金补偿的约定违反善良风俗(《民法典》第 138 条);法院对婚姻合同的效力审查和履行审查;全部无效;不平等协议。

案号:BGH, Urteil vom 9. Juli 2008-XII ZR 6/07.

引证注释:《新法学周刊》2008 年卷,第 3426 页。

裁判要旨

1. 双方在夫妻财产合同中约定让妻子放弃职业照顾子女,且妻子在此期间失去自身的养老金权益,则夫妻财产合同中无偿排除养老金补偿请求权的约定因违反《民法典》第 138 条第 1 款而无效。

2. 妻子在缔结放弃养老金补偿的协议时已经怀孕 9 个月,并且在进入公证办理阶段时才知悉合同内容,此种情形下,双方排除养老金补偿的约定会导致整个夫妻财产合同无效。

案件事实

双方当事人于 1984 年 10 月 19 日结婚，婚后育有 3 个女儿：I. A. C.（1984 年 11 月 3 日出生）、M. I.（1986 年 2 月 28 日出生）和 C. O.（1993 年 7 月 30 日出生）。双方于 2006 年 2 月 15 日经区法院家事法庭判决离婚，判决在当年 7 月 11 日生效。离婚时尚未成年的女儿 C. O. 在双方分居后（法院确认双方从 2002 年 9 月 1 日开始分居）和申请人共同生活。双方因养老金补偿和增益补偿而发生争议。

双方当事人曾于 1984 年 10 月 5 日签订夫妻财产协议。被申请人（即丈夫，出生于 1940 年 7 月 1 日）签订协议时 44 岁，曾在多家企业担任法务工作，成就斐然，签约时在某基层法院的人事部门工作，退休后又担任法兰克福某银行的高级职员。申请人（即妻子，1959 年 12 月 12 日出生）缔约时年仅 24 岁，在一家幼儿园工作。婚后女方放弃职业。目前兼职担任助教。妻子直到办理公证手续时才知道夫妻财产合同的具体内容。该合同中规定：

第 2 条：在子女出生之前，双方均有权利和义务从事工作。子女出生后，配偶一方（通常为女方）暂时停止工作，负责料理家务和照顾子女。在照料子女之外，若有可能，得继续从事工作，但仍需以子女利益为重，即该方配偶在不影响子女照料的前提下，有从事全职或兼职工作的权利和义务。

第 3 条：双方采分别财产制，即排除法定财产制。

第 4 条：夫妻双方互相放弃养老金补偿请求权。

第 5 条：若双方在 5 年内离婚，互相放弃全部的离婚后扶养请求权。离婚时已有婚生子女的，照顾子女的一方可依照《民法典》第 1570 条主张扶养费。其他方面在原则上适用法律的规定。但扶养费数额不依婚内生活标准计算，而按照扶养请求权人所从事工作的收入来确定。同时排除《民法典》第 1573 条第 2 款规定的差额扶养和第 1585 条第 2 款规定的资金给付义务（Kapitalisierungsanspruch）。

第 6 条：本合同中某项约定无效的，不影响其他约定的效力。

在离婚关联诉讼中，妻子除了要求支付离婚后扶养费和养老金补偿外，还要求法院判决丈夫披露其截至2003年10月29日的财产状况（Endvermögen）。区法院判决双方离婚，同时部分支持原告的扶养费请求权和公法范围内的养老金补偿请求，但没有涉及债法意义上的养老金补偿请求，且驳回原告的增益补偿请求。双方当事人均提出控诉，高等地方法院调低了扶养费数额，同时要求丈夫向妻子披露其截至2003年10月29日的财产状况；同时驳回了丈夫要求确认不进行债法意义上的养老金补偿的请求。丈夫针对二审法院判决中关于债法意义上的养老金补偿和增益补偿请求权的部分提出上告。

控诉法院允许提起上告。上告被驳回。

裁判理由

一、

高等地方法院认为，当事人缔结的夫妻财产协议因违反善良风俗而无效（《民法典》第138条第1款）。

协议从总体上来看对妻子不利，且并没有在其他方面对她给予补偿。虽然双方并没有排除作为离婚“核心领域”的婚后扶养权，但对该请求权设立了限制，即不按婚内生活水平，而是按女方工作收入确定扶养费数额。这意味着，本案中的妻子只能根据助教收入主张扶养费，而不能分享丈夫的高收入，即使她的收入只能维持最低生活水平。他们的共同子女则可以根据丈夫的收入标准取得扶养费。同时，协议中还排除了差额扶养请求权，这就更加重了对女方的不利。双方原则上排除了养老金补偿，且合同约定妻子在照顾子女期间亦有义务寻找合适的工作机会，但在照料子女期间，妻子实际上能够获得的养老金价值几乎不值一提。双方排除增益补偿的约定原则上是有效的，除非整个合同因为过分损害配偶一方而无效。

除此之外，此种（不合理的）合同之所以能够签订，是因为当事人之间存在经济和社会地位上的不对等情形。本案中双方当事人不仅年龄差距较大，其社会地位、教育背景和经济实力也绝然不同。此外，妻子直到办理公证时才知晓合同内容，而合同内容早已由男方拟定。这里尤其还要考虑的是，妻子在签订合同时已经怀有9个月的身孕，双方都希望尽快结婚。根据男方自己的陈述，他期望尽快结婚的原因是希望子女在婚后出生，从而能直接取得父亲身份，同时能够为女方提供扶养保障。从总体情况可以判定，男方事实上明显向女方施加了（明示或暗示的）压力，故该夫妻财产合同不应当获得法律上的认可。

二、

上述观点通过了法律审查。

1. 审判庭曾多次指出（参见《联邦最高法院民事裁判集》第158卷，第81页；《家庭法大全杂志》2004年卷，第601页）：当事人可以自行处分（Disponibilität）离婚后果，但其约定原则上不能损害法律规定所追求的保护目的。若双方对婚姻关系的安排导致明显不利于一方的负担分配，而另一方却因此获益，以至于和婚姻本质相背离，即属此例。双方约定的内容和离婚后果核心领域之法律规定的偏差越大，就越要慎重考察配偶一方之负担，同时更加严格审查另一方所获利益。

事实审法院（一审法院）首先从效力审查（Wirksamkeitskontrolle）角度出发，审查该合同在成立时是否就存在单方负担加重情形（Lastenverteilung）。若存在此种不当情形，合同就有可能因为违反善良风俗而全部或部分无效，随之适用法律上的有关规定（《民法典》第138条第1款）。这里需要对当事人缔结合同时的个人状况进行总体评价，尤其是当事人的收入和财产状况、婚礼筹备阶段、婚姻对当事人及子女的未来影响等。主观上要考虑当事人通过该协议所追求的目的和其他动机，即依合同获利一方缘何受益、受损一方又为何愿意接受此种安排（参见《联邦最高法院民事裁判集》第158卷，第81、100页；《家庭法大全杂志》2004年卷，第601、606页）。

即使合同通过了效力审查，接下来还要依据《民法典》第242条对合同进行履行审查（Ausübungskontrolle）。即不仅考虑缔约时的情形，更要审查在共同生活破裂时，根据该协议处理离婚后果是否会导致明显不合理的单方负担加重（参见《联邦最高法院民事裁判集》第158卷，第81、100页；《家庭法大全杂志》2004年卷，第601、606页）。

2. 本案中当事人的夫妻财产合同未能通过效力审查(《民法典》第138条第1款)。

(1)仅从合同中的单个条款就可以看出,合同在缔约时就明显加重一方在离婚情形下的负担,并且在整体设计中并没有对女方做出相应的合理补偿。

第一,双方关于离婚后扶养费的约定本身并不违反善良风俗。双方约定若婚后5年内离婚就互相放弃扶养费请求权,这一设想符合《民法典》第1579条第1款第1项和第1578b条的立法意旨。虽然合同中约定的5年期限超过了判例中对"较短婚期"(kurze Ehedauer)的定义(通常认为短婚期指的是3年以下,参见审判庭1986年7月9日判决,IVb ZR 39/85,载《家庭法大全杂志》1986年卷,第886、887页),但这并不足以否定合同效力。因为3年期限仅指通常情形(参见审判庭1995年1月25日的判决,XII ZR 195/93,载《家庭法大全杂志》1995年卷,第1405、1407页),当事人可以通过协议适当变更。这里并没有损害《民法典》第1579条第1项后半句所特别保护的儿童利益,因为他们约定放弃的是一般扶养费,不包括因为照顾子女而产生的照管扶养费(Betreuungsunterhalt)。

虽然当事人约定不按照婚内生活水平,而是按照女方收入确定扶养费数额,但该约定并不是因为改变了法定扶养费数额而被认定为违反善良风俗。审判庭也并不反对当事人变更扶养费数额。唯有当约定的扶养费数额不能适当补偿扶养权利人因为结婚而遭受的不利时,才会违反善良风俗(审判庭2005年5月25日判决,XII ZR 296/01,载《家庭法大全杂志》2005年卷,第1444、1447页)。当事人约定根据收入确定扶养费数额,如果女方后来找到更好的工作、获得更高的收入,就可以据此弥补其因为照顾孩子而放弃工作所引起的损失。这就意味着合同约定可以弥补此种不利。高等地方法院关注的问题是,妻子未来获得的扶养费是否能满足实际需求。显而易见,从缔约时的情况来看,妻子的实际收入和未来可预期的收入都无法满足其最低生活需求。

第二,排除养老金补偿的约定违反《民法典》第 138 条第 1 款的规定。一方面,养老金补偿和增益补偿比较相似,均可由当事人通过协议加以变更(《民法典》第 1408 条第 2 款和第 1587o 条)。但另一方面,养老金补偿可以理解为预先支付的因年老进行的扶养(Altersunterhalt);这就意味着法律对相关约定有所限制。对养老金补偿约定的审查标准和放弃扶养费的审查标准一样(参见审判庭判决,载《联邦最高法院民事裁判集》第 158 卷,第 81、98 页;《家庭法大全杂志》2004 年卷,第 601、605 页;2004 年 10 月 6 日的判决,XII ZB 57/03,载《家庭法大全杂志》2005 年卷,第 185、187 页;2007 年 11 月 28 日的判决,XII ZR 132/05,载《家庭法大全杂志》2008 年卷,第 582、585 页)。审判庭指出,年老的扶养(Alterunterhalt)属于法定离婚后果的核心领域,对于维护婚姻内部团结(ehelicher Solidarität)尤为重要,这并不是说完全不能放弃,比如黄昏恋的情况下就可以互相放弃年老扶养费。对于年老扶养费约定的审查标准和针对核心领域的审查标准一样。配偶一方因缔约时做出的婚姻安排而未能获得充分年老保障,且这种结果和婚姻内部团结不相符合的,双方关于养老金补偿的约定就会因违反第 138 条第 1 款规定而无效。如配偶一方在缔约时就决定放弃能够带来养老金权益的工作而照顾家庭和子女,即属于这种情况。在离婚情形下,原本由双方承担的养老金补偿放弃风险,就转化为配偶一方的负担,并且没有任何补偿(参见审判庭 2004 年 10 月 6 日裁定,XII ZB 57/03,载《家庭法大全杂志》2005 年卷,第 185、187 页)。

本案中的情况就是这样。根据夫妻财产合同的约定,配偶一方(合同里的表述是“通常为女方”)在孩子出生后应放弃工作、专心照顾家庭和子女。在确保照顾好子女的前提下,妻子才有权外出从事工作。显然,双方在缔约时就已经决定好让怀孕 9 个月的妻子放弃工作,从而失去相应的养老金权益。后来三个孩子相继出生,女方一直无法外出工作,这种安排就构成对女方的损害,这种损害在缔约时即可预见,在离婚情形下实际发生。夫妻财产合同中排除了养老金补偿,将这一损害转嫁给女方个人承担。此种单方负担加重并没有通过给女方其他好处得到衡平，该约定根据《民法典》第138条第1款无效。

第三，双方合意排除增益补偿的情形又有所不同。增益补偿不属于离婚后果法的核心领域；当事人在这方面有最大的自由处分空间（参见审判庭判决，《联邦最高法院民事裁判集》第158卷，第81、95、98页，载《家庭法大全杂志》2004年卷，第601、605、608页）。增益补偿在离婚后果法体系中排名较低，所以排除法定夫妻财产制的约定通常都不会违反善良风俗，审判庭之前的判决也多次重申这一点（如2005年1月12日判决，XII ZR 238/03，载《家庭法大全杂志》2005年卷，第691、692页）。本案中也是如此。

（2）虽然夫妻财产合同中关于离婚后扶养费的部分约定和排除增益补偿的约定不违反善良风俗，但从约定的整体评价来看，该合同违反善良风俗，应属无效。

第一，合同的整体内容客观上明显构成对妻子的单方不利：妻子"在正常情况下"应承担照顾子女的责任。且根据合同中的表述，放弃工作的妻子并没有获得任何经济补偿。婚姻在5年内解除的，妻子可以主张照顾子女扶养费，但其他扶养费请求权，如年老扶养费、疾病扶养费和失业扶养费都被排除了。即使婚姻持续了较长时间，离婚后她也只能根据自身之前的工作收入为基础主张扶养费，这意味着她在离婚后必须立即告别目前的富足生活，开始过拮据窘迫的日子。女方放弃工作导致的养老金缺口没有得到弥补，故双方均放弃年老扶养费实际上只是让丈夫单方受益，因为他在婚姻期间仍然获得稳定的养老金权益。排除增益补偿的约定进一步加剧了此种单边性，丈夫可以独自保有婚姻期间取得的收入。

第二，需要重点审查的是，这些单方加重妻子负担的规定组合在一起是否足以让整个夫妻财产合同被视为违反善良风俗而无效。由于当事人缔约时地位不平等，整个合同体现的是男方在经济和社会上的优越地位，故总体评价来看，该夫妻财产合同中的单边负担分配导致整个合同违反善良风俗。

妻子在缔约时怀有身孕这一事实本身不足以导致整个夫妻财产协

议违反善良风俗。但该事实至少说明双方缔约地位不平等,意味着应对该合同内容进行更严格的司法审查,并在整体评价中衡量各种具体因素(参见2005年5月25日的判决,XII ZR 296/01,载《家庭法大全杂志》2005年卷,第1444、1446页;2006年7月5日判决,XII ZR 25/04,载《家庭法大全杂志》2006年卷,第1359、1361页;2007年3月28日判决,XII ZR 130/04,载《家庭法大全杂志》2007年卷,第1310、1311页;2007年10月17日判决,XII ZR 96/05,载《家庭法大全杂志》2008年卷,第386、387页)。经整体评价,双方的夫妻财产合同未能通过第138条的审查。

客观方面必须考虑到,当事人限制了离婚后扶养费,同时又排除了养老金补偿,这就意味着排除了法定离婚后果的大部分规定,且没有通过其他方式对妻子因此遭受的不利加以补偿,他们选择的生活方式也不能合理支持获益一方的正当性(参见审判庭2007年3月28日判决,XII ZR 130/04 ,载《家庭法大全杂志》2007年卷,第1310、1311页)。高等地方法院正确地指出,在总体评价的主观方面需要考虑,女方在缔结夫妻财产合同时即将临盆,需要通过结婚确保生活来源和子女利益,且在办理公证手续时才知悉合同内容,而(未来的)丈夫精通法律、见多识广且事业有成,女方根本没有机会仔细阅读合同文本,更没有能力和男方讨价还价。不能确定的是,公证人在为此种明显加重一方负担的夫妻财产协议办理公证手续时,是否尽到其应有的职责,如在办理公证前向双方释明合同内容,为不懂法律的怀孕女方及时提供法律咨询等。至少从今天的标准来看,公证人应当遵守这些职业准则。最终,在考虑各方面因素后,可以得出结论,虽然该协议中的部分约定有效,但总体不能得到支持。

第三,既然夫妻财产合同整体无效,其中关于排除养老金补偿的约定、排除增益补偿的约定和夫妻分别财产制约定均属无效。合同第6条规定的双保险条款(本合同中某项约定无效的,不影响其他约定的效力)也于事无补。整个合同的内容均对一方当事人(妻子)不利,且合同的具体条款无法说明另一方获益的正当性,因此无效后果必然涉及整个合同。在此种情况下,不存在部分无效的适用空间(参见审判庭2006年5月17日裁定,XII ZB 250/03;载《家庭法大全杂志》2006年卷,第1097、1098页;又参见Brambring论文,载《家庭、伴侣和法律》2005年卷,第130、133页;联邦最高法院1979年3月13日判决,KZR 23/77,载《新法学周刊》1979年卷,第1605、1606页)。

评析　对婚姻协议的司法审查

一、司法审查必要性

婚姻协议是亲密关系协议(intimate agreement)的一种,后者指的是具有特定亲密关系的成年人之间缔结的有关人身和财产关系的协议;亲密关系指的是两性关系或感情联系,包括夫妻关系、恋人关系、同居关系以及同性伴侣关系。亲密协议不仅包括婚姻协议,还包括其他类似的亲密关系,比如同性恋、非婚同居者签订的协议,包括婚前协议、离婚协议、同居协议、人工生育协议、冷冻胚胎权属协议等。法律通过契约自由保护个人利益,且家庭法作为私法之一部分,首要目的当然在于维护私人利益,故当事人有权通过协议约定夫妻财产制、婚后扶养、财产分割等问题。[42] 另外,婚姻通常承担了重要的社会职能,对国家和社会具有政治上的意义,例如子女扶养和教育、配偶之间的扶养等;同时以人身义务为内容的协议往往涉及公共秩序,其司法审查相应的有所不同。

例如在本章判例二中,德国联邦最高法院认为:即使可以认为女方承诺服用避孕药构成了一项有拘束力的、法律行为上的意思表示,因而男女双方具有达成法律意义上的约定的意思,此项约定也是无效的,其无效性产生于德国《民法典》第138条之禁止违反善良风俗的规定。这种约定是违反善良风俗的,因为它涉及人身自由的核心领域,而这一领域是不受法律行为调整的。人类两性之间的交往,不仅旨在满足性

---

[42] Dethloff, Rn. 8-9.

欲,而且要不断面临是否生育孩子的问题,双方须就此问题作出自由的抉择。这是双方人格尊严和人格权的具体体现。是否服用、由谁服用避孕药,应当由双方自由商定;是否停用避孕药,亦应由双方自由决定。这种自由构成了个人人格及其自主发展的最核心的部分。对于这种自由,是不能通过法律行为加以禁止或限制的。因此,有关服用避孕药、由谁服用避孕药、是否停止服用避孕药等问题,不得通过法律行为予以有拘束力的约定。无论哪一方,都不得事先以具有法律拘束力的方式,承担定期服用避孕药的义务。所以,女方停止服用避孕药,不构成违反合同义务的行为,不引起损害赔偿义务。

美国的司法实践亦是如此。在早期的 Graham v. Graham 案中,㊸双方书面协议中规定,妻子在婚姻期间每月向丈夫支付 300 美元,条件是丈夫辞去工作陪她旅行;女方在诉讼中指责男方"放弃工作而长期靠妻子养活"。法院认为,婚姻是法定的身份关系,随附于该关系的权利和义务也是法定的,无论当事人的主观愿望如何;婚姻的本质"要求丈夫供养妻子、妻子遵从丈夫",本案中男方以陪伴妻子旅行为对价要求女方承担家庭经济负担,这违反公共利益,因此协议不能获得执行。在 Borelli v. Brusseau 案中,㊹丈夫在瘫痪后以分割财产为条件要求妻子全天照顾,加利福尼亚州上诉法院认为该合同不可执行。在 Boudreaux v. Boudreaux 案中,㊺双方约定,若丈夫因任何原因而提出离婚(包括通奸),就必须每月向妻子支付 1500 美元生活费;妻子提出离婚则没有此项义务。法院认为:"协议会鼓励当事人(女方)为了金钱而容忍另一方的通奸行为,这违反了夫妻间的忠诚义务,也损害了婚姻的神圣性。"在 Favrot v. Barnes 案中,㊻双方在协议中将夫妻生活的次数限定为每周一次;丈夫提出"每天三次"的要求,以此证明妻子对离婚有过错。法院认为这一协议不能执行,因为其企图变更配偶"依照正常

㊸ 33 F. Supp. 936 (E. D. Mich. 1940).

㊹ 16 Cal. Rptr. 2d 16 (Ct. App. 1993).

㊺ 745 So. 2d 61 (La. Ct. App. 1999).

㊻ 332 So. 2d 873 (La. Ct. App. 1976).

合理需求”而履行义务。此外，法院还经常以损害公共政策（public policy）为由，拒绝执行当事人签订的关于使用人工生育技术的协议。[47]

部分法院甚至放弃对婚姻协议的实体审查，无保留地支持婚姻协议的效力。例如在 Simeone v. Semeone 案中，[48]双方在婚前协议中规定，妻子离婚后只能获得不高于 25,000 美元的扶养费，妻子认为该协议不合理。宾夕法尼亚州法院认为：法院应当尊重当事人的充分理性，所以不应审查合同的实质性条款；每个订立长期合同的人都应当知晓相关情形在此期间会发生变化；一切在开始看起来很美好的事情都有可能演变成不利的交易；缔约人应当预见到婚姻期间可能发生的风险，如病患、失业、经济恶化等；如果当事人在婚前协议中对这些情形没有约定，应视同他们已经决定各自承担相关风险；因此双方的协议有效。[49] 在 Mabus v. Mabus 案中，[50]双方结婚 11 年，婚前协议对妻子的离婚后扶养权做出限制；尽管妻子婚后为了照顾两个子女而放弃工作，密西西比州法院仍拒绝对协议条款进行实质性审查，其理由为：“法院不会帮助当事人逃避自愿达成的协议中的义务，即使其中某些条款的结果超出当事人原先的估计，这不是、今后也不应成为法院干预当事人契约自由的理由。”[51]

还有一些法院采取有限的实质审查立场，只审查当事人的协议是否会增加社会负担，而拒绝在其他方面进行实质性审查。例如在 Newman v. Newman 案中，[52]科罗拉多州高等法院认为，对婚前协议只能进行有限的实体审查，以确保双方配偶不会因为该协议而需要公共救助（public support），其理由在于：法院不认为当事人的有限认知能力会影

---

[47] Matsumura, at 159.

[48] 124 581 A. 2d 162, 165-67 (Pa. 1990).

[49] Id.

[50] 890 So. 2d 806 (Miss. 2003). 法院在该案中援引了 1998 年的 Estate of Hensley v. Estate of Hensley 案，524 So. 2d 325, 328 (Miss. 1998)。

[51] See 890 So. 2d 806, at 819, 823.

[52] 653 P. 2d 728, 735 (Colo. 1982).

响他们的决策能力，虽然双方在签订婚前协议时具有私密和信任关系，但在法律上一般假设当事人具有独立行为能力，且对各自在目前和未来的婚姻财产利益有理性认识；故即使协议内容在客观上不够公允，法院也不能宣布当事人的合意无效。[53] 在 Justus v. Justus 案中，[54]双方在婚前协议中规定，离婚时丈夫应根据婚姻年限预付扶养费；丈夫在缔约时拥有的资产为 3100 万美元，后来因投资失败而宣布破产，离婚时要求法院宣布双方的扶养费协议无效，理由是从离婚时的情形来看这一约定显失公平。[55] 印第安纳州法院认为，如果执行该协议会导致丈夫必须依靠社会救济，该协议应当无效，否则就应支持协议的效力；因为"当事人对扶养费设定具体数额时，丈夫即承担了未来的风险，即该扶养费在离婚时可能构成其净资产的主要部分；男方经济状况恶化属于可预见事项"。[56]

二、司法审查的理论基础

学者长期存在争论的是，法院依照何种基础对婚前协议进行实质性审查。部分学者认为法院实质审查的基础在于当事人的有限理性，即法院比当事人更了解什么对他们最好，法院的角色就是保护当事人不作出非理性决定，这无疑体现了法律父权主义思想（legal paternalism）。其他学者则认为，婚前协议实体性审查的基础在于婚姻的公共利益（public interest in marriage），并认为从国家利益角度能够为司法实践提供可操作的规范。

（一）有限认知理论

在美国，对婚前协议的实质性审查重点通常是当事人做了"合理"或"公平"的交易，即当事人各方是否均为自己的付出获得了充分对价。这就和审查商业合同有所不同，因为在商业合同中法院很少要求双方的对价平衡，即推定当事人自身是交易价值的最佳判断者；这一假

[53] Id. at 733-34.

[54] 581 N. E. 2d 1265 (Ind. Ct. App. 1992).

[55] Id. at 1267, 1272.

[56] Id. at 1275.

设所隐含的前提就是,当事人对于各自的期望、自身行为结果以及该结果发生的或然性均有充分考虑。在这些考虑的基础上,理性的当事人可以计算出特定的合同交易是否符合最大化利益。[57] 然而,基于婚前协议的特征,不少法院和学者怀疑婚前协议不具备这种充分考虑的前提。由于人类认知的有限性(有限理性),个人总是趋向于低估某些未来事项的发生;如果当事人低估了离婚发生的可能性,以及双方经济条件变化的可能性,他们的计算(考虑)结果就不能引导他们做出效用最大化的决定,[58]这就引申到行为经济学相关理论的研究成果。[59]

行为经济学是利用试验心理学方法研究人类的经济行为。他们通过研究人们做决定的方法,挑战传统法律和经济学者的理性人前提。[60] 根据他们的研究,人的行为在某些场合下的表现是不理性的,第一位将该理论运用于婚姻协议的学者是艾森伯格教授。[61] 艾森伯格教授认为,行为决定论(behavioral decision theory)能够从三个方面支持法院对婚姻协议进行实质性审查:

1. 乐观趋向(optimism)。人们总是趋向于乐观主义,而低估坏结果的发生概率。例如,97%的被采访者认为自己在避免交通事故方面的能力处于中等或者偏上水平;在针对大学生的测试中,认为自己未来生活水平在平均线以上的人数是认为生活水平在平均线以下的人数的6倍。具体到婚姻协议,研究表明,虽然大多数美国人可以准确估计到全国平均离婚率是50%,但都认为自己离婚的概率为零。因此艾森伯格教授指出,当事人趋向于低估婚姻协议的实施概率,从而在缔约时疏于审查协议条款。

---

[57] Melvin Aron Eisenberg,"The Limits of Cognition and the Limits of Contract",47 *Stan. L. Rev.* 211-212 (1995).

[58] Servidea, at 542.

[59] 参见徐国栋:《民法私法说还能维持多久——行为经济学对时下民法学的潜在影响》,载《法学》2006年第5期,第3~17页。

[60] See Gregory Mitchell,"Taking Behavioralism Too Seriously? The Unwarranted Pessimism of the New Behavioral Analysis of Law",43 *Wm. & Mary L. Rev.* 1907, 1909-10 (2002).

[61] Eisenberg, at 254-58.

2. 框架性或者可获得性启发(framing or availability heuristic)。框架指的是对同一事物的描述方式会影响当事人的判定。理性人本来应当不受表述方式的影响,但行为决定论的研究却表明,特定的表述可以有效改变人们的反应。例如,实验中让参与者伸手到两个罐子中抓糖果,看谁能抓到红色糖果。第一个罐子里有 9 个白色糖果和 1 个红色糖果,第二个罐子里有 90 个白色糖果和 9 个红色糖果,虽然从理论上来说,从第一个罐子摸到红糖果的概率要高一些,但多数参与者会选择第二个罐子。[62] 具体到婚姻协议而言,“若行为人作决定时需要对某事件的发生概率做出判断,他通常会根据留存在自己记忆中的场景和数据来判断这种可能性”,[63]但记忆中的数据并不一定符合统计学上的发生概率,所以可获得性启发会导致人们做出的偏离统计数据的判断。可获得性启发的特征之一是“最近记忆优先”(temporal proximity),那么在缔结婚前协议时,当事人脑子里最容易获得的数据就是当下的爱情和信任等感情,这就导致他们认为婚前协议不会真正执行,对合同条款缺乏足够重视和审慎。

3. 对未来利益的过分贴现(excessive discounting)。根据行为决定论,在比较现实成本和未来利益时,当事人往往过分看重当前的费用而轻视未来的利益。因此,在缔结婚前协议时,如甲方分配给乙方较少的财产份额,乙方会权衡解除该协议而发生的现实成本和通过进一步谈判获得的利益。如果当事人过分看重当前利益,担心谈判会影响双方关系,就会低估自己在未来的财产利益。

正因为当事人的认知能力和理性是有限的,美国法院认为婚姻协议常常是当事人非理性的选择,并试图通过一些方法修正当事人的判断。如法院认为,若当事人在缔约时没有充分考虑合同履行时的客观情况(foreseebility),可以直接否定协议的效力;法院还可以对当事人合同下的权利义务关系重新衡量,直接弥补当事人未能充分预料未来情

---

[62] Seymour Epstein,“Integration of the Cognitive and the Psychodynamic Unconscious”, 49 *Am. Psychologist* 709,717-18 (1994).

[63] Eisenberg,at 220.

形的缺陷（充分对价理论）。

德国法律也经历了类似的发展过程。德国法院曾一度认为个人具有完全的契约自由，允许当事人在婚姻协议中完全放弃离婚后的扶养请求权。[64] 但德国宪法法院指出，[65]《基本法》第2条第1款所保护的私法自治（Privatautonomes Handeln）以当事人具有平等缔约能力为前提，如果双方能力不对等，实际上就剥夺了一方的契约自由；婚姻协议必须建立在双方当事人真正自主决定（wirklichen Selbstbestimmung）的基础上；若协议内容严重以一方利益为导向、体现了单方支配地位（einseitige Dominanz），则会直接损害宪法所保护的基本权利，如通过严苛的经济责任使一方不敢提出离婚，[66]或者怀孕中的妇女缔结的协议，因为怀孕者处于结构上的屈从地位，不具有平等缔约能力。[67]

（二）公共秩序和国家政策

将国家利益作为审查婚姻协议的合理性基础需要两个前提：一是国家对婚姻有利益关联；二是婚姻协议对国家利益有直接影响。

1. 婚姻中的国家利益

总体而言，美国社会通过婚姻制度实现三大重要功能：养育子女、培养公民道德、提供社会保障：（1）婚姻制度的社会价值首先在于养育子女。国家对该利益的关联性来自于其国家监护人的地位（parens patriae），即如果儿童的父母不能或不愿扶养子女，国家就必须承接这一义务。[68] 因此，父母养育自己的子女，就会减轻国家的负担。国家对于养育子女的利益还在于，儿童成年后会对社会产生积极或消极的影响，养育子女的质量将会决定他们是否成为对社会有益的成员。（2）国家希望家庭能培养子女的社会基础道德，教育子女学会责任、义

---

[64] Dethloff, Rn. 20.

[65] BVerfG, FamRZ 2001, 343 and 985. Vgl. Schwab, Familienrecht, 17. Aufl. (2009), Rn. 224.

[66] Dethloff, Rn. 21.

[67] Schwab, "Zur gerichtlichen Inhaltskontrolle von ehevertraglichen Unterhaltsvereinbarungen", *FamRZ* 2001, 349f.

[68] See *Black's Law Dictionary* 1137 (7th ed. 1999).

务、纪律、尊重等美德。不仅子女在家庭中学习公民道德,配偶也通过婚姻关系提升品德;结婚后人们或许并未意识到婚姻带来的法律义务,但却能清楚感受到随之而来的道德义务;通过接受和履行这些责任,人们逐渐变得更具有公共精神和自我牺牲精神,而这对于民主社会是非常重要的品质;所以说婚姻用一种非强制的方式将个人转化为社会的自愿参与者。因此,国家优待婚姻并不是为了促进个人之间的私密关系,而是为了保证和促进文明社会。[69] (3)婚姻还具有重要的社会福利功能。婚姻当事人有互相扶养义务,这就减少了对国家保障的依赖,减轻国家的经济负担。美国《统一婚前协议法》(Uniform Premarital Agreement Act,UPAA)是此种立场的典型代表,宣布那些限制离婚后扶养费请求权,且此种限制会导致一方离婚后需要公共机构扶养的婚前协议无效。[70] 此外,婚姻还可以促进民主社会的发展;个人对国家在生活保障上的依赖越小,国家对于公民在经济和政治上的影响力就越小,公民得以更好地行使其民主权利。[71]

2. 婚前协议条款涉及的国家利益

既然国家对于婚姻有合法利益(养育子女、公民道德和社会保障),如果婚姻协议变更了法定财产分割或扶养义务,就会影响国家的利益。具体而言:(1)若婚姻协议限制了一方对另一方的扶养费请求权或财产分割权,导致该方在离婚后不得依靠社会救济生活,就会影响国家在婚姻制度上的社会保障利益。从公共财政角度来看,国家当然希望配偶在离婚后仍然互相承担扶养义务,这样就可以减少社会救济负担。例如在 Bassler v. Bassler 案中,[72]妻子在协议中放弃了对丈夫婚后财产的任何权利,佛蒙特州高等法院径直认为婚前协议无效,并没有分析当事人缔约时是否具有充分理性。(2)若婚姻协议的实施严重影响未成年子女在离婚后的生活标准,就会损害国家对婚姻养育子女功

[69] George F. Gilder, Sexual Suicide 73-74 (1973).

[70] *Unif. Premarital Agreement Act* § 6(b), 9C U. L. A. 39 (2001).

[71] Bruce C. Hafen, "The Constitutional Status of Marriage, Kinship, and Sexual Privacy-Balancing the Individual and Social Interests", 81 *Mich. L. Rev.* 463, at 481.

[72] 593 A. 2d 82, 87-88 (Vt. 1991).

能的利益。详言之,离婚之前子女可以从父母双方的收入获益;离婚后,虽然不直接抚养子女的一方仍要负担扶养费,但子女亦只能在扶养费限度内从该父母方的收入获益。一方向另一方支付扶养费的,也会间接减少原本对子女的投入,所以离婚后子女的生活水平一般会降低。进而,子女在离婚前后生活水平的变化会让他们更难以适应父母离婚的影响;而子女受到的任何不利影响都会在子女成年后对外部社会带来负面效果。[73] (3) 若婚姻协议的规定诱使配偶减少自己在婚姻共同体中的贡献(投资),就会损害婚姻在培养公民道德和养育高质量子女方面的功能。对此,Ira Ellman 教授指出,[74]对家庭的投资包括养育子女和操持家务,但这些投资在离婚时并不产生经济回报;这样一来,如果当事人都考虑到离婚的可能性,他们就会选择对家庭投资较少而在职场投入较多;法定的财产分割制度和离婚后扶养费制度本身旨在平衡此种关系,鼓励当事人对家庭本身的投资;如果当事人通过协议规避此种制度,就会使立法目的落空。

如果婚姻协议的安排对一方特别不利,就会诱使另一方提出离婚,离婚会直接损害和婚姻相关的国家利益:(1)离婚显著影响养育子女和子女福利。研究表明,[75]出身于离异家庭的孩子比来自正常家庭的子女更少接受教育,更需要精神康复治疗,也更容易发生反社会行为。(2)若配偶一方在协议中占据优势,当其在婚姻中遇到问题时,就会倾向于认为离婚是更简单经济的解决办法,而不是通过合作和沟通的方式解决问题。这就会损害婚姻的公德教育功能。(3)离婚会危及婚姻的社会保障功能。维持两个家庭的日常开支显然比离婚前的一个家庭更大,很多夫妻在离婚前的收入足够维持家用,但离婚后就不得不依靠社会救济。

---

[73] Silbaugh, at 140.

[74] Ira Mark Ellman, "The Theory of Alimony", 77 *Cal. L. Rev.* 1, 42, 50 (1989).

[75] See Elizabeth S. Scott, "Rational Decisionmaking About Marriage and Divorce", 76 *Va. L. Rev.* 9, 31-32 (1990).

三、司法审查的具体方法

(一)美国的立法和实践:公平合理和国家利益并重

1. 基于有限认知理论的司法审查

根据有限认知理论,当事人在缔约时可能过于乐观或对于未来生活估计不足,导致签订"非理性"的协议。对此美国法院一般采取两种方法加以干预:一是以当事人未能充分预见为由直接否定协议效力(可预见性理论);二是重新衡量双方的权利义务,对当事人的疏漏作出弥补(充分对价理论)。在实践过程中,法院逐步形成一些判定合同效力的具体标准。[76] 例如,由于婚礼举办前夕的配偶常常因为亲密关系的存在而丧失合同磋商应有的判断力(overreach),[77]故对这些协议应当采取更加严格的审查标准,除一般的审查要素(如欺诈、胁迫、不当影响)外,双方还必须完全披露财产状况,并有机会独立咨询专业律师。[78] 此外,法院对商业合同的合理性审查限于缔约阶段,而对婚姻协议的审查既包括缔约状况,也包括履约时的情形。[79]

采取可预见性方法对婚姻协议进行实体审查的标志性案例是 Gant v. Gant 案。[80] 该案中,妻子在婚前协议中放弃所有的离婚后扶养费请求权,西弗吉尼亚高等法院支持该协议并指出,若在缔约和合同执行之间发生了出乎当事人意料的情势变化,如生下多个子女,就不能支持该协议;本案中当事人结婚仅 5 年,且未发生重大变化,故法院支持该协议。

肯塔基上诉法院在 Blue v. Blue 案[81]中采纳类似观点。双方在协议中约定婚姻期间取得的财产归各自所有,离婚时不进行分割;婚后丈夫名下的一家濒临破产的企业起死回生,其价值从 500 万美元增加到

---

[76] Servidea, at 540.

[77] See Fisher v. Koontz, 80 N. W. 551, 551 (Iowa 1899).

[78] 例如在 In re Estate of Hallett 案中,后去世的妻子要求宣布婚前协议无效,因为缔约双方的年龄和收入存在重大差距,妻子在新婚夜前被要求签订协议,她当时只来得及咨询一位刚从法学院毕业的学生。834 A. 2d 348 (N. H. 2003).

[79] See Lindey & Parley, § 110. 70(2)(d).

[80] 329 S. E. 2d 106, 114-16 (W. Va. 1985).

[81] 143 60 S. W. 3d 585 (Ky. Ct. App. 2001).

7700 万美元,但法院仍认为协议有效。法院承认当事人在缔结婚前协议时存在有限认知:“当事人缔结婚前协议时对各自利益的考虑难免不周,且协议签订和实际执行之间往往相隔经年,因此法院应在婚姻终结时审查此种协议,以确定相关事实和背景并没有发生重大改变;审查的重点是当事人在缔结协议时是否充分预见到可能发生的情势变更”。[82] 本案中,丈夫资产的增加并没有超出当事人的预见范围,特别是协议中明确规定双方的婚后财产均不属于共同财产(不予分割),说明妻子“愿意接受丈夫资产大幅增长的风险”。[83]

在 Hardee v. Hardee 案[84]中,南卡罗来纳州高等法院同时运用可预见性理论和充分对价理论判定婚前协议的效力。法院首先按照合同法上的常规标准对婚姻协议进行审查,包括是否存在欺诈、误解、胁迫等情形,接下来又进行实体审查,以确定合同是否显失公平(unconscionable)。法院不仅考察合同缔结时的情况,[85]还要审查合同履行时(离婚时)是否公平。[86]换言之,法官认为其比缔约时的当事人更能后知后觉,所以他利用这一优势审查缔约和离婚之间的婚姻发展状况,据此分析妻子在婚姻期间所获利益是否和她放弃离婚扶养费相平衡。和 Gant 案采取的可预见性理论相类似,Hardee 案采用的三步审查法也要求审查“事实和情势”是否发生重大变化,以至于执行该协议显得不公平或不合理。[87] 在运用此种三步法审查事实时,法院指出:虽然妻子离婚时患有多种疾病,且疾病系在婚姻期间恶化,但协议中已经明确提到妻子的健康问题,所以法院认为当事人已充分考虑到此种情势,协议有效。

在总结相关司法实践的基础上,美国法律协会于 2002 年颁布了

---

[82] Id. at 589-90.

[83] Id. at 591.

[84] 585 S. E. 2d 501,504-05 (S. C. 2003).

[85] R*estatement* (*Second*) *of Contracts* § 208 (1981).

[86] Hardee,585 S. E. 2d at 505.

[87] Id. at 504-05.

《家庭解散法律原则》(以下简称《原则》),[88]从程序和实体上对婚姻协议规定了效力审查要件:(1)在程序上,婚姻协议必须采取书面形式;主张执行协议的一方必须证明另一方的同意建立在充分知悉信息的基础上。若双方有充分时间和机会获取独立的律师咨询服务,或者协议以通俗易懂的语言说明协议内容及其对配偶可能产生的不利影响,且婚姻协议至少是在结婚前 30 天签订的,可以推定婚姻协议为自愿签订。(2)法院在三种情况下必须对婚姻协议进行实体审查,即实质性审查的"启动事件"(Threshold Triggering Events):[89]婚姻超过固定年限;缔约时无子女、后来生育或收养子女;发生了不曾预料的重大环境变化,且这些变化对于当事人或他们的子女有实质性影响。(3)一旦确定存在"启动事件",法院就必须判断协议的履行是否会导致"实质上的不公平"(substantial injustice)。在确定"实质性不公平"时法院应当权衡四个因素:执行协议之后果和无协议之后果的差别;对短期结婚而言,比较履行协议的结果和婚姻未发生时当事人的状况;协议是否有意保护或对第三方有利,该目的是否仍然存在;执行该协议对当事人子女的影响。

报告人在注释部分中解释到,《原则》规定的三种"启动事件"代表了起草人认为协议当事人较容易忽视协议之代价和利益的主要情况;事实上,几乎所有的婚前协议都会因为当事人不切实际的乐观而发生困难,人类倾向于将小概率事件视为零概率事件,对未来利益的过分贴现倾向于过分看重协议的当下和确定的后果(婚姻),而忽视协议潜在的和未来的后果;但《原则》不要求法院在离婚诉讼中审查所有的婚姻协议,而只是审查那些尤其明显的不平等协议。根据《原则》的规定,只要发生规定的情势变化,法院就会主动进行实质性审查,而不考虑当事人主观意图,可见其较为依赖有限认知理论来说明对协议进行

---

[88] *Principles of the Law of Family Dissolution*: *Analysis and Recommendations*. 该文件是美国法律协会颁布的关于子女抚养、监护、婚姻财产的分配以及对前配偶的补偿等内容的文件,对美国各州立法和司法提供指导性意见。参见修艳玲:《美国法上的婚姻协议规制研究》,载《福建公安高等专科学校学报》2007 年第 5 期,第 36~37 页。

[89] § § 704,7.05(2)(a)-(c),7.05 cmt. b.

实质性审查的正当性。[90]

2. 基于公共利益的司法审查

在1970年之前，美国法院通常根据禁止离婚的公共政策来否定以离婚为条件的婚姻协议。尽管后来法院对婚姻协议的态度趋于缓和，但仍经常将公共政策作为婚姻协议的审查标准，并据此否定婚姻协议的效力。例如在Ranney v. Ranney案[91]中，双方在合同中相互放弃财产分割和扶养费权利，包括婚前财产和婚后取得的财产，堪萨斯州高等法院否定当事人的婚前协议，认为该协议会鼓励丈夫提出离婚，因为丈夫显然会因为分手而获益，他既可以免除供养妻子的义务，又得以保有在婚姻期间取得的财产，而妻子不能向他提出任何请求权。法院认为该协议可能鼓励当事人离婚而违背公共政策，因而是无效的。[92] 但在几年后的Matlock v. Matlock案中，[93]虽然原告（妻子）也认为该协议会鼓励离婚，但堪萨斯州高等法院支持协议效力，该协议虽然排除了财产分割请求权，但没有完全排除丈夫在离婚后对妻子的供养义务，没有偏离国家对婚姻设定的保护职能。[94]

有的法院虽然没有明确提出国家利益，但采取其他理论实现保护国家利益的目的。例如新罕布什尔州法院在In re Estate of Hollett和In re Yannalfo[95]两个类似案件中做出完全不同的判决。两案中的婚前协议均在婚礼前夕签订，法院支持Yannalfo案中的协议，而否定Hollett案中的协议，理由是Hollet案中的协议违反自愿原则（doctrine of voluntariness）。但事实上，妻子在协议谈判过程中独立聘请律师参与，[96]显然认真分析了合同条款，并充分考虑到协议的履行后果，其行为更接近于理性选择，即自愿用未来丧失收益的风险换取目前的婚姻价值，所以

[90] Servidea, at 549.

[91] 110 548 P. 2d 736, 738 (Kan. 1976).

[92] Id. at 738.

[93] 576 P. 2d 629, 633–34 (Kan. 1978).

[94] Id. at 634.

[95] Yannalfo, 794 A. 2d 795; Hollett, 834 A. 2d 350.

[96] 834 A. 2d at 350, 354.

从理性角度审查的话,法院应当支持该协议。反之,Yannalfo 案中的 Y 女方当事人既没有聘请律师,也没有积极参与谈判,但法院仍然认为该协议为自愿签署。[97] 对于法院自相矛盾的行为,Servidea 教授指出,[98]法院做出不同判决的真正原因不是当事人的自愿和理性,而是国家利益;因为两案最显著的区别在于,Yannalfo 案中的协议仅涉及妻子对一小部分财产的权益,而 Hollett 案中的协议则完全剥夺了妻子的扶养费请求权,并显著减低了妻子在丈夫死后的财产权利;在 Yannalfo 案中,执行该协议并不会导致妻子贫困,无需国家救济;但在 Hollett 案中,协议在根本上变更了妻子的扶养费请求权和对丈夫财产的请求权,妻子无法通过分割丈夫财产而获得补偿,这会诱使丈夫通过离婚减轻负担,从而损害了国家对于婚姻保障功能的利益。因此,法院在两案中作出不同判决的最终原因仍然在于国家利益和公共政策考虑。

(二)德国司法实践——公序良俗和诚实信用并重

德国允许当事人自由约定离婚后果,法律并没有对约定设立最低门槛,即立法者放弃设立“婚姻生活的理想图景”。[99] 但当事人不能通过协议任意排除法律的保护目标(Schutzzweck),例如不得约定明显不公平的负担分配、选择明显不公平的婚姻生活、给一方施加不符合婚姻本质的负担等。[100] 所谓“明显不合理的单方负担”,要根据约定事项是否直接涉及婚姻核心领域而定;当事人的约定事项越是接近核心领域,偏离程度越大,法院的审查就越严格。婚姻核心领域及其顺位关系为:因照顾子女的扶养请求权、年老和疾病扶养、供养补偿、失业扶养请求权、教育和培训补偿权、增益补偿请求权。[101] 基于婚姻的社会保障功能,婚姻的核心领域首先就是扶养关系。在德国法中包括增益补偿请求权和供养补偿请求权,其中又以子女照料扶养最为重要,其次是年老扶养和疾病扶养;若当事人放弃这些扶养权利,法院的审查会尤其严

[97] 118 794 A. 2d at 796-98.

[98] Servidea, at 564 (2005).

[99] Dethloff, Rn. 22.

[100] FamRZ 2004, 601; 2005, 691; 2006, 1097.

[101] Schwab, Familienrecht, Rn. 226.

格;法院一般允许当事人放弃教育和培训费用方面的扶养请求权。[102]这些规定说明,婚姻的重要功能之一在于提供社会保障,当事人的契约自由不能损害这一公共利益。

德国宪法法院指出,在缔约地位不平等的情况下,法院有义务根据民法的一般规则(《民法典》第 138 条、第 242 条)对合同内容加以控制或修正。[103]在此基础上,联邦法院在判例中发展出两步审核法(zweistufige Prüfung):首先依第 138 条对婚姻协议进行效力审查,然后依第 242 条进行权利行使审查(Ausübungskontrolle)。[104]

1. 协议效力审查(Wirksamkeitskontrolle,第 138 条第 1 款)

根据《民法典》第 138 条第 1 款,婚姻协议不得违反善良风俗,这需要考察当事人在缔约时的个人状况,包括各自的收入和财产、双方感情发展阶段(相识不久、谈婚论嫁还是婚礼筹备阶段)、约定对双方及其子女的影响、是否构成对一方的重大负担(如扶养义务人依照协议要承担远高于法定数额的扶养费)、双方协议的目的和动机(如受损方为何愿意接受不利协议、获益方是否对另一方另有补偿)等因素。[105][106] 特别是,当事人之间是否存在严重不对等关系,如缔约一方为怀孕妇女。[107]

通常来说,如果婚姻协议涉及离婚后果的核心领域,且没有在其他方面弥补另一方的不利益,又不能说明此种利益安排的正当理由,就符合第 138 条第 1 款的适用条件。[108] 例如,协议导致一方遭受严重不利,以至于其不得不依靠社会救济,由社会承担当事人的离婚后果,这样的协议就违反善良风俗。[109] 但如果双方约定排除供养补偿的同时购买商业养老保险代替,就属于合理约定。双方都从事职业的话,合同的

---

[102] Dethloff, Rn. 25.

[103] BVerfG, FamRZ 2001, 343.

[104] FamRZ 2004, 601; 2005, 691; 2006, 1097.

[105] BGH FamRZ 2009, 198, 200f.

[106] Dethloff, Rn. 31.

[107] BGH FamRZ 2007, 1310, 1311; 2008, 2011, 2014.

[108] Dethloff, Rn. 32.

[109] BGH FamRZ 2009, 198, 202.

自由空间就会大一些;如果只有一方工作而另一方从事家务,合同的自由空间就较小。因为在一方工作的情况下,特别需要保护从事家庭劳动一方的利益,后者通过家务劳动为婚姻共同生活做出贡献,实际上是为家庭做出牺牲。倘若双方在缔结婚姻契约的时候约好婚后一方从事家务、另一方在外工作,同时又排除从事家务一方的供养补偿请求权,这样的协议几乎无法通过司法审查。[110] 如果当事人约定一方在离婚后照顾子女,同时又放弃扶养请求权,意味着照顾子女的一方不得不出去工作,这就违反了第1570条第1款本身所期望的父母亲自照料子女之立法目的,这种约定通常被视为无效。

如婚姻协议不能通过法院的效力审查,无论双方将来的婚姻发展和生活水平如何,约定都会由于违反善良风俗而完全或部分地无效,对无效部分代之以法定的规定(第138条第1款)。[111] 若婚姻协议只有一部分约定被认为违反善良风俗,适用《民法典》第139条。[112]如约定中有关放弃供养补偿的部分被排除,并不影响双方关于婚后扶养的约定;但如果协议违反善良风俗的原因是缔约时的不对等地位,即使内容上只有部分条款无效,也会导致整个合同无效。[113]

2. 协议履行审查(Ausübungskontrolle,第242条)

通过效力审查后,法院还要对婚姻协议进行履行审查(权利行使审查):配偶一方在离婚时是否以及在何种程度上有可能滥用其根据合同获得的权利。这里不仅要考虑缔约时的情形,还要考虑婚姻关系破裂时,协议的具体内容是否会对配偶一方产生不合理的负担。若从整体情况来看,合同的履行将导致一方当事人遭受无法容忍(unzumutbar)的损害,则另一方不能依据协议主张权利。[114]

婚后共同生活和双方的设想有所出入,或者说发生了双方没有预

---

[110] BGH FamRZ 2008,2011,2013.

[111] Schwab,Familienrecht,Rn. 225.

[112] BGH FamRZ 2008,2011,2013.

[113] BGH FamRZ 2006,1097; 2008,2011,2014.

[114] Dethloff,Rn. 35.

见的情形,是适用第242条的典型情况。例如,[115]夫妻双方婚后打算继续全职工作,遂在婚姻协议中约定暂时不要孩子,妻子在协议中放弃扶养请求权、供养补偿请求权和增益补偿请求权;后来双方又打算要孩子,妻子辞去工作照料子女;双方申请离婚时女儿7岁,患有精神障碍需要24小时照看。双方的协议虽然并不违反善良风俗,但缔约后发生了妻子无法预见的情形:她在协议中放弃各种请求权的前提是自己继续参加工作,能够获得养老金和稳定收入,这一设想因自己辞去工作而落空,即使现在重新去工作,其收入也不能和当年共同参加工作且未中断者同日而语。因此执行双方的约定对女方而言是不合理的沉重负担,实际上就是将本应由婚姻共同承担的负担由一方承担。在协议无效的前提下,法院应当对双方的协议进行调整:妻子可依照第1570条第1款主张扶养费(因照料子女的扶养费),但不能依照第1578条第1款主张维持婚内生活水平的差额扶养费,因为法律调整的目的仅是矫正双方严重的不平等关系,而不是完全否定当事人的意思自治;同理,调整后的供养补偿也不是全额支付,而是补偿在婚姻期间损失的养老金差额;增益补偿不属于离婚后果的核心领域,当事人之间的约定有效。

---

[115] Dethloff,Rn. 37-38.

第三章　配偶及姻亲之赠与的返还

判例一　联邦最高法院 1999 年 6 月 30 日判决：[1]配偶之间的给予返还

要点提示：配偶之间的无名给予[2]如何认定，给予和夫妻内部合伙的区分。

案号：BGH, Urt. v. 30. 6. 1999-XII ZR 23 0/96 (Schleswig).

引证注释：《联邦最高法院民事裁判集》第 142 卷，第 137 页；《新法学周刊》1999 年卷，第 2962 页。

---

① 类似案件参见联邦最高法院 1999 年 9 月 23 日判决(X ZR 114/96)，以及对联邦最高法院 2005 年 9 月 28 日判决(XII ZR 189/02)、2006 年 3 月 28 日判决(X ZR 85/04)、2009 年 11 月 25 日判决(XII ZR 92/06)的学者评注。

② Unbenannte Zuwendung 字面翻译为“无名给予”，在这里等同于“以婚姻为条件的给予”(ehebezogene Zuwendung)。若配偶一方向另一方给予某财产时期待自己能继续使用该物，配偶间的给予就不属于赠与，而是“特殊类型的合同”。例如丈夫在自有地产上为家庭修建房屋，并将二分之一的所有权转移给妻子，该行为不是赠与，而是“以婚姻为条件的给付”，因为丈夫期待婚姻会继续存在，并且他可以继续使用给付标的。若双方 3 年后离婚，丈夫可以基于交易基础的丧失，根据《民法典》第 313 条第 1 款要求补偿自己的给付。倘若是赠与行为，就不存在这种请求权了。

裁判要旨

以婚姻为条件的无名给予和夫妻内部合伙关系的区分;配偶在合伙关系解除后的补偿。

案件事实

原告是死者在前婚中的女儿和唯一继承人,其父在一审程序期间于 1992 年 1 月去世(以下简称被继承人)。被告是被继承人的离异配偶。原告作为继承人,向被告主张婚姻破裂后的财产补偿。被继承人和被告 1951 年结婚,当时双方都没有资产。双方在 1958 年 6 月 28 日根据当时颁布的《男女平权法》第 8 条第 1 款第 3 项作出声明,选择分别财产制。被告在婚姻期间未参加工作,而是照顾家庭和子女。1952 年出生的大女儿身患残疾,于 1965 年去世,儿子 1956 年出生。从 1965 年到 1968 年,双方登记注册了一家经营奶酪和乳制品的商店。存在争议的是,何方配偶实际经营该商店。被继承人做过审计员,在 1959 年至 1968 年担任一家牛奶场的企业负责人,后因为贪污和违反诚信行为被免职。

后来被继承人因患病而失去劳动能力,开始领取病假补助金(Krankengelder),从 1972 年开始以退休金和保险金的形式领取养老金。1968 年 4 月 10 日双方签订书面协议,约定被告从 1968 年 4 月 1 日起负责照顾被继承人,照顾费用为每月 400 马克,同时被告负责支付人寿保险费和医疗保险费;作为对价,被继承人放弃保险金。之后,从 1974 年 3 月到 1986 年 4 月,约有 181,612 马克从被继承人的养老账户转到被告账户;还有 19,593 马克转入一家建筑公司,用以修筑被告房屋。在 1961 年、1963 年、1965 年、1967 年、1968 年、1970 年和 1982 年,被告以自己的名义购买了多处地产,部分地块带有房屋;其中 1968 年购买的房屋在 1971 年出售,其他不动产一直登记在被告名下。双方从 1985 年 8 月开始分居。根据高等地方法院的评估,这些不动产在 1987 年 1 月总价值为 183 万马克。被继承人分居后住在被告名下的一处房产中,只能使用一小部分退休金(在 1986 年为 1582 马克每月)。

被继承人于1987年1月提出离婚申请,双方于1987年11月11日经法院判决离婚。

1987年3月,被继承人针对被告提起扶养费诉讼。高等地方法院于1994年1月26日通过判决确认原告为被继承人在分居和婚后扶养费程序中的权利继受人,向被告主张1985年8月(分居之时)到1992年1月(被继承人去世)之间的扶养费。同样在1987年3月,被继承人提起本案诉讼,针对被告就婚姻期间取得的财产提取出补偿请求权。被继承人在诉讼理由中提出,被告利用自己的资金购置各处地产,只是为了对抗被继承人的债权人,才将所有财产登记在被告名下。被告则主张,购置地产的资金主要来源于S市房产的出租收益,而他们之所以能够以较低价格买到该地产,是因为被告和原所有权人的亲戚关系。

此外,她还通过经营乳制品商店、出租客房等方式取得家庭收入。原告在被继承人去世后继续参加程序,在高等地方法院提出109.5万马克的补偿请求,即相关物业在1992年7月交易价格(219.1万马克)的一半。

地方法院支持原告60万马克的补偿费用。被告提出控诉,高等地方法院将补偿数额调低到175,958.89马克,驳回被告的其他控诉和原告的全部控诉。当事人提起上告,上告法院撤销判决,将案件发回高等地方法院。

裁判理由

一、高等地方法院根据交易基础丧失理论(《民法典》第242条③)支持了被继承人(由原告继承其权利)对"以婚姻为条件的无名给予"(ehebezogener unbenannter Zuwendungen)的补偿请求。其出发点在于,被继承人在被告购买土地时的出资属于给予,其目的是结婚,并以

③ 在德国,法律行为基础障碍制度是首先从学说、判例发展起来的习惯法规则,之后才被吸纳为制定法。在2002年德国债法改革之前,法官通常是根据《民法典》第242条规定的诚信原则运用交易基础理论,债法改革之后则是依据第313条的明文规定处理。参见[德]莱因哈特·齐默曼:《德国新债法——历史与比较的视角》,韩光明译,法律出版社2012年版,第72页。

实现、维持和保障婚姻生活关系为目的；随着婚姻的破裂，这一基础也随之消灭。该补偿请求权的范围限于他资助或通过其他方式帮助被告购买的不动产。对此原告有说明和举证义务。原告声称被告购置地产的资金全部来自被继承人，但并未证明。法庭证据调查的结果如下：

被告在1961年花了20,000马克从其亲戚手中购买位于S市的物业，被继承人支付了其中的12,000马克，约占60%。1963年花费7500马克购买位于L市的土地，因原告缺乏相关证据，故认可被告主张的资金来源于S市物业租金收益，即被继承人的出资同样占比60%。1965年购买的位于N市的房屋价款为10万马克，被继承人出资41,800马克，其余部分来自S市和L市物业的出租收益。1967年购置的位于F市的房屋价款为12万马克，资金来源于前面三处房产的租金收益，双方所占比例和之前的相同。原告提出其单独出资3万马克，但相关证人已经去世。被继承人从牛奶场贪污所得的4万马克用于购买房屋，对此原告没有提出异议。

被告于1970年在Sch市购置价值148,000马克的独栋房屋，1982年购买一处牧场，购房款均源于之前购置的四处房产的租金收益，被继承人亦占有同样比例。被继承人虽然提出自己有其他出资，但没有提供证据。从被继承人的医疗保险、养老保险和人寿保险给付中流入被告的资金，可以视为被继承人预先同意的家庭扶养费，并未用于不动产购置。此外配偶双方在1968年4月10日就医疗保险和人寿保险达成特别约定，即被告从4月1日开始承担被继承人的扶养费和保险费，并获得全部收益。故其不属于和婚姻有关的给予，无需补偿。

原告主张被继承人在上述房产中投入了劳动、维修和管理工作，但这些均属于通常意义上的配偶间协助行为，被继承人根据其扶养义务本身就应当对被告承担这些义务。被告作为家庭妇女和母亲也付出了等值的劳动。原告作为被继承人的权利继承人，只能按照其出资或贡献份额对被告购置的不动产主张权利。在确认份额时，高等地方法院根据被继承人在首次购买S市房屋时的出资比例60%为基础，按照该比例计算其在后续房产购买中的出资份额。根据1987年提交离婚申请时的交易价格计算,被继承人在全部不动产中的份额为949,092.50马克。应从中扣除其对被告的51,005马克债务和自1985年8月到1987年1月的扶养费18,923马克。因为被告必须从和被继承人共同购置地产的经营收益中支付扶养费,被继承人不能以扶养费请求权和补偿请求权两种方式重复计算其在财产中的份额。

考虑到婚姻存续时间和双方的收入和财产状况(被告:被继承人参与出资的房产价值949,000马克,每月7400马克的租金收益;被继承人:每月1600马克养老金),剩下的879,794马克应当进一步降低半数到349,897马克。由于死者生前曾严重诽谤、侮辱和虐待过被告,类推适用《民法典》第1579条第2项,该请求权应进一步降低50%。最后,由于被继承人已经死亡,以婚姻为条件的给予的补偿已经不可能完全实现其目的和意义,应进行公平性校正(Billigkeitskorrektur),故原告作为被继承人的权利继承人,其请求权还要缩减10%。最终高等地方法院支持原告的补偿请求权为175,958马克。

二、上述观点说明控诉法院并未充分查明相关事实。高等地方法院认为该补偿请求权仅针对以婚姻为条件的给予,根据《民法典》第242条体现的交易基础丧失规则进行了审查。这在法律上存在错误。就本案事实来看,首先应当考量当事人是否以包括默示的方式达成了某种协议,对他们之间的财产关系和协作劳动进行约定,从而应适用合伙法的有关规定确定其补偿权。因为在类似本案的情形中,配偶双方显然多年都在精心筹划、相互协作、共同打造财富(房产),直到暮年还在从租房收益中取得生活费并继续购置房产,这就很容易被理解为配偶之间存在合伙关系(所谓的夫妻内部合伙,Ehegatteninnengesellschaft)。倘若婚姻共同生活终结,不享有物权的配偶一方无法继续享有财产孳息,从合伙法的角度来处理显得更为合适。

1. 判例和学说长期关注的问题是:在婚姻解除时,若通过婚姻财产制不能达到满意的效果,且维持目前的财产状况对曾经做出重大财产贡献或劳动付出的配偶一方明显不公时,如何在配偶间进行合理的财产补偿(参见联邦最高法院判决,载《新法学周刊》1994年卷,第652

页;《家庭法大全杂志》1994年卷,第295、297页)。在夫妻双方采取分别财产制时,尤其会出现此种后果。但如果配偶一方的给付系有意识或有目的地促进另一方的财富增长,且配偶双方一致同意由一方在法律上和经济上获得因此形成的财产价值,就另当别论(参见Hausmann论文,载Hausmann/Hohloch主编:《非婚共同生活体的法律》,1999年,第3章,第75段;Hausmann论文,载《继承法和财产传承杂志》1995年卷,第129、131页)。本案中不存在此种情况,且双方配偶关于离婚后的财产补偿也没有明确约定(参见审判庭判决,载《新法学周刊:民法裁判报告》1990年卷,第1090页;《家庭法大全杂志》1990年卷,第1219、1220页),故原则上可以考虑两种补偿方案:(1)根据《民法典》第722条和第730条以下有关合伙法的规定,就配偶之间通过默示协议成立的内部合伙关系提出分割请求权;(2)根据交易基础丧失理论,要求返还和婚姻有关的给予的请求权。

(1)合伙法上的分割请求权

第一,联邦最高法院在之前的判决中(《联邦最高法院民事裁判集》第8卷,第249、252页;《新法学周刊》1953年卷,第417页),就妻子在丈夫经营活动中提供超出通常协助义务之付出发表意见:存有疑问时,此种行为不能视为无偿,而应当以债权参股的形式对丈夫的经营资产享有权利。此种表现为默示的内部合伙关系的参股关系,要求双方共同付出,并追求不同于一般婚姻共同生活的目的,如投入资产和付出劳动以共同创造财富或从事生产经营。如果不存在此种目的,双方的资产投入和劳动仅是为了实现婚姻共同生活,例如,修建家庭住宅或者协助劳动并未超出通常的夫妻协作范围(原《民法典》第1356条第2款),就不能构成默示的夫妻内部合伙关系(联邦最高法院判决,载《新法学周刊》1974年卷,第2278页或者《家庭法大全杂志》1975年卷,第35、36页;《联邦最高法院民事裁判集》第31卷,第197、200页或者《新法学周刊》1960年卷,第428页;《联邦最高法院民事裁判集》第84卷,第361、366页或《新法学周刊》1982年卷,第2236页;《新法学周刊:民法裁判报告》1989年卷,第66页或者《家庭法大全杂志》1989年卷,第 147 页;《新法学周刊》1995 年卷,第 3383 页或《家庭法大全杂志》1995 年卷,第 1062、1063 页)。若只是为配偶另一方的经营活动通过银行信贷提供资金或提供物上担保,但没有共同参与经营,也不构成默示的内部合伙关系(参见审判庭判决,载《新法学周刊:民法裁判报告》1988 年卷,第 260 页或《家庭法大全杂志》1987 年卷,第 907 页)。另外,即使双方共同经营创造财富的主要目的是确保生活来源,也不妨碍成立内部合伙关系(审判庭判决,载《新法学周刊:民法裁判报告》1990 年卷,第 736 页或《家庭法大全杂志》1990 年卷,第 973 页)。

此外还要注意,在内部合伙关系中,配偶一方不能仅作为另一方的下属被安排工作,双方应当平等协作、共享利润和损失(参见联邦最高法院判决,载《新法学周刊》1962 年卷,第 1612 页或《家庭法大全杂志》1962 年卷,第 357 页;1968 年卷,第 589 页)。不能将平等协作理解为等值贡献,即同等数额和类型的资金或其他给付(参见审判庭判决,载《新法学周刊:民法裁判报告》1990 年卷,第 736 页或《家庭法大全杂志》1990 年卷,第 973、974 页;Hausleiter/Schulz:《分居和离婚时的财产分割》第 2 版,第 3 章,第 94、108 段)。考察的重点是平等协作或参与(Wever:《配偶在财产制之外的财产分割》,第 439 段)。例如在某案例中,配偶一方设立了企业,另一方基于其专业知识担任商事经理人,联邦最高法院即认为此构成内部合伙关系(联邦最高法院裁判,载《家庭法大全杂志》1968 年卷,第 589 页)。

配偶双方无需明知他们为某种目的的协作行为在法律上构成内部合伙(《联邦最高法院民事裁判集》第 31 卷,第 197、201 页或《新法学周刊》1960 年卷,第 428 页)。只要配偶双方具有某种可以辨识的利益,他们的合作超越了单纯的婚姻效力、旨在构建持续性共同财产关系即可;此种合作可以表现为双方约定将所获收益进行再投资(参见 Ulmer:《慕尼黑民法典评注》第 3 版,第 705 条序言部分,第 55 段)。配偶双方约定了分别财产制,并不影响合伙关系的形成。因为财产分别所有制并不意味着配偶双方不能就某一特定财产形成合伙关系(Johannsen/Henrich/Jäger:《婚姻法》第 3 版,第 1414 条,第 20 段;Wever 前引书，第456段）。

第二，在处理未婚共同生活关系的财产分割时，会出现类似问题。第二民事庭在一个判决中认为，若双方在多年的非婚共同生活中通过共同劳动、共同出资或其他共同给付建造房屋，该房屋虽然登记在一方名下，实际上属于双方共有之住宅，对特定财产标的可以适用合伙法原理（联邦最高法院判决，参见《家庭法大全杂志》1965年卷，第368页）。同时判决书中也强调，基于法律和义务关系的不同，适用于婚姻内部合伙的规则不能直接类推适用于非婚共同生活关系。因此这里无需考虑婚姻内部合伙中必须具备的为实现婚姻共同生活之目的（《联邦宪法法院民事裁判集》第84卷，第388、391页），但可以适用合伙法中有关财产分割的规定。据此，第二民事庭在上述判决中认为无需具备法律行为上的依据，只要双方是为了共同购置某标的物，且双方不仅共同使用该标的物，也共同拥有其所有权（《联邦宪法法院民事裁判集》第84卷，第388、390页；有关判例的发展，参见Hausmann/Hohloch前引书，第3章，第45段）。

第三，学者对有关夫妻内部合伙的判决指责颇多，但指责原因并非是该判决之结果（学者对该判决结果表示满意），而是其虚构事实认定合伙关系，并借助校正衡量（Billigkeitserwägungen）手段加以平衡（参见Gernhuber/Coester-Waltjen：《家庭法教材》第4版，第222页；Ulmer：《慕尼黑民法典评注》，第705段导论部分，第56段）。因为事实上法院并没有创设新的合伙类型，只是在通过债法和家庭法都无法达到令人满意的补偿方案时，通过类推适用填补法律空白（Ulmer：《慕尼黑民法典评注》，第705条前言部分，第59段；又参见Hausmann论文，载《继承法和财富传承杂志》1995年卷，第129、130页；Hausmann/Hohloch前引书，第3章，第58段）。推定配偶之间存在默示内部合伙关系的困难在于，必须证明存在某种超越婚姻共同生活的合伙目的，且限于双方平等协作（gleichgeordneter Mitarbeit）的情形，这就意味着，必须在尝试其他方法无果后才能适用合伙补偿规则（Blumenröhr论文，载《Odersky纪念文集》，第517、522页）。

(2)根据交易基础丧失理论请求返还和婚姻有关的给予

联邦最高法院还考虑过另外一种思路,即将其认定为“以婚姻为条件的给予”,并根据交易基础丧失规则进行补偿。以婚姻为条件的给予指的是,配偶一方以结婚为目的,并且为了实现、建立、维持或保障婚姻共同生活而给予另一方财产,并且设想或期待婚姻持续存在、自己在婚姻共同生活中分享该财物及其孳息。这些构成给予的交易基础(参见联邦最高法院裁判,载《新法学周刊》1997 年卷,第 2747 页或《家庭法大全杂志》1997 年卷,第 933 页;有关此类判决的发展参见《联邦最高法院民事裁判集》第 116 卷,第 167、169 页或《新法学周刊》1992 年卷,第 564 页)。此种给予包括配偶一方配合另一方对家庭财产进行安排,以避免另一方之债权人的追索(参见联邦最高法院判决,载《新法学周刊:民法裁判报告》1990 年卷,第 386 页或《家庭法大全杂志》1990 年卷,第 600 页)。这里的困难是如何区分以婚姻为条件的赠与和无偿赠与,即不以对待给付(Gegenleistung)为条件的赠与,因为以婚姻为条件的给予通常也不以债法意义上的对待给付为条件。所以联邦最高法院认为,对于以婚姻为条件的给予而言,法律上只需要存在交易基础即可,其可以表现为某种义务或给付,甚至可以是无形的(参见审判庭判决,载《新法学周刊:民法裁判报告》1990 年卷,第 386 页或《家庭法大全杂志》1990 年卷,第 600 页;《新法学周刊》1992 年卷,第 238 页或《家庭法大全杂志》1992 年卷,第 293 页)。唯一的判断标准就是给予者对婚姻存续的期待。基于此种狭义的以婚姻为条件的法律行为,在婚姻关系破裂后,如果维持现有财产状况对于受损配偶一方难以接受,就会根据交易基础丧失规则产生补偿请求权(《联邦最高法院民事裁判集》第 127 卷,第 48、50 页或《新法学周刊》1994 年卷,第 2545 页)。在分别财产制下尤其如此,因为配偶双方共同创造财产符合婚姻生活共同体的特征,即命运和风险共同体(联邦最高法院裁判,载《新法学周刊:民法裁判报告》1990 年卷,第 834 页或《家庭法大全杂志》1990 年卷,第 855 页)。此种校正性或衡平性请求权(Billigkeitsanspruch)的类型和数额取决于对具体案件情况的总体评价,例如婚姻存续期间、给予所追求目标的时间跨度和效果、配偶双方的年龄、给予接受方在家庭内部分工中的贡献、个人财产状况、剩余资产价值、给予方是否还有其他财产等各种因素(参见《联邦最高法院民事裁判集》第 84 卷,第 361、368 页或《新法学周刊》1982 年卷,第 2236 页;《新法学周刊》1992 年卷,第 238 页或《家庭法大全杂志》1992 年卷,第 293 页和第 294 页》)。给予方不仅要证明给予的发生,还要提出并证明维持现有财产状况对自己而言是难以接受的(联邦最高法院裁判,载《新法学周刊:民法裁判报告》1990 年卷,第 834 页或《家庭法大全杂志》1990 年卷,第 855 页)。

现金补偿的上限是接受给予一方通过给予所得的财产在夫妻双方分居时的剩余价值(《联邦最高法院民事裁判集》第 84 卷,第 361、368 页或《新法学周刊》1982 年卷,第 2236 页)。存在多个以婚姻为条件的给予的,不能因其目标相同而将其计入总量(Gesamtleistung),并在婚姻破裂时统一计算补偿数额。给予方可以放弃针对特定给予的补偿主张,而主张其他财产给予。但这样就会导致难以进行总体衡平考虑,因为难以确定给予接受方的其他财产是否有被扣减补偿之虞(联邦最高法院裁判,载《新法学周刊》1989 年卷,第 1986 页或《家庭法大全杂志》1989 年卷,第 599、601 页)。

此种补偿请求权最开始针对的是以交付标的财产为表现形式的给予,联邦最高法院通过判决将其扩展到劳动给付的形式,即通过劳动给付来促进配偶另一方的财产增值。法院认为此种情况下实质上形成了类似于夫妻内部合伙的合作协议(Kooperationsvertrag)(参见《联邦最高法院民事裁判集》第 84 卷,第 361、376 页或《新法学周刊》1982 年卷,第 2236 页;《联邦最高法院民事裁判集》第 115 卷,第 261、265 页或《新法学周刊》1992 年卷,第 427 页;《联邦最高法院民事裁判集》第 127 卷,第 48、51 页或《新法学周刊》1994 年卷,第 2545 页)。

判例中通过以婚姻为条件的给予进行补偿的思路也受到了批评,同样不是因为该思路的结论,而是因为其法教义学的论证过程,因为这种方法臆想当事人之间存在合作协议,开启了"可预见的衡平司法”(Billigkeitsjustiz)(参见 Gernhuber/Coester-Waltjen:《施陶丁格民法典评注》第 13 版,第 1414 条导论部分,第 21 段;Hepting:《婚姻协议》,1984 年,第 162 页以下;其他批评意见参见 Jaeger 论文,载《德国公证人杂志》1991 年卷,第 431、432、462 页)。

2. 通过交易基础丧失理论追索以婚姻为条件的给予固然是一种思路,但基于如下特殊考虑,不能无限扩展其适用范围。

(1)从本身概念来看,以婚姻为条件的给予应当限于那些以配偶人身约束意愿为中心要素的赠与行为。这里的交易基础就是“为了婚姻”,给予的目标限于实现婚姻共同生活。因此这一概念最初主要适用于建造家庭住宅作为婚姻基础的情况。反之,如果夫妻双方在婚姻存续期间通过规划和紧密配合积累财富(如购买不动产),则与其说他们是为了实现婚姻共同生活,倒不如说是为了积累财富,即追求超越婚姻本身的目的,这就更接近于夫妻内部合伙关系。如果在此过程中将财产转移至一方名下,就不存在为了婚姻而给予的意愿,通常是因为该方配偶被登记为合作企业或资产的权利人,或者出于规避债务的考量。无论如何,配偶双方都很清楚此种资产转移只是在形式上将标的物登记为配偶一方的单独财产,实际是双方共有。一方协助另一方从事经营的,通常会要求共享利益(参见 Hausmann 论文,载《继承法和财富传承杂志》1995 年卷,第 129、131 页;Haunsmann/Hohloch 前引书,第 3 章第 53 段)。

(2)从现实角度来看,也不宜将某些行为归入以婚姻为条件的给予并根据交易基础丧失理论进行处理。若生活中配偶双方并不是为了某一个项目,而是多年来以各种不同的方式做出贡献以取得某项财产,他们就很难举证证明各自的贡献(包括金钱、实务或劳务)。在缺乏详细记录的情形下,很难要求返还财产,从而造成令人不满或不合理的结果。若给予人无法就给予的类型和数额进行必要的举证,就只能按照合伙法的原则处理,因为从整体外观和目的来看,配偶双方的活动更类似于合伙关系。按照合伙法也能够较好地维护双方利益(参见 Ulmer:《慕尼黑民法典评注》,第 705 条导论部分,第 60 段;Hausmann

论文,载《继承法和财富传承杂志》1995年卷,第129、131页;Blumenröhr前引文,第527页)。根据《民法典》第722条和第730条以下的规定,存在疑问时,配偶双方对所涉财产享有均等份额(有关分担损失的问题,参见Ulmer:《慕尼黑民法典评注》,第705条导论部分,第187段)。存在多个给予时,根据《民法典》第242条进行总体评价时不能确定未来是否发生新的返还请求的问题也迎刃而解,因为按照合伙法解决方案,应对所有财产价值进行总体平衡。总体而言,合伙法规则可以提供明确且具有可操作性的分割方案,而根据《民法典》第242条进行衡平考量则存在诸多不确定性。

(3)还有一种思路是根据不同的给予方式采取不同的解决路径,如有的给予是财产给付(金钱或实物),有的是以协作劳动的形式,但这样也不尽如人意。有观点认为,对于前者应根据增益补偿请求权规则进行调整,在分别财产制下根据交易基础丧失理论处理,这样就不存在法律漏洞,从而无需类推适用合伙法上的补偿规则;对于协作劳动的情形,由于缺乏其他的家庭法或债法规则,就必须采用合伙法规定处理(参见Ulmer:《慕尼黑民法典评注》,第705条导论部分,第59段)。此种区分既不符合法教义学,也不符合生活现实。因为经常出现混合情况,配偶双方通过多种方式为增加财富做出贡献。在这种情况下就必须寻找一种统一的解决方案,同时又要对区别处理提出合理标准(参见Blumenröhr前引书,第525页)。因此,唯有在例外情况下才能根据《民法典》第242条规定的衡平原则,借助交易基础丧失理论处理,因为在这些领域中无法通过(包括类推适用)债权法和家庭法规则解决问题(参见Lieb:《配偶之间的协作劳动:以法律行为、不当得利补偿和法定财产制为视角》,第130页)。因此联邦最高法院仅在不能确认存在超越婚姻共同生活之目的以致不能认定夫妻内部合伙时,或者配偶之间的协作并未超越通常婚姻目的时,才会借助交易基础丧失理论。与此类似的,婚姻法上的合作协议(Kooperationsvertrag)也只能作为辅助性工具(参见《联邦最高法院民事裁判集》第84卷,第361、367页或《新法学周刊》1982年卷,第2236页;《联邦最高法院民事裁判集》第127卷,第48、53页或《新法学周刊》1994年卷,第2545页)。这并没有排除夫妻内部合伙和合伙法上的分割规则,而是更明确地区分了家庭法上的合作协议和夫妻内部合伙(Blumenröhr 前引书,第526页;参见案例,载《联邦最高法院民事裁判集》第84卷,第388、391页;《联邦最高法院民事裁判集》第115卷,第261、264页或《新法学周刊》1992年卷,第427页。这些案例研究了《民法典》第730条以下的规定是否可以用于非婚伴侣或订婚者共同完成的作品;参见Schlaich:《非配偶之间的以婚姻为条件的给予》,1997年,第240页以下)。

3. 因此,区分"以婚姻为条件的给予"和"根据夫妻内部合伙取得财产"的关键,并不是看财产增值是通过金钱或实物给付还是通过协作实现。若夫妻双方的目标是追求财产增长,特别是他们的活动明显超越实现婚姻共同生活之目的,或者他们明知共同创造的财富并不完全属于名义上的权利人、配偶另一方也享有份额的,宜认定夫妻内部合伙关系。对此审判庭坚持要求,至少能够认定当事人以默示方式达成合同,仅有纯粹事实上的意思表示一致(eine rein faktische Willensübereinstimmung)是不够的。虽然第二审判庭在判决中认为,对于非婚共同生活伴侣而言,仅有纯粹事实上的意思表示一致即可。区分两者的理由在于,非婚共同生活当事人尚不具有法律约束力意愿(Rechtsbindungswillen),而婚姻则是涉及权利义务的诺成契约(Konsensualvertrag)(参见Staudinger/Strätz,第12版,第1297条附论部分,第37段;又参见Wacke:《慕尼黑民法典评注》第3版附录,第1302条附录部分,第18段)。在判定配偶之间是否存在可根据合伙法规定进行估值的协作时,应考虑财产增值的计划、范围和期限,以及对资产收益再投资的约定。反之,考虑到贡献形式的多样化,不宜过分强调"平等协作"(gleichgeordnete Mitarbeit),只要配偶对合伙做出了一定贡献且对所追求的成果有显著效果即可。

4. 高等地方法院并没有从夫妻内部合伙的角度审查被继承人和被告的关系。法院本应探究这一问题,因为就被继承人而言,他不仅出资购置不动产、承担房屋修缮工作，还负责对房屋的出租和管理；被告基于亲戚关系以较低价格在1961年购买了S市的公寓，构成对财产增值的贡献。被告还通过经营登记在自己名下的乳制品商店为家庭做出贡献，虽然从地方法院查明的事实来看该商店的收益微不足道。此外，显而易见的是，被继承人曾经担任牛奶场的企业负责人，他的商业经验必然在经营中发挥作用，如采购和记账。双方将获得的房屋租金立即再投资到新的地产中，足以说明夫妻双方存在共同创造价值的合意。因此，高等地方法院将被继承人的出资识别为以婚姻为条件的给予的观点不能成立。以婚姻为条件的给予指的是直接从给予人转移至接受方的资金或可以换算为金钱的给付，而不包括给予接受方（名义上的）自身资产的孳息。此种给予并不要求精确计算出多少百分比的租金收益属于被继承人的出资份额。若认定双方为夫妻内部合伙关系，就要进行此种精确计算。基于上述理由，高等地方法院的判决应予撤销。该法院应当进一步审查，现有事实是否足以认定夫妻内部合伙关系。同时应保障当事人对此问题发表补充意见的权利。

5. 审判庭对案件的进一步处理提出如下意见：

（1）根据《民法典》第738条以下和第730条以下提出的补偿请求权，在形式上表现为分割财产的债法请求权（《联邦最高法院民事裁判集》第8卷，第249、256页或《新法学周刊》1953年卷，第417页；联邦最高法院判决，载《新法学周刊》1974年卷，第2278页或《家庭法大全杂志》1975年卷，第35、37页）。

为此目的，必须进行资产清点和评估。两者的决算日（Stichtag）均为合伙关系解除之日，即本案中双方分居时（1985年8月）。从这一时间节点开始，双方应无共同创造财富的意愿，被继承人也不再管理房产。有观点认为，资产评估决算日应当是稍后分割财产的时间，这样可以确保双方当事人共同分担财产分割结束之前的价值变化（参见Hausleiter/Schulz前引书，第100段和第110段）。对此审判庭并不认同。本案的夫妻内部合伙中不存在共同共有财产，合伙的解除和完全终了（Vollbeendigung）同时发生。基于合伙终了而产生到期的债法上的分割请求权,配偶双方互为债务人和债权人(参见 Ulmer:《慕尼黑民法典评注》第 730 条,第 11 段)。有权获得补偿的配偶一方不能对另一方名下的财产标的直接提出请求,只能主张金钱支付形式的分割请求权,类似于《民法典》第 738 条第 1 款第 2 句规定的补偿请求权(Abfindungsanspruch),该请求权的决算日也是退伙时间(参见 Ulmer:《慕尼黑民法典评注》第 738 条,第 14 段)。如果对资产清点和资产评估设定不同的决算日,就有可能导致配偶一方为自身利益而操纵时间。本案中,高等地方法院按照离婚申请发生诉讼系属的时间(1987 年 1 月)对不动产进行清点和评估,新判决应当以 1985 年 8 月作为资产评估决算日。

(2)合伙人按照何种份额分配利润,原则上根据合伙协议确定。若配偶双方以默示的方式约定了内部合伙,即对利润分配没有明确约定,应借助对合同的补充解释,审查是否可以从其他情形中确定当事人的分配意图(Blumenröhr 前引书,第 520 页)。若无法确定分配意图,则补充适用《民法典》第 722 条第 1 款:各合伙人有均等权益,无论其出资的种类和数额(审判庭判决,载《新法学周刊:民法裁判报告》1990 年卷,第 736 页或《家庭法大权杂志》1990 年卷,第 973、974 页)。主张超过一半份额的配偶一方,必须根据证据法的一般规则进行举证(Hausleiter/Schulz,第 99 段)。对此高等地方法院应注意审查,1989 年 10 月 16 日备忘录中记载的证人 T 的证言能否证明原告的主张;高等地方法院在之前的判决中没有对该份证据做出说明;该证言指出,被继承人曾于 1969 年和被告签订书面协议,确认全部现有财产系被继承人出资购置,一旦被继承人的债权人追索风险消除,就可以取得 50% 份额的所有权,但该份文件已经灭失。该约定明确表明双方当事人各自享有一半的份额。原告主张,根据双方在 1969 年 6 月 14 日的书面约定,被告在离婚或分居的情况下获得全部房产的单独所有权,被继承人没有补偿请求权等,该约定并不因违反形式要件而无效,因为其并不是《民法典》第 1408 条和第 1410 条意义上的夫妻财产合同,无需遵守特别的形式要件。

(3)在且仅在分割房产类财产时,应适当减少被告的债务。应排除个人债务。被告在分割合伙财产时不能针对原告提起异议，以对抗经过判决确认的、被告应向被继承人承担的扶养债务。此外，若被继承人的扶养费已经扣除了其所使用房屋的租金，就不能再次扣减。最后，在合伙法框架下进行分割时也不能根据《民法典》第 1579 条规定的婚姻错误行为（Eheverfehlung）减少扶养费。同样，也不能因为原告的继承人身份而扣减其合伙份额。不能因为权利人去世而认为此种补偿没有意义，因为此种请求权在其去世之前就已经成立并到期，并且已经进入诉讼程序。

评析　以婚姻为条件的给予和夫妻内部合伙

本判决体现了联邦最高法院在倾向性观点上的转变，之前是在“无名给予”的框架下考虑校正衡量（Billigkeitserwägungen），存在较大的不确定性，目前则更多地从夫妻内部合伙的角度考虑，故判决书的核心是如何区分所谓的配偶间“以婚姻为条件的给予”或曰“无名给予”（ehebedingten oder unbenannten Zuwendungen）和夫妻内部合伙（Ehegatteninnengesellschaft）。该问题的核心在于，配偶（包括非婚同居者）之间若发生超出通常礼物意义的财产赠与，在共同生活破裂后是否可以索回。这种给予还会经常体现为一定的劳动给付（如维修一方伴侣的房屋，在企业中协作劳动）。

随之产生的问题是，应基于何种法律规定主张此种返还请求权。判例中对此似乎呈否定态度，其基本立场是，该给予一般以维持共同生活为目的，故不具有赠与特有的无偿性约定（Unentgeltlichkeitsabrede），不构成《民法典》第 516 条以下规定的赠与（Schenkung）。联邦最高法院在判决中倾向于将此种给予视为建立在特定家庭法关系基础上的“独特的以婚姻为条件的法律行为”（ehebezogenes Rechtsgeschäft eigener Art）或“特别的家庭法合同”（besonderer familienrechtlicher Vertrag）。据此，给予的原因是合同关系，而不是基于婚姻共同生活，也不是夫妻财产制。

夫妻内部合伙意味着，配偶双方以默示方式形成内部合伙（Innengesellschaft），该合伙没有共同财产，对第三人也不产生对外效力，只是在当事人内部产生类似股份公司的关系。提供协作者被视为企业的参股人，对企业的收益有参与分配的权利。但这种参与分配的权利不影响企业的所有权和物权状况。[④] 合伙结束时，即提出离婚申请或分居开始的时候，[⑤]应当根据《民法典》第 730 条到第 735 条的规定进行分割。提供协作的配偶以金钱形式获得补偿。补偿数额根据当事人的约定确定，无约定时根据第 722 条第 1 款以均等份额进行分割。[⑥] 一般而言，可以认为当事人以推定的方式约定了分割份额，即分割份额应当和协作的类型、范围以及协作产生的效益相适应。

只有当配偶双方根据约定、为追求某种超出婚姻共同生活需要的目的而共同给付时，法院才会认可合伙关系，例如配偶双方投入劳动和资本共同创建企业，或从事某种工作或职业。[⑦]

当事人在下列情况中有合伙法上的补偿请求权：提供协作的伴侣参与企业的建立或运行；[⑧]配偶一方的协作工作对另一方所属企业的发展具有至关重要的作用（如担任总经理）；在特定情况下，配偶一方只要投入财产，同时根据婚姻义务进行协作，就会产生合伙法上的补偿请求权。[⑨] 反之，如果女方到男方所属的业已存在的较大企业工作，[⑩]或到男方的事务所工作，[⑪]则不成立合伙。

---

④ 联邦普通法院裁判，载《家庭法大全杂志》1990 年卷，第 1219 页以下。

⑤ 联邦普通法院裁判，载《家庭法大全杂志》1999 年卷，第 1580、1584 页。

⑥ 联邦普通法院裁判，载《家庭法大全杂志》1999 年卷，第 1580、1585 页。

⑦ 联邦普通法院裁判，载《家庭法大全杂志》1989 年卷，第 147 页以下；1990 年卷，第 1219 页以下；载《新法学周刊》1995 年卷，第 3383 页以下。

⑧ 《联邦普通法院民事裁判集》第 31 卷，第 197 页；联邦普通法院裁判，载《家庭法大全杂志》1961 年卷，第 431 页；联邦普通法院裁判，载《家庭法大全杂志》1975 年卷，第 35 页。

⑨ 《联邦普通法院民事裁判集》第 47 卷，第 157 页。

⑩ 联邦普通法院裁判，载《家庭法大全杂志》1967 年卷，第 208 页。

⑪ 联邦普通法院裁判，载《家庭法大全杂志》1974 年卷，第 592 页。

联邦普通法院通过1990年的一个判决,[12]将合伙的适用范围扩展到企业协作之外的情形。具体而言:配偶一方的协作增加了另一方的财产。只要配偶一方通过劳动或实物给付使另一方财产增加,并且满足下列条件的,就成立合伙:(1)配偶的给付不是为了满足共同生活的需要,而是为了某种超越共同生活需求的目标。(2)双方行为的主观前提在于,共同创造的财富从经济角度来看(wirtschaftlich betrachtet)不只属于形式上为所有人的一方,而应当由双方分享。(3)当事人之间至少存在以默示方式缔结的、并以上文所述为内容的合同,才能认定合伙关系成立。但参与人无需了解他们之间关系的合伙性质。[13]

若不能根据上述原则认定合伙,方可考虑由于交易基础变化(Änderung der Geschäftsgrundlage)而产生补偿请求权(第313条第1款)。这一请求权的前提是存在家庭法上的合同(协作合同),配偶一方根据该合同做出的以婚姻为条件的给付(ehebedingte Zuwendungen)也为另一方带来好处。根据联邦普通法院的观点,只要配偶一方以结婚为目的,并且为了实现、建立、维持或保障婚姻共同生活而让另一方获得财产,并且期待自己可以在婚姻生活中共享该财物及其孳息的权利,就构成以婚姻为条件的给付。[14] 这种给付的结果是产生补偿请求权,即对配偶另一方获得的、并且仍然持有的财产增值根据公平原则进行分配。

判例二 联邦最高法院2011年7月20日判决:公婆赠与的返还

要点提示:公婆的给予属于赠与,而非无名给予;根据《民法典》第

---

⑫ 载《家庭法大全杂志》1990年卷,第1580页。

⑬ 联邦普通法院裁判,载《家庭法大全杂志》1987年卷,第907、908页。

⑭ 联邦普通法院裁判,载《家庭法大全杂志》1999年卷,第1580、1582页,又参见第208段。

313条[15]请求补偿(交易基础丧失);公婆在夫妻离婚后帮助偿还的银行贷款不能依据《民法典》第812条[16]或无因管理要求补偿。

案号:BGH, Urteil vom 20. Juli 2011-XII ZR 149/09.

引证注释:《新法学周刊》2012年卷,第523页;《德国公证人杂志》2012年卷,第538页;《家庭法大全杂志》2012年卷,第273页。

裁判要旨

1. 不能仅因为他们的儿子为房屋共有人且和妻子分居后一直住在该房屋,就否认公婆根据交易基础丧失理论的返还请求权。虽然房价下跌,儿媳仍持有客观的财产价值(参见审判庭其他判决,载《联邦最高法院民事裁判集》第184卷,第190页或《家庭法大全杂志》2010年卷,第958页)。

2. 子女离婚后,公婆为自己子女的利益考虑而主动履行配偶双方之共同债务(Gesamtschuld)的,原则上不构成《民法典》第812条第1款第1句第2种情况规定的针对儿媳的不当得利返还请求权。

案件事实

两名原告是被告的公婆,被告和原告儿子结婚后,原告给他们出资购买土地并建造房屋,现要求被告返还款项。

---

⑮ 《民法典》第313条 法律行为基础的障碍

(1)已成为合同基础的情势在合同订立后发生了重大变更,而假使双方当事人预见到这一变更就不会订立合同或会以不同的内容订立合同的,可以请求改订合同,但以在考虑到个案的全部情况,特别是约定或法定的风险分配情况下,不能合理地期待一方可以接受合同现状的为限。

(2)已成为合同基础的重要观念表明系错误的,视同情势的变更。

(3)合同的改订为不可能或对一方来说是不能合理地期待的,受损一方可以解除合同。就继续性债务关系而言,可以通知终止权代替解除权。

⑯ 《民法典》第812条 返还义务

(1)无法律上的原因,因他人的给付或以其他方式使他人蒙受损失而自己取得利益的人,有义务向他人返还所取得的利益。即使法律上的原因后来消失,或依法律行为的内容而为的给付所欲达到的结果并未出现,该项义务也存在。

(2)以合同进行的对债务关系的存在或不存在的承认,也视为给付。

在20世纪90年代中期,两名原告和儿子儿媳(即被告)共同购入一处地产,建造了两套住宅并共同居住在那里。被告和其丈夫又购买一处地产,双方作为共有人各自享有1/2的产权;两原告出资支付了部分价款。

被告和丈夫在2000年告知原告,打算在新购置的地产上建造独栋房屋并单独居住。原告这时并未要求他们返还购地出资款,反而提出愿意在他们修建房屋时继续提供经济支持。2001年初,原告给被告及其丈夫一笔钱建造房屋。被告和丈夫又作为共同债务人从银行申请了建房贷款。房屋建好后,被告和丈夫及子女居住在此。之后两人开始分居,被告从该房屋搬出。双方在2004年底经法院判决离婚。在2005年和2006年,原告又向他们的儿子和被告的共同贷款账户上转账33,582.94欧元。

原告的儿子和孙子继续居住在该房屋中;被告申请对房屋进行强制拍卖,以终止共同生活关系。丈夫向被告提出增益补偿之诉,后又撤回起诉。

原告主张,除了向贷款账户的转账,他们还另外支付了64,821.17欧元,包括1997年用于购置土地的51,896.14欧元,2001年和2004年支付的7925.03欧元和5000欧元。本案中原告向被告主张的总价款为93,404.11欧元及其利息,并要求赔偿诉讼前已经产生的律师费用。

地方法院判令被告偿还33,582.94欧元及其利息,驳回原告的其他诉讼请求。被告提出控诉,高等地方法院改判全部驳回原告诉讼请求。原告提出控诉,未获得支持。原告进一步提出上告,要求偿还46,702.06欧元(即93,404.11欧元除以2),该上告获得许可。

上告获得部分支持。

裁判理由:

高等地方法院判决的主要理由如下:

一、就婚姻存续期间支付的款项而言:

无论是按照3年的普通时效(《民法典》第195条),还是针对家庭法请求权的30年时效(《民法典》第197条第1款第2项),诉讼请求均不会因为已过诉讼时效而被驳回。因为就算是适用3年普通时效,原告在2008年提起诉讼之时,其(可能成立的)返还请求权也没有超过时效。时效期间应从离婚当年结束之时起算,即2004年底;因诉讼程序的发生,诉讼期间在2006年1月至2008年10月中断,故原告起诉时不存在时效障碍。

但原告无权主张返还请求权。原告并没有证明该给予附有解除条件(auflösend bedingte Zuwendung),即在婚姻破裂的情况下应当返还款项。判例中也不认为目的赠与(Zweckschenkung)中,目的落空即婚姻破裂会产生针对儿媳的不当得利返还请求权。在本案情形下,若该给予以婚姻存在为基础并期望婚姻继续存续,就只能类推适用有关配偶之间无名给予(unbenannte Zuwendung,或曰以婚姻为条件的给予)的规则。唯有当配偶仅通过婚姻法上的补偿(增益补偿请求权)会产生严重不合理结果且给予人无法忍受此种财产状况时,公婆才能根据交易基础丧失理论主张请求权。但本案中并不存在上述条件。由于原告的儿子也是该房产的共有人,且在分居后带着孩子居住在此,这就很难说是“不合理结果”。另外还要考虑到,该地产(相较于购买时)已经发生了显著贬值,从而影响了给予的价值。

二、就离婚后支付的款项而言:

原告的请求权既没有合同依据,也不构成无因管理或不当得利。虽然从银行的角度来看,原告在2005年和2006年的转账是在替他人履行债务,以解除原告儿子和被告的贷款责任。考虑到夫妻双方对贷款有连带责任,且被告丈夫和原告系父母子女关系,不当得利请求权不能成立。在原告儿子和被告看来,原告向银行付款的行为应该只是替儿子履行债务。因为他们主观上只想为儿子提供经济支持,目的是让其儿子和孙子能够继续居住在该房屋。无论转账背后的法律关系如何(可能是委托、借款或无因管理),原告均达到了预期效果。被告在经济上获得的利益仅是原告向儿子给付的附带效果。因此原告只能对其儿子主张返还请求。就算是原告直接向儿子提供资金用以偿还共同债务，结果也是如此。应优先考虑被告和丈夫内部的补偿关系。

上述观点未能全部通过法律审查。

一、就婚姻期间支付的款项而言：

1. 控诉法院认为被告作为土地的共有人只获得一半给予，故驳回原告对另一半给予的请求，同时准许其就该半数给予单独提起上告。本院不认同控诉法院驳回原告基于交易基础丧失理论而主张返还请求权的理由。

(1)本案可以适用交易基础丧失理论(《民法典》第 313 条)，控诉法院亦认同这一点。

首先，和控诉法院不同的是，本庭认为该案中原告的给付不是无名给予，而是赠与行为。

审判庭在之前的判决中曾指出，若岳父母(公婆)的给予系为自己子女的婚姻，即符合《民法典》第 516 条第 1 款规定的要件[17](审判庭判决，载《联邦最高法院民事裁判集》第 184 卷，第 190 页或《家庭法大全杂志》2010 年卷，第 958 页，第 19 段以下。对此表示赞同的学者观点参见 Koch 论文，载《德国公证人杂志》2010 年卷，第 861 页。又参见联邦最高法院 2010 年 7 月 21 日的判决，XII ZR 180/09，载《家庭法大全杂志》2010 年卷，第 1626 页，第 12 段；学者观点参见 Schlecht 论文，载《家庭法大全杂志》2010 年卷，第 1021 页；批评意见参见 Wever 论文，载《家庭法大全杂志》2010 年卷，第 1047 页和 Schulz 论文，载《家庭法论坛》2010 年卷，第 273 页)。特别是，岳父母(公婆)的给予会导致其持续性的财产减少，这恰好符合第 516 条第 1 款规定的条件(参见 Koch：《慕尼黑民法典评注》第 5 版，第 516 条，第 5 段)。

由此产生的状况，和配偶之间以婚姻为条件的给予造成的财产状况存在根本性区别。在以婚姻为条件的给予中，做出给予的配偶一方设想自己并没有失去给予标的，而是作为婚姻共同体的一方继续享有标的收益。本案中的公婆则是有意识地将给予标的转让给儿媳妇和儿

[17] 《民法典》第 516 条第 1 款：某人因一项给予而以自己的财产使他人得利的，若双方当事人就无偿给予达成合意，则该项给予即为赠与。

子,并且在未来不再享有对标的的权利。该给予的结果就是持续减少了他们自身的财产(参见审判庭判决,载《联邦最高法院民事裁判集》第184卷,第190页或《家庭法大全杂志》2010年卷,第958页,第23段;又参见联邦最高法院2010年7月21日的判决,XII ZR 180/09,载《家庭法大全杂志》2010年卷,第1626页,第12段)。

其次,即使原告的支付行为不属于无名给予,而是构成赠与,同样可以适用交易基础丧失规则(参见审判庭判决,载《联邦最高法院民事裁判集》第184卷,第190页或《家庭法大全杂志》2010年卷,第958页,第25段;又参见联邦最高法院2010年7月21日的判决,XII ZR 180/09,载《家庭法大全杂志》2010年卷,第1626页,第13段)。

根据联邦最高法院在判例中的一贯看法,交易基础指的是尚未上升为合同内容,但在订立合同时已经显露出来的合同双方当事人的共同设想,或一方当事人已经知道的且未提出指摘的另一方当事人的某种设想,这些设想是对现有的或将要出现的特定情况的想法,双方的交易意思即建立在此种设想之上(联邦最高法院2009年9月10日判决,VII ZR 152/08,载《新建造和奖励法杂志》2009年卷,第771、774页)。倘若父母在给予时设想接受赠与的儿媳和儿子的婚姻共同生活持续存在,从而自己的子女可以从赠与中持续获益,那么在婚姻破裂之后,就可以根据交易基础丧失规则要求返还赠与(参见审判庭判决,载《联邦最高法院民事裁判集》第184卷,第190页或《家庭法大全杂志》2010年卷,第958页,第26段;又参见联邦最高法院2010年7月21日的判决,XII ZR 180/09,载《家庭法大全杂志》2010年卷,第1626页,第14段)。

(2)根据控诉法院查明的事实,原告曾经主张,他们不仅有婚姻破裂时应返还给予的设想,还约定婚姻破裂为给予的解除条件(《民法典》第158条第2款)。控诉法院经过证据调查后认为,原告之子的陈述不具有可信度,故该约定缺乏证据证明。从法律审查的角度来看,控诉法院的做法无可指摘。上诉人对此亦无异议。因此排除附解除条件的赠与。

(3)控诉法院的判决基于这样一个事实,即给予在任何情况下都服务于婚姻及其继续存在。因为原告在得知儿子儿媳的建房计划后,曾表示他们无需偿还之前的资助款项,以帮助他们在新购地产上建造独栋房屋。据此,控诉法院正确地认为,赠与的交易基础即为原告对婚姻存续的期待,且被告也应当知晓该设想;赠与的目的是帮助建造独栋房屋,夫妻双方可以长期受益。此种理解和上诉人的观点一致。随着婚姻破裂,交易基础随之丧失。儿子是否能够从房屋中长期受益也出现疑问,因为原告已经基于共同所有权人的身份申请分割拍卖。因此,控诉法院正确地认定交易基础已经丧失。

(4)控诉法院进一步认为,交易基础丧失后,原告即使不能主张返还请求权,也没有产生其不可接受的后果(unzumutbares Ergebnis),对此存在法律上的疑问。

首先,控诉法院并没有基于下述理由直接驳回原告的请求权,即原告的儿子可以向被告主张增益补偿,故维持现有财产状况并没有对原告造成不可接受的后果。如同本审判庭在之前判例(载《联邦最高法院民事裁判集》第184卷,第190页或《家庭法大全杂志》2010年卷,第958页,第32段)中明确指出的,夫妻财产制方面的因素并不会影响公婆的返还请求权。控诉法院尚未确定的是,夫妻财产增益补偿是否会有利于原告的儿子,以及在不动产强制拍卖后此种补偿请求权何以实现?

其次,控诉法院否定不可接受性(Unbilligkeit)的理由在于,原告儿子是房产共有人且自从和被告分居后一直带着孩子住在这里。此外控诉法院还提到了该地产的贬值,认为其会导致原告对被告的给予也相应缩减。但这些理由并不足以完全驳回原告的返还请求权。

具体案件中,应在权衡各种因素后决定返还请求权的具体数额。特别要考虑审判庭在之前判例中针对岳父母(公婆)之无名给予设立的标准(参见《联邦最高法院民事裁判集》第184卷,第190页或《家庭法大全杂志》2010年卷,第958页,第58段;审判庭2005年9月7日判决,XII ZR 316/02,载《家庭法大全杂志》2006年卷,第394、395页;

1998年10月28日判决,XII ZR 255/96,载《家庭法大全杂志》1998年卷,第669、670页)。根据审判庭最新的判例,不再单纯考虑夫妻财产制方面的因素。

若岳父母(公婆)之赠与的交易基础系通过该给予让自己的子女持续收益(本案中即是如此),则其子女未能从赠与适当受益的,此种期望(Erwartung)就无法实现。倘若这是由于给予接受方离婚造成的后果,则自己的子女违反父母意愿地提前终止收益,即构成交易基础丧失(参见《联邦最高法院民事裁判集》第184卷,第190页或《家庭法大全杂志》2010年卷,第958页,第58段;审判庭2005年9月7日判决,XII ZR 316/02,载《家庭法大全杂志》2006年卷,第394、395页)。

最后,也要考虑到,原告的儿子自房屋建造完成后就一直住在这里,这就意味着父母的期待虽然打了折扣,但毕竟实现了一部分,所以他们无权要求返还全部赠与。但原告的期望毕竟只是部分而不是全部实现,即原告的儿子只是共有人,所以也不能完全排除其返还请求权。因为原告并不想让被告直接通过给予成为共有人。

此外,还必须考虑接受方通过给予取得的现有财产增值。因交易基础丧失而主张的返还请求权的前提是,目前仍然存在可以量化的财产增值,这同时也是该请求权的上限。控诉法院指出案涉地产的价值显著缩水,但并未说明现存的财产增值情况。即使该不动产的价值目前已经低于其建造成本,仍然有可能存在财产增值。此外,控诉法院也没有具体说明贬值的数额。应将该房产在婚姻破裂时的价值和投入成本相比较,才能确定财产增值的状况。控诉法院没有查明被告和丈夫在374,000马克(约为191,000欧元)银行贷款之外还投入了哪些资金,也没有确定房屋本身的价值。

(5)据此,控诉法院的判决应予撤销。控诉法院在分析过程中忽视了一些重要因素,其排除返还请求权的结论不正确。

2. 根据审判庭最新的判例(参见《联邦最高法院民事裁判集》第184卷,第190页或《家庭法大全杂志》2010年卷,第958页,第47段以下;审判庭2010年7月21日判决,XII ZR 180/09,载《家庭法大全杂志》2010 年卷,第 1626,第 27 段以下),公婆的给予原则上也可以考虑适用《民法典》第 812 条第 1 款第 2 句第 2 种情形规定的目的落空(Zweckverfehlung)请求权。⑱ 但控诉法院并没有确认原被告之间存在目的约定,且上诉人也没有提出该理由,故不考虑不当得利法上的补偿。

二、就离婚后支付的款项而言:

就原告向被告及其丈夫的贷款账户的转账而言,控诉法院的意见通过了法律审查。

1. 控诉法院正确地指出,原告在为此给付时并没有期望儿子和被告之间的婚姻继续存在,也不存在其他交易基础,故不能根据交易基础丧失理论主张返还请求权。控诉法院应进一步确定,由于该转账不符合被告的真实意愿或可推知的意愿,故原告的诉求既没有合同依据,也不能构成无因管理(《民法典》第 683 条)。被告声称其已经和丈夫约定,丈夫负责偿还贷款,自己则不收取丈夫使用房屋的费用。

2. 控诉法院认为不存在《民法典》第 812 条第 1 款第 1 句第 2 种情形规定的不当得利返还请求权(Bereicherungsanspruch),针对该意见的上诉不能得到支持。

(1)控诉法院正确地认识到,原告的转账系替他人清偿债务。根据《民法典》第 267 条第 1 款,债务人无须亲自给付的,第三人可以履行给付。由于贷款债务不属于具有高度人身性质的给付义务,且原告明确表达了为他人清偿债务的意愿(对此参见联邦最高法院 2008 年 7 月 27 日判决,V ZR 83/07,载《有价证券通讯》2008 年卷,第 1703 页,第 28 段;Krüger:《慕尼黑民法典评注》第 5 版,第 267 条,第 11 段;Palandt/Grüneberg:《帕朗德民法典评注》第 71 版,第 267 条,第 3 段),被告及其丈夫在支付额度内免除贷款债务。

---

⑱ 《民法典》第 812 条　基于不当得利的返还义务

(1)无法律上的原因,因他人的给付或以其他方式使他人蒙受损失而自己取得利益的人,有义务向他人返还所取得的利益。即使法律上的原因后来消失,或依法律行为的内容而为的给付所欲达到的结果并未出现,该项义务也存在。

……

(2)虽然控诉法院没有查明原告转账行为背后的法律关系是原告和其儿子之间的委托或借贷关系,还是构成无因管理,但这并不影响上述结论。在上述任何情况下,针对被告的不当得利返还请求权均不成立。

首先,如果原告基于和儿子的借款合同关系,而以赠与或者受委托的形式向银行转账,该给予只能构成原告对其儿子的不当得利法意义上的给付。在这种情况下,基于给付关系的优先顺序(Vorrangs der Leistungsbeziehung,参见联邦最高法院 1999 年 2 月 4 日判决,III ZR 56/98,载《新法学周刊》1999 年卷,第 1393、1394 页;Schwab:《慕尼黑民法典评注》第 5 版,第 812 条,第 58 段;Palandt/Sprau:《帕朗德民法典评注》第 71 版,第 812 条,第 7 段),由于原告和儿子的关系排除了不当得利补偿的可能性,就不可能再向被告主张不当得利返还请求权。

其次,如果转账并不是因为双方的约定,则原告清偿贷款的行为构成对儿子的无因管理,因为承担该事务符合其本人利益,也符合本人真实或可推知的意愿(《民法典》第 683 条第 1 句)。根据控诉法院的调查结果,原告此举只是想对儿子提供经济帮助,让他和孩子可以继续居住在那里。在此情况下,管理人可以根据《民法典》第 683 条和第 670 条的规定,请求本人偿还费用(参见 Schwab:《慕尼黑民法典评注》第 5 版,第 812 条,第 318 段;Sachsen-Gessaphe:《律师版民法典评注》第 1 版,第 812 条,第 116 段)。但如果管理他人事务的行为存在法律基础,即授权的无因管理,那么管理人就不能主张不当得利返还请求权(参见联邦最高法院 1993 年 9 月 30 日的判决,VII ZR 178/91,载《新法学周刊》1993 年卷,第 3196 页;1969 年 4 月 10 日判决,II ZR 239/67,载《新法学周刊》1969 年卷,第 1205、1207 页;Lorenz:《施陶丁格民法典评注》(2007 年),第 812 条以下的导论部分,第 45 段;Seiler:《慕尼黑民法典评注》第 5 版,第 677 条以下的导论部分,第 15 段;Sprau:《帕朗德民法典评注》第 71 版,第 677 条以下的导论部分,第 10 段)。因此被告不应根据《民法典》第 812 条第 1 款第 1 句第 2 种情形的规定承担责任。

三、本案需要进一步查明事实,审判庭不宜对案件做出最终裁判。双方当事人对于原告在婚姻期间的给付数额存在争议。此外还需要重新调查事实才能对合理性进行评价。因此案件发回控诉法院。

审判庭对进一步的审理提出如下意见:

有关返还赠与请求权的时效的论述不存在法律问题。

评析 基于交易基础丧失的返还请求权

本案是公婆(岳父母)给予之返还请求权的经典判决,确定了根据《民法典》第 313 条(交易基础)请求返还的范围。在德国,法律行为基础障碍制度首先是从学说、判例发展起来的习惯法规则,之后才被吸纳为制定法。在 2002 年德国债法改革之前,法官已经通过判例将该规则运用于司法实践中,通常是根据《民法典》第 242 条规定的诚信原则予以确认,债法改革之后则是依据第 313 条的明文规定处理。[19]

2002 年德国《债法现代化法》以一般规定的形式将法律行为基础障碍制度纳入《民法典》。第 313 条规定:(1)已成为合同基础的情势在合同订立后发生了重大变更,而假使双方当事人预见到这一变更就不会订立合同或者会以不同的内容订立合同的,可以请求改订合同,但以在考虑个案的全部情况,特别是约定或法定的风险分配的情况下,不能合理地期待一方可以接受合同现状的为限。(2)已成为合同基础的重要观念表明系错误的,视同情势的变更。(3)合同的改订为不可能或对一方来说是不能合理地期待的,受损一方可以解除合同。就继续性债务关系而言,可以通知终止权代替解除权。根据官方解释,第 1 款规定的是法律行为基础的事后丧失,第 2 款规定的是行为基础的自始欠缺,第 3 款规定的是行为基础瑕疵的法律后果。

根据判例,以婚姻为条件的给予基于某种默示推定成立的家庭法

---

[19] 参见[德] 莱因哈特·齐默曼:《德国新债法——历史与比较的视角》,韩光明译,法律出版社 2012 年版,第 72 页。

合同而发生,婚姻的存续是这些合同的交易基础。也就是说,配偶一方对另一方的给予受合同支配,该合同中的给予并不是无偿的,而是配偶双方共同生活的结果(例如,丈夫工作,妻子料理家务;丈夫给予妻子的不动产份额代表他们在分工基础上的共同价值创造)。进而,婚姻破裂意味着该合同的交易基础丧失。根据联邦普通法院的见解,以婚姻为条件的给予的成立条件是:配偶一方以结婚为目的,或为了实现、安排、维持或保障双方的婚姻共同生活而给予另一方财物;同时给付人设想或期待婚姻共同生活将继续存在,并且在此种共同生活框架下对财产及其孳息享有共同权利,此种期待或设想就是给予的交易基础。⑳

交易基础随着婚姻的破裂而丧失,㉑此时若不能合理期待做出无偿给予的配偶一方愿意维持现有的财产状况,就会出现第 313 条第 1 款规定的补偿请求权。㉒ 支付请求权的数额视具体情况而定(例如,婚姻的持续时间、共同享受已履行给付的时间、已履行给付的类型和范围,还要考虑家务料理、子女教育、双方的收入和财产关系等因素)。总之,配偶一方会因为离婚而失去其原本期待的对共同财产的份额,以及对共同努力成果的共同使用,因此要对其做出适当的补偿。㉓ 在特定情况下,只要符合公平原则,甚至还可以要求返还所有已经履行的给付;同时对返还义务人也应当履行适当的对等补偿。㉔

我国也有学者建议借鉴德国的行为基础丧失规则解决我国家庭法中的"赠与基础丧失"问题,即赠与行为发生后,由于当事人进行赠与的基础不复存在,若不能合理期待给予方愿意维持现有的财产关系,法律应允许当事人在不违反诚信原则的前提下对已生效的赠与行为进行调整或解除;该规则适用于订婚彩礼的返还,以及夫妻、公婆之间的赠

---

⑳ 参见联邦普通法院裁判,载《家庭法大全杂志》1999 年卷,第 1580 页;2006 年卷,第 1022 页。

㉑ 联邦普通法院裁判,载《家庭法大全杂志》1994 年卷,第 1167 页。

㉒ 联邦普通法院裁判,载《家庭法大全杂志》1999 年卷,第 1580、1593 页。

㉓ 参见联邦普通法院裁判,载《家庭法大全杂志》1994 年卷,第 1167、1168 页。

㉔ 联邦普通法院裁判,载《家庭法大全杂志》1989 年卷,第 599、600 页;2002 年卷,第 949、950 页。

与关系；这样既保护了父母购置的房产不会被“闪婚闪离”的一方取走，又保证了对婚姻长期投入的配偶一方能够共享家庭财产。[25] 还有观点认为，我国现行法中和交易基础障碍类似的制度是最高人民法院《关于适用〈中华人民共和国合同法〉若干问题的解释（二）》第 26 条规定的情势变更原则，接受不动产的配偶一方的背信行为实质上破坏了夫妻基于不动产约定的目的或基础，因此可以借鉴德国法的规则，将最高人民法院《关于适用〈中华人民共和国合同法〉若干问题的解释（二）》第 26 条类推适用于夫妻之间的不动产赠与行为。[26]

判例三　联邦最高法院 2012 年 6 月 27 日判决：夫妻间赠与的返还

要点提示：配偶间赠与的交易基础丧失（《民法典》第 313 条）；[27]赠与和以婚姻为条件的给予[28]的区别。

案号：BGH，Urteil vom 27. Juni 2012-XII ZR 47/09-OLG München.

引证注释：《新法学周刊》2012 年卷，第 2728 页。

---

[25] 参见杨晋玲：《试论赠与基础丧失规则在我国婚姻法中的设立——以婚姻法司法解释（三）第七条第一款为例》，载《中华女子学院学报》2014 年第 2 期，第 17 页。

[26] 参见冉克平：《夫妻之间给予不动产约定的效力及其救济——兼析〈婚姻法司法解释（三）〉第 6 条》，载《法学》2017 年第 11 期，第 166 页。

[27] 《民法典》第 313 条　法律行为基础的障碍

（1）已成为合同基础的情势在合同订立后发生了重大变更，而假使双方当事人预见到这一变更就不会订立合同或会以不同的内容订立合同的，可以请求改订合同，但以在考虑到个案的全部情况，特别是约定或法定的风险分配情况下，不能合理地期待一方可以接受合同现状的为限。

（2）已成为合同基础的重要观念表明系错误的，视同情势的变更。

（3）合同的改订为不可能或对一方来说是不能合理地期待的，受损一方可以解除合同。就继续性债务关系而言，可以通知终止权代替解除权。

[28] 以婚姻为条件的给予（ehebezogene Zuwendung），又称“无名给予”（unbenannte Zuwendung）。

裁判要旨

1. 若给予的目的是直接或间接满足子女的扶养需求,则男方和子女之间存在血缘关系构成分居期间之给予(本案中的赠与)的交易基础。

2. 妻子向丈夫隐瞒其可能不是子女之生父的事实,构成恶意欺诈,导致赠与被撤销(类似判决参见联邦最高法院2012年2月15日判决,XXII ZR 137/09,载《家庭法大全杂志》2012年卷,第779页)。

案件事实

双方当事人原系夫妻,他们在本案和之前的平行程序(XII ZR 203/09)中的争议焦点均为给予财产的返还,即原告(丈夫)在婚姻期间对被告(妻子)赠与财产的返还。

双方于1990年5月结婚,婚前签订的婚姻财产合同中约定采用分别财产制,同时完全排除了养老金补偿和离婚后扶养请求权。妻子婚前从事技术助理工作,并无积蓄,婚后放弃工作专心照顾家庭。丈夫嗜酒并因为交通事故严重残疾,没有工作收入。丈夫通过继承获得大约1000万马克财产,双方依靠该财产生活。妻子在1991年12月生下一子。

双方于2003年9月开始分居,在2004年5月提出离婚申请,2006年6月经法院判决离婚。丈夫撤销其对子女的父亲身份,并通过生效判决确认其并非子女的父亲。

妻子曾借助丈夫的资金购买过两处房产,丈夫要求其返还对应该两处房产的27万欧元和8万欧元。妻子在2001年以103,000马克的价格购买了一套公寓,随后以8万欧元的价格售出,2002年5月在慕尼黑购买了一处房产,并在分居后和儿子搬到那里居住。丈夫要求其返还自己为该处房产支付的27万欧元,或者将房屋所有权转移给他。他认为,自己对妻子的给予行为,完全是基于双方婚姻伴侣关系会持续存在的期待,而这一交易基础在双方分居后已经不复存在。在确认父亲身份的程序中,呈送给家事法院的鉴定意见显示丈夫并非子女的亲生父亲;丈夫随即宣布因为恶意欺诈(arglistiger Täuschung)而撤销该给予(Zuwendung),之后又认为该给予属于赠与,并要求因重大的忘恩行为而撤回赠与(Schenkungen wegen groben Undanks widerrufen)。关于转移房屋所有权的理由,丈夫指出,该房产已经被登记了强制抵押,[29]且妻子违反合同约定在不动产上设置了负担,应承担将房子过户给他的义务。

地方法院驳回诉讼请求。控诉法院驳回丈夫的控诉,但允许其提出上告。上告获得支持。

裁判理由

丈夫的上告获得支持。上告法院撤销控诉法院的判决,将案件发回控诉法院。

一、

控诉法院认为(该判决载《家庭法大全杂志》2009 年卷,第 1831 页),本案中丈夫不能根据交易基础丧失理论(Grundsätzen über den Wegfall der Geschäftsgrundlage)要求返还。虽然双方约定了分别财产制,离婚时无需就财产进行重新分配,故原则上丈夫可以要求返还财产。但该协议本身的效力存疑,因为其在离婚情况下造成了对妻子单方不利的负担分配。该问题可以暂且不论,因为返还请求的其他条件也不具备。丈夫的金钱给付不能被识别为联邦最高法院判决中提到的"以婚姻为条件的给予"(ehebezogene Zuwendungen)。妻子使用丈夫的资金(Zuwendung)买了位于奥格斯堡的公寓和位于慕尼黑的别墅,并取得单独所有权,而双方在婚姻期间购置的其他不动产均为共同所有。丈夫知晓并同意此种购买行为。但他并没有明确指出或提出证据证明,他当时抱有婚姻伴侣关系长期存续、其在婚姻共同体中可以共享不动产财产价值的设想或期待。结合本案事实来看,此种行为构成

---

[29] 根据德国《民事诉讼法》的规定,"强制抵押权"(Zwangshypothek)是强制执行的一种。参见陈华彬:《论所有人抵押权——基于对德国法和瑞士法的分析》,载《现代法学》2014 年第 5 期,第 39~48 页。

慷慨的无偿赠与(unentgeltliche Zuwendung im Sinne echter Freigebigkeit)。因为妻子在给予发生时既没有财产,也没有工作收入,全身心操持家务、照顾家庭。双方在夫妻财产合同中的约定也没有给她未来的生活提供任何保障,而丈夫通过继承获得了大约1000万马克的遗产。考虑到妻子毫无经济保障,且离开职场多年后很难再找到工作,应该为其在一定范围内提供保障,故婚姻存续不应被视为该给予的条件。这两处房产的取得方式不同于双方购买的其他房产,也佐证了上述观点的合理性。丈夫单方提出的以婚姻存续为条件的主张不应得到支持。

进而,此种给予可能会让相关财产免于丈夫的挥霍浪费。这里应重点考虑妻子"无负担自有财产"(durch eigenes, unbedingtes Eigentum)的保障需求。在购买位于慕尼黑的房产时,丈夫在公证合同中设定了一个条款,禁止妻子出让房产或设置负担,否则就应过户给自己;这恰好说明,他打算让妻子通过该房产获得持续稳定的生活保障。丈夫在离婚程序中没有提出过户请求权的事实进一步说明,丈夫已经打算将该财产永久保留给妻子。购置房产的事实发生在2001年至2002年,这个时候双方的婚姻已经走到尽头。

保持现有财产状况对丈夫而言并非不可接受。从案件整体来看,保持现有财产分配并不会造成重大的不公平:男方继承了大笔财产,妻子返还财产则意味着其失去基本经济基础。

本案中无需讨论儿子的血统问题,因为其本身并不构成给予的交易基础。妻子坚持认为该给予和子女无关,完全是丈夫基于11年的婚姻关系给自己的生活保障。与子女的血缘关系或许是丈夫在给予时的动机或单方期待,但并不构成交易基础。婚姻中的不忠诚行为是在赠与之前,而非赠与之后发生的,故缺乏赠与撤回理由(Widerrufsgrund)。基于恶意欺诈的撤销也不成立。存在疑问的是,妻子在接受赠与时是否有义务主动说明(ungefragt offenbarungspflichtig),丈夫并非婚姻期间出生之子女的亲生父亲的事实。该问题可以和因果关系一样搁置不议,因为隐瞒本身并非恶意。即使妻子在给予发生时至少能预料或容认(billigend in Kauf nehmen)丈夫并非儿子的亲生父亲,她也并不必然能预料或容认到,丈夫在知悉真相后将不会给予。丈夫自身承认,在给予发生时,双方的婚姻已经"走到尽头"。这说明10年前的出轨行为以及孩子理论上有可能不是丈夫亲生的事实,对于已经破裂的婚姻并没有实质性影响。

因为妻子并非自愿在不动产上设立负担,且强制抵押登记也和妻子无关,故丈夫关于转让慕尼黑房产的请求也不能得到支持。

二、

上述观点没有通过本院的法律审查。

根据控诉法院查明的案件事实,丈夫对位于慕尼黑的标的物可以基于交易基础丧失要求返还,对于两处标的物均可以基于恶意欺诈而撤销给予,进而要求不当得利返还。

丈夫的给予体现为,通过支付价款而免除妻子的价款支付义务,同时在配偶双方内部关系中放弃连带之债(Ehegatten als Gesamtschuldner)的追索。

1. 就位于慕尼黑的标的物而言,控诉法院的理由不能否认基于交易基础丧失而返还给予的请求。

根据联邦最高法院在判例中形成的一贯意见,交易基础(法律行为基础)指的是尚未上升为合同内容,但在订立合同时已经显露出来的合同双方当事人的共同设想,或一方当事人已经知道的且未提出指摘的另一方当事人的某种设想,这些设想是对现有的或将要出现的特定情况的设想,双方的交易意思即建立在此种设想之上(联邦最高法院2009年9月10日判决,VII ZR 152/08,载《新建造和奖励法杂志》2009年卷,第771、774页;2010年7月21日判决,XII ZR 180/09,载《家庭法大全杂志》2010年卷,第1626页,第14段;1993年2月17日判决,XII ZR 232/91,载《家庭法大全杂志》1993年卷,第1047、1048页)。

(1)控诉法院认为本案中不存在以婚姻为条件的给予,从而在离婚后也不能基于交易基础丧失请求返还,这一点是正确的。

以婚姻为条件的给予指的是,配偶一方以结婚为目的,并且为了实现、建立、维持或保障婚姻共同生活而让另一方获得财产,并且设想或期待自己可以在持续存在的婚姻共同生活中分享该财物及其孳息。这就构成给予的交易基础(联邦最高法院的一致观点,参见《联邦最高法院民事裁判集》第 142 卷,第 137 页;《家庭法大全杂志》1999 年卷,第 1580 页,第 23 段)。这种给付的结果是产生补偿请求权,即对配偶另一方获得的且仍然持有的财产增值根据公平原则进行分配。

本案中的两套房产均是在婚姻已经破裂("走到尽头")之时购置的,购置的目的显然并非为了实现婚姻生活或与丈夫分享收益。因此控诉法院正确地指出,该给予并不依附于婚姻的存续,而是为了让妻子获得一定的经济保障,无论婚姻是否存续。

(2)如同控诉法院所指出的,即使个案中的某项给予不构成以婚姻为条件的给予,其作为赠与也应适用交易基础丧失理论(参见《联邦最高法院民事裁判集》第 184 卷,第 190 页;《家庭法大全杂志》2010 年卷,第 958 页,第 25 段;联邦最高法院 2002 年 11 月 8 日判决,V ZR 398/01,载《家庭法大全杂志》2003 年卷,第 223 页;1999 年 1 月 19 日判决,X ZR 60/97,载《家庭法大全杂志》1999 年卷,第 705、707 页)。因此,实现婚姻共同生活也有可能构成当事人为给予行为时的交易基础。前提条件是,此种设想构成双方当事人的行为意图,而不能仅是一方当事人的期待(参见 Palandt/Grüneberg:《帕朗特民法典评注》第 71 版,第 313 条,第 9 段)。

首先,就位于慕尼黑的房产而言,控诉法院给出的理由不能否认亲生父亲的身份构成给予的交易基础。控诉法院虽然考虑了以婚姻为条件的给予和有意挽救财产不被丈夫挥霍浪费这两种说辞,并进行了正确的判断。但控诉法院将血缘关系视为丈夫单方动机,不构成妻子的交易动机的观点不正确。控诉法院没有适当考虑丈夫为自己儿子打算的动机,同时忽视了合同订立时的背景。

丈夫认为自己是亲生父亲的设想并不单纯是给予行为的单方动机。从合同的内容明显可以看出,该给予行为及之后出卖房产的获益也应当惠及儿子。购房合同中设置了有利于丈夫的条款,即妻子在丈夫生前不得转售房产和设置抵押,也体现了此种意图。妻子和儿子打算共同使用该房产且妻子不能单独处分房产,进一步说明该房产至少间接服务于儿子。虽然根据合同约定,妻子在丈夫去世后对房屋的处分权不再受限,故该给予主要是为了保障妻子的扶养,但无论如何,儿子也是间接受益人。此外,该房产可以满足妻子和儿子的住房需求,部分涵盖了妻子(因照顾子女)的扶养费和儿子的扶养费。从当事人的其他约定来看,妻子也应该意识到这一点。

因此,根据丈夫在上告审中的陈述,他和儿子之间的血缘关系并不是单纯的单方动机,而是交易行为的基础,因为给予带有明显的扶养目的。交易基础可能由若干方面组成,血缘关系在其中的比重如何,对此应根据诚信原则对法律行为进行解释。和控诉法院的看法不同,本院认为,即使认为丈夫知道真相后仍会坚持给予,也不必然排除其返还请求权。给予的财产数额虽然只占丈夫继承财产的7%,也并不意味着丈夫知道真相后仍会坚持给予。在审查可接受性时,必须考虑到其与儿子的血缘关系也属于交易基础。

其次,女方对奥格斯堡的公寓在使用方面没有任何限制,因此控诉法院没有将血缘关系认定为该给予的交易基础,这是正确的。因为双方当事人不存在涉及儿子的双边交易意图。从诚信角度而言,丈夫也不存在其他让妻子(交易另一方)认为构成其交易意图的单方设想。

就位于奥格斯堡的公寓而言,没有其他依据可以认定,妻子默示地认为父子关系构成交易意思的依据。因此只能根据《民法典》第123条审查是否存在欺诈撤销的可能,即是否在意思表示形成阶段施加了不当影响。

2. 控诉法院认为,丈夫宣称的恶意欺诈撤销(《民法典》第123条)不能成立,因为相关证据不足。这需要对丈夫的两次给予行为进行深入分析。

(1)妻子有义务主动披露,该子女可能并非丈夫亲生。

《民法典》第1579条列举了限制或丧失扶养费的原因,根据相关判决,若婚内出生子女系妻子通奸行为所生,但妻子却设法让丈夫相信自己为亲生父亲,作为扶养权利人的妻子应承担比通奸行为本身更高的说明义务。此种行为构成了对丈夫个人生活安排的严重侵害,因为丈夫对婚姻和子女的态度在很大程度上取决于父亲身份存在与否。因此妻子隐瞒孩子出身的行为,构成明显重大的过错行为(offensichtlich schwerwiegendes Fehlverhalten,参见联邦最高法院 2012 年 2 月 15 日的判决,XII ZR 137/09,载《家庭法大全杂志》2012 年卷,第 779 页,第 23 段)。

基于上述原因,在基于当事人之家庭关系而发生的给予中,妻子负有说明义务。本案中,虽然这种说明并不能决定夫妻关于婚姻的走向,但显然会影响一方在婚姻破裂的情况下将资产交给另一方的决定。给予财产的目的是通过收益和住房保障来实现扶养和养老功能,与子女是否有血缘关系对丈夫而言具有重大意义,妻子对子女可能与他人有血缘关系的事实负有披露义务(offenbarungspflichtig)。

(2)在恶意条件和欺诈的因果关系方面,上诉人正确地指出,控诉法院忽视了丈夫在程序中陈述的事实。丈夫在程序中指出,他赠与的主要目的是为了亲生儿子;妻子刻意隐瞒自己并非亲生父亲的事实,同时又接受该给予。因此丈夫认为妻子已经知晓其并非亲生父亲的可能性。其他事实也能说明妻子的主观故意和欺骗的因果关系:其一,在事实上可以推定妻子能够意识到丈夫可能并非儿子的亲生父亲;虽然她主观上期望儿子是丈夫的孩子,但这并不能否定其主观上的故意。其二,妻子至少可以预料到,丈夫知晓有关其与儿子之间的血缘关系的事实后,必然会影响他的给予决定,而不会置若罔闻。

三、

综上所述,应撤销控诉法院的判决。考虑到首先应让当事人就交易基础(涉及慕尼黑的房产)和《民法典》第 123 条规定的错误撤销的条件进行补充说明和证据提交,本庭不宜对案件直接裁判。

审判庭认为,在进一步的程序中,应当驳回丈夫要求转让慕尼黑房产所有权的请求。丈夫主张该房产因拖欠法院诉讼费而被登记强制抵押，考虑到本案中诉讼费和房产价值相比数额很小，丈夫的主张显然违反诚信。

评析　以婚姻为条件的给予和赠与的区分

配偶一方在婚姻存续期间向另一方做出给予，在婚姻破裂后又要求返还的，这种补偿请求权不受分别财产制的影响。配偶一方在婚姻存续期间为另一方的利益进行了实物或金钱的给予（Sach-oder Geld-leistungen），此种给予是否可以要求返还或补偿，取决于该给予的法律性质（Rechtsnatur der Zuwendung）。给予在法律性质上有三种可能：默示的合伙关系、[30]赠与、以婚姻为条件的给予。

一、赠与

赠与[31]的返还请求权规定在第 528 条到第 534 条。配偶一方经常会因为受赠人的重大忘恩行为而撤回赠与。[32] 判例中认为，既然离婚法中采用了破裂原则，严重的婚姻过错就符合第 530 条第 1 款规定的条件。[33] 此种过错必须达到严重的程度，以至于从中可以看出重大的忘恩。另外也要考虑，即使不存在对等的给予，判例中也很少将夫妻间的给予行为认定为赠与，而是视为“以婚姻为条件的给予”，从而不适用有关赠与的规定。此外，判例有时也将此种给予视为“配偶内部合伙”的份额，[34]此时也不适用赠与法。所以在考察第 531 条第 2 款规定的条件之前，必须首先确认是否存在赠与。当事人的意图是判断赠与存在与否的重要标准，即假设当事人在想到离婚的可能性后是否仍然会做出此种给予。

---

[30] 参见判例一评析部分。

[31] 德国《民法典》第 516 条。

[32] 根据第 531 条第 2 款和第 530 条的请求权。

[33] 联邦普通法院裁判，载《家庭法大全杂志》1982 年卷，第 1066 页；1983 年卷，第 349 页；又参见联邦普通法院裁判，载《家庭法大全杂志》1999 年卷，第 1490 页。

[34] 参见本章判例一的评析。

另外还要注意,判例中将关系密切的人之间的给予(Zuwendungen unter nahe stehenden Personen)区分为"真正的赠与"和"以婚姻为条件的给予"。以婚姻为条件的给付虽然不需要对等给付,但从给付者的意愿来看,是以婚姻的存续为条件的,所以不适用第1374条第2款。[35]例如儿子结婚后,其母将一处不动产无偿赠送给儿子和儿媳,供他们修建婚姻住宅,双方各获得二分之一所有权。母亲对儿子的给予属于赠与,对儿媳的不是赠与,而是"以婚姻为条件的给予"。若双方之后离婚,在计算增益补偿时,不能将儿媳所获不动产的价值算入她的初始财产,因为该不动产不是通过赠与获得的。反之,儿子所获不动产的价值必须算入其初始财产。这样一来,儿子就可以通过增益补偿的形式,将父母对儿媳的给予重新收回。

二、以婚姻为条件的给予

若将夫妻间的给付行为视为以婚姻为条件(ehebedingten Zuwendung)的给予,则会通过交易基础丧失规则产生补偿请求权,即交易基础丧失的调整(Anpassung bei Wegfall der Geschäftsgrundlage)。有关交易基础丧失理论详见本章关于判例二的评析。

以婚姻为条件的给予和赠与(Schenkung)的区别在于,前者不存在"主观"上的无偿性,而是将另一方在家庭中的给付行为视为此种给予的对价。以婚姻为条件的给予和内部合伙(Innengesellschaft)的区别在于,前者只是为了实现共同生活,而缺乏一种超越婚姻共同生活的合作目的,典型的例子如将建造的自用住房登记于配偶一方名下,而另一方对建房的投入也很多。联邦普通法院认为,即使和婚姻共同生活的联系不那么明显,也可成立这种"以婚姻为条件的给予",例如为了避免债权人追索而将财产转移到配偶名下。[36]

---

[35] 联邦普通法院裁判,载《家庭法大全杂志》1995年卷,第1060页。

[36] 联邦普通法院裁判,载《家庭法大全杂志》1990年卷,第600、601页;后来的限制参见联邦普通法院裁判,载《家庭法大全杂志》1999年卷,第1580、1583页。

判例四 联邦最高法院2008年7月9日判决：非婚同居者之间的赠与返还

要点提示：非婚同居者之间根据交易基础丧失理论（《民法典》第313条）对“无名给予”的补偿；生活伴侣之内部合伙关系的构成条件。

案号：BGH, Urteil vom 9. Juli 2008-XII ZR 39/06.

引证注释：《新法学周刊》2008年版，第3282页。

裁判要旨

非婚生活共同体终止后，伴侣一方做出对财产价值有显著经济意义的重要贡献（wesentlicher Beiträge）的，不仅可以主张合伙法上的补偿请求，还可以适用不当得利返还请求权（《民法典》第812条第1款第2句第2种情况）和基于交易基础丧失的返还请求权（参见联邦最高法院2003年10月6日判决，II ZR 63/02，载《家庭法大全杂志》2004年卷，第94页；联邦最高法院1996年7月8日判决，II ZR 193/95，载《新法学周刊判例报告》1996年卷，第1473页）。伴侣双方为不动产的共有人（各占1/2份额），但其中一方明显付出更多贡献的，亦是如此。

案件事实

双方当事人对于非婚生活共同体终止后的请求权发生争议。

双方自1995年开始共同生活，育有一女。双方在1995年购置一处地产，各自分摊二分之一的价款和土地转让税，在土地登记簿上亦登记为共有权人，各自享有二分之一份额。之后在该土地上建造一栋家庭住宅。原告是女建筑师，在设计和建造过程中贡献很多。房屋建成后，双方共同居住，直到2002年1月分居。

原告请求被告补偿其在购买土地和建造房屋中的给付，她认为自己的贡献超过被告的出资。她指出，在双方分手后，被告应赔偿她多给付部分的半数，本息共计203,926.77欧元。

地方法院驳回诉讼请求。原告提出控诉,未获得支持。但控诉法院允许其提起上告。原告提起上告,要求法院支持其在一审中提出的申请。上告获得支持。

裁判理由

上告获得支持。撤销控诉法院判决的被上告部分,案件发回控诉法院。

一、

控诉法院认为,原告无权就其在出资和建造房屋方面的贡献主张补偿请求权,其主要理由如下:

应根据有关按份共有的法律规定(Bruchteilsgemeinschaft,《民法典》第741条以下)确定当事人对土地的共有关系,而不适用民法中有关合伙的规定。适用合伙规定的前提在于,当事人必须有明示的合伙协议,或者双方在购买和建造地产时追求某种超越非婚共同生活的合伙目标。本案中上述两个条件均不具备。两方当事人均没有提出他们之间存在此种合同,且从其陈述中也无法推定他们有某种超越非婚共同生活的合伙目标。双方在购置的土地上建造了家庭住宅,并长期居住于此,该情形不足以说明双方旨在创造某种独立于共同生活之外的共同财产价值。虽然在没有明示合伙协议的情况下,也可以根据合伙法的原则考虑补偿请求权。但这样做的前提是,当事人通过共同给付建造房屋,并将该实质上的共同财产登记在一人名下,本案中并不存在此种情形;双方均登记为共有人,故无需进行此种补偿。虽然原告作为女建筑师对于房屋的规划、建造付出了比被告更多的贡献,但如果根据《民法典》第730条以下进行清算(Auseinandersetzung),进而全面计算和抵扣双方当事人在共同土地购置方面的给付,就背离了非婚生活共同体与人身密切相关的法律属性。

上述观点未能全部通过法律审查。

二、

1. 根据联邦最高法院在之前判例中的一贯意见,原则上不能对伴侣之间与共同生活相关的给予(gemeinschaftsbezogene Zuwendungen)进行补偿。其理由在于,在非婚生活共同体中,应优先考虑其人身关系,人身关系决定了当事人在共同生活中有关财产的行为,所以他们在人身和经济方面原则上不能构成其他的权利共同体(Rechtsgemeinschaft)。除非伴侣双方另有约定,不应对他们在共同生活中的人身和经济给付进行清算和抵扣。只要是为了满足共同生活需要,双方或有能力的一方均应做出贡献。此种共同体和婚姻相似,对于为共同利益做出的给付,原则上不能要求"对待给付"、"价值补偿"、"平衡"或"赔偿",除非当事人另有约定(参见《联邦最高法院民事裁判集》第 77 卷,第 55、58 页;联邦最高法院 1991 年 11 月 4 日判决,II ZR/91,载《家庭法大全杂志》1992 年卷,第 408 页;1993 年 2 月 1 日判决,II ZR 106/92,载《家庭法大全杂志》1993 年卷,第 939、940 页;1996 年 7 月 8 日判决,II ZR 193/95,载《新法学周刊判例报告》1996 年卷,第 1473 页;1997 年 9 月 25 日判决,II ZR 269/96,载《家庭法大全杂志》1997 年卷,第 1533 页;2003 年 10 月 6 日判决,II ZR 63/02,载《家庭法大全杂志》2004 年卷,第 94 页)。

2. 根据上述判例,倘若非婚生活共同体中的伴侣双方明确约定,或者默示地通过其行为缔结合伙合同,即有可能根据民法中有关合伙的规定主张补偿请求权。反之,仅有纯粹事实上的意思表示一致,尚不足以形成适用合伙法规定的合作。本案中非婚生活共同体中的当事人并没有法律约束意愿(Rechtsbindungswillen),而这又是适用合伙法的前提条件(审判庭判决,载《联邦最高法院民事裁判集》第 165 卷,第 1、10 页)。如果双方当事人的目的是通过取得财产标的(如不动产)来创造经济上的共同价值,即不仅是在伴侣关系存续期间共同使用,而且有共同所有的设想,就有可能存在此种合伙意愿。应综合考虑各种倾向性因素,如当事人的生活规划、协作的范围和时间跨度等,以判断当事人是否存在依合伙法处理其行为的意愿。在对所有相关情形进行总体评价时,还应考虑所取得财产价值的类型、双方当事人的给付以及出资状况(参见联邦最高法院 2003 年 7 月 21 日判决,II ZR 249/01,载《家庭法大全杂志》2003 年卷,第 1542、1543 页)。

3. 控诉法院同样否定了基于合伙法的补偿请求权。该结论虽然正确，但其理由没有经过法律审查。

(1)对于非婚共同生活体中的当事人的行为能否适用合伙法的规定，并不以追求某种超越典型共同生活之上的目的为前提，这不同于配偶之间的合伙请求权(参见《联邦最高法院民事裁判集》第142卷，第137、146页)。此种区分的理由在于法律的基本构造和婚姻义务：配偶的法定义务包括构建婚姻共同生活义务、选择和从事职业时的体恤义务，以及通过工作和财产适当供养家庭的义务(参见《民法典》第1353条第1款第2句，第1356条第2款第2句，第1360条)。因此采用法定财产制的配偶离婚时，本身就可以通过增益财产制获得适当补偿，包括在婚姻中付出的协助工作。反之，非婚生活共同体并不存在法定的协助义务和财产制上的补偿制度，故应当允许他们适用合伙法上关于分割的规定(参见《联邦最高法院民事裁判集》第84卷，第388、391页；审判庭判决，载《联邦最高法院民事裁判集》第142卷，第137、146页；又参见Staudinger/Löhnig：《施陶丁格民法典评注》2007年，第1297条的附论部分，第95段)。

(2)但本案中也不具备适用合伙法上的补偿请求权的条件。根据已查明的事实，当事人并未以默示方式就建造房屋达成合伙协议。

若本案中当事人追求的目标并没有超越实现非婚生活共同体，原则上就会欠缺合伙协议所必需的法律约束意图(Rechsbindungswillen)。因为在该领域中，除了构建共同生活，伴侣们通常没有其他法律设想(参见Hausmann/Hohloch前引书，第4章，第69段；Staudinger/Löhnig，第1297条的附论部分，第99段)。

除此之外，原告在上诉中主张，双方在购买土地的时候就约定，双方各自承担一半费用，若一方出资更高，另一方应当予以补偿。从原告角度而言，在没有其他事实佐证的情形下，在上告程序中应当以其表述为依据，但这恰好意味着双方没有以默示方式形成独立的合伙合同。按照原告关于费用分摊的说法，双方完全可以根据出资状况进行物权登记，无需通过合伙法上的规则调整。

4. 因此,应当提醒原告,倘若其能提供必要证据,可以根据其主张的约定主张请求权。

5. 原则上,联邦最高法院认为不当得利返还请求权和交易基础丧失规则(《民法典》第 313 条)不能适用于非婚共同生活体。非婚生活共同体中的当事人原则上不能就其人身和经济给付互相要求清算和抵消,这意味着,不能将非婚生活共同体的存续视为给付的交易基础。除非当事人另有约定,双方结合为非婚生活共同体仅为纯粹事实(tatsächlichen Vorgang),而不构成法律上的共同关系(keine Rechtsgemeinschaft,参见联邦最高法院 1996 年 7 月 8 日判决,II ZR 340/95,载《家庭法大全杂志》1996 年卷,第 1141、1142 页;II ZR 193/95,载《新法学周刊裁判报告》1996 年卷,第 1473、1474 页;1997 年 9 月 25 日判决,II ZR 269/96,载《家庭法大全杂志》1997 年卷,第 1533、1534 页)。

(1)此类判决,如审判庭 2007 年 10 月 31 日的判决(XII ZR 261/04,载《家庭法大全杂志》2008 年卷,第 247、249 页),也引发了一些批评意见。虽然批评的理由不尽相同,相对一致的观点认为,对于那些旨在实现共同生活的给付,确实应当排除补偿请求权,例如提供日常生活需要或为共同使用的房屋支付租金。伴侣双方在给付时主观上存在各种尽其所能为共同体做贡献的意识,故在非婚生活共同体终止后,也不能有溯及力地认为该给付缺乏目的(参见 Soergel/Lange:《民法典评注》第 12 版,非婚生活共同体部分,第 26 段;Hausmann/Hohloch 前引书,第 4 章,第 8 段;Staudinger/Löhnig 前引书,第 1297 条附论部分,第 85 段;Grziwotz:《非婚生活共同体》第 4 版,第 5 节,第 20、29 段;Gernhuber/Coester-Waltjen:《家庭法》第 5 版,第 44 节,第 20 段;Burger 论文,载 Schröder/Bergschneider 主编:《家庭财产法》第 2 版,第 7、16 段;Coester 论文,载《法学家报》2008 年卷,第 315 段以下;Wellenhofer:《联邦最高法院判决评注》2008 年,第 251、355 页;Schulz 论文,载《家庭法大全杂志》2007 年卷,第 593、594 页)。

(2)但对于超出共同生活目的给付,特别是在生活共同体终止之后仍然构成伴侣双方或一方财产价值的给付,应根据个案情况形成合伙法上受法律保护的补偿请求权。一般认为,虽然当事人选择非婚共同生活意味着放弃了婚姻这一法律形式,但并不意味着其在处理具体争议时也排除任何现有规则(参见 Soergel/Lange 前引书第 6 段;Wellenhofer:《联邦最高法院判决评注》2008 年,第 251、355 页)。如果以非婚共同生活拥有完全的法律自由为由,将伴侣之间的给予完全排除在现有法律框架之外,显然和现实生活相悖。因为伴侣双方的给予至少已经获得了物权法上的效果,即他们之间相互给予财产也必须在法律框架下才能生效,因此不能因为他们没有选择婚姻制度就推定排除所有法律规则(Hausmann/Hohloch 前引书,第 4 章,第 3 段)。

在婚姻框架下,若配偶一方做出了超过其法定义务的给付,即该给付并非婚姻法上的义务,不能认为其没有法律依据。通常认为,此种给付的法律基础为(默示的)"家庭法意义上的合作协议"(familienrechtlichen Kooperationsvertrag sui generis),即双方各尽所能做出贡献,以确保和构建生活共同体。事实上的生活共同体中也存在类似情形。虽然当事人之间没有法律上的联系,这意味着他们没有法律上的相互给予请求权,但并不是说他们之间的无名给予没有法律依据。家庭法上的合作协议这一概念的目的是为双方的给予行为设立基础。非婚生活共同体的伴侣之间的法律关系也是如此。婚姻解除后,可以适用法定婚姻财产制或婚姻法处理财产问题;但在非婚生活共同体中并不存在类似规则,除非当事人有特别约定(Coester 论文,载《法学家报》2008 年卷,第 315 页;Lüderitz/Dethloff :《家庭法》第 28 版,第 8 节,第 33 段)。在这种情况下,不能因为当事人选择了未婚同居的生活形态而否定其基于一般法律规定享有的请求权(Schulz 论文,载《家庭法大全杂志》2007 年卷,第 593、594 页)。

此外还有观点认为,联邦最高法院的判决存在自相矛盾之处:一方面,在非婚生活共同体破裂时原则上不能基于交易基础丧失主张补偿;另一方面,对家庭法上的合作协议(据此可以适用交易基础丧失理论)和内部合伙(据此可以主张合伙法上的补充)的区分又很模糊(Lüderitz/Dethloff 前引书,第 8 节,第 34 段)。

(3)对于超出共同生活范围的给予(无法像在婚姻中那样获得补偿),应首先考虑《民法典》第812条第1款第2句第2种情形规定的请求权,以及基于交易基础丧失理论的请求权(参见Staudinger/Löhnig:《施陶丁格民法典评注》,第1297条的附论部分,第112段;Soergel/Lange:《民法典评注》第91、95段; Hausmann/Hohloch前引书,第4章,第153段以下;Grziwotz前引书,第5节,第42段;Gernhuber/Coester-Waltjen前引书,第24节,第24段;Lüderitz/Dethloff前引书,第8节,第35段;Schulz论文,载《家庭法大全杂志》2007年卷,第593、598页; M. Lipp论文,载《民法实物档案》第180卷(1980年),第537、577页;斯图加特高等地方法院判决,载《新法学周刊判例报告》1993年卷,第1475、1477页;卡尔斯鲁尔高等地方法院判决,载《新法学周刊》1994年卷,第948、949页)。本案必须回答的问题是,是否应该偏离之前判例中的做法,在非婚生活共同体终止后也适当考虑此种请求权?对此应作出肯定性回答。

6. 根据联邦最高法院第二民事审判庭之前的判例,非婚生活共同体中的伴侣虽然没有明示或默示地缔结合伙协议,但只要他们具有通过取得某财产标的创造共同价值的主观意图,且在观念上不仅是要在伴侣关系存续期间共同使用该财产,而且要共同拥有该财产,即可根据合伙法主张补偿请求权(参见联邦最高法院1997年9月25日判决,II ZR 269/96,载《家庭法大全杂志》1997年卷,第1533页;1996年7月8日判决,II ZR 193/95,载《新法学周刊判例报告》1996年卷,第1473页;1991年11月4日判决,I ZR 26/91,载《家庭法大全杂志》1992年卷,第40页)。本审判庭在2005年9月28日的判决中(《联邦最高法院民事裁判集》第165卷,第1、10页)曾引用该判决,认为在适用合伙法规定时,并不以至少默示成立的合伙协议为条件;同时认为纯粹事实上的意思表示一致并不足以成立合伙协议。此种观点变化意味着,在诸如本案的情形中,可以对合伙法上的补偿请求权的适用范围加以限制。因为在此类案件中,共同价值创造的主要目的是实现非婚共同生活,配偶双方并没有超越构建共同生活之上的目的,也就不存在相应的法律约束意愿。

因此,不应当缩减联邦最高法院之前在判例中认可的补偿请求权范围,这在结果上不合理,也不符合现实需求。相反,应当通过补偿请求权满足实际需求,且不应局限于《民法典》第730条以下条款规定的请求权。

在婚姻中,人身关系具有重要意义,并决定着配偶双方有关财产的行为。在此意义上,以婚姻为条件的给予在离婚后会基于交易基础丧失理论而发生补偿请求权,特别是在分别财产制下(参见 Hausmann/Hohloch 前引书,第4章,第4段)。此外还有观点认为,非婚共同生活关系中履行给付的配偶一方本身就意识到此种关系随时可能终止,故对其存续并不会产生信赖。此种观点不能令人信服。虽然配偶双方知道生活共同体随时可能终止,但其给予通常仍是基于对共同生活之存续的期待。只要他们事实上存有此种信赖且给付接受方可以辨识此种信赖,就应当得到保护。考虑到高企的离婚率,我们不能再说只有配偶对婚姻关系的终身性信赖才能得到法律保护(《民法典》第1353条第1款第1句),对配偶和同居伴侣的区别对待难以令人信服(参见 Hausmann/Hohloch 前引书,第4章,第156段;Schulz 论文,载《家庭法大全杂志》2007年卷,第593、595页)。

有鉴于此,审判庭认为,对于终止非婚生活共同体的伴侣双方,不应当绝对排除根据交易基础丧失理论的请求权或基于目的落空的不当得利返还请求权。应当在个案中审查那些超越日常共同生活需求的给付,考察其能否在当事人之间产生合理的补偿请求权。该原则不仅适用于非婚生活共同体,也针对其他形式的共同生活体和共同经济体,例如丧偶的兄弟姐妹、其他亲属或朋友之间形成的共同生活体;对此并不以存在性关系为前提。

7. 原告并未根据《民法典》第812条第1款第2句第2种情形[37]主

---

[37] 《民法典》第812条第1款:无法律上的原因,因他人的给付或以其他方式使他人蒙受损失而自己取得利益的人,有义务向他人返还所取得的利益。即使法律上的原因后来消失,或依律行为之内容而给付所欲达成之结果并未出现,亦应负返还之义务。

张不当得利返还请求权。本案中也没有迹象表明双方曾约定过给付目的,而给付目的是该请求权的必备要件之一。

8.(1)当事人在做出与共同生活相关的给予时,只要主观上存在构建或维持生活共同体的设想或期待,就可以考虑根据交易基础丧失原则的补偿请求权(《民法典》第313条)。这主要是指那些既不存在合伙法上的补偿请求权,又不能确定《民法典》第812条第1款第2句第2种情形意义上的目的约定(Zweckabrede)的案件。但这并不意味着,所有的给予在关系破裂后都要进行补偿。首先要排除的是日常生活中的无偿给付,即使配偶一方一次性付出较多,也不例外。因为一次性的较大付出和另一方为日常生活所需的持续性支出或其他贡献并无本质区别,也不应区分对待(参见审判庭2007年10月31日判决,XII ZR 261/04,载《家庭法大全杂志》2008年卷,第247、249页)。

(2)原告在房屋建造方面的给付并不构成上述与共同生活相关的给予。她的自身给付(Eigenleistungen)虽然有利于另一方伴侣并且增加了他的财产,但并未发生财产的实际交付,故在概念上不能被视为给予(参见《联邦最高法院民事裁判集》第84卷,第361、365页;《联邦最高法院民事裁判集》第127卷,第48、51页)。但这也并不意味着,所有的劳动或其他自身给付在共同生活破裂后都不能得到补偿,因为有的给付具有经济价值,可以折算为货币给付,从而等同于实际给予财产。

因此,联邦最高法院认为,若配偶双方采夫妻分别财产制,一方在建造登记在另一方名下的住宅时付出重要劳动给付的,在婚姻关系破裂后可以基于交易基础丧失理论主张补偿请求权。若能够证明劳动给付并非出于单纯的好意,也远超出家庭共同生活的扶养义务或婚姻生活共同体责任的,就可能根据个案状况认为双方以默示方式达成了特别的家庭法契约(即所谓的合作协议,Kooperationsvertrag),该协议的交易基础在婚姻破裂后丧失(《联邦最高法院民事裁判集》第84卷,第361、367页以下)。

该结论原则上也同样适用于非婚生活共同体和其他类型的伴侣关系,特别是当案件中排除了默示成立的合伙协议,但一方伴侣的劳动给付显著超越了单纯的好意行为或日常共同生活需要，并导致另一方可量化的财产增值时。由于非婚共同生活并未像婚姻关系那样为伴侣双方设立协助义务（Beistandspflichten），也就不需要考察该给付行为是否超越伴侣之间的协助义务。据此，伴侣一方在此种情况下做出的劳动给付，应视为其已经和另一方默示地为构建生活共同体达成一致，该给付根据该协议做出，并以其为交易基础。

（3）在确定是否以及在何种程度上可以要求返还给予或补偿劳动给付时，必须考虑到，伴侣一方原本认为提供这些给付是正确的。因此，唯有从诚信角度继续保持给付所造成的财产状况对于给付一方而言难以接受时，才可以进行纠正干预（korrigierender Eingriff）。对此可以参考分别财产制下配偶双方进行给予补偿时的衡量标准（参见审判庭 1997 年 4 月 23 日判决，XII ZR 20/95，载《家庭法大全杂志》1997 年卷，第 933 页）。同时，显失公平（Unbilligkeit）的要求意味着，给付必须对双方关系具有重要意义，才能请求补偿。这就需要对个案所涉情形进行总体评价，包括给予目的以及目的实现状况。

在衡量劳动给付应在何种程度进行补偿时还要注意，对于已完成的给付，不能通过金钱支付的方式补偿，只能对劳动成果要求适当份额（《联邦最高法院民事裁判集》第 84 卷，第 361、368 页）。该补偿请求权在两个方面受限：一是劳动贡献所针对的财产标的在交易基础丧失时仍然有价值，二是不能超过雇佣他人完成该工作的劳动成本（参见有关配偶间补偿的论述，Jo-hannsen/Henrich/Jaeger：《婚姻法》第 4 版，第 1414 条第 24 段；Haas 论文，载《家庭法大全杂志》2002 年卷，第 205、216 页；Schulz 论文，载《家庭法大全杂志》2005 年卷，第 142、145 页）。

控诉法院尚未查明充分事实，无法对相关要件进行进一步判断。

9. 控诉法院的判决在上告范围内未能通过法律审查。案件发回控诉法院，以查明必要事实，包括案涉的争议金额。在进一步审理中，原告应就《民法典》第 812 条第 1 款第 2 句第 2 种情形所规定的不当得利请求权陈述意见。

评析 非婚共同生活中的赠与及其返还

本案中,联邦最高法院突破了以往判例中的保守态度,第一次承认非婚共同生活结束后也可以产生财产补偿,请求权基础包括合伙法和交易基础丧失理论。

一、非婚共同生活体的法律适用

对于非婚共同生活,德国法律认为未婚共同生活关系在原则上有别于婚姻,因此不能直接适用有关婚姻的法律规定。但另一方面,非婚共同生活是私法中的一个合法领域,在一定程度上获得法律保护;法院不应拒绝受理当事人的合理诉求。故而,应当为非婚共同生活者提供最低限度的法律保护,但并不是建立一套“类似婚姻的制度”。在适用法律时,应区分三个规范层次:(1)不受法律行为影响的,即无需当事人选择即可适用的法律;(2)基于当事人明确协议而适用的合意法;(3)基于当事人默示或推定协议而适用的合意法。

(一)无需当事人选择而适用的法律规定

第一,婚姻法不能适用于非婚共同生活伴侣。因为婚姻法中的大多数规范均以婚姻的存在或曾经存在为前提。但婚姻法中有个别具体规范并不以婚姻,而是以紧密的人身关系为适用条件,这些规范可以类推适用于非婚共同生活关系。

第二,一些具体规定虽然本身并不针对非婚共同生活,但其内容符合非婚共同生活的情形。从这些规定中也可以看出立法者的立场。例如照顾子女的非婚的母亲可以向父亲主张扶养费请求权,反之亦然。遭受家庭暴力的非婚共同生活者可以根据《家庭暴力保护法》要求将共同住所划归受伤害者单独使用。

第三,有的法律规范以某种密切的人身联系为适用条件,这种密切联系包括夫妻、订婚者或其他家庭成员之间的关系。例如,证人和诉讼当事人具有订婚、婚姻关系或一定范围内的血亲和姻亲关系的,可以拒绝在法庭作证。这些条款不能直接适用于非婚共同生活者,因为它们本身就属于例外条款,其适用范围要严格限制。但德国联邦最高法院在判决中认为,德国《民法典》第 1093 条第 2 款可以类推适用于非婚共同生活者:有权接纳"家庭成员"在房屋中居住的物上居住权人,也可以让生活伴侣居住在房屋中。[38] 同样,被继承人和非婚生活伴侣以夫妻名义共同生活的,该生活伴侣也属于德国《民法典》第 1969 条中规定的"被继承人的家庭成员"。若符合其他法定条件,生活伴侣可以在继承开始后最初的 30 天内,向继承人要求支付扶养费,并要求使用共同住所和家庭用具。[39]

第四,民法中关于财产关系的一般规定可以适用于非婚共同生活关系,包括合同、侵权、不当得利、无因管理等引起的债上请求权、物上请求权以及共有关系下的分割请求权,如按份共有关系的解除,连带债务下的补偿请求权等。

(二)明确约定

法无明确禁止时,非婚共同生活者自然可以通过约定来调整他们之间的法律关系。这种约定不能因为非婚共同生活本身的道德瑕疵而归于无效,在赠与和遗嘱情形下也是如此。虽然判例中认为,为获得婚外性交易或维持伴侣间性关系的财产处分约定,会因为违反善良风俗而归于无效。[40] 但这只是例外情况,并不是通常意义上的非婚共同生活者约定。总的来说,法院对此问题的一般态度是:只要某约定是为了实现长期稳定的、具有内在约束性的共同生活,即应有效,[41]包括对共同住房、家具和扶养关系的约定。在遗嘱方面,共同生活伴侣处分其财产时没有顾及其他家庭成员(如妻子和儿女)利益的,该处分可能会因

---

[38] 联邦最高法院裁判,载《家庭法大全杂志》1982 年卷,第 774 页。

[39] 杜塞尔多夫地方高级法院裁判,载《家庭法大全杂志》1982 年卷,第 274 页。

[40] 《联邦最高法院民事裁判集》第 52 卷,第 17、20 页;第 53 卷,第 369、376 页或《家庭法大全杂志》1984 年卷,第 141 页。

[41] 联邦最高法院裁判,载《家庭法大全杂志》1980 年卷,第 664 页;1991 年卷,第 168 页。

为违反善良风俗而无效。[42] 当事人约定强制履行某种人身行为或限制解除伴侣关系的，或其他关于共同生活中人身行为的约定，通常会被认定为无效。

二、非婚共同生活伴侣的一般财产关系

原则上，非婚共同生活对伴侣双方并无财产法方面的影响，共同生活伴侣仍是各自财产的所有人（Jeder bleibt Inhaber seiner Vermögensrecht）。除非另有约定，同居期间获得的财物也归各自所有，分手时不发生财产分割问题，各人取走其所属之物即可。但实际上，同居关系结束后当事人往往因为财物分割发生争执。例如，伴侣一方在同居期间给了另一方一些财物，分手之后要求返还或予以补偿。又如一方当事人在同居期间为另一方付出很多劳动（如照顾孩子、帮助照看生意、守护病人等），分手时要求给予补偿。有时候，这些请求权还涉及已死亡伴侣的继承人，继承人有可能提出这些请求权，也可能被要求履行这些请求权下的义务。

在处理这些案件的时候，必须对所有可能的请求权基础一一进行审查。首先应当考虑当事人之间是否有明确约定；如果不存在约定，就要渐次考虑各个请求权基础。实践中，法院一般采取保守的做法：若同居伴侣的给予旨在实现或促进共同生活，包括人身的投入和牺牲，分手时就不能要求补偿。反之，共同财产投入只让伴侣一方获益的，分手时应当补偿另一方。伴侣之间形成权利共同体（Rechtsgemeinschaft）的，适用有关权利分割或补偿的规定：按份共有根据《民法典》第 752 条以下处理；共同共有根据《民法典》第 730 条以下处理；连带债权适用《民法典》第 428 条和第 430 条。

在按份共有的情况下要注意，共同占有（gemeinschaftliche Besitz），例如住房，不构成权利共同体，所以不能按照《民法典》第 752 条进行分割。虽然联邦最高法院在其他情形下将共同占有视为权利共同体，[43]但这不适用于非婚共同生活；因为在大多数非婚共同生活

[42] 《联邦最高法院民事裁判集》第 52 卷，第 20 页；第 53 卷，第 376 页。

[43] 《联邦最高法院民事裁判集》第 62 卷，第 243、245 页。

中，伴侣一方可以随时终止另一方的共同占有权利。[44] 若因为赠与（Schenkung）而产生共有关系（如妻子将自有房屋的一部分赠与丈夫），可以考虑《民法典》第 528 条以下规定的赠与返还请求权。该请求权以抗辩权的形式对抗第 752 条规定的分割请求权（第 273 条第 1 款）。

三、伴侣之间的赠与、合伙、给予和不当得利

（一）赠与关系

在共同生活期间，同居伴侣一方向另一方的某种给予可以构成赠与。但若这种给予是为了维持共同生活（如履行扶养义务、共有家庭用具或为共同使用的汽车付款），则不属于赠与；通行观点认为这种给予实际上是双方行为（以共同生活为条件的给予），而不属于《民法典》第 516 条意义上的无偿行为。

若成立赠与，赠与人可以根据《民法典》第 528 条以下的规定要求返还（zurückgefordert）赠与物。尤为重要的是，分手时可以因为受赠人的重大忘恩行为要求撤回赠与。[45] 如果伴侣一方只是疏远另一方，尚不属于重大的忘恩行为；但这种疏远很可能和严重的背信弃义联系在一起，一起构成重大的忘恩行为，从而导致适用第 530 条。若不成立赠与，而是“以共同生活为条件的给予”（gemeinschaftsbezogene Zuwendung），那么根据通说，当事人分手时可以根据第 313 条规定的交易基础障碍要求返还。

（二）合伙法

根据联邦最高法院的判例，若伴侣在共同生活之外形成某种“共同的价值创造标的”（Objekte gemeinsamer Wertschöpfung），且双方均认为此种标的不限于满足双方共同生活的需要，而是“从债法上看”为双方都带来好处的价值，即可以适用合伙法上的分割请求权。[46] 在早期的判决中，法院认为未婚同居伴侣之间无须约定，就可以提出合伙法上

---

[44] 类似的观点参见联邦最高法院裁判，载《家庭法大全杂志》1981 年卷，第 530 页。

[45] 《民法典》第 530 条、第 531 条。

[46] 《联邦最高法院民事裁判集》第 77 卷，第 58 页；第 84 卷，第 388 页；1982 年，第 1065 页；1985 年，第 1232 页；1992 年，第 408 页；《新法律周刊》，1997 年，第 3371 页；《家庭法大全杂志》2003 年卷，第 1543 页；2008 年卷，第 247 页；《联邦最高法院民事裁判集》第 177 卷，第 193 页。

的分割请求权，后来法院转变观点，认为伴侣之间至少要有可推定的合伙协议，才能提出分割请求权。[47]

（三）以共同生活为条件的给予

"以婚姻为条件的给予"理论也可以用于非婚共同生活伴侣之间。在交易基础发生变化时，会出现相关的返还请求权。虽然联邦最高法院对此长期持否定态度，但在2008年7月9日的裁判中（判例四），其态度发生了根本性改变。法院在该判决中认为，对于不属于合伙协议的以共同生活为条件的给予，在交易基础丧失时产生调整请求权（第313条第1款）。该请求权的前提是，当事人是为了共同生活而做出给予，并且期待共同生活持续存在。这不仅适用于物质给予，也适用于按照共同生活安排而付出的劳动给予。该请求权还要求，从诚实信用角度不能期待给付人愿意维持目前的财产状况。

（四）不当得利法

在非婚共同生活者之间还可能根据不当得利要求返还已完成的给付，特别是目的丧失返还请求权（Zweckverfehlungskondiktion）。伴侣双方为实现共同生活而约定共同履行给付的，可以将双方的约定视为"约定的目的"（Zweckabrede），该目的构成给付行为的原因（causa）。主张目标落空不当得利返还请求权的前提是，当事人在目标约定中必须包含这样的想法，即共同生活以及对财产的共同使用至少要延续到给付标的使用期限结束（或直到一方死亡）。

可见，若双方伴侣没有明确约定，几乎可以对他们的行为进行任意解释，即根据多种请求权基础提出补偿请求。非婚共同生活的伴侣一方为另一方利益提供了经济给付或劳动给付的，其在共同生活破裂后要求补偿时，可以渐次考察如下请求权基础：（1）明示的协议（借贷、租用、委托或赠与等）。（2）默示或推定的合伙协议。（3）对以共同生活为条件的给予达成的默示或推定的协议，基于交易基础丧失的请求权（第313条第1款）。（4）目的丧失的返还请求权（第812条第1款第2句后半句）。

---

[47] 联邦最高法院裁判，载《家庭法大全杂志》2006年卷，第607页。

第四章　夫妻财产制相关问题

判例一　联邦最高法院 2013 年 10 月 16 日裁定：夫妻财产增益平衡

要点提示：彩票中奖和增益平衡；如何理解《民法典》第 1374 条第 2 款规定的“初始财产”(Anfangsvermögens)；第 1381 条第 1 款规定的显失公平条款(Billigkeitsklausel)。

案号：BGH, Beschluss vom 16. Oktober 2013 - XII ZB 277/12-OLG Düsseldorf.

引证注释：《新法学周刊》2013 年卷，第 3645 页。

裁判要旨

1. 在计算增益平衡时，配偶一方的彩票奖金不计入《民法典》第 1374 条第 2 款[①]规定的初始财产(关联裁判参见《联邦最高法院民事裁判集》第 68

---

① 《民法典》第 1374 条　初始财产

(1)初始财产是指在夫妻财产制开始时扣除债务后属于配偶一方的财产。

(2)配偶一方在夫妻财产制开始后死因取得的财产，或考虑到将来的继承权，因赠与或作为婚嫁立业资财而取得的财产，在扣除债务后，算入初始财产，但以这部分财产依情势不能算作收入为限。

(3)债务必须在财产额以外予以扣除。

卷,第 43 页或《家庭法大全杂志》1977 年卷,第 124 页)。

2. 长期分居后取得的彩票奖金,也应列入增益平衡范围,不构成《民法典》第 1381 条第 1 款②意义上的显失公平。

案件事实

双方争议在于,被申请人(男方)在分居期间取得的彩票奖金是否应列入增益平衡计算范围。

双方当事人在 1971 年 7 月结婚,婚后育有三子。双方在 2000 年 8 月开始分居。被申请人从 2001 年起和现在的伴侣同居。2008 年 11 月,被申请人和同居者购买的彩票获得 956,333.10 欧元的大奖,被申请人分得 482,666.55 欧元。

申请人在 2009 年 1 月 31 日提出离婚申请,法院在 2009 年 10 月 23 日判决双方离婚,判决于 12 月 3 日生效;判决同时还处理了养老金补偿和离婚后扶养,要求被申请人每月支付申请人 297 欧元的生活费,直到 2014 年 3 月。

考虑到自己对被申请人取得的彩票奖金有一半的权利,申请人在本程序中提出 242,500 欧元的增益平衡申请。

区法院认为彩票奖金应当算入增益平衡的范围,支持了申请人的全部主张。

被申请人提出抗告,高等地方法院修改了一审判决,认为被申请人只需要支付 7639.87 欧元。申请人提出法律抗告(Rechtsbeschwerde,即对裁定的再抗告),要求恢复区法院的判决。

该法律抗告获得支持。

裁判理由

1. 抗告法院在其判决理由中指出,根据《民法典》第 1374 条第 2

② 第 1381 条　因显失公平而拒绝履行

(1)若依案件的情势来看,财产增益平衡会显失公平,债务人可以拒绝满足均衡债权。

(2)取得较少财产增益的配偶一方,长期有过错地不履行因婚姻关系而发生的经济义务的,尤其会显失公平。

款,应属被申请人的彩票奖金482,666.55欧元不应算入其初始财产。虽然对于第1374条第2款能否适用于该条所列举的事项之外的其他财产存在争议,但抗告法院采纳判决和学说中的主流观点,认为不能通过类推适用扩张《民法典》第1374条第2款的适用范围。根据增益平衡的相关规定,补偿范围和是否做出贡献无关,即配偶一方对另一方的财产增益即使没有做出贡献,也有权要求进行补偿。原则上,配偶双方应当共享婚姻存续期间所有的财产增益。由于彩票中奖,被申请人在提出离婚申请时(决算日)的终结财产为498,666.55欧元。因为他没有初始财产,则以终结财产为其财产增益。同时考虑到申请人在婚姻期间的财产增益为720.97欧元,故申请人可以根据《民法典》第1378条第1款[③]主张248,972.79欧元的增益平衡请求权。

但被申请人可以主张其增益来自彩票中奖,故可以根据《民法典》第1381条第1款拒绝履行该补偿债权。第1381条是对显失公平的矫正,目的是避免在特定情况下适用增益平衡计算规则导致的令人无法容忍的不合理结果。若增益发生在配偶双方长期分居之后且与婚姻没有内在关联,适用关于增益平衡的规定就有可能构成第1381条第1款规定的显失公平。本案即属此例。在被申请人彩票中奖的时候,双方当事人已经分居8年,且财产增益和之前的婚姻共同生活没有任何内在联系;反之,被申请人和现在的生活伴侣经常合伙购买彩票(Tippgemeinschaft),中奖彩票即是他们共同购买彩票中的一张。

2.控诉法院的上述观点未能通过法律审查。

(1)控诉法院首先正确地指出,被申请人所得彩票奖金的一半应计入《民法典》第1378条第1款规定的增益平衡债权。因为该财产增益发生在提起离婚申请之前(《民法典》第1384条[④]),且不能类推适用第1374条第2款将其计入初始财产。

---

③ 第1378条第1款:配偶一方的增益超过另一方增益的,必须将增益超出部分(Gewinnüberschuss)的一半交给另一方。

④ 第1384条:夫妻离婚的,提起离婚之诉时财产制关系终止,关于增益计算和分配请求权的数额,以提起离婚诉讼发生系属时为准。

第一，根据《民法典》第 1374 条第 2 款，在婚姻财产制关系开始之后，只有配偶一方基于死因处分，或因未来继承权进行的赠与，或婚嫁立业而取得的财产，方可算入初始财产，并在增益平衡时加以考虑。配偶一方的彩票中奖不属于此种财产取得。《民法典》第 1374 条第 2 款也不能类推适用于此种财产增益。

第二，虽然学术上有观点指出，对于分居期间产生的和婚姻共同生活给付无关的财产增益，应类推适用《民法典》第 1374 条第 2 款计入初始财产（参见 Jaeger 论文，载 Johannsen/Henrich 主编：《家庭法》第 5 版，《民法典》第 1374 条，第 36 款；Haußleiter/Schulz：《离婚和分居中的财产争议》第 5 版，第 12 页以下；Schwab/Schwab：《离婚法手册》第 6 版，第 7 章，第 161 段）。但联邦最高法院，包括本审判庭，已经多次在判决中指出，《民法典》第 1374 条第 2 款不能通过类推而扩张其适用范围（参见审判庭判决，载《联邦最高法院民事裁判集》第 170 卷，第 324 页或《家庭法大全杂志》2007 年卷，第 978 页，第 16 段；《联邦最高法院民事裁判集》第 157 卷，第 379、384 页或《家庭法大全杂志》2004 年卷，第 781、782 页；审判庭 2007 年 6 月 20 日判决，XII ZR 32/05，载《家庭法大全杂志》2007 年卷，第 1307 页，第 14 段）。这也是学术界的主流观点（参见 Palandt/Brudermüller：《帕朗德民法典评注》第 71 版，第 1374 条，第 19 段；NK-BGB/Heiß：《民法典评注》第 2 版，第 1374 条，第 25 段；FAKomm-FamR/Weinreich：《专业律师法律评注（家庭法）》第 4 版，第 1374 条，第 30 段；有关彩票奖金参见 MünchKommBGB/Koch：《慕尼黑民法典评注》第 6 版，第 1374 条，第 14 段；Jaeger in Johannsen/Henrich：《家庭法》第 5 版，第 1374 条，第 36 段；Müting：《克莱恩家庭财产法手册》第 2 章，第 1439 段）。

第三，原则上，增益平衡并不取决于主张分配的配偶一方是否以及在何种程度上对增益的取得做出贡献（参见审判庭判决，载《联邦最高法院民事裁判集》第 170 卷，第 324 页或《家庭法大全杂志》2007 年卷，第 978 页，第 16 段）。《民法典》第 1374 条第 2 款规定的不计入增益平衡的情形属于该原则的例外。例外情形的合理性不是因为配偶另一方对于该财产增益没有做出贡献，其根本原因在于，此种给予通常建立在获得财产配偶一方和给予人之间存在人身关系或类似的特别情形（参见审判庭判决，载《联邦最高法院民事裁判集》第170卷，第324页或《家庭法大全杂志》2007年卷，第978页，第16段；《联邦最高法院民事裁判集》第157卷，第379页或《家庭法大全杂志》2004年卷，第781、782页；《联邦最高法院民事裁判集》第130卷，第377页或《家庭法大全杂志》1995年卷，第1562、1564页；《联邦最高法院民事裁判集》第82卷，第145页或《家庭法大全杂志》1982年卷，第148页；《联邦最高法院民事裁判集》1982年卷，第149页或《家庭法大全杂志》1982年卷，第147页；《联邦最高法院民事裁判集》第80卷，第384页或《家庭法大全杂志》1981年卷，第755、756页）。通过彩票中奖获得的财产增益并不具备此种特征，故本案中不应扩展适用《民法典》第1374条第2款（参见《联邦最高法院民事裁判集》第68卷，第43页或《家庭法大全杂志》1977年卷，第124页）。

（2）控诉法院认为，被申请人可以基于《民法典》第1381条第1款，就通过中奖取得的财产增益拒绝履行补偿债权。该观点未能通过法律抗告审查。

首先，根据《民法典》第1381条第1款，若增益平衡在个案中显失公平，债务人可以拒绝给付增益平衡债权。该条文的目的是对个案中适用增益平衡请求规定产生的严重不公平的结果进行修正。不公平的产生原因在于，立法者为了追求法律的确定性和实用性而规定了一般性的、略显僵硬的计算方式（参见Johannsen/Henrich：《家庭法》第5版，《民法典》第1381条第1段）。唯有当依法主张补偿请求权和正义感（Gerechtigkeitsempfinden）的抵触达到令人无法忍受的程度时，负有补偿义务的配偶一方才享有《民法典》第1381条规定的拒绝给付权（参见审判庭2013年10月9日判决，XII ZR 125/12；审判庭1992年3月18日判决，XII ZR 262/90，载《家庭法大全杂志》1992年卷，第787、788页），且不以本条第1款规定的请求补偿的配偶一方有过错为前提（参见审判庭2002年2月6日，XII ZR 213/00，载《家庭法大全杂志》

2002年卷，第606、608页）。必须对案件中的全部相关情形进行总体衡量，才能判定是否存在《民法典》第1381条第1款意义上的显失公平。此种评价原则上是事实审法官的任务，法律抗告中只能对其进行有限的法律审查（参见审判庭2013年10月9日判决，XII ZR 125/12；审判庭1992年3月18日判决，XII ZR 262/90，载《家庭法大全杂志》1992年卷，第787、788页）。

其次，即使从目前已经查明的有限事实来看，控诉法院的上述意见也不能通过审查。控诉法院指出的个案情形不足以构成《民法典》第1381条第1款规定的显失公平。

虽然增益平衡针对的财产增加出现在配偶双方已经长期分居之后，但这本身并不足以支持适用《民法典》第1381条第1款的正当性（参见审判庭2013年10月9日判决，案号XII ZR 125/12）。虽然有观点认为，对分居期间取得的增益缺乏进行平衡的实质性条件（参见Staudinger/Thiele：《施陶丁格民法典评注》2007年，第1381条，第24段；Thiele论文，载《法学家报》1960年卷，第394页；RGRK/Finke：《RGRK民法典评注》第12版，第1381条，第16段；Schröder论文，载《家庭法大全杂志》1997年卷，第1、6页；Jaeger论文，载《家庭、伴侣和法律》2005年卷，第352、355页）。但本审判庭并不赞同此种观点。根据《民法典》第1384条的规定，离婚申请发生诉讼系属之前的分居期间，仍属于增益平衡的适用期间。在分居和离婚申请产生诉讼系属之间发生的财产变化，也要纳入平衡计算的范围（参见审判庭2013年10月9日判决，XII ZR 125/12）。此外，对于不想提出离婚申请的配偶一方，《民法典》第1385条和第1386条允许在分居3年后请求提前废止增益共有制，以避免其后取得的财产增益进入增益平衡程序。在2009年8月1日之前的增益平衡法中也有类似规定。因此，倘若义务人并没有利用这些可能性，平衡就不构成显失公平（参见审判庭2013年10月9日判决，XII ZR 125/12）。

控诉法院正确地指出，《民法典》第1381条原则上也不考虑增益的来源（参见审判庭1992年3月18日判决，XII ZR 262/90，载《家庭法大全杂志》1992 年卷,第 787、788 页)。增益平衡的基本思想在于让配偶双方分享在婚姻存续期间取得的经济收益(审判庭 2002 年 2 月 6 日判决,XII ZR 213/00,载《家庭法大全杂志》2002 年卷,第 606、607 页)。法律规定的总括计算方式并不考虑另一方配偶在婚姻存续期间是否对增益做出贡献(参见审判庭 1980 年 7 月 9 日判决,IVb ZR 531/80,载《家庭法大全杂志》1980 年卷,第 877 页)。此种价值取向也决定了对《民法典》第 1381 条的解释方法。据此,不能因为主张平衡权利的配偶一方对于增益没有做出贡献而适用该规定。

和控诉法院的观点不同,审判庭认为,总体考虑上述两种情形,也不存在《民法典》第 1381 条第 1 款意义上的显失公平。

审判庭在之前的判决中的确曾经指出,若负有平衡义务的配偶一方在分居很久后才取得财产增益,且该财产增益和婚姻生活共同体没有内在联系,则在根据《民法典》第 1381 条第 1 款进行总体评价时应考虑这些因素(审判庭 2002 年 2 月 6 日判决,XII ZR 213/00,载《家庭法大全杂志》2002 年卷,第 606、608 页)。但该判决并不意味着,在没有考虑其他因素的情况下,仅凭该两种状况就可以推定成立显失公平。

最后,上述判决所针对的基本事实也完全不同于本案中的情形。前案中双方当事人结婚后仅共同生活 3 年,提出离婚申请之前的分居时间却长达 17 年。此外当事人的分居也存在特殊原因。而在本案中,双方当事人结婚已经 29 年,其中只有 8 年处于分居状态。婚姻期间生育 3 个孩子。和 2002 年判决所涉事实不同的是,本案中的财产增益并非基于平衡义务人在分居期间的个人努力。有鉴于此,若本案中不存在其他特殊情形,分居时间和财产增益来自彩票奖金的事实均不能构成《民法典》第 1381 条第 1 款意义上的显失公平。

3. 由于不能期待事实审法官进一步查明案件事实,审判庭对案件作出实质性裁判。

评析 增益平衡制度及其实施

根据《民法典》第 1378 条第 1 款,妻子可以就双方财产增益抵消后的一半数额主张补偿请求权。根据《民法典》第 1373 条,财产增益(Zugewinn)指的是配偶一方的终结财产(Endvermögen)超出初始财产(Anfangsvermögen)的数额。由此发生的问题是,彩票奖金是计入初始财产还是计入终结财产。若计入初始财产,就无需进行增益平衡。根据《民法典》第 1374 条第 1 款,初始财产指的是配偶一方在夫妻财产制开始时(一般就是结婚时)扣除债务之后属于自己的财产。而终结财产根据《民法典》第 1375 条第 1 款是指在夫妻财产制终止时,配偶一方扣除债务之后的所有财产;在通过判决离婚的情况下,则是离婚申请发生诉讼系属时的所有财产。根据《民法典》第 1374 条第 2 款,某些在婚姻期间取得的财产也会被计入初始财产。这主要是指通过继承法或者赠与获得的财产。彩票奖金并不包括在内。审判庭认为不能类推适用该规定。因此只能考虑《民法典》第 1381 条规定的显失公平条款,但本案又不符合适用该条款的前提条件。审判庭特别指出,虽然没有通过判决离婚,但丈夫在分居 3 年后本可以要求终止婚姻财产制(《民法典》第 1385 条⑤)。

深入理解本案裁判意旨的前提是了解德国有关增益平衡制的规定,尤其是作为增益平衡之依据的初始财产和终结财产的计算方法。

---

⑤ 第 1385 条 在提前废止增益共有制的情况下提前请求增益平衡

(1)配偶双方至少已经分居三年(第 1385 条第 1 项)。

(2)另一方未经必要同意而实施第 1365 条规定的法律行为,或从事第 1375 条第 2 款规定的财产减少行为,以至于配偶一方的补偿债权有受到显著危害之虞。

(3)另一方长期有过错地不履行基于婚姻关系的经济义务,且可以认为其将来也不会履行。

(4)另一方无充足理由而坚决拒绝将其财产现状告知申请人;例如在正式提出答复申请时坚决拒绝。

一、德国夫妻财产增益平衡制度

德国的法定夫妻财产制为增益共有制,其增益平衡可以通过继承法或债法方式实现。夫妻财产制因配偶一方死亡而终止,且生存配偶为继承人或受遗赠人的,可以通过增加生存配偶的法定继承份额实现增益平衡(《民法典》第1371条:"继承法上的解决方案")。采取这种方式实现增益平衡的,不考虑配偶双方在婚姻存续期间的实际增益情况,也无需对双方增益进行对比。在通常情况下,增益平衡通过债法上的平衡请求权实现(schuldrechtlichen Ausgleichsanspruchs,第1372~1390条),其前提是财产制的终止,包括离婚、婚姻废止、夫妻通过财产合同终止法定财产制、配偶一方死亡时生存配偶既不是继承人也不是受遗赠人等情形。此时需要对双方的财产增益进行计算,才能确定平衡请求权及其数额。

1. 确定平衡义务

在财产增益共有制存续期间,财产增益较大的一方负有平衡义务,该方配偶必须将增益超出部分(Gewinnüberschuss)的一半交给另一方(第1378条第1款)。双方的增益相同或双方均未获得增益的,不发生平衡请求权。

通过对比配偶双方在婚姻财产制存续期间获得的增益,才能确定哪一方负有补充义务,以及平衡请求权的具体数额。对比的前提条件是确定配偶双方各自的增益数额。由于法律只考虑婚姻财产制存续期间的财产增值情况,所以只需对比各自财产在财产增益共有制开始时(初始财产,Anfangsvermögen,第1374条)和终止时的价值(终结财产,Endvermögen,第1375条),就可以得出增值的数额。配偶一方的财产增益(Zugewinn)就是其终结财产超出初始财产的数额(第1373条)。由于只考虑财产增值,所以增益至少为"0",不能为负值。

2. 决算日

在计算初始财产(Anfangsvermögens)时,财产制开始的时间就是决算日(Stichtag)。如夫妻双方一直采用法定财产制,则财产制开始的时间就是结婚之日。终结财产(Endvermögen)的决算日是法定财产制结束之时。财产制因离婚(Scheidung)终止的,适用特殊规定:决算日不是离婚裁定发生既判力之日,而是离婚申请发生诉讼系属的时候(第1384条)。

离婚情况下,由于法律将提交离婚申请的时间作为终结财产的决算日,当事人就可以通过选择终止决算日来影响增益。比如在经济繁荣时期,有可能获得增益平衡的配偶一方为了让另一方多挣钱,可能会推迟提交离婚申请的时间;或在行情下跌时尽快提出申请,以便在较高的价位获得另一方所属的有价证券。

3.增益的计算

计算增益时应当分别查明配偶双方的初始财产和终结财产。这里的财产(Vermögen)指的是配偶一方在决算日可供其支配的金钱价额,减去其在这一时刻承担的债务。要查明的是决算日的价额状况(第1376条第1~3款),例如某物品此时的市场价。配偶一方在决算日资不抵债的,其财产数额为债务(消极财产)超出积极财产的部分(消极的初始或终结财产,negatives Anfangs-oder Endvermögen,第1374条第3款,第1375条第1款第2句)。在早期的法律规定中,初始财产的数额最低为0,终结财产一般也不能低于0,借此可以防止在婚姻期间减少债务的一方通过增益平衡制度独享债务减少的好处。根据2009年改革法案,计算初始财产和终结财产时可以考虑消极财产。例如,配偶一方在初始决算日只有一块价值6万欧元的不动产,同时负担10万欧元的债务。他的初始财产(Anfangsvermögen)为负4万欧元。假设在终结决算日,该不动产价值为7万欧元,配偶的债务降低为9万欧元,其终结财产为负2万欧元(Endvermögen minus 20,000 €)。虽然两造数字均为负数,但该配偶仍然获得增益,因为其终结财产超过初始财产2万欧元。

配偶一方的初始财产和终结财产可以按照如下步骤(Einzelschritte)进行查明:确定配偶在决算日有哪些财产标的可供支配,将各个标的换算为估价的金钱价额,计算这些金钱价额,获得财产总价额,从中减去估价时配偶的债务。

无论是初始财产还是终结财产，都必须按照决算日那一瞬间的状况来确定价额。只能考虑在决算日实际拥有的财产，而不能将已经不在手中的财产算入。这里不考虑财产通过何种方式取得或丧失，也不论终结财产中的某些物品是否已包括在配偶一方的初始财产中。有观点认为，计算增益平衡时，不考虑初始财产和终结财产中相同的物品。这种观点既不符合法律规定，也不符合经济逻辑。对一项财产置之不理，无异于经济上的"重组"。

4. 应当计入的财产标的

原则上，应该将估价时存在的所有具有金钱价值的权益（geldwerten Positionen）计算进去，包括期待权和类似的法律地位。⑥ 若企业或自由职业事务所的商誉构成所有人的某种可实现价值，也必须折价计入。在资产平衡表中还应当考虑没有出让的用益权。在判例中，甚至将对配偶人身权益的损害补偿也算作财产价值，虽然这种财产既非财产收益，也非劳动收入。⑦

5. 不应计入的权益

对于某些特定权利，即使在决算日存在，也不能算入初始财产或终结财产。这主要指的是受养老金分配法（Versorgungsausgleich）调整的供养权利，必须优先适用有关养老金分配的规定（《关于养老金分配的法律》第4条第2款）。配偶双方共同拥有的家庭物品（Haushaltsgegenstände）也不算入终结财产，因为第1586b条已经规定了特殊补偿规则。某些未来到期的重复的给付权利（Anrechte auf künftig fällige wiederkehrende Leistungen）是为了保障配偶在未来某个时间段的（künftigen Zeitabschnitten）扶养费，这种权利不计入配偶的财产（例如尚未到期的扶养费请求权或劳动报酬请求权）。但如果这种请求权在规定的决算日已经到期，或已经转化为配偶储蓄的，应当计入配偶的财产。

---

⑥ 参见联邦最高法院裁判，载《家庭法大全杂志》，1983年，第881、882页。

⑦ 《联邦最高法院民事裁判集》第82卷，第145页；根据联邦供养法的给付，联邦最高法院裁判，载《家庭法大全杂志》1981年卷，第239页。

6. 对财产标的的估价

单个的财产标的必须根据其在决算日的价额进行计算，并以一定的金额表示。但确定价额常常会出现困难，特别是那些大宗财产标的，例如不动产、企业股份、专利权和著作权等。法学家们一般建议让鉴定人承担估价工作。估价一般以出让价值为标准，也可以按照收益价值计算，一般采用混合方式进行估价。可以在股市上进行交易的有价证券，一般根据决算日的交易行情估价。对于不确定的权利和债务，应根据它们在决算日的可实现程度进行估价。⑧

二、初始财产的确认

初始财产的决算日，就是法定财产制开始之时（第 1374 条第 1 款）。配偶双方在结婚前没有通过夫妻财产合同另行约定的，决算日就是结婚之日。若配偶双方起初采用分别财产制，后来通过夫妻财产合同改为法定财产制，决算日就是夫妻财产合同生效之日。对于财产的统计和估价，也适用上述规则。2009 年改革后，初始财产也可以为负数（negative Größe；第 1374 条第 3 款）。在资不抵债的情况下，初始财产为积极财产和消极之和。这样一来，另一方配偶也可以分享体现为债务减少的增益。

1. 初始财产的补算，第 1374 条第 2 款。

原则上，初始财产只包括在决算日实际存在的全部财产，但第 1374 条第 2 款对某些特定类型的财产进行了例外规定。配偶一方在夫妻财产制开始后（nach Eintritt des Güterstandes）因遗嘱（Todes wegen）取得的财产、针对将来的继承权（künftiges Erbrecht）、因赠与（Schenkung）或作为婚嫁立业钱财（Ausstattung；第 1624 条）而取得的财产，均不属于共同生活中的增益，必须排除在增益平衡之外。为此目的，要将这些财产补算入初始财产，如同该财产在财产制开始时就已经存在一样。算入时应当扣除与获取财产相关联的债务（Verbindlichkeiten）。例如，男方在初始财产的决算日有 1 万欧元，在终结决算日有 10 万欧元。婚姻期间男方的父亲死亡，其作为继承人获得 5 万欧元。

⑧　联邦最高法院裁判，载《家庭法大全杂志》1983 年卷，第 882、885 页。

初始财产相应地变为 10,000+50,000=60,000(欧元);增益为 40,000 欧元。

另外还要注意,判例中将关系密切的人之间的给予(Zuwendungen unter nahe stehenden Personen)区分为"真正的赠与"和"以婚姻为条件的给予"。以婚姻为条件的给付虽然不需要对等给付,但从给付者的意愿来看,是以婚姻的存续为条件的,所以不适用第 1374 条第 2 款。⑨

在进行补算时,给予必须首先扣除相关债务和负担,才能算入受给付人的初始财产。在计算时,应当以取得给予时(im Zeitpunkt des Erwerbs)所具有的价额为准(第 1376 条第 1 款)。例如,汉斯在夫妻财产制开始时的初始财产为 4 万欧元。婚姻期间他从叔叔那里获得遗产。该遗产在继承发生时扣除掉相关债务后的价值为 5 万欧元。汉斯的初始财产变成 9 万欧元。这意味着,遗产在继承完成后发生的增值,属于增益平衡的范围。

2. 根据终结财产估价时的货币情况对初始财产进行换算

在适用第 1374 条第 2 款时,必须对实际的初始财产加以"调整",以排除增益平衡中的虚假增益(Scheingewinne)。虚假增益指的是完全由货币贬值引起的终结财产和初始财产的差异。因为初始财产中的物品要按照初始决算日的价格估价,而终结财产也按照当时的物价估价,而几乎所有的货币都会发生贬值,同样数量的货币所代表的购买力,在财产制开始时和终结时大为不同,这就让初始财产和终结财产的对比缺乏统一的价值标准。因此法院要将初始财产的数额按照终结财产估价时的货币价值进行换算。联邦最高法院为此发展出一套程序,借助联邦统计局发布的消费者价格指数,将初始财产的金额按照终结决算日的单位货币交换价值进行换算。换算对象是全部的初始财产,即配偶双方各自的积极结算财产。⑩

---

⑨ 联邦最高法院裁判,载《家庭法大全杂志》1995 年卷,第 1060 页。

⑩ 《联邦普通法院民事裁判集》第 61 卷,第 385 页;《家庭法大全杂志》1984 年卷,第 31 页。

三、终结财产的确认

原则上，终结财产的决算日就是财产制度终止的时刻（第 1375 条第 1 款）。但在特殊情况下，要将这一时刻前置（vorverlegt）；在离婚（Ehescheidung）情况下，以离婚申请发生诉讼系属之日为准；在提前补偿（vorzeitigen Ausgleichs）情况下，以提出申请之日为准。先前的法律只在例外情况下承认消极终结财产，但在 2009 年改革之后，终结财产也可以表现为负数（auch ein Minus-Saldo；第 1375 条第 1 款第 2 句）。

在确定终结财产时，同样有可能发生实际财产之外的补算。第 1375 条第 2 款的目的在于阻止配偶通过任意减损自己的增益来损害伴侣的利益。为此目的，某些发生在婚姻财产制存续期间的财产减少视同没有发生。根据第 1375 条第 2 款第 1 句，配偶一方的财产在夫妻财产制开始后因下列情况而减少的数额，仍算入其终结财产（补算）：（1）该方进行的无偿财产给予（unentgeltliche Zuwendungen）与道德义务或礼仪上的考虑不相符；（2）该方挥霍（verschwendet）财产；（3）该方为了让另一方蒙受不利益（benachteiligen）而故意（Absicht）实施的行为。

但对于发生在夫妻财产制终止前 10 年的财产减少或配偶另一方赞同的无偿财产给予或挥霍行为，不进行补算（第 1375 条第 3 款）。

四、平衡补偿请求权的数额及其限制

配偶一方的财产增益超过另一方的，超出部分的一半作为补偿债权归于另一方（第 1378 条第 1 款）。这一般体现为支付请求权。增益数额最低是 0，这样可以保障配偶一方不必分担另一方在婚姻期间的经济损失。

全额承担补偿义务，可能会令债务人不堪重负，债务人甚至不得不通过贷款履行该义务。因此第 1378 条第 2 款规定，补偿债权的数额，以债务人扣除债务后剩下的财产价额为限。不能让债务人因为履行补偿债务而陷入资不抵债。换句话说，义务人只在积极财产超过消极财产的范围内承担责任。

原则上，进行数额限制的时间点应是财产制终止之日，在离婚情况

下,就是离婚申请发生诉讼系属之时(第1384条)。在离婚情形下,确定最高限额的时间点和终结财产的决算日重合;这一时间上的提前来自2009年改革。其结果是,离婚申请发生诉讼系属后发生的一切,均不能再影响请求权的数额(仍受第1381条的限制,参见第289段)。

根据第1375条第2款第1句,若由于不忠诚的财产减少而提高实际终结财产数额,限制数额也随之提高,直到补偿债务人的最高给付能力,从而提高实际获得的数额(第1378条第2款第2句)。例如夫妇双方一直采用法定财产制,后决定离婚。在增益平衡程序中查明,丈夫的初始财产为0,实际终结财产为5万欧元,但他在婚姻期间曾经送给情人一辆价值8万欧元的跑车,因此他的终结财产应为13万欧元(第1375条第2款第1句第1项),净益为13万欧元。妻子的初始财产为1万欧元,终结财产为2万欧元,净益为1万欧元。据此,由于丈夫的不忠行为,妻子的补偿请求权数额达到6万欧元。

五、先前给予的财产的算入

补偿义务人先前通过法律行为给予补偿权利人财产,并且规定该财产应算入补偿债权的,该财产算入补偿债权(第1380条第1款第1句)。如给予财产的价额超过就配偶双方的生活状况而言习以为常的,偶尔的赠礼的价额,有疑义时,必须将给予的财产算入补偿债权(第1380条第1款第2句)。此种给予的计算方法如下:(1)给予财产的价额,补算入做出给予的补偿义务人的增益(第1380条第2款第1句)。(2)计算补偿数额时应扣除给予财产的价额(第1380条第1款第1句)。在上述两种情况下,给予财产的价额都按照发生时的价额确定。

如配偶一方在婚姻期间对另一方给予的财物价额过高,以至于超过了其本应承担的增益平衡义务,该方配偶则可以因此成为增益平衡的权利人。[11] 特别重要的是:在判断给予人是否具有增益平衡请求权时,不适用第1380条;也就是说,给予人不必同时也是补偿义务人。

---

[11] 《联邦最高法院民事裁判集》第82卷,第227页;联邦最高法院裁判,载《家庭法大全杂志》1987年卷,第791、792页。

六、第 1381 条规定的抗辩权

第 1381 条第 1 款的规定属于一般条款,该条第 2 款通过列举对一般条款进行解释。据此,如果增益平衡在具体情况下显失公平,补偿义务人可以在此限度内提出绝对的抗辩权(peremptorische Einrede)。根据补偿结果不公平的类型和程度,可以部分或全部地拒绝履行补偿请求权。从现有判例来看,法院对该条款的适用相当谨慎:只有当补偿债务的履行违反公平理念,并且达到令人无法容忍的程度时,才支持此种抗辩权。[12] 至于在何种界限下能将全部履行增益平衡视为不可接受的不公平,联邦最高法院又设置了较远的界限,以至于很难出现这种抗辩权。[13] 但这种做法很值得商榷。

第 1381 条的适用范围包括:(1)补偿权利人长期有过错地不履行根据婚姻关系产生的经济义务(wirtschaftlichen Verpflichtungen,第 1381 条第 2 款)。(2)补偿权利人有其他重大违反(grobe Verstöße)婚姻共同生活义务的行为;并且违反义务行为的性质和程度令补偿请求权的(完全)实现产生令人无法容忍的不公平。在这种情况下,违反人身方面的婚姻义务,特别是违反最低限度的交往权可以作为"严重的原因"加以考虑。(3)在某些情况下,(完全的)增益平衡缺乏实质上的合理性(entbehrt sachliche Rechtfertigung),例如配偶双方此前已经分居很久或一方通过极为短暂的婚姻获得巨额财产,且这些财产不能通过其他方式从增益平衡中扣除(第 272 段)。这实际上是通过财产取得的方式以及婚姻存续的时间判断增益平衡的内部合理性。

七、举证责任和答复询问请求权

主张增益平衡请求权的一方,就请求权的存在和数额承担主张和证明责任。从而也要证明双方终结财产的数额。该举证责任分配常常令配偶限于困境,因为他们通常并不了解另一方的财产状况。为了帮助当事人,法律规定双方有答复询问请求权。该请求权原则上出现在

---

[12] 联邦最高法院裁判,载《家庭法大全杂志》1973 年卷,第 254、256 页。

[13] 《联邦最高法院民事裁判集》第 46 卷,第 343、354 页;联邦最高法院裁判,载《家庭法大全杂志》1992 年卷,第 787、789 页。

夫妻财产制终止后,或配偶一方就离婚、婚姻废止或提前废止增益共同体提出申请后(第1379条第1款第1句)。此外,分居时也会出现答复询问请求权。

为查明初始财产和终结财产,任何配偶一方都可以请求另一方答复关于财产的询问(第1379条第1款第1句)。对终结财产的询问内容包括,在终结决算日拥有的实际财产,以及按照第1375条第2款应算入终结财产的财产减少。该请求权至迟出现在财产制终结之时。但也可以提前出现,即配偶一方提出离婚、婚姻废止或提前废止增益共同体的申请时。有关规定详见第260、261条。据此,询问权利人可以要求对方提供财产目录,并且可以要求参加该目录的制作(第1379条第1款第3句)。该请求权包括查明财产标的之价额和债务(第1379条第1款第3句)。必须根据要求提供票据(第1379条第1款第2句)。权利人也可以请求以其费用,由机关或公证部门编制目录(第1379条第1款第4句)。

在上述同等条件下,也产生关于初始财产的答复询问请求权。该请求权包括根据第1374条第2款对初始财产进行补算的收益。此外,请求答复询问的配偶一方还可以借助特别规定:配偶双方共同制定初始财产目录的,在配偶的相互关系中,推定该目录为正确的(第1377条第1款)。若不存在这样的目录(实践中通常如此),就推定配偶一方的终结财产是其财产的增加额,即将初始财产视为0(第1377条第3款)。推定情况下的举证责任也有所变化:主张自己有较高初始财产的配偶一方必须说明并举证财产的存在。从婚姻财产制开始之时,配偶任何一方均可以请求另一方协助编制目录,在目录中确定初始财产的存在和价值(第1377条第2款)。目录可以在财产制开始时制定,也可以在嗣后的任何时间制定。

第1379条规定的答复询问义务属于可以强制执行的给付义务,可以通过在家事法院提出申请而主张。这不同于第1353条规定的一般答复询问义务,后者指的是配偶双方在整个婚姻存续期间向另一方说明其财产状况的义务。该义务源自于婚姻共同生活义务(第1353条第

1 款第 2 句),不受婚姻财产制的影响。该义务不能通过给付申请要求履行。但违反该义务也会发生不利后果:配偶一方无故拒绝向另一方报告其财产状况的,另一方可以要求提前废止增益共有制。

八、提前的增益平衡

配偶双方并不一定非要等到提交离婚申请时,才能主张增益平衡请求权。在两种情况下,配偶可以提前要求增益平衡:(1)在特定条件下,有补偿权利的配偶一方可以“在增益共有制提前废止的情况下要求提前进行增益平衡”(第 1385 条)。这意味着,婚姻财产制的废止和补偿债权联系在一起。这里同时涉及给付申请和形成申请。(2)在同样的条件下,任何配偶一方,包括预期的补偿义务人,均可以要求提前废止增益平衡(第 1386 条)。在这种情况下仅涉及形成申请。增益平衡请求权可以在其他程序中主张。

上述两种情况的适用条件相同。根据第 1385 条和第 1386 条,配偶一方在下列情况下可以要求提前进行增益平衡:(1)配偶双方至少已经分居 3 年(第 1385 条第 1 项)。(2)另一方未经必要同意而实施第 1365 条规定的法律行为,或从事第 1375 条第 2 款规定的财产减少行为,以至于配偶一方的补偿债权有受到显著危害之虞(第 1383 条第 2 项)。(3)另一方长期有过错地不履行基于婚姻关系的经济义务,且可以认为其将来也不会履行(第 1385 条第 3 项)。(4)另一方无充足理由而坚决拒绝将其财产现状告知申请人;例如在正式提出答复申请时坚决拒绝(第 1385 条第 4 项)。

当事人根据第 1385 条或第 1386 条提出申请时,即为计算终结财产和补偿债权数额的时刻(第 1387 条)。答复询问请求权也从该时刻起主张(第 1379 条第 1 款第 1 句)。嗣后提出离婚申请的时间不影响增益平衡的计算。废止增益共有制的裁判生效时,增益平衡请求权产生(第 1378 条第 3 款第 1 句),同时开始适用分别财产制(第 1388 条)。增益平衡的提前主张,对实践具有重大意义。因为提前终结财产或数额限制的决算日,会在不同经济条件下对配偶双方产生不同影响。

九、夫妻共同债务?

通过上述对德国增益共有制的介绍可以发现,德国的法定夫妻财产制名为共有,实为分别所有。夫妻在婚姻期间的财产原则上各自独立管理,债务亦是独立承担。法定财产制结束时,应对比各自财产在财产增益共有制开始时和终止时的价值,得出增值数额,并在双方之间进行平衡。配偶一方的财产增益(Zugewinn)就是其终结财产超出初始财产的数额(第1373条),因此增益不能为负值,这就意味着,配偶一方的债务原则上由自己承担,债务大于资产的,也不能通过增益平衡制度由另一方承担。例外情况下,如夫妻约定财产一般共有制、日常家事代理行为或明确共同承担债务的,才会出现夫妻共同债务。

根据我国最高人民法院《关于审理涉及夫妻债务纠纷案件适用法律有关问题的解释》(法释〔2018〕2号)的规定,原则上夫妻应各自对外承担债务,唯有双方共同签字或者夫妻一方事后追认等共同意思表示所负的债务,以及基于家庭日常生活(日常家事代理权)产生的债务,方可形成共同债务。这一结论和德国法上法定财产制下的夫妻共同债务情形并无二致。

判例二　联邦最高法院2013年1月16日判决:增益共有制对配偶处分自身财产的限制

要点提示:配偶单方处分自己全部财产时需获得另一方许可(《民法典》第1365条,[14]Einwilligungserfordernis);单一财产理论(Einzeltheorie);剩余财产仅为物上居住权,土地登记簿之更正(《民法典》第894条)。

---

⑭ 《民法典》第1365条　对全部财产的处分

(1)配偶一方必须获得另一方的允许,才能承担处分自己全部财产的义务。配偶一方不经过另一方同意而负担义务的,必须经过另一方的允许,才能履行该义务。

(2)法律行为符合适当管理的各项原则,配偶另一方无充足理由而拒绝同意,或因疾病或不在而不能做出表示的,且存在迟延危险的,家事法院可以根据配偶一方的申请,代替另一方给予同意。

案号：BGH，Urteil vom 16. Januar 2013 – XII ZR 141/10 – OLG Karlsruhe.

引证注释：《联邦最高法院民事裁判集》第196卷，第95页；《新法学周刊》2013年卷，第1156页；《家庭法大全杂志》2013年卷，第607页。

裁判要旨

在判定配偶一方转让的不动产是否构成其全部财产时，应考虑其作为剩余财产保留的物权法上的居住权。

案件事实

原告和被告的母亲（以下称为妻子）在1999年10月1日结婚。这是女方的第三次婚姻，被告及其兄弟均为妻子在第一次婚姻期间所生。婚后夫妻二人采法定的增益共有制。因妻子未经其允许将房产转让给被告，原告申请更正土地登记簿。

妻子原本独自拥有一处房产。她在1999年上半年将一半共有权转给自己的儿子，即被告的兄弟。在2002年4月23日，她通过公证契约的形式将另一半共有权及其他不动产（耕地）转让给被告及其兄弟，两人各得一半。被告和他的兄弟同时也接受了登记在不动产上的负担。妻子在合同中确认，此种转让不构成《民法典》第1365条意义上的处分，故无需配偶的允许。被告和他的兄弟在该房产的一层为妻子设定了物权法上的居住权（dingliches Wohnungsrecht）。

原告在2002年5月曾向公证人明确表示反对妻子出让该房产，后来又主张该转让无效，因为其属于《民法典》第1365条规定的整体财产处分，需获得自己的同意。2006年，妻子以所有权转让无效为由，要求被告及其兄弟同意更正不动产登记簿。被告拒绝进行更正。

原告提起诉讼，要求被告同意更正不动产登记簿。区法院驳回该诉请。控诉法院驳回原告的控诉，但允许其提起上告。

上告法院驳回上告。

裁判理由

一、

在控诉法院看来,妻子并没有做出《民法典》第 1365 条第 1 款意义上的整体财产处分。根据通行的“单一财产理论”(Einzeltheorie),在涉及单个物的交易中,若出让标的实质上构成配偶一方的全部财产,且合同相对人明知或至少知晓这一事实所由产生的情况,即构成对财产的整体处分。配偶一方处分后只剩下意义不大或相对价值微小的财产,也构成对其全部财产的处分。通常来看,转让自己 85%及以上的财产,就构成对财产的整体处分。但本案中并不存在上述情况,无论双方的财产争议如何,妻子已在标的物上设立了永久性的居住权,即剩余财产的价值比例高于 15%。

在认定本案中的居住权时,必须考虑到经济视角以及妻子在订立合同时就在不动产上设立了物权负担的事实。不动产转让和设立居住权负担同时发生。居住权的资产价值来自于使用价值,以受益人的预期寿命为基础。根据专家出具的鉴定意见,该居住权的价值为 44,000 欧元。虽然居住权具有不可转让的特征,从而有别于其他可以转让的标的,但这并不能否定其本身的价值。居住权本身的人身属性,也不会导致其被排除在《民法典》第 1365 条第 1 款规定的财产因素之外。从该条文本身来看,处分财产的配偶一方并不是完全受制于非处分方,其至少可以在 85%的范围内自由处分财产,而无需另一方的允许。由于妻子保留的财产权益价值为 44,000 欧元,房产价值为 244,100 欧元,处分财产的额度少于 85%,故不需要另一方的允许。

二、

控诉法院的上述观点通过了法律审查。

原告不能根据《民法典》第 1365 条第 1 款第 2 句、第 1366 条第 4 款、第 1368 条的规定主张所有权转让无效。

1. 根据联邦最高法院在判例中的一贯立场,《民法典》第 1365 条不仅适用于处分全部财产的行为,也适用于对实质上构成其全部财产的单个标的的处分,条件是合同相对人明知该事实或至少知晓该事实所由产生的情况(《联邦最高法院民事裁判集》第 77 卷,第 293、295 页或《家庭法大全杂志》1980 年卷,第 765 页;《联邦最高法院民事裁判集》第 35 卷,第 135、143 页或《家庭法大全杂志》1961 年卷,第 302 页;《联邦最高法院民事裁判集》第 43 卷,第 174、177 页或《家庭法大全杂志》1965 年卷,第 258 页)。

针对小额标的物而言,如果配偶处分的一个或多个财产标的占到其全部财产的 85%以上,就构成对其财产的整体处分(参见审判庭判决,载《联邦最高法院民事裁判集》第 77 卷,第 293、299 页或《家庭法大全杂志》1980 年卷,第 765、765 页;针对大额财产,参见审判庭 1991 年 3 月 13 日判决,XX ZR 79/09,载《家庭法大全杂志》1991 年卷,第 669 页)。控诉法院认为,倘若不考虑居住权的价值,妻子转移的财产价值即超过了原有财产的 85%。

2. 存在争议的是,能否将出让人在转让房产时为自己保留的居住权视为剩余财产价值,从而否定对财产的整体处分。

(1)部分判例和学说对此持否定态度。其理由首先在于对立法目的的分析,即立法中规定的另一方配偶的增益平衡请求权,针对的是一种能够得到强制执行的权利,但房屋居住权并不在此列(参见策勒高等地方法院判决,载《家庭法大全杂志》1987 年卷,第 942 页;哈姆高等地方法院判决,载《家庭法大全杂志》1997 年卷,第 675 页,该判决涉及用益物权。慕尼黑高等地方法院 2012 年 4 月 16 日裁定,34 Wx 485/11;科隆高等地方法院判决,载《公证咨询和认证实务杂志》2012 年卷,第 461 页;Koch:《慕尼黑民法典评注》第 5 版,第 1365 条,第 16 段;Erman/Budzikiewicz:《艾曼民法典评注》第 13 版,第 1365 条,第 6 段;Rauscher:《家庭法》第 2 版,第 385 段)。

也有学说支持控诉法院的意见,即承认居住权的财产价值(参见科布伦茨高等地方法院判决,载《家庭法大全杂志》2008 年卷,第 1078 页;Staudinger/Thiele:《施陶丁格民法典评注》2007 年卷,第 1365 条,第 28 段;Palandt/Brudermüller:《帕朗德民法典评注》第 72 版,第 1365 条第 4 段; MünchKommBGB/Gernhuber:《慕尼黑民法典评注》第 3 版,第

1365 条,第 15 段)。

(2)本庭赞同后一种观点。

在判定配偶一方的处分是否实质上涉及其全部财产时,应通盘考虑处分前和处分后的财产状况。本案中,配偶一方在处分之前拥有房产价值(这里应扣除因为抵押负担造成的价值减损,参见《联邦最高法院民事裁判集》第 77 卷,第 293、296 页或《家庭法大全杂志》1980 年卷,第 765、766 页),处分之后只享有《民法典》第 1093 条[15]规定的物上居住权。

审判庭在之前的判决中曾指出,设立居住权会减损所有权人的房产价值,该减损价值可通过评估确认(参见审判庭 1989 年 7 月 12 日判决,IVb ZR 79/88,载《家庭法大全杂志》1989 年卷,第 1051、1052 页;又参见《联邦最高法院民事裁判集》第 123 卷,第 93 页或《家庭法大全杂志》1993 年卷,第 1302 页;联邦最高法院 1965 年 9 月 23 日,II ZR 60/63,载《有价证券通讯》1965 年卷,第 1245 页)。据此,居住权确保了权利人的用益权,从而构成了可评估的财产价值。居住权具有物权性质,不同于通过租赁合同设立的使用权利(参见审判庭 1989 年 7 月 12 日判决,IVb ZR 79/88,载《家庭法大全杂志》1989 年卷,第 1051、1052 页)。

设立居住权是区别于所有权转让的独立处分行为,这有助于将居住权视为独立财产。在任何情况下,倘若所有权转移和设立居住权的意思表示出现在同一合同中且相互关联,从经济角度来看(参见审判庭判决,载《联邦最高法院民事裁判集》第 77 卷,第 293、296 页或《家庭法大全杂志》1980 年卷,第 765、766 页;又参见审判庭 1989 年 7 月

---

⑮ 《民法典》第 1093 条　居住权

(1)在排除所有人的情况下,将建筑物或建筑物的一部分作为住宅加以使用的权利也可以作为限制的人役权而设定。准用第 1031 条、第 1034 条、第 1036 条、第 1037 条第 1 款和第 1041 条、第 1042 条、第 1044 条、第 1049 条、第 1050 条、第 1057 条、第 1062 条关于用益权的规定。

(2)居住权人及其家庭,以及必要的服务护理人员有权使用该住宅。

(3)居住权限制于建筑物的一部分的,权利人可以合用指定供居住者共同使用的工作物和设备。

12 日判决，IVb ZR 79/88，载《家庭法大全杂志》1989 年卷，第 1051、1052 页；Staudinger/Thiele：《施陶丁格民法典评注》2007 年卷，第 1365 条，第 37 段），出让方就没有转让房产的全部价值，本案即属此例。通过设立居住权，做出处分行为的配偶保留了房产的部分价值。不考虑合同中的措辞的话，该居住权从经济角度来看并不构成所有权转让的对待给付（Gegenleistung，反对观点参见 Koch：《慕尼黑民法典评注》第 5 版，第 1365 条，第 16 段）。适用《民法典》第 1365 条时一般不考虑对待给付（参见《联邦最高法院民事裁判集》第 35 卷，第 135 页或《家庭法大全杂志》1961 年卷，第 302、305 页）。相反，该居住权是以另外一种法律形式为处分人保留了房产的部分价值。至于该房产是在转让前还是在转让合同中设立物上权利的，并无影响（反对观点参见策勒高等地方法院判决，载《家庭法大全杂志》1987 年卷，第 942、942 页）。最后，若转让配偶在其他人所有的房产上设立居住权，而不是在自己的原有房产上保留居住权，该居住权仍然构成其剩余财产，同样应当考虑在内。

虽然另一方配偶不能通过执行该居住权满足其增益平衡请求权，但这并不妨碍在离婚清算财产时将居住权纳入。《民法典》第 1365 条并没有根据是否可以强制执行来区分不同财产。该规定在形式上针对所有财产，不考虑其是否可以在强制执行程序中变卖，故同样适用于不能成为执行标的的财产。相应地，即使居住权构成配偶一方的唯一财产，且其通过放弃等方式处分该财产，第 1365 条同样适用。

从立法目的来看，也不应将第 1365 条的适用范围限于可以强制执行的财产标的。虽然确保增益平衡请求权是该条款的目的之一（参见审判庭判决，载《联邦最高法院民事裁判集》第 77 卷，第 293、297 页或《家庭法大全杂志》1980 年卷，第 765、766 页；《联邦最高法院民事裁判集》第 101 卷，第 225、228 页或《家庭法大全杂志》1987 年卷，第 909、910 页；联邦最高法院 2011 年 10 月 7 日判决，V ZR 78/11，载《家庭法大全杂志》2012 年卷，第 116 页，第 10 段），但立法目的并不止于此。在配偶另一方显然不享有增益平衡请求权的情况下，《民法典》第 1365

条同样可以适用,因为该条的目的之一是保护配偶获得家庭财产的利益(参见《联邦最高法院民事裁判集》第101卷,第225、228页或者《家庭法大全杂志》1987年卷,第909、910页)。由于用益权也可以保障家庭生活需要,配偶一方将可以拍卖变现的财产置换为与个人相关联的用益权并不抵触立法目标(参见《民法典》第1093条第2款;参见MünchKommBGB/Gernhuber:《慕尼黑民法典评注》第3版,第1365条,第15段)。因此,本案中的居住权是否以及在何种程度上排除了对财产的整体处分,取决于对居住权的价值评估。上告法院从本案现有文件中无法确认该事实,亦无法进一步做出法律审查。

没有理由将《民法典》第1365条的适用范围限于可供强制执行的财产;也没有理由区分该居住权是单独作为处分标的,还是在另外一个法律行为中为配偶一方创设的。

评析　增益共有制中配偶对自身财产的处分限制

本案涉及配偶一方整体处分其财产时,根据《民法典》第1365条受到的处分权限制。该规则的前提是,配偶双方采法定财产制,即增益共有制。根据所谓的"单一财产理论",倘若配偶一方处分的单一财产标的构成其全部财产的主要部分,且购买人知晓该事实的,也适用该规则。本案中的争议问题在于,在处分不动产时,出让人为自己保留下来的物权法意义上的居住权是否可以被视为剩余财产,即对不动产本身的处分有效。案件的核心是确定配偶一方是否处分了其全部财产,从而触发德国《民法典》第1365条的禁止性规定,即对配偶处分行为的法定限制。这一条款的背景包括两个方面,一是德国的法定夫妻财产制,二是法定财产制度中对配偶处分行为的限制。

一、财产增益共有制

德国《民法典》将财产增益共有制(Zugewinngemeinschaft)设定为法定财产制(第1363~1390条),适用于通常情况。也就是说,如果配偶双方没有通过协议选择其他财产制,就适用法定的财产增益共有制。在有关约定财产法(vertragsmäßige Güterrecht)的条文中(第1408~1563条),法律规定了约定财产制的形式,以及夫妻在何种程度上可以排除法定财产制的规定。婚姻法中规定了两种约定财产制,作为法定财产制的变通方式:分别财产制(Gütertrennung,第1414条)和一般共有制(Gütergemeinschaft,第1415~1518条)。这两种财产制是法律明确规定可供选择的,因此也称为选择性财产制。

在财产增益共有制中,配偶双方在婚姻期间的所有收益均被视为双方一起"赚来的"。特别是,家庭主男或主妇的劳动也属于对共同财富增长的贡献,从而使他们可以分享配偶另一方的增益。但在实现上述目的时,法律并不是将婚姻期间获得的财产直接规定为共同财产,而是采取了如下思路:(1)财产增益共有制开始后,夫妻仍保留对各自财产的单独所有权,在该财产制存续期间获得的财产,也属于取得财产的一方单独所有(如同在财产分别制中一样,参见第1363条第2款第1句后半句)。(2)配偶双方独立管理各自的财产(第1364条),并独自承担责任。出于保护另一方的目的,各人的处分行为和负担行为受到一定的限制(第1365~1369条)。(3)婚姻解除时,双方在财产上的共有权利得以实现,实现的方式有两种:一是提高在婚姻存续期间增益较少一方的继承份额(第1371条),二是赋予其债法上的补偿请求权(第1363条第2款第2句,第1378条)。

可见,在增益共有制下,配偶双方仍是各自财产的单独所有权人(第1363条第2款第1句),并且独立管理该财产(第1364条)。因此我国学者余延满指出"此种财产制虽然名为共有制,实为分别财产制"。[16] 独立管理意味着,配偶双方可以通过法律行为自由处分自己的财产,双方婚姻结束时的增益平衡请求权可能会因为一方通过自由处分转移财产而形同虚设。为了保护配偶另一方的利益,法律对这种自由设有若干重要限制,要求配偶一方为某些行为时需获得另一方的同意(Zustimmung des anderen):(1)配偶一方必须经另一方同意,才能承

---

⑯ 余延满:《亲属法原论》,法律出版社2007年版,第258页。

担整体处分财产的义务(Verfügung über das Vermögen im Ganzen);未经同意而承担该义务的,须经另一方同意才能履行该义务(第1365条第1款);(2)配偶一方必须经另一方的同意,才能处分属于自己的婚姻家庭物品或对此种处分负担义务(第1369条第1款)。

二、根据《民法典》第1365条需要同意的法律行为

(一)限制的处分类型

根据《民法典》第1365条,需要另一方配偶同意的法律行为包括三类:(1)令配偶一方有义务整体处分其财产(verpflichtet, über sein Vermögen im ganzen,例如出卖所有财产)的法律行为。(2)配偶一方为履行义务而要整体处分自己财产的行为(Verpflichtung zur Verfügung über sein Vermögen im ganzen erfüllen),并且承担该义务未经另一方同意。例如,丈夫未经妻子同意而出售了自己的全部财产,包括不动产和债权。他打算向买方交付不动产并转让债权,以履行该合同。(3)其他构成整体处分财产(sonstige Verfügung über das Vermögen im ganzen)的法律行为,即使该行为的基础是无须同意的负担行为。例如,丈夫将自己所有的财产无偿转让给一个基金会。配偶另一方同意该负担行为的,根据此负担行为进行的处分行为无须再获得同意(如丈夫经妻子同意出卖其财产,他将财产交付给买方以履行负担行为时无须妻子再次同意)。

(二)整体处分的含义

法律条文中使用的“整体处分财产”(Verfügung über das Vermögen im Ganzen)一词,本身就含有歧义。严格来说,德国法中只有在例外情况下才出现所谓的整体处分财产,例如遗嘱,但这显然不是第1365条第1款所指。[17] 处分的对象实际上仍是单个的权利(特定化的权利)。因此第1365条第1款所谓的“整体财产”指的是在经济意义上构成配偶一方之全部财产的若干单独权利。据此,即使配偶一方根据某法律行为有义务处分单个标的(如出卖不动产)或多个单个标的(如出卖图书馆中的书),也可能需要另一方的同意。这将进一步引起下列问题。

⑰ 联邦最高法院裁判,载《家庭法大全杂志》1969年卷,第323、325页。

（三）总体论和单一论

存在疑问的是，交易中的双方当事人是否必须在主观上具有处分配偶一方全部财产的意图（总体论，Gesamttheorie）。通说认为这种主观意图并非必要：无论双方当事人的意图指向的是一个还是多个单独标的，只要该标的在事实上构成配偶一方的全部财产，就必须适用第1365条第1款的规定。[18]

在单一论的基础上需要进一步追问的是，法律行为所涉及的单独标的的价值上虽然不构成配偶的全部财产，但接近全部财产的（nahezu das ganze Vermögen），是否可以适用第1365条。大多数学者对此持肯定态度。[19] 由此产生的进一步的问题是，如何合理界定"接近全部财产"。[20] 涉及不动产交易的，只要配偶一方除了该不动产之外仅剩动产，或该不动产占其全部财产价值的70%以上，就可以适用第1365条（参见《强制拍卖法》第30a条第3款第2句）。也就是说要对比交易标的物和剩余财产的价值。根据通行的观点，比较时不考虑配偶通过交易应当获得的对等给付。

即使配偶有稳定的工作，也不能将对未来劳动收入的预期视为第1365条第1款意义上的财产，在进行上述财产比较时也不得考虑这种预期。[21] 未来的养老金收入也不属于"财产"。[22] 但如果当事人对获得某财产标的有确定的期待，该期待可以计入第1365条意义上的财产。[23]

（四）主观论和客观论

采用单个论时，还必须阐明的是：是不是只要交易标的的价值构成

---

⑱ 单一论，Einzeltheorie；参见《联邦最高法院民事裁判集》第35卷，第135、143页；第43卷，第174页；第123卷，第93、95页；但在适用第311b条第3款时，总体论居于主导地位。

⑲ 《联邦最高法院民事裁判集》，第35卷，第135、143页；第43卷，第174页。

⑳ 对于小额财产，只要处分人保留了全部财产价值的15%，就不适用第1365条；参见联邦最高法院裁判，载《家庭法大全杂志》1980年卷，第765页；对于大宗财产，则以10%为限，参见联邦最高法院裁判，载《家庭法大全杂志》1991年卷，第669页。

㉑ 联邦最高法院裁判，载《家庭法大全杂志》1987年卷，第909页。

㉒ 联邦最高法院裁判，载《家庭法大全杂志》1989年卷，第1051页。

㉓ 联邦最高法院裁判，载《家庭法大全杂志》1996年卷，第792页：附延缓条件的公司股份转让。

配偶一方的(几乎)全部财产,就应当适用第1365条(客观论)? 抑或第1365条的适用还需要交易相对人具有某种主观因素(subjektives Element)?[24] 联邦最高法院采纳主观说:在涉及单个物的交易中,合同相对人明知交易的标的构成配偶一方的全部或几乎全部财产,或至少知晓这一事实所由产生的情况,才能适用第1365条。[25] 如有人(一般情况下就是另一方配偶)主张交易属于第1365条规定的需要获得同意的行为,需要对相对人的知晓状况进行举证。[26]

存在疑问的是,如果相对人在负担行为成立时(如不动产买卖合同)尚不知道配偶的财产情况,但在履行合同(即为处分行为)时知晓该情况,应当如何处理? 笔者认为在此种情形下,已经完成的负担行为不能因为嗣后的知晓受到影响,履行行为(处分行为)不需要另一方配偶的同意。[27] 对该问题仍存在很大争论:有的观点认为,若买受人知晓他购买的不动产差不多是出售者的全部财产,这种知晓会一直影响受让人获得所有权,直到在土地登记簿上完成登记;[28]买受人在买卖合同缔结之后、土地登记簿登记完成之前获知出售人的财产情况的,若无另一方配偶的同意,无论买卖合同还是处分行为都归于无效。还有观点认为,此种"知晓"的影响可以持续到在土地登记部门申请变更所有人时,[29]或申请合意预告登记时。[30] 后一种观点存在逻辑上的问题:负担行为有效成立后,不能因为主观状况的嗣后变化而归于无效;既然负担

---

[24] 即主观论;在主观论内部又存在不同观点,有的认为主观因素指的是相对人明确知晓配偶的财产状况;有的认为主观因素意味着行为人的知晓或出于疏忽的不知晓;还有观点认为主观要素包括知晓和由于重大疏忽的不知晓。

[25] 《联邦最高法院民事裁判集》第43卷,第174、177页;第123卷,第93、95页;《家庭法大全杂志》1996年卷,第792页。

[26] 《联邦最高法院民事裁判集》第43卷,第174、177页。

[27] 巴伐利亚州高等法院裁判,载《家庭法大全杂志》1988年卷,第503页;联邦最高法院裁判,载《家庭法大全杂志》1989年卷,第475页。

[28] 萨尔布吕肯地方高级法院裁判,载《家庭法大全杂志》1984年卷,第587页。

[29] 奥登堡地方法院,载《家庭法大全杂志》1979年卷,第430页。

[30] 法兰克福地方高级法院裁判,载《家庭法大全杂志》1986年卷,第275页。

行为有效，那么为履行该负担行为的处分行为也无需同意。[31]

交易相对人根本不知晓另一方当事人已经结婚的，就不能获得保护：即使当事人对此种不知晓无过错，也适用第 1365 条第 1 款（参见第 1366 条第 2 款第 2 句）。

（五）处分的含义

存在争议的是，第 1365 条第 1 款指的是何种类型的处分以及作为该处分行为基础的负担行为。出卖（Veräußerungen）以及相关的负担行为无疑属于这种处分，无论两者的关联性如何。此外，若配偶一方签订了合伙合同，并且根据该合同有义务将其（几乎）全部财产转让给合伙企业，该合伙合同也需要配偶另一方许可。对合伙合同的变更、退出或终止，同样适用第 1365 条第 1 款。

从第 1365 条第 1 款的字面意思来看，配偶一方必须获得另一方的同意，才能对构成其（几乎）全部财产的标的设置有限的物权负担（beschränkten dinglichen Recht belastet）；但是从目的解释的角度来看，又应当限制第 1365 条的适用。根据通说，只有当该负担完全或几乎完全消耗了该物的价值，才能适用第 1365 条第 1 款。[32] 但如果配偶恰是通过某项负担才使自已有可能取得构成其全部财产的标的，则不需要获得同意。

在物上用益权（Nutzungsrechte）的设立上，也存在争议。根据联邦最高法院的意见，[33]如果当事人在不动产上设置的物上居住权（dinglichen Wohnrecht）令不动产价值降低，以致做出处分的配偶实际上失去了大部分财产，此种行为也受第 1365 条调整。[34] 前述 2013 年的判例针对的是相反情形，即出让所有权的同时保留了居住权。1989 年的判例认为设置居住权会导致不动产价值降低，实质上等于整体处分，即承认

---

[31] 有关该问题参见蒂特克（K. Tiedtke）文章，载《家庭法大全杂志》1988 年卷，第 1007 页。

[32] 例如设立不动产抵押，该项负担和以前设立的其他负担一起耗尽了不动产的价值，参见巴伐利亚州高等法院裁判，载《家庭法大全杂志》1960 年卷，第 31 页。

[33] 联邦最高法院裁判，载《家庭法大全杂志》1989 年卷，第 1051 页。

[34] 参见联邦最高法院裁判，载《家庭法大全杂志》1993 年卷，第 1302 页。

物上居住权具有价值，故2013年的判例秉承同样的立场，认为保留了居住权的出让行为不一定构成处分全部财产，其具体取决于居住权和房产价值的比较。

如果配偶一方只是出租或租赁，无论财产数额多大都不需要另一方的同意。另外，第1365条第1款也不包括对合意预先登记的同意。[35]

根据判例，若配偶双方共同拥有不动产，并且其中一方除了该不动产上的共有份额外几乎没有别的财产，对该不动产提出的分割拍卖申请（Antrag auf Teilungsversteigerung）也受第1365条的支配，[36]这一点对于因为离婚或分居而进行财产分割的配偶而言尤为重要。在离婚裁定生效后提出的拍卖申请，则不需要同意。在婚姻财产制度解除之前提出的无效申请，不能基于嗣后的离婚获得补正。[37]

存在争议的是，令配偶一方承担支付债务（Zahlungsverbindlichkeiten）的交易（如购买商品、接受贷款、提供担保、作出债务承诺等）应当如何处理。若该债务的数额差不多等于该配偶（几乎）全部财产的价值，可以考虑适用第1365条第1款。因为这种交易符合第1364条第1款意义上的处分概念：即令债务人有义务处分一定数目金钱的交易行为。然而通说却认为，这里不能适用第1365条。[38] 这种看法不符合第1365条本身的意义，因为配偶一方的保证同样有可能严重危及婚姻的经济基础和（有可能出现的）增益平衡，所以应当获得另一方的同意。

三、根据《民法典》第1369条需要同意的行为

根据第1369条，配偶一方必须经另一方同意，才能处分属于自己

---

[35] 预先登记是为了保障请求权，预先登记本身只是附属性的。参见巴伐利亚州高等法院裁判，载《家庭法大全杂志》1976年卷，第222页。

[36] 《强制拍卖法》第180条；参见巴伐利亚州高等法院裁判，载《家庭法大全杂志》1996年卷，第1013页；不同的观点参见高特瓦尔特（Gottwald）的文章，载《家庭法大全杂志》2006年卷，第1075页。

[37] 参见联邦最高法院裁判，载《家庭法大全杂志》1983年卷，第1101页。

[38] 例如对于保证的意见：联邦最高法院裁判，载《家庭法大全杂志》1983年卷，第455页。

的婚姻家庭物品(Gegenstände des ehelichen Haushalts)以及承担为此种处分的义务。和第1365条第1款不同的是,第1369条第1款将处分置于负担之前,但两者并无实质区别。需要同意的行为包括:(1)所有以处分上述标的为给付内容的负担行为,以及(2)对上述标的的处分行为,除非该处分行为是为了履行一项已经获得另一方同意而成立的义务。

(一)婚姻家庭物品

"婚姻家庭物品"仅指被夫妻双方或家庭使用和消费的物品。因此,只满足配偶一方个人需要的物品不属于家庭用具(衣物、个人收藏和劳动工具等)。具体而言,汽车主要用来满足家庭需要的,受第1369条支配;如果是工作用车,就不属于第1369条的调整范围。

不动产、住房所有权,物上以及债权上的居住权均不属于第1369条的适用范围。反之,下列请求权受第1369条支配:为了替代已灭失的家庭物品而出现的请求权;[39]购买家庭物品的买卖合同产生的给付请求权。但笔者认为,所有的债上请求权都不应当受第1369条的调整。

(二)所有权关系

从第1369条的字面意思来看,适用该规范的前提是该家庭用具属于处分人(dem Verfügenden gehört)。该家庭物品为配偶双方共有的,配偶一方仅在处理自己的共有份额时需要获得同意;如果配偶一方处分的物品完全属于另一方,就不能适用第1369条。也有观点认为,第1369条可以扩展适用于配偶另一方的所有权或共有权。[40] 这一观点导致对第三人不利的结果:由于第1369条规定的是绝对的出卖禁止,[41]所以即使第三人出于善意而相信配偶有处分权,也不能获得第

[39] 损害赔偿请求权或者对于保险的给付请求权,参见巴伐利亚州高等法院裁判,载《家庭法大全杂志》1965年卷,第331页。

[40] Eigentum oder Miteigentum des anderen Ehegatten,参见巴伐利亚州高等法院裁判,载《家庭法大全杂志》1965年卷,第331、333页;柏林地方法院裁判,载《家庭法大全杂志》1982年卷,第803页。

[41] 所以必须适用第134条,而不是第1356条第2款。参见联邦最高法院关于第1365条的判例,载《联邦最高法院民事裁判集》第40卷,第218页。

932 条以下规定的保护。

第三人的所有权(Eigentum Dritter)不适用第 1369 条(例如配偶双方租用的洗衣机)。配偶一方对家庭物品虽然没有所有权,但有物上取得期待权的,也适用第 1369 条(如通过所有权保留购买的物品)。

(三)分居情形下的限制

配偶分居后,第 1365 条和第 1369 条规定的法律行为限制仍然存在。实际上,在分居情形下更需要对单方的处分行为加以限制。倘若分居事实可以排除对处分行为的限制,第 1361 a 条关于家庭用具使用的规定就会落空。若当事人在分居之后,根据约定或基于第 1361 a 条第 3 款的法院裁判确定了婚姻家庭物品的使用权,该物品也适用第 1369 条规定的同意保留。因为根据第 1361 a 条做出的裁判只是对物的使用作出临时安排,其目的是保证该物的使用不受所有权人处分行为的影响。如配偶通过约定对家庭用具进行了最终的、具有物权效力的分割,就另当别论;从这一刻起,各方对自己所属之物可以自由处分。属于配偶一方,并且根据第 1361 a 条第 1 款 1 句也应交给他的物,亦是这样处理。配偶一方在分居后为满足另一方的需要而购置的物,本来就不属于共同家庭用具,自然不适用第 1369 条。

(四)对同意的替代

根据第 1369 条第 2 款,家事法院可以根据配偶一方申请,代替另一方作出同意。从字面上看,法院进行干涉的条件与第 1365 条第 2 款有所不同,但并无实质区别。存在争论的是,配偶一方是否可以基于自己的日常家事代理权(第 1357 条)代替另一方作出第 1369 条第 1 款规定的同意?对此应当作否定回答,否则第 1369 条就成了一纸空文。

四、对需要同意之行为的变通处理

(一)允许(Einwilligung)

配偶一方进行第 1365 条第 1 款或第 1369 条规定的行为时,需要获得另一方的事先同意(即允许,Einwilligung;参见第 183 条第 1 句)。允许的意思表示既可以对配偶做出,也可以向参与交易的第三人做出。该意思表示无须遵守其允许的法律行为所必须遵守的形式(第 182 条第1款、第2款)。在符合第183条规定的条件时,可以撤回已经作出的允许。

(二)允许的替代

配偶一方是否允许,原本应取决于其自由决定。但为了避免对允许保留的滥用,法律又赋予家事法院替代允许的权限:只要配偶一方欲缔结或已缔结的某法律行为符合通常的财产管理原则,而另一方无充足理由而拒绝允许的,家事法院可以根据一方的申请,代替另一方给予同意。[42] 若法律行为符合通常的财产管理原则,而另一方配偶由于疾病或不在场等原因而无法作出允许的意思表示,同时延缓决定会有遭到损害的危险的,家事法院也可以替代另一方给予同意(第1365条第2款、第1369条第2款)。

(三)未获得必要允许的行为

应当获得允许但未获得允许而缔结的行为,需要区分考察其效果:(1)未经必要允许而实施的单方法律行为(einseitige Rechtsgeschäft)不生效力,并且无法补正(第1367条)。(2)根据第1366条,未经必要允许而实施的合同行为(Verträge)处于待定的无效状态(schwebender Unwirksamkeit,类似条款参见第108、109、177、178条):合同的命运取决于另一方是否追认。另一方对实施行为的配偶或交易相对人作出追认意思表示的(第182条第1款),该法律行为自始有效(第184条第1款)。如果拒绝追认,合同确定地归于无效。[43] 若有权作出允许的人死亡,效力待定的合同确定地变为有效。[44]

(四)效力待定期间的撤回

在被追认或拒绝之前,合同处于效力待定状态。这令第三人无从

---

[42] 巴伐利亚州高等法院裁判,载《家庭法大全杂志》1985年卷,第1040页。

[43] 第1366条第4款;同时要注意第1366条第3款第1句:第三人催告配偶一方追认的,另一方只能向该第三人做出追认的意思表示;另一方在催告前已向配偶表示的,该意思表示失去效力;也就是说第三人的催告使合同重新进入效力待定状态。参见联邦最高法院裁判,载《新法律周刊》1994年卷,第1785、1786页。

[44] 参见联邦最高法院裁判,载《新法律周刊》1982年卷,第1099页;《新法律周刊》1994年卷,第1785页。

知晓合同的效力,因此应当赋予第三人弄清楚法律状况的权利。在合同获得追认之前,第三人可以通过对缔结合同之配偶作出意思表示而撤回合同(第 1366 条第 2 款第 1 句)。撤回的意思表示到达时,合同确定地归于无效。撤回权的行使受到两方面限制:(1)第三人在合同缔结时知晓相对人已结婚的,仅在该相对人违背实情地声称另一方已允许时,第三人才能撤回。(2)如第三人在合同订立时知道配偶另一方并未允许,第三人在任何情况下都不得撤回(参见第 1366 条第 2 款第 2 句)。

(五)对追认的催告

第三人可以催告缔结合同的配偶一方,催促其取得必要的允许。此种催告具有若干法律效果:(1)与第 182 条第 1 款不同的是,另一方配偶只能向第三人做出追认或拒绝的意思表示(第 1366 条第 3 款第 1 句前半句)。配偶之间的意思表示无效。(2)即使配偶之间在催告之前已经就追认或拒绝作出意思表示,该意思表示在催告发生时失去效力(第 1366 条第 3 款第 1 句后半句)。"内部"的追认或拒绝并不具有最终效果,第三人的催告使合同重新进入效力待定的状态。(3)追认必须在受领催告后的两个星期之内表示,不表示追认的,视为拒绝追认(第 1366 条第 3 款第 2 句)。(4)家事法院代为追认的,配偶一方必须在两个星期内通知第三人,该裁定才有效力,否则视为拒绝追认(第 1366 条第 3 款第 3 句)。

需要注意的是,第三人必须对参与交易的配偶一方作出催告才会产生上述效果;如第三人向应当做出允许的另一方配偶作出催告意思表示,则无上述法律后果。

(六)程序上的对抗权,第 1368 条

无效处分的配偶一方有可能在第三人的同意下,不顾无权处分的事实而继续处分该物,并且放弃主张第 985 条规定的返回请求权。所以第 1368 条特地为受损害的另一方配偶设置了救济保护,即另一方有权在裁判上对第三人主张因处分不生效力而产生的权利。据此,另一方配偶可以在程序中以自己的名义对处分行为相对人主张权利,如同对无权处分人一样(如《民法典》第985条、《民事诉讼法》第771条)。该权利并不影响无权处分的配偶一方独立行使这些权利。如果双方各自独立地对第三人提出权利,就有可能出现复杂的法律状况。

在第1369条规定的情形中,无权处分行为也可能损害另一方配偶自身的权利(如共同占有权、共有权)。所以另一方配偶也可以依据自己的权利提出请求权(如第861条、第985条、第1007条和第823条第1款),这些权利的行使不受第1368条的影响。

第1368条在适用上存在不少争论。例如另一方配偶根据第985条和第1368条针对第三人提出权利时,是应当要求其向自己返还原物,还是要求其返还给处分行为人?第1369条还经常涉及对配偶双方共同占有物的处分,使得问题更加复杂。笔者认为,一方面,返还请求权的主要目的是要将占有权恢复到处分之前的状态。但另一方面,如作为处分人的配偶一方不受领或不愿意受领该物,另一方可以要求其向自己返还原物。因此从目的角度而言,诉讼申请应当包括两种类型(请求向处分人返还;处分人不能或不愿受领时请求返还给本人)。如配偶一方在婚姻存续期间实施了第1365条、第1369条规定的无效法律行为,这些行为不能因为嗣后的离婚成为有效;离婚之后另一方配偶也可以主张第1368条规定的权利。[45]

(七)对善意第三人无保护

对于第1365条第1款规定的需要同意的处分,不适用善意取得或根据公信力取得(如根据第932条规定的善意取得和第892条规定的土地登记簿的公信力)。也不能援用第135条第2款,因为第1365条和第1369条规定的是"绝对的出让禁止"。[46] 因此即使第三人对交易相对人的家庭状况存在善意,也不能获得任何保护;除非在第1412条规定的情况下,善意才有一定效果。在适用第1369条时,并不考虑第三人是否知晓或者应当知晓被处分之物为家庭物品。但在适用第1365条时,主观理论可以对第三人提供一定程度的保护。

---

[45] 联邦最高法院裁判,载《家庭法大全杂志》1983年卷,第1101页。

[46] 载《联邦最高法院民事裁判集》第40卷,第218页。

第五章　夫妻人身关系

判例一　联邦最高法院2004年3月11日判决：日常家事代理权

要点提示：电信服务合同属于《民法典》第1357条①意义上的"满足生活需要之行为"（所谓的"锁匙权"）。

---

① 《民法典》第1357条　旨在满足生活需要的事务

（1）配偶任何一方有权处理旨在适当满足家庭生活需要的事务，该处理对另一方也发生效力。双方因此而享有权利和负有义务，除非根据具体情况能得出相反结论。

（2）配偶一方有权限制或排除另一方根据第1357条第1款所具有的权限。限制或排除并无充分的理由的，家事法院必须申请取消该限制或排除。该限制或排除仅依第1412条对第三人发生效力。

（3）配偶双方分居的，不适用第1款。

第1412条　对第三人的效力

（1）配偶双方已排除或变更法定夫妻财产制的，仅在夫妻财产合同在法律行为实施时已登记于有管辖权的区法院的夫妻财产制登记簿或为第三人所知时，他们才能由此向该第三人引出对在其中一方和该第三人之间所实施的法律行为的抗辩；仅在夫妻财产合同在诉讼处于未决状态时已登记或为该第三人所知的，方可对在配偶中的一方和该第三人之间所做出的有既判力的判决提出抗辩。

（2）配偶双方以夫妻财产合同废止或变更已登记于夫妻财产制度登记簿的夫妻财产关系的，亦同。

案号:BGH, Urteil vom 11. März 2004-III ZR 213/03.

引证注释:《新法学周刊》2004 年卷,第 1593 页。

裁判要旨

《民法典》第 1357 条适用于将固定电话网络接入婚姻住宅的电信服务合同。

案件事实

被告的丈夫和原告签订电信服务合同,将固定电话网络接入他们的婚姻住宅。原告在 1998 年 12 月 3 日和 1999 年 1 月 11 日要求收取 12 月和 1 月的基本费用,以及 10 月 24 日到 12 月 28 日的通信费,以上费用共计 6375.75 马克。被告支付了 771.13 马克。

被告在 1999 年 2 月 15 日取代其丈夫使用该通信线路,原告根据《民法典》第 1357 条对被告提起诉讼,要求支付剩余的 5604.61 马克及其利息。尚未支付的金额系号码 0190X 产生的电信服务费,据被告称,该号码是丈夫拨打的。

区法院驳回诉讼请求,原告提起控诉,地方法院支持原告诉请,同时允许被告提起上告。上告法院撤销控诉法院判决,将案件发回控诉法院。

裁判理由

1. 根据《民法典》第 1357 条第 1 款,配偶任何一方有权处理旨在适当满足家庭生活需要的事务。此种单方处理会对双方产生权利义务后果,除非根据具体情况可以得出相反结论。根据早期的法律,妻子有权在家庭效力范围内进行交易,这些交易直接对丈夫发生效力,其目的是让妻子能以自己的名义料理家务。1976 年 6 月 14 日颁布的《婚姻家庭第一号改革法案》(《联邦法律公报》第 1 部分,第 1421 页)对原《民法典》第 1357 条进行修改,规定配偶双方都享有日常家事代理权。其立法考量在于,应放弃传统的“女主内”思维,让夫妻双方自行决定婚姻共同体的内部分工,男方也有权“为满足适当的家庭需要”而为双方设立义务。联邦最高法院曾经指出,家庭生活需要的范围根据夫妻双方的具体情况而定,不一而足。由于收入和财产状况通常难以为合同相对方知晓,故应根据家庭的生活水平确定,即展示于外的状况(wie er nach außen in Erscheinung tritt,参见《联邦最高法院民事裁判集》第94卷,第1、5页)。此外,还要考虑《民法典》第1357条和配偶扶养权利的关联(《民法典》第1360条和第1360a条)②。适用第1357条时应考虑的因素还包括该行为产生的费用状况、从客观第三人角度对配偶外在表现的评价等(参见《联邦最高法院民事裁判集》第116卷,第184、188页)。

2. 根据这些标准,控诉法院正确地指出,为家庭住宅接入固定电话网络而缔结的电信服务合同属于“旨在满足适当家庭生活需要的事务”。

(1)控诉法院正确地指出,按照当今的生活水平,在家庭中安装电话属于公认的基本需求,其目的是让家庭成员随时可以与外部联系。控诉法院在此遵循了学说和判例中的通行观点,即适当的家庭生活需要包括为家庭住宅提供水电煤气的合同[参见伍珀塔尔区法院判决,载《租赁法和空间法杂志》1980年版,第239页以下;贝库姆区法院判决,载《家庭法大全杂志》1988年卷,第501页;科布伦茨地方法院判决,载《住房经济和房租法》1990年卷,第445页;Palandt/Brudermüller:《帕朗德民法典评注》第63版(2004年),第1357条,第13段;Soergel/

---

② 《民法典》第1360条　扶养家庭的义务

配偶双方互相有义务通过其劳动并以其财产适当地扶养家庭。家务料理被托付给配偶一方的,配偶该方通常以料理家务履行其通过劳动来协助扶养家庭的义务。

第1360a条　扶养义务的范围

(1)适当的家庭扶养包括依配偶双方的状况为必要的一切,以支付家庭费用和满足配偶双方的个人需求和有受扶养权的共同子女的生活需求。

(2)扶养费必须以婚姻上的同居所要求的方式给予。配偶双方互相有义务就适当的时段预先提供对于共同扶养家庭为必要的资金。

(3)准用第1613条至第1615条关于血亲的扶养义务的规定。

(4)配偶一方不能承担与个人事务有关的诉讼的费用的,配偶另一方有义务为其预先垫付这些费用,但以这样做合乎公平为限。以配偶一方为被告的刑事诉讼辩护费用,亦同。

Lange:《索格尔民法典评注》第 12 版(1988 年),第 1357 条,第 12 段;Wacke:《慕尼黑民法典评注》第 4 版(2000 年),第 1357 条,第 23 段;Staudinger/Hübner/Voppel:《施陶丁格民法典评注》第 13 版(1999 年),第 1357 条,第 45 段;Rauscher:《家庭法》2001 年,第 279 段;Erman/Heckelmann:《艾曼民法典评注》第 10 版(2000 年),第 1357 条,第 13 段];考虑到当今通行的生活标准以及电话服务的普及,控诉法院将前述意旨扩展适用到为家庭提供固定电话接入的电信服务合同(类似观点参见诺伊斯塔特区法院判决,载《民法实务档案》1997 年卷,第 150 页;斯图加特地方法院判决,载《家庭法大全杂志》2001 年卷,第 1610 页;Palandt/Brudermüller 前引书;Wacke 前引书)。和能源供应合同一样,该合同会产生持续的债权关系。只要是为了满足家庭的持续需要,原则上即属于“为满足适当家庭生活需要的事务”。虽然日益普及的移动电话能够更好地满足用户的个性化需求,但这并不意味着,接入固定电话网络就不属于适当的家庭生活需要。

(2)上告人认为,控诉法院没有审查个案中的具体情况,且在缺乏经验法则的情况下就假定电话线路是服务于所有家庭成员的,因此是不合理的。但在需要根据《民法典》第 1357 条承担共同责任的前提下,上告人原则上认可债权人的陈述和证据。本案中,法院没有询问单个家庭成员如何使用该电话线路,就其性质而言也不可能进行此种询问。被告本身也没有否认,案涉电话线路为私人性质,和丈夫的商务活动无关。在这种情形下,该电话线路也可以为其他家庭成员使用。虽然被告没有明确承认,但其支付部分电话费的行为间接印证了这一点。

(3)但控诉法院没有充分考量《民法典》第 1357 条与扶养法上的共同生活伴侣及其生活状况的联系。根据被告的陈述,本案中的话费账单远超出该时间段内的正常生活需要。

通常而言,在确定某项事务是否旨在满足适当生活需要时,应根据缔约时的状况判断。原则上这也适用于旨在满足某种重复性需要的继续性债务(Dauerschuldverhältnisse)。例如,在能源供应合同中,配偶双方的生活状况(如家庭规模、家庭开支等)和所需购买能源的数量之间存在紧密关系。虽然存在一定的消费波动,但总体会保持在一定的水平。

这也意味着,合同相对方在缔约时就可以合理预期,该合同关系在何种范围内可以构成配偶双方的共同责任。但就电信服务合同而言,一开始很难估算实际需求;由于个人生活状况的变化,实际消费数量也会发生较大波动。此外还存在一些不显露于外的,合同相对方难以获知的情形,例如住宅内有两户人家使用电话,或者某亲属因为年老或疾病而更多地使用电话等。合同相对人只能通过每期话费账单来判定电话线路的使用情况,并推算配偶双方认为支出多少钱为合适。

只要在这种程度和范围内,即使支出可能存在波动(有时甚至可能是较大波动),固定电话网络接入住宅也可以根据《民法典》第1357条产生配偶双方的共同责任。由于生活需要取决于配偶的家庭情况,因此无法设定具体的金额限额(参见《联邦最高法院民事裁判集》第94卷,第1、6页)。但如果费用数额严重超出以往的通常情况和家庭经济状况,就不能因为缔约时指明为家庭使用,就一概认定其属于适当满足生活需要。电信供应商也不应当基于《民法典》第1357条规定的责任扩张而抱有此种期望。因为第1357条的立法目的并非保护债务人,而仅是对婚姻安排后果的规定(参见《联邦宪法法院裁判集》第81卷,第1、7页)。

至于该线路进行了哪些通话,并不重要。即使该诉讼涉及费用支付,这仍然是配偶双方的内部事务,无需告知合同相对方;也不影响合同相对方根据《民法典》第1357条要求配偶双方支付费用。

3. 控诉法院并未审查,案件中有争议的话费账单是否超出此前已经确认的正常框架范围,同时应给当事人结合本审判庭意见进行补充说明的机会。撤销控诉法院的判决,案件发回控诉法院做进一步的事实调查。在继续审理中,可以将合同上一年度平均话费的2倍作为标准,确定《民法典》第1357条规定的责任范围。

评析 德国法中的日常家事代理权

本案中，联邦最高法院的观点可以总结为：在一定范围内的电信消费属于满足正常生活需求，构成配偶双方的共同债务，超过相对人能够合理预见的正常消费范围的，不属于日常家事代理权的范围。德国《民法典》对于日常家事代理权有较为全面的规定，联邦普通法院通过判例进一步完善了有关规定，通过解释法律，对现实中出现的复杂情况及时进行了回应。

德国《民法典》第 1357 条规定了日常家事代理权，其法律性质为特殊的法定负担授权，而不同于普通的代理权。配偶双方可以对日常家事代理权进行约定，但该约定只有在特定情况下才能对抗第三人。一般而言，只要某行为是为了适当地满足家庭生活需要，就会产生第 1357 条规定的效果，无论另一方配偶或相对人是否有此意愿。配偶的单方意思表示或分居都会导致对日常家事代理权的排除和限制。在保护第三人方面，不适用有关表见代理的规定。对于负担行为，日常家事代理行为所产生的义务由配偶双方承担连带责任。

一、日常家事代理权的含义和特征

（一）概念和历史发展

日常家事代理权规定于现行德国《民法典》第 1357 条（满足生活需要的事务）：(1) 配偶任何一方均有权处理旨在适当满足家庭需要的，并且也有利于另一方的事务。双方因此种事务而享有权利和义务，但根据情况发生其他效果的除外。(2) 配偶一方可以限制或排除另一方处理该种事务的权利；没有限制或排除的充分理由的，监护法院必须根据申请，废止该限制或排除。该排除或限制，只能根据第 1412 条对第三人发生效力。(3) 配偶双方分居的，不适用第 1 项的规定。

之前的法律只规定妻子有权在家庭生活范围内进行交易，这些交易对丈夫也发生效力；当丈夫没有支付能力时，妻子才对这些行为承担责任。此种"日常家事代理权"使妇女可以真正地独立料理家务,同时也保护了交易相对人。随着《男女平权法》的实施,相关规定也被修改。1976年的婚姻法改革对原《民法典》第1357条进行修改,根据修改后的法律,配偶双方都享有日常家事代理权,无论其是否料理家务。同时,配偶双方对日常家事代理权交易平等地享有权利并承担义务。

(二)法律性质

日常家事代理权制度让配偶一方以自己的名义所为的法律行为对另一方发生直接的法律效力,这在债务契约上表现为法定的义务负担授权(Verpflichtungsermächtigung)。日常家事代理行为和代理的区别在于,虽然日常家事代理行为同样对交易外的第三人发生效力,但行为人不需具有这样的意图,也无须向交易相对人表明此种意图。对日常家事代理权行为可以适用德国《民法典》第164条以下有关代理的规定。

根据另一种观点,配偶一方的行为虽然导致另一方共同承担权利义务,但是另一方并没有成为合同当事人,只是根据法律规定承担附属的支付义务,并且有权代替配偶主张权利;但是其不能行使形成权。③

(三)内部关系和外部关系

第1357条第1款的规定既涉及配偶之间的内部关系,也涉及针对第三人的外部关系。在内部关系上,配偶任何一方有权处理旨在适当满足家庭生活需要的事务(第1357条第1款第1句)。但这种授权可以根据第1356条第1款第2句被一方配偶独立承担责任的家务料理所排除,也可以通过配偶之间的其他约定被排除。配偶间的约定优先于第1357条第1款第1句规定的内部关系。但只有在满足第1357条第2款规定的条件时,此种约定才产生对外效力。

只要具备法律规定的条件,配偶一方完成的法律行为就可以根据第1357条第1款第2句的规定对配偶双方发生外部效力:(1)行为涉及"旨在适当满足家庭生活需要的交易";(2)根据具体情况不能得出

③ Chr. Berger, FamRZ 2005, 1129. Vgl. Dieter Schwab, Familienrecht, 16. Auflage (2008), Rn. 160.

相反结论;(3)配偶没有分居(第1357条第3款);(4)日常家事代理权没有根据第1357条第2款和第1412条被全部或部分地排除。下文将围绕这几个条件详细探讨日常家事代理权的有关问题。

二、日常家事代理行为的范围

总体而言,日常家事代理行为必须具备三个条件:(1)从行为的方式来看,该行为是为了满足生活需要。(2)该行为必须是为了满足家庭的需要,即服务于特定的家庭。(3)需要必须是适当的,即行为符合该家庭的经济状况和生活习惯。如果配偶的法律行为是为了适当满足家庭的生活需要,就直接产生第1357条第1款第2句规定的效果。

(一)满足家庭需要

"适当地满足生活需要"这一概念和扶养法有密切联系(第1610条第2款)。原则上,所有为了适当满足家庭扶养需要的交易都可以归入第1357条。[④] 这个范围非常之广,包括住房、汽车、业余活动、度假直到养老保险等扶养需要。另外,必须对第1357条第1款的适用范围进行限定。例如一些法院认为,日常家事代理权仅指那些从夫妻的具体生活状况来看通常无需事先商议就可以缔结的法律行为。[⑤] 换句话说,日常家事代理权交易指的是配偶一方根据其生活关系可以独立处理的交易。

对日常家事代理权交易进行限制有重要的实质意义。日常家事代理权不能被配偶一方作为工具利用,在共同生活的重要事项上要求另一方接受既定事实(例如,配偶一方没有询问另一方,就根据自己的喜好预定假期旅行,或租赁自己喜欢的住房)。日常家事代理权也不能被配偶一方用来从伴侣的财产中获得扶养法上的好处。日常家事代理权的主要目的在于,让料理家务的配偶在完成任务时,对外享有必要的经济上的行动自由。对于重要的共同事务仍需要双方共同决定,配偶

---

④　联邦普通法院裁判,载《家庭法大全杂志》1985年卷,第576页。

⑤　法兰克福地方高级法院裁判,载《家庭法大全杂志》1983年卷,第913页;科隆地方高级法院裁判,载《家庭法大全杂志》1991年卷,第434页;杜塞尔多夫地方高级法院裁判,载《新法学周刊民法司法报告》1996年卷,第1524页。

在决定之前要互相询问。

具体而言，判断一个行为是否属于日常家事代理行为时，应当注意如下几个方面：

(1)第 1357 条第 1 款只能适用于那些和家庭消费密切相关的交易。例如，为家庭成员购买食品和衣服的交易、购买家庭用品和装饰物品、签订修理合同、购买燃料、签订电力和煤气合同、雇佣或者辞退家政工人以及缔结家庭保险合同。原则上也不排除为了满足家庭成员业余生活需要的交易；如果配偶一方在家庭分工中负责登记假日旅行和租赁度假房屋，那么此种事务也属于满足家庭生活需要的行为。⑥ 如果购买汽车是为了家务和家庭业余生活，而不是为了一方的工作需要，也属于日常家事代理行为。

(2)如果交易从根本上确定或改变了一个家庭及其成员的生活状况，就不属于第 1357 条调整的范围。因为这种交易对婚姻的共同生活有根本性的意义，应当由双方共同决定；否则配偶一方可以毫不费力地通过和第三人的合同，在那些对婚姻有基础性意义的事务上侵害另一方。据此，第 1357 条不适用的情况包括：出售自住房屋、签订关于住房的建筑合同(Bauvertrag)、租赁或者解除租房合同、解除家庭住宅的租赁合同或转租家庭住宅，以及签订有关子女入学或寄宿学校的合同。因为这是关系到教育的重大决定，一般应由父母双方共同决定。

(3)涉及财产投资和管理的措施不属于第 1357 条的适用范围。根据夫妻财产制的原则，这些事务由配偶双方各自支配，而不能适用第 1357 条(例如，购买房屋和有价证券、签订储蓄合同、签订私人养老保险或人寿保险)。即使该财产措施有利于满足家庭供养，也不能适用第 1357 条。最后，配偶的工作和职业领域也不适用第 1357 条(如签订劳动合同、加入工会合同、报名参加培训课程等)。

(4)如果贷款行为是为了购买用于满足家庭需要的商品或服

---

⑥ 科隆地方高级法院裁判，载《家庭法大全杂志》1991 年卷，第 434 页；参见法兰克福地方高级法院裁判，载《家庭法大全杂志》1983 年卷，第 913 页；汉堡地方法院裁判，载《新法律周刊》，2002 年，第 1055 页。

务，该行为也适用第 1357 条（如借款购买家具，在商家赊购商品）。这里的贷款必须是为了购买满足生活需要的具体物品，才能成为日常家事代理权交易。否则，在具体案件中就无法审查第 1357 条第 1 款规定的条件。故而，以获得资金为目的的贷款行为不能适用第 1357 条，即使该笔贷款事实上用于满足家庭生活需要。

（5）第 1357 条第 1 款是否包括对另一方配偶所有权的支配权限？（例如妻子未经询问就卖掉了丈夫的书桌，用获得的金钱履行受第 1357 条第 1 款支配的负担行为；丈夫将妻子所属的物品折价卖出；或者丈夫卖掉并交付了妻子所有的古董，用拿到的钱去买洗衣机）。原则上，这些行为都不属于日常家事代理行为。如果肯定了此种处分权，配偶一方就会以满足适当生活需要为借口侵害另一方的财产。这不符合第 1357 条的立法本意。

（6）子女接受医务治疗的合同属于第 1357 条第 1 款的适用范围，这一点没有争议。存在疑问的是，配偶为自己签订的医疗合同是否属于日常家事代理权交易。因为这对另一方配偶不存在“共同权利”，只存在对诊疗费用的共同责任。在以前的法律中，通行的观点认为丈夫应对妻子缔结的医疗合同承担共同责任，理由是妻子料理家务，所以对妻子的医疗符合整个家庭的利益。⑦ 根据德国现行法律，无论丈夫还是妻子缔结的医疗合同都会产生双方的共同责任。⑧ 确立共同责任之前需要审查：患者自己是否不愿意单独承担全部义务，治疗的紧迫性和选择的治疗方式之间是否存在适当性。如果医疗从医学上看来是必要的并且不能推迟的，就符合适当性的要求。⑨

（二）家庭生活需要

“家庭生活需要”指的是配偶和双方所生的、享有扶养权利的子女的生活需要，这里的子女包括以实物方式获得扶养的成年子女（第

---

⑦ 《联邦普通法院民事裁判集》第 47 卷，第 75、81 页。

⑧ 对此尚存在争议，持肯定看法的重要判决：联邦普通法院裁判，载《家庭法大全杂志》1985 年卷，第 576 页；1992 年卷，第 291 页；石勒苏益格地方高级法院裁判，载《家庭法大全杂志》1994 年卷，第 444 页。

⑨ 联邦普通法院裁判，载《家庭法大全杂志》1992 年卷，第 291、292 页。

1612条第2款第1句,该条规定的确定权不属于第1357条调整)。生活需要还包括各家庭成员的个人需要(衣物、化妆品、子女的学费)。根据通行的观点,第1357条还包括适当的业余活动开支。但如果业余活动仅涉及配偶一方,情况就不同了。大多数学者认为,那些和家庭无关的、单方配偶的特殊业余活动不属于第1357条的调整内容,而与工作、职业以及继续教育(如参加函授班)一样,属于家庭之外的事务。[⑩]

(三)满足适当的需要

在认定日常家事代理行为时,不仅要在类型上考察其是否为了满足生活需要,还要在具体情况中判断其是否为"适当"。法律这样规定是为了照顾各个家庭不同的财产和生活状况,以及由此产生的不同消费方式。满足家庭需要的行为必须在种类和范围上与处于同等社会状况的家庭的平均消费习惯相称,才符合"适当"的要求。该家庭表现于外的生活水平具有决定性作用。[⑪] 有疑问时,要考虑另一方配偶对此行为是否表示过同意,以及此种同意是否表露于外。[⑫] 如果通过贷款购买生活所需物品,那么只有当交易标的是为了适当地满足生活需要,并且需要支付的利息和分期偿还的义务不会过分影响正常的扶养费时,该行为才能适用第1357条第1款第1句。

三、日常家事代理权的实现

(一)根据法律规定产生效果

如果配偶一方的法律行为符合上述条件,就直接产生第1357条第1款第2句规定的效果,即双方对该行为共同承担权利和义务。另一方配偶和交易相对人是否知道该后果,或另一方配偶是否愿意共同承担权利义务,则在所不问。这里不适用公示原则,以和代理制度相区别。也就是说,即使配偶一方以自己的名义为法律行为(第三人不能辨识,第164条第2款),仍然依法律规定出现第1357条第1款第2句规定的效果;无论交易相对人是否知道对方已经结婚,也无论其是否知

⑩ Dieter Schwab, Familienrecht, 16. Auflage(2008), Rn. 172.

⑪ 联邦普通法院裁判,载《家庭法大全杂志》2004年卷,第778页。

⑫ 联邦普通法院裁判,载《家庭法大全杂志》1985年卷,第576、578页。

道该行为是为了适当地满足生活需要。

(二)所谓的相反意愿

对法律行为当事人来说,第1357条第1款第2句的规定并非强制性("除非根据情况发生其他效果")。只要从事法律行为的配偶一方以行为相对人明显能够辨识的方式表达了相反意愿,就可以排除第1357条第1款第2句的效果。

配偶可以在缔结合同时明确说明他将独自承担权利和义务,从而排除第1357条的规定。这里要注意,仅仅"以自己名义为法律行为"还不足以构成此种说明,他必须明确表达排除第1357条第1款第2句的意图。配偶一方也可以用另一方的名义和第三人缔结交易,并且声明排除第1357条的适用;如该行为获得另一方的授权,则该行为的效力完全由另一方配偶承担(第164条第1款)。在这种情况下,实际从事行为的配偶一方必须向交易相对人明确表示,自己对此法律行为将不承担共同责任。⑬

联邦普通法院认为,法律中规定的"除非根据情况发生其他效果"并非只能通过行为人的意愿判断,也可以根据客观情况确定。例如配偶一方需要治疗,但是昂贵的治疗费用超出家庭的承受能力,这时就可以"根据具体情况"排除另一方的共同责任。⑭

四、日常家事代理权的排除和限制

(一)日常家事代理权的排除和限制。

依据第1357条第2款的规定,配偶一方随时可以通过单方意思表示(einseitigen Erklärung)限制或排除另一方根据第1357条第1款所具有的权限。这种排除或限制必须为行为相对人知晓,或登记入婚姻登记簿,才能对第三人发生效力(第1357条第2款第2句,第1412条)。该项意思表示是否具有实质上的正当性,不影响其效力。如果限制或

---

⑬　联邦普通法院裁判,载《家庭法大全杂志》1985年卷,第576页。

⑭　联邦普通法院裁判,载《家庭法大全杂志》1992年卷,第291、293页;科隆地方高级法院裁判,载《家庭法大全杂志》1999年卷,第1662页;萨尔布吕肯地方高级法院裁判,载《新法律周刊》,2001年,第1798页。

排除并无充分的理由,监护法院必须依据其配偶的申请(第三人不得申请)取消该限制和排除(第1357条第2款第1句)。该取消判决对已经完成的行为没有溯及力。

(二)分居

配偶分居之后,日常家事代理权即行终止(第1357条第3款)。只要该分居符合第1567条第1款所规定的条件,无论分居状态或分居时间如何(包括在婚姻住宅内的分居),日常家事代理权均告终止。分居结束后,日常家事代理权也随之恢复(包括双方为了和好而短暂地共同生活,虽然离婚法上把这种短暂共同生活计入分居时间,参见第1567条第2款)。分居对于此前成立的日常家事代理行为不发生溯及力。

(三)对第三人的保护

一般而言,第1357条不适用表见代理规则。[15] 因为在适用第1357条第1款第2句时,无须考虑任何导致第三人信任的因素和事实,这和第170~172条规定的情况不同。反过来说,即使第三人不知晓交易相对人结婚或同居的事实,也不影响第1357条第1款第2句所规定效果的发生。因此,如果第三人对交易相对人的同居或结婚状态判断失误,必须自己承担不利后果。

如果日常家事代理行为产生了一个持续性债权关系,就要另当别论。即使配偶随后分居,此种持续性债务关系仍可继续存在。例如,丈夫为婚姻住房办理了供电合同。后来丈夫搬出该住宅,妻子继续居住用电。丈夫是否应对分居后的电费承担共同责任?这里需考虑,该合同是日常家事代理权交易,并且没有因为分居而自动终止。虽然这时已经不存在对"家庭"生活需要的满足,但供电商在知晓该事实之前不能终止合同的履行。[16]

根据通说,对于登记生活伴侣关系不能类推适用第1357条。[17] 也

---

⑮ 图宾根地方法院裁判,载《家庭法大全杂志》1984年卷,第50页。

⑯ 奥登堡地方法院裁判,载《家庭法大全杂志》2006年卷,第703页。

⑰ 不同意见参见J. D. Harke,FamRZ 2006,88。

就是说,对于登记的生活伴侣,可以根据默示代理或表见代理的相关规定确立责任。

五、日常家事代理权的效果

(一)负担行为

日常家事代理行为所产生的义务,由配偶双方承担连带责任。相应地,日常家事代理行为产生的权利也归属于配偶双方。存在疑问的是,这一效果是否适用于第 428 条或第 432 条规定的给付请求权。大多数学者认为,配偶双方是共同共有的统一体,其联系的紧密程度较其他共同债权人更高。所以第三人既可以向配偶一方,也可以向双方进行给付(符合第 428 条的状况)。任何一方配偶均可要求债务人向自己给付。如配偶一方要求交易相对人向自己给付,但相对人向另一方为给付的,亦为有效。⑱

如果配偶双方都是合同当事人,就会遇到连带债务人通常遇到的问题。比如说,交易相对人在请求权到期后催告丈夫,是否意味着妻子也陷于履行迟延?反之,如果相对人怠于履行义务,配偶一方的催告是否也意味着另一方享有催告产生的权利(如合同解除权)?如果妻子在缔结合同时发生了第 119 条意义上的错误,丈夫是否可以据此要求撤销合同?在解决这些问题时,必须考察法律的具体状况。根据第 425 条,事实只对自身发生这些事实的连带债务人生效,无论该事实对其有利还是不利。根据第 429 条第 3 款,这一规定也适用于连带债权人。这就是说,只有当迟延条件产生于自身时,配偶一方才陷于迟延。反之,相对人也只会对做出催告的连带债权人陷于迟延(第 286 条第 1 款)。迟延效果只能针对配偶一方发生,而不影响另一方。

(二)取得行为

大多数学者认为,⑲根据第 1357 条第 1 款第 2 句的规定,日常家事代理行为令配偶双方承担权利,这一法律效果也适用于为履行该交易而发生的物权取得行为(dinglichen Rechtserwerb)。他们主要用负担行

---

⑱ Dieter Schwab, Familienrecht, 16. Auflage(2008), Rn. 183.

⑲ Dieter Schwab, Familienrecht, 16. Auflage(2008), Rn. 186.

为和处分行为的关联性说明此种看法的合理性：妻子缔结购买电视机的合同，丈夫和妻子共同承担义务和权利，那么丈夫在一般情况下有独立的履行请求权，可以要求债务人向自己交付标的物。如果认为丈夫只能请求将电视机交付给妻子，就有过度抽象之嫌，也不符合"共同财产"之本意。因此，根据第 1357 条第 1 款第 2 句的精神，为履行买卖合同而发生的交付行为也对配偶双方产生效力；也就是说，只要购买的是为了适当满足家庭需要的物品，并且行为人在处分行为中没有相反的表示，配偶双方直接形成共同所有关系，各自取得二分之一的共有份额。

联邦普通法院对此有不同看法，[20]它认为第 1357 条不发生物权上的效果。通过第 1357 条规定的负担行为，另一方配偶只能获得债法上的共同义务和权利，而不能直接取得物权。只有当行为人在处分时（第 929 条）明确表达了此种意愿，配偶双方才共同取得物权。联邦普通法院采纳的是"实际行为人取得权利"规则。若购买的是家具，有疑问时，应当认为参与交易的配偶一方已经表达了配偶双方共同获得所有权的意思表示。[21]

六、日常家事代理权在我国的应用

我国婚姻法中并未规定日常家事代理权，最高人民法院《关于适用〈中华人民共和国婚姻法〉若干问题的解释（一）》第 17 条，以司法解释的形式提及日常家事代理权，学说认为其构成了日常家事代理的雏形。[22] 2018 年 1 月 16 日，最高人民法院发布了《关于审理涉及夫妻债务纠纷案件适用法律有关问题的解释》，同时废除最高人民法院《关于适用〈中华人民共和国婚姻法〉若干问题的解释（二）》。该解释将夫妻共同债务分为三个层次，夫妻双方共同签字或者另一方追认的债务、家庭日常生活需要的债务以及用于夫妻共同生活和共同生产经营的债务，其中"家庭日常生活需要"即日常家事代理权，属于引起夫妻共同

[20] 相关判例载《家庭法大全杂志》1991 年卷，第 923 页。

[21] 科隆地方高级法院裁判，载《新法律周刊民法司法报告》，1994 年，第 904 页。

[22] 参见薛宁兰、金玉珍主编：《亲属与继承法》，社会科学文献出版社 2009 年版，第 134 页。

债务的重要类型。㉓

浙江省高级人民法院在《关于妥善审理涉夫妻债务纠纷案件的通知》中指出，"家庭日常生活需要"是指夫妻双方及其共同生活的未成年子女在日常生活中的必要开支事项，如正常的衣食住行消费、日用品购买、医疗保健、子女教育、老人赡养、文化消费等。审理中，判断负债是否超出"家庭日常生活需要"，可以结合负债金额大小、家庭富裕程度、夫妻关系是否安宁、当地经济水平及交易习惯、借贷双方的熟识程度、借款名义、资金流向等因素予以综合认定。以下情形，可作为各级法院认定"为家庭日常生活需要所负债务"的考量因素：(1)单笔举债或对同一债权人举债金额在20万元(含本数)以下的；(2)举债金额与举债时家庭收入状况、消费形态基本合理匹配的；(3)交易时债权人已尽谨慎注意义务，经审查举债人及其家庭支出需求、借款用途等，有充分理由相信债务确系为家庭日常生活需要所负的。

学说上认为，判定日常家庭生活需要的范围应从两个方面入手：㉔(1)日常家事代理的目的是维持家庭的日常消费、养育子女费用和医疗服务等交易行为。(2)为满足家庭日常生活需要的支出具有适当性，即行为人所采取的手段必须合于目的的实现。同时，家庭日常生活需要也要受到一些限制，㉕例如对夫妻团体生活有重大影响的交易不属于家庭日常生活需求范围，必须由夫妻共同决定；分期付款的交易一般不属于日常家事代理权的范畴；分居期间的交易应当排除在家事代理权之外。

判例二　联邦最高法院2005年5月25日判决：姓名法

要点提示：婚姻结束后不禁止继续使用婚姻姓氏。类似判决参见

㉓　参见冉克平：《论因"家庭日常生活需要"引起的夫妻共同债务》，载《江汉论坛》2018年第7期，第104页。

㉔　参见冉克平：《夫妻团体债务的认定与清偿》，载《中国法学》2017年第5期。

㉕　参见冉克平：《论因"家庭日常生活需要"引起的夫妻共同债务》，载《江汉论坛》2018年第7期，第107页。

联邦最高法院 2008 年 2 月 6 日判决(XII ZR 185/05)。

案号:BGH, Urteil vom 25. Mai 2005-XII ZR 204/02.

引证注释:《家庭法大全杂志》2005 年卷,第 1658 页。

裁判要旨

1. 根据新的婚姻姓氏法,在婚姻被废止的情形下,配偶双方均可继续使用婚姻姓氏。

2. 唯有在极端个例中存在权利滥用的,方可禁止继续使用婚姻姓氏。

案件事实

婚姻被废止后,原告(女方)要求被告停止使用婚姻姓氏。双方当事人于 1993 年结婚,选择女方的出生姓氏为婚姻姓氏。1998 年 4 月 3 日妻子提起诉讼,区法院在 2000 年 1 月 8 日判令婚姻废止。判决中载明的废止原因是男方在结婚时恶意隐瞒了自己的生育能力缺陷。本案中妻子要求丈夫停止使用婚姻姓氏,并(在户政登记部门)作出必要声明、履行变更手续。

区法院支持诉讼请求;地方法院驳回诉讼请求。原告提出上告,要求恢复一审判决。上告未能获得支持。

裁判理由

1. 地方法院认为,原告在 1998 年 4 月 3 日提起废止之诉,新的结婚法案在 1998 年 7 月 1 日生效,故婚姻废止的法律后果应适用旧《婚姻法》第 37 条(参见《民法典施行法》第 226 条第 2 款)。据此,婚姻废止的法律后果准用离婚的相关规定。《民法典》第 1355 条第 5 款明确规定了可以继续使用通过结婚取得的婚姻姓氏。旧《婚姻法》第 56 条和第 57 条规定的姓氏剥夺制度(Namensaberkennung)已经被第 1 号婚姻法改革法案(1. EheRG)所废除。存在疑问的是,能否以权利滥用为由禁止配偶一方在婚姻解除后继续使用通过婚姻取得的姓氏。该问题可以不予讨论。因为即使部分判决和文献认为可以剥夺姓氏使用权或请求放弃婚姻姓氏,此种法律后果都只限于极其严重的权利滥用情形。倘若配偶一方意图通过结婚取得某个姓氏的使用权,就可能构成权利滥用,而本案中并非如此。原告指责的被告过错行为和婚姻姓氏没有关系,故不可能构成严重的权利滥用。虽然被告曾以婚姻姓氏签发了8张空头支票并透支银行账户,这也和婚姻姓氏没有关系,不能说明本案存在权利滥用。对他人财产的处分取决于相关的委托授权,而与处分人的姓氏无关。即使被告处分了全部的共同财产,仍不能构成对姓氏的权利滥用。

2. 地方法院的上述观点无可指摘,不存在法律错误。

(1)地方法院正确地指出,根据《民法典施行法》第226条第2款的规定,婚姻废止的法律后果应适用1998年6月30日之前的法律;因为废止之诉在1998年7月1日之前提出。

(2)在1998年6月30日之前,《婚姻法》第37条第1款规定了婚姻废止的法律后果,该条后来被《民法典》第1318条所取代。根据《婚姻法》第37条第1款,原告的诉请没有法律依据。

根据第37条的规定,婚姻废止的法律后果准用离婚的相关规定。据此适用的《民法典》第1355条第5款第1句规定,离婚后的配偶可以继续使用婚姻姓氏。第1355条第5款第2句规定该配偶可以选择恢复出生姓氏或继续使用结婚时正在使用的姓氏。另一方配偶没有权利要求前配偶行使第1355条第5款第2句规定的权利。虽然《婚姻法》第57条(旧《民法典》第1577条第3款也有类似规定)曾经规定,若妻子的生活作风损坏声誉或有伤风化,法院可以根据男方的申请禁止妻子使用男方姓氏(即婚姻姓氏)。这一涉嫌违反男女平等的条文在第1号家庭法改革法案中已经被删除。

(3)从权利滥用(《民法典》第242条)的角度来看,原告的申请也不能成立。出生姓氏被选定为婚姻姓氏的配偶一方能否在特定条件下根据《民法典》第242条禁止另一方继续使用婚姻姓氏?判例和学者对该问题的看法不尽一致。部分学者对此禁止权(Untersagungsrecht)持否定态度,理由是婚姻姓氏并非派生权利,而是个人取得的自由权利;不能禁止一个人使用自己的姓氏(策勒高等地方法院判决,载《家庭法大全杂志》1992年卷,第817页)。相反观点认为,在某些"极端情况下"(Extremfällen,参见Bamberger/Roth/Lohmann前引书,第1355条第23段),同时"考虑到合理性和影响因素"(Soergel/Hohloch:《民法典评注》第12版,第1355条,第43段),可以支持禁止权(Untersagungsrecht)。例如,为了在新姓氏的保护下继续从事犯罪活动而想方设法取得婚姻姓氏,即属此例(布伦瑞克高等地方法院判决,载《家庭法大全杂志》1979年卷,第913页)。

前一种观点认为,和出生姓氏相比,通过结婚取得的姓氏并没有"低人一等"。婚姻姓氏虽然来自配偶一方,但通过结婚行为,另一方配偶也成为该姓氏的承载者,新的姓氏取代了之前的姓氏,成为其人格权的一部分。既然该姓氏是自有的,不是"借来的",其应享有一般人格权的保护,无论婚姻是否持续存在(参见联邦宪法法院判决,载《家庭法大全杂志》2004年卷,第515、517页)。由此可以推断,使用通过婚姻取得的姓氏时,原则上不能受到比使用出生姓氏更多的限制。如果其出生姓氏被选为婚姻姓氏的配偶一方有权禁止另一方使用该姓氏,则构成对两者的区别对待。这个问题无需进一步讨论。因为即使那些认为在极端情况下(Soergel/Hohloch aaO)可以行使禁止权的学者也承认,禁止权只是针对配偶另一方严重不当行为的制裁;这种不当行为必须极其严重,以至于即使考虑到其一般人格权利益也应当基于诚信原则不允许其继续使用该姓氏。

正如地方法院所指出的,本案中并不具备此种前提条件。被告并不是为了获得并滥用该姓氏才和原告结婚的,之后也不存在任何滥用姓氏的行为。虽然被告签发过空头支票并透支银行账户,且原告认为婚姻姓氏是被告上述行为的必备因素,即没有该婚姻姓氏就不能签发支票和透支账户,但这种观点既无证据支持,也不能证明被告滥用姓氏。

判例三　联邦最高法院 2008 年 2 月 6 日判决:关于姓氏的约定

要点提示:合同约定离婚后变更婚姻姓氏,是否违反善良风俗(《民法典》第 138 条第 1 款)。

案号:BGH, Urteil vom 6. Februar 2008-XII ZR 185/05.

引证注释:《联邦最高法院民事裁判集》第 175 卷,第 173 页。

裁判要旨

1. 双方在夫妻财产合同中约定,其姓氏未被选择为婚姻姓氏的配偶一方,在婚姻解除后,有义务重新使用其出生姓氏或在确定婚姻姓氏前使用的姓氏(即不得继续使用婚姻姓氏)。此种约定原则上并不违反善良风俗。若当事人约定,放弃继续使用婚姻姓氏可以获得报酬,此种约定是否违反善良风俗,尚待进一步确定。

2. 虽然婚姻持续较长时间,且负有义务的配偶一方期望和婚生子女保持姓氏一致,另一方配偶仍然可以要求其遵守约定,此种要求不构成权利滥用。

案件事实

双方当事人系离婚夫妻;争议焦点是被告是否有权继续使用婚姻姓氏。

双方于 1989 年 5 月 24 日签订了夫妻财产合同,约定采取分别财产制,合同第 2 条写道:“关于离婚后或妻子去世后放弃婚姻姓氏的约定:双方一致同意选择未来妻子的姓氏(H.)作为婚姻姓氏。男方将其出生姓氏(W.)作为姓氏附件放在婚姻姓氏前面(W.-H.)。男方承诺,在婚姻解除、离婚或妻子先去世的情形下放弃使用该婚姻姓氏,转而使用原来的出生姓氏或依法选择其他姓氏”。

双方在 1989 年 7 月 21 日结婚,婚后育有两个孩子。他们选择妻子(原告)的出生姓氏(H.)作为婚姻姓氏。丈夫(被告)将其出生姓氏放在婚姻姓氏之前。在婚姻存续期间,被告一直使用 W. -H. 作为姓氏;在离婚前几个月,即 2003 年 11 月 18 日,他去掉了姓氏附件 W.,继续使用婚姻姓氏 H.。双方于 2004 年 5 月 18 日经判决离婚。2005 年 2 月底,被告向户政官员申请重新将其出生姓氏 W. 置于婚姻姓氏之前,户政官员拒绝办理更名手续。

原告的家族以家族姓氏 H. 为名,经营一家知名公司,原告敦促被告履行合同义务,向户政部门申请放弃婚姻姓氏 H.,重新使用他自己的出生姓氏或法律允许的其他姓氏。区法院驳回原告的诉讼请求。地方法院支持原告的诉请,判令被告向户政登记官员作出如下声明"我放弃婚姻姓氏 H.,重新使用我自己的出生姓氏或法律允许的其他姓氏"。被告提出上告,要求恢复区法院的一审判决。地方法院准许其提出上告。

上告未获得支持。

裁判理由

一、

地方法院认为,原告可以根据夫妻财产合同中的约定要求被告放弃婚姻姓氏。《民法典》第 1297 条㉖的规定并不妨碍该请求权。对于姓氏的约定不能类推适用第 1297 条。夫妻财产合同关于离婚后放弃婚姻姓氏的约定有效,因为该约定只是要求被告根据法律明确规定作出姓氏选择。双方婚后生有子女的事实并不影响这一结论。原告主张合同约定的权利并不构成权利滥用。原告和其家族存在利益关联,她希望"重新回到 H. 大家族的怀抱",所以她对于遵守合同约定存在受法律保护的利益。对被告来说,遵守约定也并不存在难以克服的困难。被告和他的子女使用不同的姓氏并不构成法律上无法克服的困难。特别是被告自己也声明,只要对方支付补偿费用,就会放弃继续使用该婚姻姓氏。

㉖ 《民法典》第 1297 条:(1)当事人不得根据婚约而诉请缔结婚姻。(2)当事人就不履行婚姻承诺的情形约定了违约金的,该约定无效。

二、

地方法院的上述意见通过了法律审查。

1. 原告提起的诉讼可以被受理。《民法典》第 1297 条的规定并不妨碍原告主张的权利的可诉性。地方法院正确地指出,订婚和本案中的情形完全不具有可比性。虽然原告的家族可能对判决结果有利害关系,但这并不影响法院受理原告的诉请。

2. 起诉可以得到支持。诉讼请求的依据是双方签订的夫妻财产合同。

(1)合同中关于离婚后放弃婚姻姓氏的约定有效,不违反善良风俗(《民法典》第 138 条第 1 款)。

通过选定配偶的出生姓氏为婚姻姓氏,另一方配偶也取得使用该姓氏的权利;该姓氏也构成另一方配偶自身人格权的一部分和表达形式(联邦宪法法院裁判,载《家庭法大全杂志》2004 年卷,第 515、517 页)。因此,在婚姻解除后,另一方配偶仍有权继续保留该婚姻姓氏(《民法典》第 1355 条第 4 款第 1 句),也可以在婚姻解除时选择放弃婚姻姓氏,转而使用其出生姓氏,或者重新选择自己在选择婚姓之前正在使用的姓氏(《民法典》第 1355 条第 5 款第 2 句)。

在选择婚姻姓氏前,当事人可以通过协议约定对婚姻姓氏的放弃。

首先,大多数学者认为,合同中关于选择特定婚姻姓氏的约定没有法律约束(Staudinger/Vogel:《民法典评注》2007 年,第 1355 条,第 51 段;Soergel/Hohloch:《民法典评注增补卷》第 12 版,第 1355 条,第 14 段;Bamberger/Roth/Lohmann:《民法典评注》第 1355 条,第 8 段;Wagenitz/Bornhofen:《家庭法评注》第 1355 条,第 63 段;Rolland/Brudermüller:《家庭法评注》第 1355 条,第 44 段;Rauscher:《家庭法》第 2 版,第 262 段;Ruthe 论文,载《家庭法大全杂志》1976 年卷,第 409、411 页;MünchKomm/Wacke:《慕尼黑民法典评注》第 4 版,第 1355 条,第 16 段)。选择婚姻姓氏属于婚姻生活共同体(ehelichen Lebensgemeinschaft)的人身领域,并无法律行为规范的适用空间(参见 Staudinger/Vogel,前引文)。根据法律规定,双方当事人必须在户政登记官面前做出一致意思表示，他们对婚姻姓氏的选择始生效力。这意味着任何一方都可以在变更登记之前重新考虑或撤回选择。因为姓氏是人格权的一部分，不应受合同约定的限制，所以法律特意为当事人保留了反悔的权利（Wagenitz/Bornhofen，前引文）。

基于同样的理由，部分学者认为此种约定虽然有效，但不具有可诉性（Gernhuber/Coester-Waltjen：《家庭法教科书》第5版，第16节，第12段）和可执行性（Diederichsen论文，载《家庭法大全杂志》1976年卷，第1169、1170页）。根据通说，其姓氏未被选择为婚姻姓氏的配偶一方，有权将其出生姓氏或选择婚姻姓氏时正在使用的姓氏放在未来的婚姻姓氏之前作为姓氏附件。同样基于人格权的考量，该方当事人添加姓氏附件的权利也不得通过合同约定加以限制，此种约定不具有可诉性和可执行性（Staudinger/Vogel：《民法典评注》第7版，第1355条，第75段；Soergel/Hohloch：《民法典评注增补卷》第12版，第1355条，第30段；Bamberger/Roth/Lohmann：《民法典评注》第1355条，第13段；Wagenitz/Bornhofen：《婚姻姓氏法》第1355条，第93段）。

本案中的焦点问题并非婚姻姓氏选择约定的效力，因为双方已经在户政登记官面前作出一致声明，从而有效选定了婚姻姓氏。

其次，通说认为，若双方在合同中约定，配偶一方有义务在离婚时放弃通过结婚取得的姓氏，该约定原则上有效，除非个案中的具体情况导致此种约定违反善良风俗；例如，配偶一方通过结婚取得婚姻姓氏后，在离婚时索要补偿金才放弃继续使用该婚姻姓氏（MünchKomm/Wacke：《慕尼黑民法典评注》第4版，第1355条，第27段；Staudinger/Vogel：《民法典评注》2007年版，第1355条，第110段；Soergel/Lange：《民法典评注》第12版，第1355条，第27段；Palandt/Brudermüller：《民法典评注》第67版，第1355条，第5段；Gernhuber/Coester-Waltjen：《家庭法教科书》第5版，第16节，第27段；Everts论文，《家庭法大全杂志》2005年卷，第249、250、253页）。本合议庭也采此种观点。

对于维持或变更现有婚姻姓氏这一问题，必须关注配偶双方的切身利益：对选择另一方姓氏作为婚姻姓氏的配偶（男方）而言，其合法利益就是在离婚后可以继续使用该姓氏。女方希望男方在离婚后恢复先前的姓氏，她的关切点在于，只要恢复了出生姓氏，男方再次结婚时就不能将“前婚姓氏 H.”作为新婚的婚姻姓氏使用，也不能从该姓氏中谋取任何经济利益，否则就会损害提供婚姻姓氏的配偶一方（女方）及其家族的利益。

若配偶双方对离婚后的姓氏使用没有达成协议，法律面对此种利益冲突时，会选择保护其姓氏未被选为婚姻姓氏的配偶一方的连续性利益（Kontinuitätsinteresses）。根据《民法典》第 1355 条第 5 款第 1 句，该方配偶在离婚后可以继续使用婚姻姓氏；但他可以根据第 1355 条第 5 款第 2 句自由选择是否恢复出生姓氏或其他姓氏。他不仅可以将该姓氏用于自己的子女（无论该子女是否在该婚姻内出生！参见《民法典》第 1617 条第 1 款第 1 句；第 1617a 条第 1 款第 2 款），还可以在重新结婚时选择该姓氏为婚姻姓氏（《民法典》第 1355 条第 2 款第 2 种情形）。唯有在极端个案中，一方配偶才可以禁止另一方在婚姻解除后继续使用婚姻姓氏（参见联邦最高法院 2005 年 5 月 25 日判决，XII ZR 204/02，载《家庭法大全杂志》2005 年卷，第 1658、1659 页）。

联邦宪法法院倾向于优先保护其姓氏未被选为婚姻姓氏的配偶一方的连续性利益（联邦宪法法院判决，载《家庭法大全杂志》2004 年卷，第 515 页）。但这并不妨碍配偶双方通过夫妻财产合同调整利益顺序。此种约定不会因为宪法上的价值判定而违反善良风俗。通过婚姻取得姓氏的配偶一方的人格权保护仅限于依法继续使用该姓氏。但法律并不禁止其放弃法律规定的连续性权利，也不妨碍其预先承诺在离婚后停止使用该姓氏。《基本法》对婚姻家庭的保护不会导致此种约定违反善良风俗。法律明确规定离婚后可以恢复之前的姓氏，这就说明继续使用婚姻姓氏并不属于婚姻的本质特征。所以配偶一方在离婚后可以放弃此种权利，这种行为原则上不违反婚姻本质，也不构成违反善良风俗。

当然，这一论断并不能排除极端个例的情况，例如考虑到约定内容的类型和方式，此种约定也有可能违反善良风俗。本案中无需进一步审查,是否以及在何种条件下,双方针对放弃继续使用婚姻姓氏的补偿金(Entgelt)约定会违反善良风俗(《民法典》第138条第1款);因为当事人并没有约定此种补偿金。本案也没有其他证据或理由能够认定双方关于放弃姓氏的约定违反善良风俗。

(2)约定的其他部分无效,并不导致关于放弃婚姻姓氏的约定无效(《民法典》第139条㉗)。

还需要考虑的是,当事人在结婚前能否约定选择原告的出生姓氏为婚姻姓氏,同时被告将其出生姓氏置于婚姻姓氏之前。虽然根据通说,当事人的此种约定无效,但并不能就此认为双方关于放弃婚姻姓氏的约定也无效。当事人原本也不能提前通过协议,约定女方的姓氏为婚姻姓氏。但他们可以有效约定,被告在未来婚姻解除时放弃继续使用双方已选择的婚姻姓氏。原告通过约定确保了自己在离婚情形下对出生姓氏的"专属权"利益。被告也无任何理由不同意关于恢复出生姓氏的约定。就算双方预先知晓他们关于婚姻姓氏的约定无效,他们也会继续就离婚后婚姻姓氏的使用达成协议。因此,虽然双方关于确定婚姻姓氏义务的约定无效,但不影响其关于放弃婚姻姓氏的约定。

夫妻财产合同中约定排除增益共有制,这也不影响被告承担离婚后不继续使用婚姻姓氏的义务的效力。一方面是本案并无迹象表明该财产约定无效(判例中明确允许通过夫妻财产合同排除法定的增益共有制,参见联邦最高法院2007年3月28日的判决,XII ZB 130/04,载《家庭法大全杂志》2007年卷,第1310、1311页)。另一方面,根据《民法典》第139条,即使关于夫妻财产制的约定无效,也不影响关于姓氏的约定。

(3)无论是从交易基础丧失理论还是诚信原则的角度考虑,原告的诉请均不构成权利滥用。

倘若双方目前的生活状况和缔结合同时相比有了根本性变化,以至于

㉗ 第139条 部分无效

法律行为的一部分无效时,其全部都无效,但是如果可以认定除去该无效部分,法律行为仍可以成立的除外。

让被告难以继续履行放弃婚姻姓氏的义务(《民法典》第313条[28]),则申请人主张合同设定的权利就可能构成权利滥用。本案中不存在此种情形。当事人的婚姻存续了15年且育有两子的事实不足以证明构成权利滥用。没有任何证据显示,双方缔约时认为婚姻只能持续很短的时间。同时,双方在结婚时分别为29岁和27岁,没有证据也不大可能会约定婚内不要孩子;同时被告放弃继续使用婚姻姓氏也不会导致其和共同子女失去联系。

即使婚姻存续时间更长,且被告存在和子女保持姓氏一致的利益,这些因素也不会导致原告的诉请构成权利滥用(《民法典》第242条)。特别是,被告在婚姻存续的大部分时间内都在使用带有姓氏附件的婚姻姓氏W.-H.,并没有和子女使用相同的姓氏;被告在诉讼期间还提出以拿到补偿金作为放弃姓氏的条件。

3. 控诉法院的判决本身并非无可指摘,因为其判令被告作出的声明并不能实现原告所追求的结果。

因为控诉判决中涉及被告作出声明的部分含义不明,故被上告的部分获得支持。根据《民法典》第1355条第5款第1句,离婚后配偶可以继续使用婚姻姓氏。但其可以选择恢复出生姓氏或结婚之前使用的姓氏(第1355条第5款第2句)。若不能继续使用婚姻姓氏,则被告应向户政登记官员作出恢复出生姓氏或之前使用姓氏的声明,而不是作出放弃婚姻姓氏的声明。因为被告在结婚时使用其出生姓氏W.,根据合同约定的义务就应该申请重新使用姓氏W.。原告诉请和判决内容均应如此理解。

被告在此期间再次结婚的,亦是如此。在此情况下,被告和第二任妻子可以选择他们的出生姓氏为婚姻姓氏,但这并不意味着其已经履

---

[28] 《民法典》第313条:(1)成为合同基础的情况在订约之后发生重大变更,并且当事人在预见此种变更的情形将不会订立,或者将以其他内容订立合同的,以在考虑具体情形下的一切情况、特别是在考虑约定或者法定的危险分配时,不能够苛求一方当事人坚持履行不变的合同为限,可以请求调整合同。(2)成为合同基础的重大观念被表明为错误的,视同情势变更。(3)合同的调整为不可能、或者不能够苛求当事人一方调整合同的,受到不利益的一方当事人可以解除合同。对于继续性债务关系,以终止权替代解除权。

行了夫妻财产合同中的义务,即不继续使用婚姻姓氏的义务。他通过选择新的婚姻姓氏只是覆盖了原来的婚姻姓氏,并不算全面履行债务;事实上他随时可以将现有的婚姻姓氏(H.)作为姓氏附件加入新婚姻姓氏(《民法典》第1355条第4款第4句第2种情形);在第二次婚姻解除的情况下,他还可以恢复(第二次)结婚时使用的姓氏,即目前的婚姻姓氏H.(第1355条第5款第2句)。如果其在选择新婚姻姓氏前恢复了自己的出生姓氏W.,就不会出现前述两种情形了。他只能将其出生姓氏作为附件加入新婚姻姓氏,离婚后也只能恢复出生姓氏。如此才符合合同约定的意义和目的。

综上所述,审判庭认为,被告应向有管辖权的户政登记官员作出恢复其出生姓氏W.的声明。

评析　德国法中关于姓氏的规定

一、婚姻姓氏

(一)立法发展

德国家庭法中有关配偶之婚姻姓氏的规定历经多次修改。最初的德国《民法典》规定,妻子必须使用丈夫的姓氏。这一规定违反男女平等原则。1976年《婚姻法和家庭法改革第一号法律》规定,配偶双方有权选择夫或妻的出生姓氏为共同婚姻姓氏。但该修正案并没有实现男女在法律上的完全平等:因为若结婚时双方没有就姓氏作出选择,仍采用丈夫的姓氏作为婚姻姓氏(《婚姻法和家庭法改革第一号法令》第1355条第2款第2句)。基于此,德国联邦宪法法院在1991年3月5日的一个判决中,㉙要求对婚姻法再次进行修改。1994年4月1日生效的《家庭姓氏权利法》以宪法法院的判决为基础,对姓名法的规定作出了重大调整。该法的最大创新之处在于,取消了姓氏的强制统一原则:结婚者虽然"应该"选择共同的婚姻姓氏,但并不是"必须"这样做。

㉙ 《家庭法大全杂志》1991年卷,第535页。

德国联邦宪法法院认为1994年的改革法仍有违宪嫌疑，因为根据该法的规定，当事人只能从夫或妻的出生姓氏中选择“婚姻姓氏”，而不能选择他们通过以前的婚姻取得的姓氏作为婚姻姓氏。联邦宪法法院认为，[30]这违反了《基本法》第2条第1款和第1款第1句。因此，立法者不得不对婚姻姓名法再次进行修订（2005年2月6日的立法，参见《联邦法律公报》，第1部分，第203页）。

（二）夫妻双方不选择共同婚姻姓氏的情形

根据《民法典》第1355条第1款的规定，尽管夫妻“应当”确定共同的家庭姓氏（即婚姻姓氏），但这并非强制性规定。民事身份官员在办理结婚手续时，可以询问订婚者如何确定婚姻姓氏。若当事人没有选择，他不能因此拒绝协助结婚。夫妻没有确定婚姻姓氏的，婚后各自使用结婚时所使用的姓氏（第1355条第1款第3句）。因此，夫妻原则上可以使用不同的姓氏（除非他们原本的姓氏碰巧一样，比如都叫迈尔）。所谓结婚时使用的姓氏（zur Zeit der Eheschließung geführte Name），包括夫妻通过以前的婚姻取得的姓氏。例如，西蒙娜的出生姓为辛格，她先和米歇尔结婚，后者的出生姓为迈斯特尔，双方选择丈夫的姓氏作为家庭姓氏，西蒙娜的全名变为西蒙娜·迈斯特尔。后来西蒙娜和米歇尔离婚，嫁给弗兰茨，后者的出生姓氏为耶格尔，此时丈夫可以继续以耶格尔为姓氏，妻继续姓迈斯特尔。

为了鼓励使用共同婚姻姓氏，德国法律规定，结婚时没有选择共同姓氏的夫妻可以嗣后确定共同姓氏（第1355条第3款第2句）。当事人没有确定婚姻姓氏的，子女出生后要从他们的姓氏中选择一个。

（三）夫妻双方选择共同婚姻姓氏的情形

配偶双方可以选择的共同婚姻姓氏包括：妻子的出生姓氏、丈夫的出生姓氏、妻子或丈夫在确定婚姻姓氏时正在使用的姓氏（第1355条第2款），包括来源于之前婚姻的姓氏。出生姓氏指的是在选择姓氏时登记在出生证书中的姓氏（第1355条第6款）。择定婚姻姓氏后，该姓氏也适用于配偶双方的共同子女（第1616条）。例如，在前述案例

---

[30] 《家庭法大全杂志》2004年卷，第515页。

中，西蒙娜和弗兰茨想选择共同婚姻姓氏，他们可以在“辛格”（妻的出生姓氏），“耶格尔”（夫的出生姓氏）以及“迈斯特尔”（妻子在确定婚姻姓氏时使用的姓氏）之间进行选择。选择最后一种的，双方就以迈斯特尔为共同姓氏。

（四）姓氏附件

夫妻双方确定婚姻姓氏后，其姓氏没有被选作婚姻姓氏的配偶一方的姓氏利益有所降低，但这无损他对原有姓氏的权利。该姓氏作为他的身份特征仍受法律保护。此外，法律还允许他在婚姻姓氏上添加个人的姓氏附件（Begleitnamen，第 1355 条第 4 款）。配偶可以将其出生姓氏或在决定婚姻姓氏时所使用的姓氏附加于婚姻姓氏上，包括通过以前的婚姻所取得的姓氏。该附件可以置于婚姻姓氏之前或之后。只有其姓氏没有被选为婚姻姓氏的配偶一方才有这种权利。姓氏附件对共同子女的姓氏不发生影响。

例如，在上述案件中，假设当事人选择妻子结婚时使用的姓氏作为婚姻姓氏，弗兰茨现在也姓迈斯特尔，但他可以将自己的出生姓氏附加于婚姻姓氏之前或之后，将姓氏变为迈斯特尔-耶格尔或耶格尔-迈斯特尔。如果选择妻子的出生姓氏（辛格）作为婚姻姓氏，弗兰茨仍可以将自己的出生姓氏置于婚姻姓氏之前或之后，变为耶格尔-辛格或者辛格-耶格尔。反之，如果将丈夫的出生姓氏（耶格尔）确定为婚姻姓氏，妻子的选择性要大得多。她可以直接使用“耶格尔”作为姓氏，也可以将自己的出生姓氏或确定婚姻姓氏时所使用的姓氏置于婚姻姓氏之前或之后，这样可供她选用的姓氏包括：耶格尔-迈斯特尔、迈斯特尔-耶格尔、辛格-耶格尔、耶格尔-辛格。

在婚姻姓氏中增添姓氏附件的，必须向民事身份官员做出此种意思表示（第 1355 条第 4 款第 1 句）。该意思表示没有时间限制，当事人可以在婚后的任何时间做出。该意思表示可以撤销，撤销后不能再度要求增添姓氏附件（第 1355 条第 4 款第 4 句）。

德国法律一方面允许当事人在姓名中增添姓氏附件，另一方面又力图避免出现过长的姓氏链（Namensketten），所以规定姓氏组合最多只能包括两个部分。若婚姻姓氏为复姓,配偶双方均不得再增添姓氏附件(第 1355 条第 4 款第 2 句)。姓氏未被选为婚姻姓氏的配偶的姓氏由一个以上姓氏组成的,该方配偶只能将其中一个姓氏附加于婚姻姓氏中(第 1355 条第 4 款第 3 句)。

(五)婚姻解除导致的姓氏变更

离婚后当事人可以继续使用婚姻姓氏(第 1355 条第 5 款第 1 句),也可以重新使用确定婚姻姓氏时正在使用的姓氏,或将出生姓氏置于婚姻姓氏之前或之后(第 1355 条第 5 款第 2 句)。这样一来,当事人嗣后重新结婚的,在婚姻姓氏上就有了更大的选择空间,特别是当离婚者在缔结新婚姻前变更姓氏时。上述对于离婚者的规则,也适用于配偶死亡的另一方生存配偶。

仍以上述案例说明:西蒙娜的出生姓氏为辛格,她先和米歇尔结婚,米歇尔的出生姓氏是迈斯特尔。双方选择丈夫的姓氏为婚姻姓氏,西蒙娜的新姓氏为迈斯特尔。离婚后西蒙娜想和弗兰茨结婚,后者出生姓氏为耶格尔。此时西蒙娜在姓氏选择上有多种可能性:她在和弗兰茨结婚前,可以根据第 1355 条第 5 款第 2 句要求恢复出生姓氏,也可以继续使用婚姻姓氏,还可将出生姓氏置于婚姻姓氏之前或之后,从而将姓氏变更为辛格、辛格-迈斯特尔或迈斯特尔-辛格。变更姓氏后,西蒙娜在和弗兰茨结婚时,可以将自己变更后的姓氏作为新婚姻的婚姻姓氏,因为该姓氏是妻子在确定新婚姻姓氏时所使用的姓氏(第 1355 条第 2 款)。倘若西蒙娜在和米歇尔离婚后选择“迈斯特尔-辛格”作为自己的姓氏,这一复姓也可以被选为新婚姻的婚姻姓氏,于是弗兰茨的姓氏也变成迈斯特尔-辛格。

第 1355 条第 5 款的规定也适用于姓氏附件。假使西蒙娜离婚后继续使用迈斯特尔-辛格,和弗兰茨结婚时选择耶格尔为婚姻姓氏,她可以从原来的复姓中选择一个部分作为附件放在婚姻姓氏之前或之后。根据第 1355 条第 5 款的规定,她的姓氏可以是:辛格-耶格尔、耶格尔-辛格、迈斯特尔-耶格尔或耶格尔-迈斯特尔。

二、子女姓氏

(一)基本规则

若子女出生时父母已经结婚并使用共同婚姻姓氏(gemeinsamen Ehenamen)的(第1355条第1款第1句,第2款),子女以父母的婚姻姓氏作为出生姓氏(第1616条)。

父母结婚但没有选择婚姻姓氏,或者没有结婚但拥有共同照顾权的,必须决定(bestimmt)子女的姓氏。决定姓名是父母照顾的功能之一。父母共同行使照顾权的(亦是通常情况),双方通过向民事身份登记官做出意思表示,将父或母在决定时所使用的姓氏确定为子女的姓氏(第1617条第1款第1项)。不得将父母的姓氏合并组成复姓。[31]子女的出生姓氏一经决定,就自动适用于父母的其他共同子女。

如果父母对子女的出生姓氏不能达成一致,可以采用下列程序处理。父母在子女出生后一个月内不决定子女出生姓氏的,家事法院可以将姓氏的决定托付给父母一方(第1617条第2款第1句);但可选姓氏的范围并不因此发生改变(第1617条第2款第2句)。法院可以要求该方父母在指定期间决定子女姓氏;该期间届满后没有行使决定权的,子女获得被托付以决定权的父母一方的姓氏,作为其出生姓氏(第1617条第2款第3、4句)。

父母一方单独照顾子女的,子女依法获得照顾权人在子女出生时使用的姓氏作为出生姓氏(第1617a条第1款)。但如果父母已经结婚并选择了共同婚姻姓氏,不适用该规则。

对未婚子女单独进行照顾的父母一方,可以向民事身份登记官员做出意思表示,选择另一方的姓氏作为子女的出生姓氏(第1617a条第2款第1句),但必须得到父母另一方的允许;若子女满5周岁,还需获得子女的允许(第1617a条第2款第2句)。[32]

---

[31] 有关该问题的合宪性,参见联邦宪法法院裁判,载《家庭法大全杂志》,2002年,第306页。

[32] 有关意思表示的方式,参见第1617a条第2款第3、4句和第1617c条第1款的规定。

（二）嗣后的姓氏变更

若父母的姓氏嗣后发生变更，原则上子女可以保留已经获得的姓氏，但也存在例外情况：（1）夫妻可以嗣后（nachträglich）确定共同婚姻姓氏（gemeinsamen Ehenamen，第 1355 条第 3 款）。父母在确定子女出生姓氏后才选择婚姻姓氏，且选择的婚姻姓氏和子女姓氏不同的，应根据第 1617 c 条第 1 款的规定处理。子女在 5 周岁以下的，姓氏自动发生变化；子女以父母的婚姻姓氏作为出生姓氏；子女已满 5 周岁的，必须以公开进行认证的形式，向民事身份登记官做出意思表示，才能变更姓氏。对该意思表示适用有关未成年人及其法定代理人意思表示的一般规定。和一般规定略有不同的是，子女满 14 周岁后可以自己做出该意思表示，但仍需获得法定代理人的同意（第 1617 c 条第 1 款第 2 句）；一般来说，法定代理人就是有照顾权的父母。子女已经成年的，可以单独做出意思表示。

原则上，子女的出生姓氏不因照顾权的变化而受影响。但法律对此规定了例外情形：父母在子女获得出生姓氏后获得共同照顾权（gemeinsame Elternsorge）的，父母可以在 3 个月之内重新决定子女的姓氏（第 1617 b 条第 1 款第 1 句）。第 1617 条第 1 款第 1 句规定了可以选择姓氏的范围。子女已满 5 周岁的，重新决定姓氏需获得子女的同意（第 1617 b 条第 1 款第 3 句）；同意之意思表示的作出方式适用上述规则（第 1617 b 条第 1 款第 4 句）。

若选择男方姓氏为子女的出生姓氏后，发现该男子并非子女的生父，此时就有必要变更子女的姓氏。根据第 1617b 条第 2 款，子女可以向民事身份登记官员申请变更姓氏，子女未满 5 周岁的，该男子也可以提出申请。申请的结果是子女获得其出生时母亲所使用的姓氏作为出生姓氏。申请的前提条件是，该男子有既判力地被确认为不是子女的生父。根据第 1598a 条进行的出身查明程序，尚不能满足该条件。对子女的申请适用第 1617c 条第 1 款第 2、3 句的规定（第 1617b 条第 2 款第 3 句）。

（三）离婚后的姓氏给予

子女的父母离婚后，扶养子女的父母一方另行结婚并获得新婚姻姓氏的,是否会影响子女的姓氏?这时照顾子女的父母一方获得不同于子女姓氏的新姓氏。但子女却不因父母姓氏的变化而直接获得新姓氏,因为第1617c条不适用于父母一方重新结婚而发生的姓氏变更(第1617c条第2款第2项)。根据第1618条,在这种情况下,可以通过民法途径将新婚姻的姓氏给予子女(neuen Ehenamen zu erteilen)。由于变更姓氏既涉及子女利益,也关乎父母另一方的利益,所以姓氏给予在法律上受到一定的限制。有照顾权的父母一方及其配偶,通过向民事身份登记官员做出意思表示,将婚姻姓氏给予子女。

需要满足下列条件,才能给予子女新的婚姻姓氏:(1)子女为未成年子女,并且尚未结婚。(2)和配偶一起给予婚姻姓氏的父母一方拥有单独或部分的父母照顾权。(3)给予姓氏的父母一方及其不是该子女父或母的配偶,已经将子女纳入共同家庭生活。(4)父母另一方享有共同父母照顾权的,或子女使用另一方姓氏的,给予姓氏必须获得另一方父母的允许(第1618条第3句)。若给予姓氏有利于子女的最佳利益,家事法院可以代替父母另一方给予允许(第1618条第4句)。(5)子女满5周岁的,还必须得到子女的允许(第1618条第3句)。对允许的意思表示,准用第1617c条第1款第2、3句的规定(第1618条第6句)。(6)上述意思表示必须公开地进行认证(第1618条第5句)。

给予姓氏时,既可以完全用新姓氏替换原有姓氏,也可以用子女的现有姓氏和父母的婚姻姓氏组成复合姓氏。通过此种方式可以产生真正的复合姓氏。

三、我国关于姓氏的规定

由于我国姓氏对于身份特征的身份标识意义不大,很少出现类似德国的关于夫妻姓氏的纠纷。司法实践中的姓氏纠纷主要出现在子女姓名方面。特别是夫妻双方离异后,如果孩子是另外一方的姓氏,获得孩子抚养权的一方都希望孩子改姓自己的姓,实践中也有很多人将改姓条款写在离婚协议中。如果离婚协议明文约定孩子改随一方姓氏,而在离婚后另外一方拒绝配合变更,是否可以通过诉讼的方式请求法院判决支持对方配合改姓就至关重要，这决定了离婚协议的该项约定是否可以实现。

我国《婚姻法》第22条规定“子女可以随父姓，可以随母姓”，父母双方都有冠予孩子姓氏的权利，但是却未规定如果双方不能协商一致，应该如何选择孩子姓氏。我国《户口登记条例》第18条规定：“公民变更姓名，依照下列规定办理：一、未满十八周岁的人需要变更姓名的时候，由本人或者父母、收养人向户口登记机关申请变更登记；二、十八周岁以上的人需要变更姓名的时候，由本人向户口登记机关申请变更登记。”该规定比较模糊，在实践中如果未成年人要更改姓氏，户籍管理部门要求父母双方都协商一致才能办理。2002年公安部在《关于父母离婚后子女姓名变更有关问题的批复》中表示，“对于离婚双方未经协商或协商未达成一致意见而其中一方要求变更子女姓名的，公安机关可以拒绝受理；对一方因向公安机关隐瞒离婚事实，而取得子女姓名变更的，若另一方要求恢复子女原姓名且离婚双方协商不成，公安机关应予以恢复。”通过上述规定可以看出，如果父母一方不配合，就不能通过正常途径办理姓氏变更。司法实践中，即使双方在离婚协议中约定儿子姓氏随母，父亲应配合变更儿子姓氏，亦无法得到法院的认可。例如，在(2015)佛南法樵民一初字第435号民事判决书中，法院认为“虽然被告曾经承诺儿子姓氏随母，但是被告现在已明确表示不愿意儿子变更姓氏，姓氏自由作为一种自由权利，不应受到强制。原告、被告作为张某丙的父母，在选择张某丙的姓氏问题上具有同等的权利，应共同协商解决；在未协商一致的情况下，原告要求被告配合变更儿子姓氏随母，依据不足，本院不予支持”。

2017年11月15日，全国人大常委会民法工作室出台了《中华人民共和国民法人格权编（草案）》（以下简称《人格权编草案（室内稿）》）；2018年3月15日又以法工委发［2018］12号文件下发了《民法典人格权编（草案）·征求意见稿》（以下简称《人格权编草案（委内稿）》）。《人格权编草案（室内稿）》第25条规定：“未成年人父母离婚的，与未成年人共同生活的一方可以请求将该未成年人的姓氏变更为自己的姓氏，但应当征得另一方的同意。”换言之，与现行规则是一致的。但《人格权编草案（委内稿）》第25条规定：“未成年人父母离婚的，与未成年人共同生活的一方可以请求该未成年人的姓氏变更为自己的姓氏，但另一方有正当理由明确表示反对的除外。”从字面意思来看，似乎肯定了共同生活一方有权独立变更姓名。

在德国家庭法中，父母离婚原则上不影响对子女的共同照顾权，即使和子女共同生活的父母一方另行结婚并获得新婚姻姓氏的，原则上也不影响子女姓氏，即和子女共同生活的父母一方可以和子女姓氏不同。根据德国《民法典》第1617c条，[33]子女不因父母姓氏的变化而直接获得新姓氏。根据第1618条，[34]在这种情况下，可以通过民法途径将新婚姻的姓氏给予子女。由于变更姓氏既涉及子女利益，也关乎父母另一方的利益，所以姓氏给予在法律上受到一定的限制。有照顾权的父母一方及其配偶，通过向民事身份登记官员做出意思表示，将婚姻姓氏给予子女。

---

[33] 《民法典》第1617c条　在父母变更姓氏的情形下的姓氏

（1）父母在子女已满5岁后确定婚姻姓氏的，仅在子女同意姓氏的选取时，婚姻姓氏的效果才及于子女的出生姓氏。已满14岁的有限制行为能力的子女只能自行做出表示；为此，子女必须得到其法定代理人的同意。该表示必须向户籍登记机关做出；该表示必须公开地进行认证。

（2）在下列情形之一时，准用第一款；

1. 已成为子女出生姓氏的婚姻姓氏发生变更；或

2. 在第1617条、第1617a条和第1617b条的情形下，已成为子女出生姓氏的父母一方的家族姓氏，以结婚或成立同性生活伴侣关系以外的方式发生变更的。

（3）仅在配偶或同性生活伴侣也同意姓氏的变更时，出生姓氏的变更的效果才及于子女的婚姻姓氏或同姓生活伴侣姓氏；准用第1款第3句。

[34] 《民法典》第1618条　姓氏的给予

享有单独或与父母另一方共同对未婚子女进行父母照顾的权利的父母，及其不是该子女的父亲或母亲的配偶，可以以对户籍登记机关的表示，将婚姻姓氏给予他们已接纳入其共同家计的子女。他们也可以将婚姻姓氏置于该子女在表示时所使用的姓氏之前或之后；先前已依前半句的规定被前置或后置的婚姻姓氏失效。姓氏的给予、前置或后置，在父母另一方享有与给予姓氏的一方共同进行父母照顾的权利或子女使用另一方的姓氏的情形下，必须得到另一方的允许，并且，如该子女已满5岁，则也必须得到该子女的允许。姓氏的给予、前置或后置对于子女最佳利益是必要的，家事法院可以代替父母另一方给予允许。这些表示必须公开地进行认证。准用第1617c条。

可见,在父母双方共同享有照顾权的情况下,德国法原则上也要求双方一致同意才能变更子女姓氏,但在例外情况下,家事法院可以基于子女的最佳利益而代替父母另一方允许变更姓氏。

第六章　离婚后配偶之间的扶养费请求权

判例　联邦最高法院2001年2月21日判决：父亲身份和离婚后扶养费

要点提示：丈夫撤回对同源（婚内）体外受精的同意；离婚后的扶养费。

案号：BGH, Urteil vom 21. Februar 2001 - XII ZR 34/99-OLG Stuttgart, AG Ulm.

引证注释：《新法学周刊》2001年卷，第1789页；《家庭法大全杂志》2001年卷，第541页；《法学教育》2001年卷，第711页。

裁判要旨

丈夫撤回其同意后，妻子仍接受了同源体外受精手术，丈夫是否可以根据《民法典》第1579条第3项、第4项[①]要求调低离婚后的扶养费请求权。

---

① 《民法典》第1579条　因重大不公而限制或拒绝扶养

以即使在维护被托付给权利人照料或教育的共同子女的利益的情况下向义务人提出请求仍会显失公平为限，有下列原因之一时，扶养请求权必须予以拒绝、减少或在时间上限制：

案件事实

双方当事人在1998年9月8日经法院判决离婚,双方在本案中的争议为扶养费,妻子(申请人)通过同源体外受精(Homologe In-vitro-Fertilisation)生下一子,并根据《民法典》第1570条②以照顾子女为由主张离婚后扶养费。

双方当事人1992年结婚后,一直无法生育子女,人工授精方式也未能成功,双方遂决定尝试体外受精方式。为此目的,申请人通过手术取出多个卵细胞。医生计划使用被申请人的精子和卵细胞在体外受孕,再将其移植入申请人的子宫培育。1996年3月、7月和10月举行的三次移植手术都未能成功。1996年12月24日妻子又接受了一次移植手术,终于成功受孕,并于1997年9月21日生下一个女儿。被申请人于1996年11月独自在墨西哥度假时结识了现在的妻子并开始交往。回国后他向妻子坦白了自己的婚外出轨行为,并且告诉妻子,他对于婚姻本身和体外受孕计划都开始犹豫不定。妻子要求他在1996年12月24日陪自己去医院,但丈夫没有前往。

双方当事人于1997年2月开始分居。申请人在1997年5月提出

---

1. 婚姻存续时间较为短暂的;在此情形下,必须考虑权利人因照料或教育共同子女而可依第1570条请求扶养的时间;

2. 权利人生活在稳固的同居关系中的;

3. 权利人已对义务人或义务人的近亲属之一实施犯罪行为或严重的故意违法行为的;

4. 权利人有意造成其自己的贫困的;

5. 权利人有意漠视义务人的重大财产利益的;

6. 权利人在分居前长期严重违反其协助扶养家庭的义务的;

7. 显然重大且原因明显在于权利人方面的、对义务人而犯的错误行为,可归咎于权利人的;或

8. 有与第1项至第7项所列举原因同样严重的其他原因的。

② 《民法典》第1570条　因照顾子女而进行的扶养

(1)离婚配偶一方可以因照料或教育共同子女而就出生后至少三年向离婚配偶另一方请求扶养。只要扶养请求权期间的延长合乎公平,并以此为限,扶养请求权期间就予以延长。在此情形下,子女的利益和现在的照顾子女的可能性必须予以考虑。

(2)此外,在考虑子女照顾的形成和婚姻中的从业活动以及婚姻存续时间的情况下,扶养请求权期间的延长合乎公平的,扶养请求权期间予以延长。

离婚申请。孩子出生后,申请人因为照顾和教育孩子而放弃工作,当时她每个月的净收入是2200马克,之后开始领取国家教育津贴。在离婚程序中她一并主张每个月1245马克的离婚后扶养费。

区法院根据《民法典》第1579条第3项的规定,在扣减国家教育津贴后,将扶养费标准调整到每个月700马克。申请人提出控诉后,高等地方法院修改了区法院的判决,支持其在二审中主张的每月1228马克的扶养费请求权。被申请人提出上告,要求恢复区法院的一审判决。上告未能获得支持。

裁判依据

高等地方法院的判决(载《家庭法大全杂志》1999年卷,第1136页)在结论上通过了法律审查,但上告法院并不完全认同其判决理由。

1. 高等地方法院支持了当事人基于《民法典》第1570条主张的照管子女扶养费请求权,这是正确的。1997年出生的女儿系双方当事人的共同子女,申请人因照料和教育子女而不能期待其从事职业。

2. 高等地方法院存在疑虑的是,被申请人是否已经严肃认真地表达了对人工受孕的反对意见,因为他既没有在1996年12月24日陪同申请人就诊,也没有明确向医生表示撤回其同意。但高等地方法院并未进一步分析,它认为这对于判定是否可以根据《民法典》第1579条第3款和第4款排除或减少扶养费请求权并无影响。也就是说,申请人通过人工辅助技术怀孕并生育子女不构成轻率且对被申请人财产利益不负责任的行为。配偶双方的行为是否不负责任或轻率,应根据《民法典》第1353条第1款规定的婚姻共同生活义务来衡量。在1996年12月24日申请人接受移植手术时,双方的婚姻关系虽然发生危机,但并未破裂,故婚姻共同生活关系仍然存在。配偶双方共同计划并决定通过体外受孕的方式让申请人怀孕。被申请人既然参与了该生育计划,该行为就不是申请人的单方行为,而是对双方均有约束力的决定。虽然男方后来对该计划产生了犹豫,但无论如何也不应该因为一方的事后变心而去指责信守约定的另一方配偶。单方改变共同决定的一方才是违反义务方。本案中,显然是被申请人移情他人,违反了婚姻忠诚义务,并打算违反双方之前约定的家庭规划。申请人并没有义务体恤被申请人由于违反忠诚义务而改变心意,反而有权利继续信赖之前共同达成的家庭规划。关于生育子女的决定自由属于人格权和自决发展的最核心领域,人们行使此种自由的行为通常不能被视为轻率的、违反通常社会标准的行为。况且申请人明确告知男方其打算在1996年12月24日再次进行移植手术,并没有欺骗被申请人的意图。即使符合《民法典》第1579条第3项③规定的公平条款,被申请人履行扶养义务也并不构成重大不公。在根据第1579条进行重大不公审查时,必须衡量多种利益,包括申请人期望生育子女的利益、被申请人免予承担扶养义务的利益、受孕卵细胞可能产生的人格权以及已经出生之子女的照管需求等。即使将联邦普通法院的观点理解为,每个潜在父母对父母权利的产生有独立自决权,双方当事人的利益也应具有同等价值。但也有观点认为,单方面放弃双方约定的生育计划的一方存在过错,故申请人的法律地位更值得保护。这里不存在对被申请人利益的优先保护,特别是他本来可以在最后时刻通过撤销对医生的同意来阻止申请人受孕。

3. 上述观点并非完全正确。上告人正确地指出高等地方法院在基

---

③　第1579条　因重大不公而限制或拒绝扶养

以即使在维护被托付给权利人照料或教育的共同子女的利益的情况下向义务人提出请求仍会显失公平为限,有下列原因之一时,扶养请求权必须予以拒绝、减少或在时间上限制:

1. 婚姻存续时间较为短暂;在此情形下,必须考虑权利人因照料或教育共同子女而可依第1570条请求扶养的时间;

2. 权利人生活在稳固的同居关系中的;

3. 权利人已对义务人或义务人的近亲属之一实施犯罪行为或严重的故意违法行为的;

4. 权利人有意造成其自己的贫困的;

5. 权利人有意漠视义务人的重大财产利益的;

6. 权利人在分居前长期严重违反其协助扶养家庭的义务的;

7. 显然重大且原因明显在于权利人方面的、对义务人而犯的错误行为,可归咎于权利人的;或

8. 有与第1项至第7项所列举原因同样严重的其他原因的。

本出发点方面的问题,即被申请人违反婚姻忠诚义务,因为和其他女子的关系而改变想法,故在婚姻生活共同体中不能单方面放弃之前约定的生育计划。

(1)根据今天对婚姻的通行理解,法律不应当预设婚姻的内容。配偶双方无法生育或者不愿生育子女的,均不影响婚姻本身的价值。因此,任何配偶一方均不能根据《民法典》第1353条④规定的婚姻义务而要求另一方生育或怀孕[参见MünchKomm/Wacke:《慕尼黑民法典评注》第4版,第1353条,第32段;FamK-Rolland/Brudermüller:《家庭法评注》1993年,第1353条,第12段;Staudinger/Hübner/Voppel:《施陶丁格民法典评注》第13版(2000年),第1353条,第34、38段;Gernhuber/Coester-Waltjen:《家庭法》第4版,第18节;Streck:《婚姻人身效力法中的一般性条款和不确定概念》,1970年,第88、89页]。相反,配偶双方可以自行决定是否以及在何时以何种方式繁育后代。但配偶双方的合意并不具有持续的约束力。因为孕育新生命并承担责任的决定属于具有高度人身属性的个人事项,如果认为此种合意具有持续的约束效力,就会损害受《基本法》保护的人格尊严和个人自决权(《基本法》第1条第1款和第2条第1款)。此种基本权利保护包括个人有权随时就是否生育子女重新做出决定。男女双方皆是如此。这也符合婚姻的本质特征,即配偶双方具有平等权利,相互尊重人格和个人想法,尤其是在那些和人身密切关联的私密领域(Intimbereich)。但这并不否认,婚姻毕竟是以性关系为基础的共同体(Geschlechtsgemeinschaft),配偶双方原则上可以信赖另一方不会拒绝其对孩子的自然欲望。法律上将就该问题达成共识(Konsen)的任务留给配偶双方。如双方不能达成一致,并因此导致婚姻破裂,应在适用《民法典》第1565条以下(离婚及其后果)的规则中考虑这一事实(参见Staudinger/Hübner/Voppel:

④ 第1353条 婚姻上的同居关系

(1)婚姻系就终身而缔结的。配偶双方互相有义务进行婚姻上的同居;配偶双方互相为对方负担责任。

(2)配偶另一方所提出的建立同居关系的要求表明系滥用其权利,或婚姻已破裂的,配偶一方没有义务满足该要求。

《施陶丁格民法典评注》,第 1353 条,第 39 段)。

同时,学说上也一致认为,双方关于生育计划的约定属于婚姻共同生活的核心领域,因此不具有法律约束力;任何一方均可不顾对方之反对而宣告终止。此种约定的约束力既不符合配偶一方的个人自决权,也不符合婚姻的本质。大多数此类案件涉及的是不生育子女的约定,也有部分案件约定生育子女。例如,双方可以约定使用或不使用避孕工具,但这种约定并无法律约束力,不能据此直接或间接提出损害赔偿请求权(参见 Reinhart 论文,载《法学家报》1983 年,第 184、190 页;Beitzke/Lüderitz:《家庭法》第 27 版,第 214 段;MünchKomm/Wacke 前引书,第 1353 条,第 32 段;Staudinger/Hübner/Voppel 前引书,第 41 段;Soergel/Lange:《民法典评注》第 12 版,第 1353 条第 11 段;Kamps 原则上也支持该观点,但他同时指出,若妻子违反丈夫意愿使用体外受精,应对丈夫承担损害赔偿责任。参见 Kamps 论文,载《医学法杂志(MedR)》1994 年卷,第 339、347 页。但也有学者认为,此种约定有法律约束力,参见 Palandt/Brudermüller:《帕朗德民法典评注》第 60 版,第 1353 条,第 7 段;Gernhuber/Coester－Waltjen 前引书,但后者明确认为,配偶一方即使违反约定,也不应当承担损害赔偿责任)。

联邦最高法院曾经在三个类似领域否定了生育约定的法律效力。联邦最高法院在绝育失败的案例中指出,自由决定是否成为父母符合我们的宪法价值,这确保了个人对这一隐私领域的自由空间;配偶一方的绝育期望意味着排除了另一方的相反意愿和利益;每个人都可以基于自决权做出决定(参见《联邦最高法院民事裁判集》第 67 卷,第 48、51、54 页)。个人可以自由决定是否繁育后代,这符合宪法保护的个人自决权(联邦最高法院 1995 年 6 月 27 日判决,VI ZR 32/94,载《新法学周刊》1995 年卷,第 2407、2409 页)。

在“药丸案”中,⑤孩子的父亲要求其非婚生活伴侣支付扶养费,因为其违反约定停服避孕药,联邦最高法院否定了当事人在合同法和侵权法上的损害赔偿请求权。伴侣双方的人格尊严和人格权意味着,他

⑤ 《联邦最高法院民事裁判集》第 97 卷,第 372、379 页;本书第二章判例一。

们随时可以就是否要孩子重新做出决定。他们有权自由决定是否服用避孕药,此种决定属于个人人格的最核心领域,并涉及个人自决权的发展。因此伴侣一方不能有法律约束力地提前承担按时服用避孕药的义务。伴侣之间的私密空间原则上也不受侵权法的调整,即使一方违反约定,就服用避孕药问题欺骗另一方。

若丈夫事先同意妻子采取异质人工授精,他是否同时放弃了自己撤销父亲身份的权利?对于此问题,联邦最高法院在综合考虑法律、伦理、社会和宗教等方面的因素以及丈夫未能慎重考虑的法律保护利益后,作出否定性回答,并且认为其放弃撤销权的行为在法律上无效(《联邦最高法院民事裁判集》第87卷,第169、174页)。丈夫同意妻子以人工授精方式怀孕的,原则上随时可以告知妻子撤回同意,同时解除该同意行为相关联的约定,无论他是基于客观情况的变化还是仅因改变心意不希望妻子通过这种方式怀孕。即使双方约定该协议具有不可撤回的约束力,该约定也没有法律效力,因为其违反了家庭法的基本原则和宪法权利。法律不承认配偶双方就生育计划设立的合同义务,即使是通过人工辅助生育技术怀孕生子。唯有当受精产生不可逆转之后果的,方可不再支持一方的撤回权(参见审判庭判决,载《联邦最高法院民事裁判集》第129卷;第297、307页;审判庭1995年6月12日判决,XII ZR 128/94,载《家庭法大全杂志》1995年卷,第1272页)。

(2)至于配偶一方基于何种理由撤回之前关于人工生育计划的同意,则在所不问。该种决定具有高度人身属性,不应根据其撤回的理由是否符合道德风俗而区别对待。法律不应在这一领域为当事人预设衡量标准。因此,即使被申请人是因为和其他女子之间的违反婚姻忠诚义务的婚外关系而改变心意,也不能像高等地方法院(控诉法院)那样,认为约定具有法律约束力,被申请人单方终止约定的行为违反其义务,申请人有权继续执行原来约定的生育计划等。申请人无权为实现自己生育子女的愿望而违背被申请人的意愿继续执行约定。

(3)被申请人不能根据《民法典》第1579条第3项(有意造成自己的贫困)或第4项(故意漠视义务人的重大财产利益)的规定,对申请人根据《民法典》第1570条主张的扶养费请求权提出抗辩。

首先需要讨论的是,本案中是否存在《民法典》第1579条的适用空间?因为从主流学说来看(参见《联邦最高法院民事裁判集》第97卷,第372、379页;MünchKomm/Wacke前引书,第32段),有关繁育后代的约定属于配偶双方具有高度人身属性的私密空间,不受法律调整,故不能适用有关法律行为和侵权法的规定;由此产生的问题是,是否能够根据《民法典》第1579条对此种约定进行间接的司法审查?也就是说,《民法典》第1579条第3项和第4项规定的对扶养费请求权的抗辩,系对申请人不当行为的制裁,在效果上等同于损害赔偿请求权,但根据前述主流学说的观点,被申请人本来就不能根据此种约定获得损害赔偿请求权。《民法典》第1579条规定的其他抗辩理由同样如此(参见Staudinger/Hübner/Voppel前引书,第41段)。虽然如此,事实上仍有可能出现第1579条第3项或第4项规定的苛刻原因(Härtegrund)。

根据第3项的规定,在保障子女利益的前提下,如果权利人有意造成其自己的贫困,以至于向义务人主张权利会显失公平,就可以拒绝、减少扶养费请求权或者在时间上加以限制。审判庭在判例中指出,这里的"有意"(Mutwilligkeit)并不必须是故意的、以加重扶养义务人负担为目的的制造贫困的行为,同时单纯的过错也不足以发生第3项的制裁。《民法典》第1579条第3项的立法目的应该是确定离婚后生活保障的范围,防止和限制显失公平的扶养请求,避免扶养义务人因为另一方配偶轻率导致自身贫困的行为而承担责任。这里必需的要件是"轻率不符合通常社会标准的行为",且此种行为背后的动因和想法也扩展到作为行为后果的贫困(所谓的"与扶养相关的轻率行为",unterhaltsbezogene Leichtfertigkeit)。对于有劳动能力或财产的人来说,此种轻率意味着以毫无意义的方式处置或挥霍其财产,导致自己的生活发生困难。这里他必须存在重大的疏忽,或不负责任、不计后果地产生明显不利于扶养义务人的后果(参见审判庭1981年7月8日判决,IVb ZR 593/80,载《家庭法大全杂志》1981年卷,第1042页以下;1983年

12月14日判决,IVb ZR 38/82,《家庭法大全杂志》1984年卷,第364页以下;1988年1月13日判决,IVb ZR 15/87,载《家庭法大全杂志》1988年卷,第375页;最近判决为2000年4月12日,XII ZR 79/98,载《家庭法大全杂志》2000年卷,第815页)。在审判庭之前适用第3项的案件中,扶养权利人有过错地以轻率方式如酗酒、滥用药物等失去工作、挥霍掉财产、放弃教育和培训,或因为故意犯罪行为失去工作。

但在本案中,申请人的行为并不符合上述条件。即使站在被申请人的角度来看,女方怀孕和生育子女的行为会产生扶养需求(这个结果也不一定会发生,因为女方本身可以边照顾孩子边工作),但不能将女方实现生儿育女愿望的行为认定为无意义的轻率行为,也不属于理性人在正常情况下可以避免的行为。站在申请人的角度来看,生育子女的行为既不轻率,也不违反通常的社会标准。即使通过体外受精的方式实现生育子女的愿望,也不构成适用《民法典》第1579条第3项的理由。

同样基于上述考虑,不能认为申请人通过怀孕有意漠视被申请人的重大财产利益(《民法典》第1579条第4项)。

既然缺乏适用苛刻条款的构成要件,就不存在对被申请人的不公平负担。因此控诉法院拒绝根据《民法典》第1579条调低扶养费,同时没有从扶养费请求权中扣减申请人获得的教育补贴(《联邦教育津贴法》第9条第2款)的判决在结论上是正确的。

4. 被申请人提出,申请人曾经放弃对被申请人的扶养费请求权,高等地方法院否定该主张。针对上述观点的上诉理由不成立。

控诉法院对扶养费请求权数额的计算不存在不利于被申请人和上告人的法律错误。该判决通过法律审查。

评析　离婚后扶养请求权的成立和限制

本案涉及两个问题,一是配偶双方关于生育的约定是否有约束力,二是离婚后扶养费的减免条件。关于第一个问题的评析详见本书

第二章判例一的评析部分，本部分评析主要介绍德国有关离婚后扶养费及其减免事由的法律规定，以帮助读者理解本判决的争议背景。

一、立法宗旨和体系

德国法对于离婚后扶养请求权的基本思路是，既然夫妻已经离婚，双方原则上已经不存在共同生活责任，应当各自开始新的生活。因此《民法典》第1569条第1句规定，离婚之后双方原则上应各自承担自己的扶养费。但实践中很多离婚者无法完全独立生活，增加了社会救济负担。在这种情况下，第1569条第2句规定了例外情况：离婚之后不能自行维持生计的配偶一方，只能"根据下列规定"对另一方提出扶养请求权。也就是说，必须满足第1570～1576条中规定的请求权要件，才能提出离婚后扶养请求权。

第1569条以下规定的扶养条件（第1570～1576条）构成独立的请求权基础。从这些条文来看，扶养请求权是否成立，取决于配偶一方是否以及在何种程度上能够预期其从事职业，并且从中获得扶养费。满足扶养请求权的条件，就有可能在当事人之间形成扶养法律关系。至于当事人是否以及按照何种标准可以在一定期间请求扶养费，还要取决于众多的其他因素。第1578条第1款规定了确定扶养费标准的基本原则：扶养费包括全部生活需要，并根据婚姻生活状况确定。

另外，只有当扶养权利人不能通过其收入和财产扶养自己的时候，才能主张扶养请求权。第1577条对贫困的条件作了进一步的详细规定。

在判断扶养请求权是否成立以及扶养费的范围时，还要考虑扶养义务人的给付能力（Leistungsfähigkeit）。根据第1581条，必须考虑离婚配偶双方的需要和职业与财产状况的情况，并且扶养费的给付合乎公平，义务人才承担扶养给付。

即使请求权在原则上成立，但考虑到婚姻存续期间的生活状况，有可能无法合理期待义务人完全地或无期限地承担扶养义务。因此2008年《修改扶养法的法律》增设了第1578 b条：若完全的或没有限制的义务有失公正，那么必须减少扶养请求权或者在时间上加以限制。

最后,第1579条还列举了义务的限制或丧失原因,即当全部或部分履行扶养请求权为重大不公平时,必须拒绝、减少或者在时间上限制扶养请求权。

离婚后扶养费请求权的审查流程

1. 是否满足扶养请求权的条件(第1570~1576条)。

2. 确定扶养费的标准(第1578条、第1585 b条和第1613条第2款规定的特殊需要)。

3. 扶养权利人的扶养需求(第1577条)。

4. 扶养义务人的给付能力(第1581条)。

5. 提供扶养费的方式(第1585条)。

6. 抗辩:

(1)根据第1578 b条第1款的克减;

(2)根据第1578 b条第2款在时间上加以限制;

(3)第1579条规定的苛刻条款;

(4)对过去扶养的限制(第1585 b条第2款、第3款);

(5)死亡或重新结婚(第1586条、第1586 a条);

(6)放弃扶养费/另有约定(第1585 c条)。

二、扶养请求权基础及其分类

第1570~1576条规定了若干种独立的扶养请求权条件。其主导思想是,只要可以期待离婚配偶从事职业,离婚配偶就应当通过从事职业的行为扶养自己,而不能主张请求权。

(一)因照顾子女而进行的扶养(第1570条)

离婚配偶一方因为照料和教育未成年的共同子女而无法从事(全职)职业的,有权向另一方要求扶养。该请求权可以基于三种不同的原因而发生:(1)子女出生后3年内,照料子女的父母一方可以直接向离婚伴侣要求扶养费,而无需任何其他条件。(2)只要符合公平原则并且以此为限,可以延长扶养请求权的期限;这时候要考虑子女的利益以及是否存在其他照料子女的可能性。(3)第1570条第2款:扶养请求权还可以进一步延长,只要从子女照料的情形、婚姻中从事职业的情况以及婚姻的存续期间来看,这样做符合公平原则。

共同子女在3岁以前,只要配偶一方合法地照料子女。也就是说,根据双方协议或者法院判决获得对子女照料和教育的权利,就可以要求另一方扶养。在这种情况下,无论如何都不能合理期待该配偶去从事包括兼职工作在内的任何工作,即使子女已经上幼儿园。在特殊情况下,例如感冒,该方配偶可以自行决定是否需要协助照料。如果有多个子女,则以最小子女的年龄为判断标准。

子女满3岁之后,照料子女的配偶一方原则上有义务自己从事职业。只有在具体情况中符合公平原则时,照料子女的配偶一方才能要求延长扶养请求权。根据立法者的设想,这里必须存在和子女最佳利益有关的原因。照料子女的配偶一方对此种原因承担说明和举证责任。但这并不是说,只有在极少数例外情况下(例如,残障子女或因为离婚受到重大伤害的子女)才能延长扶养请求权。因为从生活经验来看,照料年幼子女的人如果要保证子女的最佳利益不受损害,一般情况下就不可能具有和单身者同样的从事职业的能力。"其他照料子女的可能性"指的是,是否存在合适的公共机构如幼儿园、儿童全托所等可供使用,只要使用这些机构在具体情况下符合子女的最佳利益。一般而言,如果有一个子女在上幼儿园,照料子女的配偶只能被期待从事兼职工作;若有多个3岁以上的子女,就不能合理期待照料子女的配偶从事任何工作。

这里的公平原因指的不是子女最佳利益,而是照料子女的配偶一方基于婚姻而产生的信赖(和婚姻相关的原因)。例如,妻子经丈夫同意后,在婚姻期间放弃工作,以便全身心照料子女;如果她在离婚之后既要照料孩子又要从事职业,等于一下子要承担双重负担,这就是不公平的。⑥ 在评价公平的时候,需要考虑婚姻中双方就照料子女和从事职业的分工,以及婚姻持续的时间。

(二)因年老进行的扶养

离婚配偶一方因为年老而不能再期待其从事职业的,可以向另一方请求扶养(第1571条)。这种扶养请求权有时间限制,即不能期待

⑥　参见联邦议会第16/6980号出版物,第9页。

其从事职业的状况出现在:(1)离婚之时;(2)共同子女的照料或教育结束时;(3)第1572条和第1573条规定的扶养请求权的要件丧失时。如果在上述时刻之后才出现因年老而丧失劳动能力的情形,不发生扶养请求权。⑦

法律并没有规定固定的年龄界限。第1571条的核心问题在于,配偶一方在长期离开职场后,是否还可以合理期待其重新从事职业。因为如果长期休业,即使其远未达到通常的退休年龄,也有可能无法重新从事工作。即使请求扶养的配偶一方在结婚时年龄已经比较大,也不影响该请求权的产生。⑧ 需要注意的是,第1578 b条规定的不公平条款有可能会克减此种请求权,或对请求权加以时间限制。

(三)因疾病而进行的扶养

只要离婚配偶一方因疾病或其体力或脑力上的其他残疾或衰弱而不能期待其从事职业的,且以此为限,有权向另一方要求扶养(第1572条)。该请求权也有时间限制,即此种状况也必须在离婚或其他类似时刻起出现。

即使某种疾病在结婚之前就存在,也不影响扶养请求权,⑨即权利人的贫困不一定要"基于婚姻产生"。这样一来,义务人有可能会不公平地承担过度负担。为了避免这种情况,义务人可以根据第1578 b条对扶养费请求权加以时间限制或减少数额。

(四)因无业而进行的扶养(第1573条第1款、第3款和第4款)

离婚后,如果配偶一方没有出现第1570~1572条或者第1576条中规定的情况,就可以期待其从事职业。但是其有可能在劳动市场上找不到合适的工作。对于此种情况,第1573条第1款也规定了扶养要件,作为一个兜底条款:配偶一方在离婚后不能谋得适当职业的,可以此为限请求扶养。要求扶养的人必须提出并证明自己无法谋得适当职业的事实。在存在工作机会的情况下,如果要求扶养的人没有充分努

---

⑦ Dieter Schwab, Familienrecht, 16. Auflage. Rn. 376.

⑧ 联邦普通法院裁判,载《家庭法大全杂志》1982年卷,第29页。

⑨ 联邦普通法院裁判,载《家庭法大全杂志》1981年卷,第1163页。

力地去寻找合适的工作，就不能获得扶养。[10]

法律使用“适当职业”（angemessenen Erwerbstätigkeit）这一概念（第1573条第1款和第1574条），意思是说不能期待离婚配偶接受任何劳动力市场提供的工作，只能期待离婚配偶从事那些对其为适当的职业。

第1573条第1款中的请求权基础也有时间限制：不能谋得适当职业的情形必须出现在“离婚之后”。依照第1570~1572条、第1575条须给予扶养费，且这些扶养费请求权由于规定的要件丧失而消灭的，视同发生在离婚之后（第1573条第3款；根据第1576条成立的扶养请求权消灭时，也适用此规则）。例如，子女的母亲本来根据第1570条（因照料共同子女而进行的扶养）请求扶养费，照料子女长大后又没有找到适当的工作，她可以根据第1573条第1款主张扶养请求权。

法律对时间的要求意味着，配偶在离婚后或第1573条第3款所称的时间后，从事工作的时间越长，其根据第1573条第1款获得扶养请求权的机会就越小。[11] 配偶一方的职业独立性的不断增长，意味着前伴侣的责任逐步减少。为了预防时间限制可能产生的不利后果，第1573条第4款规定，离婚配偶虽已尽力，但仍无法通过从事职业持续地保证生计，致使职业收入丧失的，离婚配偶也可以请求扶养。[12]

第1573条第1款规定的请求权可能会让扶养义务人背负沉重的负担，因为其无法预见此种义务的尽头。这种负担也可能有失公允，特别是当离婚配偶的无业与婚姻并无关联时。所以，有必要根据第1578b条的规定，对此种请求权减少扶养费数额或者/并且在时间上加以限制。例如，某企业家和女主治医生结婚，婚姻期间没有生育子女。在离婚时，企业家由于生意惨淡不得不宣布破产，也不想去找其他工作。此时妻子要根据第1573条第1款对他承担扶养义务。但如果企业的倒

---

[10] 联邦普通法院裁判，载《家庭法大全杂志》1986年卷，第885、886页；1987年卷，第912页。

[11] 参见联邦普通法院裁判，载《家庭法大全杂志》1987年卷，第684、687页；1988年卷，第700、702页。

[12] 参见联邦普通法院裁判，载《家庭法大全杂志》1985年卷，第791、1234页，2003年卷，第1734页。

闭和婚姻没有任何关系,那么毫无限制的扶养负担就显得不公平。所以该扶养请求权可以根据第 1578 b 条第 2 款加以时间上的限制。

(五)差额扶养(第 1573 条第 2 款)

虽然从事了适当的职业,但所得的收入不足以维持全部扶养的配偶也可以请求扶养(第 1573 条第 2 款)。这种"补充扶养费"或"差额扶养费"请求权针对的是权利人的收入和全部扶养费之间的差额。⑬ 在实践中,如果双方都有收入作为扶养费,收入较少的配偶一方获得双方收入差额的 3/7(职业收入)。对于其他收益,则获得差额的 1/2。

如果收入差别与婚姻没有任何关系,那么此种请求权可能造成扶养义务人的不公平负担。因为无期限地承担此种请求权是不合理的。可以考虑通过第 1578 b 条降低扶养费数额或对扶养请求权设定期限。但是,如果妻子因为某种婚姻生活关系的原因,而无法通过从事职业满足全部扶养的话,就另当别论了。

(六)教育、进修或培训的扶养(第 1575 条)

第 1575 条规定了对教育、进修或培训的资助请求权,以补偿因婚姻而产生的不利。这种扶养请求权保障的是配偶一方由于"对婚姻的预期或在婚姻存续期间……没有接受或者中断"的学校教育或者职业教育(第 1575 条第 1 款)。离婚配偶为补偿因婚姻而发生的不利而接受的进修或者培训,也属于该扶养保障的范围(第 1575 条第 2 款)。该请求权包括全部的生活扶养费和培训费用,同时受到如下限制:(1)权利人必须尽快接受该培训。(2)培训的目的是获得能够持续保证生计的适当职业(第 1574 条第 2 款)。(3)必须可预期成功地获得教育文凭。(4)该请求权的最长期限为此种教育毕业通常所需的时间;对此必须考虑婚姻对教育的耽误。

(七)基于公平原因的扶养(第 1576 条)

除了上述的各种特殊扶养要件,法律还规定了"积极的"一般条款:第 1576 条第 1 句规定了一般意义上的婚后扶养请求权:只要由于

---

⑬ 联邦普通法院裁判,载《家庭法大全杂志》1981 年卷,第 241 页;《联邦宪法法院裁判集》第 57 卷,第 361、389 页。

其他重大原因而不能期待离婚配偶一方从事职业，且考虑到双方利益的情况下，拒绝扶养会显失公平，该方可以向另一方请求扶养。

根据判例，只有在例外情况下才发生第 1576 条规定的扶养请求权；[14]相对于第 1570 条而言，这种扶养请求具有附属性。实际上，第 1576 条对于所有扶养请求权而言，都具有附属性。[15]

三、对扶养费请求权的限制

(一)根据公平原则降低扶养费或设立时间限制(第 1578b 条)

在某些情况下，即使具备扶养要件，也不宜让扶养义务人无期限地或完全按照婚姻生活的状况承担扶养义务。特别是，权利人不能自我供养的情形和婚姻共同生活无关时，尤其不宜让义务人无限制地承担此种义务。根据第 1578b 条的规定，可以根据公平原则降低义务人应承担扶养费的数额(第 1 款)；或对其加以时间限制(第 2 款)。这两种对请求权的克减可以结合使用(第 3 款)。

根据第 1578 b 条第 1 款，若按照婚姻生活状况的标准支付扶养费有失公平，可以减少第 1578 条第 1 款第 1 句规定的扶养费标准，将其降低到“适当的生活需要”。具体而言，可以(1)先在一定的过渡期内支付全部(按照婚姻生活状况的)扶养费，然后再逐步降低；(2)从一开始就将扶养费降低到较低的水平。法律用了一个模糊概念，即“适当的扶养费”(angemessener Unterhalt)来描述应当减少的具体数额。适当的扶养费无疑要低于根据第 1578 条第 1 款第 1 句确定的全额扶养费；其具体数额要根据权利人婚前的生活水平，或“如果没有结婚的话目前应有的生活水平”来确定。同时，“适当的扶养”也意味着削减后的扶养费不能低于最低生活需要，至少要略高于最低扶养费。

根据第 1578 b 条第 2 款，若无期限的离婚后扶养请求权不符合公平原则，可以对该请求权在时间上加以限制。此种限制的理由和第 1578 b 条第 1 款相同。这里也要保障权利人照料的共同子女的利益。

---

⑭ 联邦普通法院裁判，载《家庭法大全杂志》1984 年卷，第 361、363 页。

⑮ 联邦普通法院裁判，载《家庭法大全杂志》2003 年卷，第 1734 页；该判决涉及第 1576 条对第 1572 条附属性。

同样,若双方在婚姻生活中的安排导致扶养权利人在职业和财产方面遭受不利(婚姻造成的不利),也不宜对扶养请求权在时间上加以限制。

(二)因显失公平而限制或拒绝扶养(第 1579 条)

根据《民法典》第 1579 条规定的苛刻条款,只要存在特定事实使权利人的扶养请求显失公平(grob unbillig),并且以此为限,义务人可以拒绝扶养请求权、要求减少扶养费或设定时间限制。此时仍要注意保障扶养权利人照料和教育的共同子女的利益。法律列举了 7 种特殊要件(spezielle Tatbestände),符合这些要件的,(不加限制地)提供扶养费就属重大不公(第 1579 条第 1~7 项)。7 种要件之外,法律还附加了一般条款(第 8 项):和上述所列举的原因同样严重的其他原因也可以导致苛刻条款的适用。在任何情况下都不能孤立地看待苛刻要件,不能仅因苛刻要件的存在就认为构成重大不公,应当根据具体情况来判断,承担扶养费是否以及在何种程度上会对义务人造成重大不公,兹列举几项说明。

1. 婚姻存续期间较为短暂(第 1579 条第 1 项)

如果婚姻只存在了很短的时间,可以考虑适用苛刻条款。扶养权利人在离婚后照料子女并请求扶养(第 1570 条)的时间不计入婚姻期间,但可以在权衡公平的时候加以考虑(根据 2008 年《修改扶养法的法律》后的新版本)。

第 1579 条第 1 项中规定的婚姻存续期间(Ehedauer)指的是,缔结婚姻和离婚申请发生诉讼系属之间的期间。婚姻期间是否为“短暂的”,取决于案件中的具体情况。一般认为 2 年以下的婚姻属于短暂的婚姻,而 3 年或 3 年半的就不再是短暂的。[16]

第 1579 条第 1 项和第 1578 b 条之间存在规范竞合的问题,因为在这些条款中也需要考虑短暂婚姻的情况。令人费解的是,在“短”婚姻(如 2 年)中,只能因为重大不公平而减少扶养费;而在较长的婚姻中

---

⑯ 参见联邦普通法院裁判,载《家庭法大全杂志》1982 年卷,第 254、582 页;《家庭法大全杂志》1986 年卷,第 886、887 页;《家庭法大全杂志》1999 年卷,第 710 页。

（如4年），只要存在一般不公即可减少扶养费。只能通过调整规范的适用顺序来解决这一问题：对于较短的婚姻，应首先适用第1579条第1项；只要由此可以达到目的，就不再适用第1578 b条。若不能达到目的，才继续按照第1578 b条进行审查。

2. 已经稳定的共同生活（第1579条第2项）

若有扶养请求权的离婚配偶一方已经和新的伴侣建立了稳定且持续的关系，其继续向前配偶请求扶养就属于重大不公。但根据第1579条第2项失去或降低的扶养请求权并不是“终局的”（nicht endgültig）。一旦新的稳定共同生活破裂，并且从整体情况来看是可期待的，原先配偶在此限度内仍要承担扶养义务，[17]特别是当新伴侣关系存续时间很短时。

3. 犯罪行为或违法行为（第1579条第3项）

权利人对义务人或义务人的近亲属实施犯罪行为或严重的故意违法行为的，承担扶养义务就属于重大不公。“犯罪”和“违法行为”这两个概念的含义参见刑法的有关规定（《刑法典》第12条）。例如，作为扶养权利人的丈夫企图谋杀妻子的母亲；请求扶养费的妻子在扶养程序中因为隐瞒收入而构成程序欺诈。

4. 有意造成自己贫困（第1579条第4项）

所谓的有意（Mutwilligkeit）并不一定需要故意（Vorsatz），只要是和扶养有关的轻率行为（Leichtfertigkeit），就可以构成有意。[18]

前述判例即针对该种情况的扶养费抗辩。审判庭认为，根据第3项的规定，在保障子女利益的前提下，如果权利人有意造成其自己的贫困，以至于向义务人主张权利会显失公平，义务人就可以拒绝、减少扶养费请求权或者在时间上加以限制。这里的“有意”（Mutwilligkeit）并不必须是故意的，以加重扶养义务人负担为目的的制造贫困的行为，同时单纯的过错也不足以发生第3项的制裁。《民法典》第1579条第3

---

⑰　联邦普通法院裁判，载《家庭法大全杂志》1987年卷，第689、690、1238页。

⑱　联邦普通法院裁判，载《家庭法大全杂志》1981年卷，第1042、1044页；1988年卷，第375、377页；2007年卷，第1532页。

项的立法目的应该是确定离婚后生活保障的范围,防止和限制显失公平的扶养请求,避免扶养义务人因为另一方配偶轻率导致自身贫困的行为而承担责任。这里必需的要件是“轻率不符合通常社会标准的行为”,且此种行为背后的动因和想法也扩展到作为行为后果的贫困。对于有劳动能力或财产的人来说,此种轻率意味着以毫无意义的方式处置或挥霍其财产,导致自己的生活发生困难。这里他必须存在重大的疏忽,或不负责任不计后果地产生明显不利于扶养义务人的后果。在审判庭之前适用第 3 项的案件中,扶养权利人有过错地以轻率方式如酗酒、滥用药物等失去工作、挥霍掉财产、放弃教育和培训,或因为故意犯罪行为失去工作。本案中不存在上述情形,故被申请人不能根据(当时的)《民法典》第 1579 条第 3 项(有意造成自己的贫困)或第 4 项(故意漠视义务人的重大财产利益)的规定,对申请人的扶养费请求权提出抗辩。

5. 故意忽视义务人财产上的重大利益(第 1579 条第 5 项)

扶养权利人有意损害义务人的重大财产利益的,也适用苛刻条款。一般来说,除了扶养权利,配偶双方没有义务促进对方的财产利益。无论在法定财产制还是分别财产制下,配偶双方都独立拥有和管理自己的财产。只有当扶养权利人故意或轻率地损害另一方的财产或职业机会,并且这样做并不是为了追求自己的合法利益,或严重违反财产法上的义务,才属于第 5 项规定的情形。在判例中,若有扶养权利的配偶收入大幅提高,但其违反义务地向另一方隐瞒该事实,法院也可以适用苛刻条款。

6. 违反扶养义务(第 1579 条第 6 项)

权利人在离异前长期、严重地违反供养家庭的义务的,其在离婚后请求扶养就属于重大不公。例如,有义务通过现金扶养家庭的配偶拒绝向家庭提供生活费;根据约定应料理家务的一方不履行义务,且情节严重的(第 1356 条第 1 款和第 1360 条第 2 句)。这一规定并不是要对料理家务的一方求全责备;只有当家庭主妇(或家庭主男)拒绝承担全部或大部分应当由其承担的家务时,才适用该苛刻条款。

7. 单方的严重错误行为(第1579条第7项)

权利人对义务人有明显严重的且原因在权利人方面的错误行为(offensichtlich schwerwiegendes, eindeutig bei ihm liegendes Fehlhalten gegen den Verpflichteten),也构成重大的不公平。这主要指的是严重的单方婚姻错误行为(Eheverfehlungen)。只要扶养权利人的错误行为是严重的、单方的以及明显的,即使该错误行为没有给义务人造成经济上的不利影响,也可以适用苛刻条款。⑲ 但如果被要求支付扶养费的配偶一方此前已经要求解除婚姻关系,或其自身也有严重违反婚姻义务的行为,就另当别论。

从概念上来说,"明显严重的错误行为"并不限于婚姻错误行为,还包括那些可以发生于任何个人之间的其他行为方式(sonstige Verhaltensweisen),例如在精神上折磨他人、取笑其他家庭成员、公开侮辱等。即使这些行为发生在婚姻破裂之后或离婚之后,也有可能根据第1579条第6项构成明显错误。

⑲ 联邦普通法院裁判,载《家庭法大全杂志》1980年卷,第665页:妻子抛弃丈夫,并且在法院确定子女照顾权之前就带着孩子搬到男朋友那里,和后者非婚共同生活,法院认为妻子不能获得扶养费;另外参见联邦普通法院裁判,载《家庭法大全杂志》1981年卷,第439、1042、1043页;1983年卷,第670页。

第七章　人工生育技术视角下的父母身份认定

判例一　联邦最高法院 2017 年 11 月 29 日裁定:变性人的母亲身份

要点提示:性别改变后生育子女的,只能根据原来的性别获得父母身份;《特殊情形下姓名与性别变更法》(TSG)第 11 条第 1 句①和《民法典》第 1591 条。②

案号:BGH, Beschluss vom 29. November 2017-XII ZB 459/16-KG Berlin.

引证注释:《新法学周刊》2018 年卷,第 471 页;《家庭法大全杂志》2018 年卷,第 290 页。

裁判要旨

1. 由男变女的变性人利用其手术前保留的精

---

① 《特殊情形下姓名与性别变更法》第 11 条:认可申请人属于另一性别的决定不改变申请人与其父母子女的法律关系,只要其收养的子女是在决定生效前被收养的。这同样适用于与其子女的子孙后辈的关系。

② 《民法典》第 1591 条　母亲身份

子女的母亲是生该子女的女子。

子令他人怀孕，并在确认性别变更的判决发生既判力之前生下子女，在血缘关系上只能被认定为父亲，而不能获得母亲身份（类似判决参见审判庭 2017 年 9 月 6 日裁定，XII ZB 660/14，载《家庭法大全杂志》2017 年卷，第 1855 页）。

2. 变性人作出的母亲身份声明（Mutterschaftsanerkennung）无效。

判决理由

一、

本案的争议点是子女的出生登记（Geburtseintrag）。确认当事人 1 之性别归属为女性的裁定于 2012 年 8 月发生既判力。

当事人 2 在 2015 年 6 月生下子女。当事人 1 系从男性变为女性的变性人，具有德国国籍。当事人 1 在之前的程序中声称，案涉子女系用自己的精子怀孕的。在二审程序中，其代理人出示了一份公证证书，证明其在子女出生前承认自己的母亲身份，且获得了当事人 2 的同意。当事人 1 和当事人 2 在 2015 年 9 月登记为同性生活伴侣。

户政登记机关在子女出生信息中，将当事人 2 登记为子女的母亲。当事人 1 也要求将自己登记为母亲，被登记机关拒绝。

当事人 1 和当事人 2 以及通过她们代理的子女要求户政登记机关根据《民事身份登记法》第 49 条的规定将当事人 1 登记为母亲。在前两个程序中，该请求均被驳回。当事人提起法律抗告。

二、

根据《家庭事件和非讼事件程序法》第 70 条第 1 款和第 2 款第 2 句，结合《民事身份登记法》第 51 条第 1 款，当事人可以提起法律抗告，但其实体权利未能获得支持。

1. 抗告法院在其判决理由中指出，当事人 1 不能根据《民法典》第 1591 条登记为子女的母亲，因为其并非生育子女者。同时德国法中并未规定对母亲身份的承认制度。不能类推适用《民法典》第 1592 条第

2 项,[③]因为这里并不存在法律漏洞。立法者对于母亲的身份规定了客观和唯一标准,即分娩子女的人。除了通过收养取得母亲身份,立法者有意否定了以其他方式,如法律行为获得母亲身份的可能性。其立法考量在于,法律上的父母身份认定不能和生物意义上的血缘关系相抵触,以至于出现两个母亲或父亲。

即使承认母亲身份的女子在变性前提供了精子,从而在生物学意义上作为父亲参与了生育,这里也不存在法律漏洞。立法者同样考虑到了此种情况,并在《特殊情形下姓名与性别变更法》第 11 条中明确规定,确定申请人属于另一性别的裁判不改变申请人与其父母子女的法律关系。从立法资料来看,这一规定同样适用于裁判生效后根据《特殊情形下姓名与性别变更法》第 8 条和第 10 条出生的子女。该法第 5 条第 2 款关于姓氏的规定同样没有导致立法矛盾,因此并不存在法律上的不确定性(Unklarheit)。

最后,子女知晓其出身的权利也不意味着,变更为女性,同时也改变其姓氏的当事人 1 可以在出生登记簿上登记为母亲。《民事身份登记法》针对的是法律上的父母关系,并不保障当事人 1 可以登记为母亲。子女知悉出身的权利针对的是对事实的了解,而无需通过身份登记得到保障。

2. 抗告法院的上述观点通过了法律审查。登记机关做出的出生登记符合《民事身份登记法》第 21 条第 1 款第 4 项的规定。

(1)根据《民事身份登记法》第 21 条第 1 款第 4 项,应当将子女之父母的姓和名登记在证书上。根据法律对民事身份的定义(该法第 1 条第 1 款第 1 句),该规定针对的是法律上具有父母身份的人(参见审判庭判决,载《联邦最高法院民事裁判集》第 203 卷,第 350 页或《家庭

---

③ 《民法典》第 1592 条　父亲身份

子女的父亲是具有下列情形之一的男子:

1. 在子女出生时与子女的母亲有婚姻关系的;

2. 已承认父亲身份的;或

3. 其父亲身份被依第 1600d 条或《关于改革家庭事件及非诉管辖事件的程序的法律》第 182 条第 1 款在裁判上确定的。

法大全杂志》2015 年卷，第 240 页，第 63 段）。

首先，根据《民法典》第 1591 条的规定，母亲指的是分娩子女的人。德国民法只承认唯一的、依法律确定的母亲。也就是说，立法者已经明确排除了通过其他形式获得母子关系的可能性，特别是在代孕情形下提供卵细胞的人不能获得母亲身份（参见审判庭判决，载《联邦最高法院民事裁判集》第 203 卷，第 350 页或《家庭法大全杂志》2015 年卷，第 240 页，第 35 段以下）。法律并不认可母亲身份承认（Mutterschaftsanerkennung）。德国法律也不承认其他由两方女性获得父母身份的形式，例如通过自愿异质授精产生的共同母亲身份（Mit-oder Co-Mutterschaft bei konsentierter heterologer Insemination，参见审判庭判决，载《联邦最高法院民事裁判集》第 210 卷，第 59 页或《家庭法大全杂志》2016 年卷，第 1251 页，第 30 段以下）。

其次，虽然当事人 1 通过提供精子参与了生育，但这只能作为其获得父亲身份的依据。《特殊情形下姓名与性别变更法》第 11 条第 1 句意味着，在这种情况下并不考虑当事人 1 已经被认定为女性的情形。抗告法院认为，《特殊情形下姓名与性别变更法》第 11 条第 1 句已经包括了变性人和子女之间的关系，即使子女是在法院做出改变父母一方性别归属的判决之后出生（参见联邦议会第 8/2947 号出版物，第 16 页）。该观点符合法律规定，也符合之前的相关判决（参见审判庭 2017 年 9 月 6 日判决，XII ZB 660/14，载《家庭法大全杂志》2017 年卷，第 1855 页，第 15 段）。从第 11 条第 1 句的立法意旨来看，变性人作为母亲或父亲的身份并不因为改变性别归属而发生变化，尤其是对于父亲身份撤销和婚生地位撤销（参见审判庭 2017 年 9 月 6 日判决，XII ZB 660/14，载《家庭法大全杂志》2017 年卷，第 1855 页，第 15 段以下；联邦议会第 8/2947 号出版物，第 16 页）。

在血统关系方面，当事人 1 只能基于其在生育中的贡献获得法律上的父亲身份（参见科隆高等地方法院判决，载《家庭法大全杂志》2010 年卷，第 741、742 页）。但当事人 1 根据其律师的建议，没有作出承认父亲身份的声明，而是声明承认母亲身份，其目的是通过母亲身份构建稳定的血统关系。由于母亲身份和父亲身份在法律地位上存在根本区别,不能将当事人1的声明转换解释为父亲身份声明(参见审判庭2016年7月20日裁定,XII ZB 609/14,载《家庭法大全杂志》2016年卷,第1761页,第8段、14段)。

(2)该法律规定并不产生合宪性问题。

首先,在另外一个案情相左的案件中,涉及女变男之变性人的子女出生,审判庭指出,血统关系法无需考虑变性人目前归属于另一性别的事实,仅根据其之前的性别及其在生育中的贡献决定其法律上的父母身份,这并不会损害变性人的基本权利。该法律规定并未损害变性人根据《基本法》第2条第1款结合第1条第1款④享有的一般人格权。在变性人和根据《特殊情形下姓名与性别变更法》第8条第1款出生或怀孕的子女之间,变性人在法律上的身份(父亲或母亲)可能和其实际的性别存在差别,有可能损害变性父母方的性别身份认同感(Anerkennung der geschlechtlichen Identität)。《基本法》第2条第1款规定的个人自由发展(Persönlichkeitsentfaltung)属于宪法秩序框架。所有的法律规范都应当在形式上和实质上符合《基本法》之规定。《民法典》第1591、1592条和《特殊情形下姓名与性别变更法》第11条第1句同样如此,这也是审判庭对第11条第1句的解释原则(参见审判庭2017年9月6日裁定,XII ZB 660/14,载《家庭法大全杂志》2017年卷,第1855页,第23段)。

虽然对审判庭的上述判决存在批评意见(参见Wapler论文,在

---

④ 《基本法》第1条

(1)人之尊严不可侵犯,尊重及保护此项尊严为所有国家机关之义务。

(2)因此,德意志人民承认不可侵犯与不可让与之人权,为一切人类社会以及世界和平与正义之基础。

(3)下列基本权利拘束立法、行政及司法而为直接有效之权利。

第2条

(1)人人有自由发展其人格之权利,但以不侵害他人之权利或不违犯宪政秩序或道德规范者为限。

(2)人人有生命与身体之不可侵犯权。个人之自由不可侵犯。此等权利唯根据法律始得干预之。

《家庭法大全杂志》2017 年卷，第 1861 页），但这些批评意见并未注意到，联邦宪法法院曾在判决中指出（《联邦宪法法院裁判集》第 128 卷，第 109 页或《新法学周刊》2011 年卷，第 909 页，第 77 段），父母子女关系应当是确定的，与生物属性相符合的法律归属。联邦宪法法院特别提到科隆高等地方法院 2009 年 11 月 30 日的判决（载《家庭法大全杂志》2010 年卷，第 741 页），该案同样涉及父母一方性别归属变更后出生的子女；虽然父母一方在法律上改变了性别归属，但他们仍然是，也仍将是子女的父和母（《联邦宪法法院裁判集》第 128 卷，第 109 页或《新法学周刊》2011 年卷，第 909 页，第 77 段）。《民法典》第 1591、1592 条和《特殊情形下姓名与性别变更法》第 11 条符合宪法法院的上述观点。

其次，联邦宪法法院在 2017 年 10 月 10 日的判决（1BvR 2019/16）中并未改变上述观点。该判决的背景案情和本案存在根本区别，且性别归属是根据《特殊情形下姓名与姓氏变更法》第 8 条以下确定。该案中法院认为，若立法者在性别发生法律变更的情形下，坚持认为应当根据之前的身份确定身份效力（Statuswirkungen），不利于教育子女正确认识父母双方在生育中的功能，这一儿童利益应受到法律的特别保护（参见《联邦宪法法院裁判集》第 128 卷，第 109 页或《新法学周刊》2011 年卷，第 909 页，第 77 段；联邦宪法法院 2017 年 10 月 17 日裁定，1 BvR 75 = 747/17）。

（3）根据欧洲人权法院的相关判决以及该判决赋予的自由裁量权（参见欧洲人权法院判决，载《家庭法大全杂志》2017 年卷，第 936 页），审判庭认为上述观点不违反变性人根据《欧洲人权公约》（EMRK）第 8 条享有的，据以实现自我认知的性别身份在法律上得到承认的权利。对于变性人在性别归属获得法律确认后出生或怀孕的子女，德国法律按照当事人在生育过程中的功能来确定其父母身份，而不是根据父母一方变更后的性别来确定父母身份（参见审判庭 2017 年 9 月 6 日裁定，XII ZB 660/14，载《家庭法大全杂志》2017 年卷，第 1855 页，第 45 段）。这一法律规定并未超越欧洲人权法院在上述判决中赋予成员国的自由裁量权。

评析　人工辅助生育技术视角下的母亲身份

本案中，当事人1从男性变更为女性，对于和自己有基因关系的子女，只能获得父亲身份，而不能获得母亲身份。即使该子女是当事人1性别变更获得法律确认之后出生的，亦是如此。在父母子女关系认定上，母亲身份的认定向来比较简单，但本案中出现的人工辅助生育技术和变性人问题，给母亲身份确认提出了新的挑战。

1998年的子女法改革在《民法典》中增加了对母亲身份的定义：母亲是生育子女的妇女（第1591条）。立法者认为，随着现代科技的发展，特别是人工生育技术的进步，妇女可以生育一个在基因上和自己毫无关系的子女（如通过卵子捐献、胚胎捐献），所以这一规定尤为必要。第1591条的规定表示，法律不承认“分裂的母亲身份”，法律上的母亲只能是生育子女的人。分娩者不能拒绝承认母亲的身份，其他人不能通过承认声明取得母亲身份，卵子捐献者和生育者也不能通过协议对母亲身份加以处分。

随着医学的进步，人们发明出各种人工生育技术，这是《民法典》编纂者们始料不及的。无论如何，法律意义上的母亲必须是单一并且无疑义的，即生育子女的妇女（第1591条）。母亲是实际分娩者，即使卵细胞并非来自于她（卵子捐献、胚胎捐献的情况）。捐献卵子的妇女和子女没有法律上的联系，也不能分割或分享母亲身份。另外，也不存在可以质疑或排除生育者母亲身份的程序（即不存在母亲身份的撤销程序）。

判例二　联邦最高法院2013年5月15日判决：父亲身份的撤销

要点提示：人工辅助生育技术视角下的父母身份，精子提供者的父亲身份撤销权；（不能）推定放弃父亲身份的撤销，如何认定“协商一致的异质人工授精”（heterologe consentierte Insemination）。

案号：BGH，Urteil vom 15. Mai 2013-XII ZR 49/11-OLG Köln.

引证注释：《新法学周刊》2013 年卷，第 2589 页；《联邦最高法院民事裁判集》第 197 卷，第 242 页。

裁判要旨

若法律上的父亲没有作出《民法典》第 1600 条第 5 款⑤规定之同

⑤　第 1600 条的条文已经过修正。之前的第 1600 条　撤销权人

（1）有权撤销父亲身份的是：①依第 1592 条第 1 项和第 2 项，第 1593 条具有父亲身份的男子；②以代替宣誓的保证声明与子女的母亲在怀孕期间发生性关系的男子；③母亲；④子女；⑤在第 1592 条第 2 项情形下有管辖权的机关（有撤销权的机关）。

（2）第 1 款第 2 项所规定的撤销的前提是：在子女与其第 1 款第 1 项意义上的父亲之间不存在社会—家庭关系，或在他死亡时未曾存在社会—家庭关系，且撤销人系子女的生父。

（3）第 1 款第 5 项所规定的撤销的前提是：在子女和父亲身份承认人之间不存在社会—家庭关系，或在承认或他死亡时未曾存在社会—家庭关系。且因父亲身份的承认，子女或父母的一方被许可的入境或被许可的居留的法律要件得以具备的。

（4）第 1 款第 1 项意义上的父亲在决定性的时点为子女负担，或已负担事实上的责任，即存在第 2 款和第 3 款所规定的社会—家庭关系。在通常情况下，第 1 款第 1 项意义上的父亲与子女的母亲有婚姻关系，或已与子女长期在家庭的共同关系中共同生活的，即为存在事实上责任的承担。

（5）子女系经该男子和母亲允许，以人工授精方式借助于第三人精子的捐献而被孕育的，父亲身份不得由该男子和母亲撤销。

（6）各州政府被授权以法令确定第 1 款第 5 项所规定的机关。各州政府可以将该项授权以法令托付给有管辖权的最高州机关。依这些规定不能确立机关地域管辖权的，由对诉讼有管辖权的法院的所在地确定。

修订后的第 1600 条　撤销权人

（1）有权撤销父亲身份的是：①依第 1592 条第 1 项和第 2 项，第 1593 条具有父亲身份的男子；②以代替宣誓的保证声明与子女的母亲在怀孕期间发生性关系的男子；③母亲；④子女。

（2）第 1 款第 2 项所规定的撤销的前提是：在子女与其第 1 款第 1 项意义上的父亲之间不存在社会—家庭关系，或在他死亡时未曾存在社会—家庭关系，且撤销人系子女的生父。

（3）第 1 款第 1 项意义上的父亲在相关时点为子女负担，或已负担事实上的责任，即存在第 2 款所规定的社会—家庭关系。在通常情况下，第 1 款第 1 项意义上的父亲与子女的母亲有婚姻关系，或已与子女长期在家庭的共同关系中共同生活的，即为存在事实上的责任承担。

（4）子女系经该男子和母亲允许，以人工授精方式借助于第三人精子的捐献而被孕育的，父亲身份不得由该男子和母亲撤销。

意,原则上精子提供者也享有《民法典》第1600条第1款第2项规定的亲生父亲(boilogische Vater)身份撤销权。

案件事实

当事人的争议焦点在于2008年7月21日出生的被告2(以下简称子女)的父亲的身份的确认和撤销。该子女通过人工授精的方式受孕。原告将精子置于容器中交给母亲,并由其接受手术生育。

原告和母亲都有各自的同性生活伴侣。原告于2009年1月宣布承认其父亲身份,但未获得母亲同意,承认归于无效;被告1于2009年3月承认父亲身份并获得母亲的同意。原告在2009年8月提起诉讼,要求撤销被告1的父亲身份,并确认自己的父亲身份。当事人之间存在争议的是,原告是否和母亲及各自的生活伴侣约定应由原告对子女承担父亲责任,抑或约定了由母亲的生活伴侣(女性)收养子女。

区法院驳回诉讼请求。原告提起控诉,控诉法院委托鉴定人就子女的出生出具了鉴定意见,认定原告是子女的父亲。被告提起上告,要求恢复区法院的判决。上告未获得支持。

裁判理由

首先,根据《非讼事件改革法案》第111条第1款的规定,本案在程序上仍适用2009年8月31日之前的程序法,因为争议发生在该时间之前(参见审判庭2010年11月3日裁定,XII ZB 197/10,载《家庭法大全杂志》2011年,第100页,第10段)。

一、

根据控诉法院的观点,通过对法律条文的合宪性解释,原告享有《民法典》第1600条第1款第2项规定的、针对被告1的父亲身份撤销权。原告以代替誓言之保证(eidesstattlichen Versicherung)的方式声称,他多次向子女的母亲提供精子,且母亲以怀孕为目的通过手术植入精子。这就满足了“以代替宣誓的保证声明与子女的母亲在怀孕期间发生性关系”的条件。

法律之所以在第1600条第1款第2项规定了“发生性关系”的条件，目的是将撤销权人限于那些有可能系子女亲生父亲的人。在这一点上，本案中的“提供精子”和直接发生性关系并无区别。在适用《民法典》第1600d条第2款规定的父亲身份之推定时，亦应平等处理此两种情形。但根据德国联邦议会法律委员会在立法建议书中的理由，该规定除了防止漫无目的地提起撤销诉讼，还在于防止提供精子的第三人提出撤销。联邦最高法院在一项判决的附带意见中也指出，单是提供精子者，尚无权提出撤销，因为其通常并没有和子女的母亲共同生活或发生性关系。但根据联邦宪法法院2003年4月9日的判决理由，本案中不能直接排除其撤销权，否则就会侵害生父受宪法所保护的父母权利。

即使按照立法者的本意，将精子提供者排除在撤销权人之外，但立法者当初设想的应该是“常规”的精子捐献者，此类人员按照医院流程，通过一系列的约定和保密措施隐匿其身份，避免承担父亲责任，而让社会意义上的父亲构建其法律责任。当时的出发点在于，选择参加精子捐献的人，就已经默示地放弃了法律上的父亲身份，相应地也失去了撤销权。《民法典》第1600条第5款也体现了同样的意旨。

但在本案中，当事人并没有作出有约束力的约定。相反，若原告不履行父亲责任，母亲还打算向原告主张扶养费请求权。

如果说撤销权完全取决于提供精子的方式，就忽视了原告受基本权利保护的父母权利。和同质授精(homologen Insemination)相比可以看出，生父的父母权利并不完全取决于母亲的意愿，联邦宪法法院在有关非婚父亲之父母照顾权的判决中也确认了这一点。考虑到其父母权利的宪法意义，唯精子提供者从一开始就通过一定程序声明放弃父亲身份及其权利义务的，才能排除其撤销权。

根据被告陈述，本案中并不存在社会家庭关系。被告1和母亲只是普通朋友关系，母亲也毫无避讳地承认，选择被告1是为了方便她的伴侣收养子女。但母亲的伴侣和子女之间的社会家庭关系并不影响撤销权的排除。根据联邦宪法法院的看法，原告和子女之间是否存在社会家庭关系，并非撤销权的必备前提，而是生父可以主张撤销权的补强理由。

二、

控诉法院的上述观点通过了法律审查。

1. 根据《民法典》第 1600 条第 1 款第 2 项，通过代替宣誓的保证声明与子女的母亲在怀孕期间发生性关系的男子，有权撤销父亲身份。

(1) 本案中，原告通过代替宣誓的保证声明，他将精子提供给母亲，供后者以怀孕为目的使用。从第 1600 条第 1 款的条文表述来看，并未排除将这一条款扩展适用于精子提供者。

无论是从法律规定的意义和目的，还是从其在血缘关系法体系中的位置来看，只要对于生育子女没有预先达成《民法典》第 1600 条第 5 款⑥意义上的约定，并指定第三人排他性地获得父亲身份（即所谓协商一致的异质人工授精，konsentierte heterologe Insemination），前述规定（第 1600 条第 1 款第 2 项）即可适用于未发生性行为但可能为子女基因意义上的父亲的撤销权人。

(2) 本案中的精子提供者并未事先同意让任何其他男子取得排他性的法律上的父亲身份，故其没有被排除在撤销权人之外。

首先，《民法典》第 1600 条第 1 款第 2 项系 2004 年 4 月 23 日通过的《修改关于撤销父亲身份和子女交往权的法律》（《联邦法律公报》2004 年第 1 部分，第 598 页）增设的。联邦宪法法院在 2003 年 4 月 9 日的判决（《家庭法大全杂志》2003 年卷，第 816 页）中指出，当时的《民法典》第 1600 条部分违宪，故立法者应修订法律对该判决做出回应。

联邦宪法法院指出，未取得法律上的父亲身份的生父，虽然并不直接享有《基本法》第 6 条第 2 款第 1 句规定的父母权利，其取得父亲身份的权利仍受基本权利规范的保护（参见联邦宪法法院判决，《家庭法大全杂志》2003 年卷，第 816 页；《家庭法大全杂志》2008 年卷，第 2257

⑥ 第 1600 条第 5 款：子女系经该男子和母亲允许，以人工授精方式借助于第三人精子的捐献而被孕育的，父亲身份不得由该男子和母亲撤销。

页)。但这种保护并不意味着生父在任何情况下都优先于法律上的父亲。立法者优先考虑的是子女及其法律父母业已形成的,《基本法》第6条第1款意义上的社会家庭关系。宪法对生父的保护在于,确保其取得法律父亲地位的可能性,只要该种保护和子女及其法律上的父母已经形成的家庭关系不相抵触,且能够确定其是子女的生父(联邦宪法法院判决,载《家庭法大全杂志》2003年卷,第816、818页)。

在联邦政府提交的立法草案中,撤销权的前提是要证明和子女的母亲有性行为,并且立法草案理由书中指出,该种证明属于"决定性审查"(Schlüssigkeitsprüfung),其目的是保护母亲、子女和法律上的父亲的人格尊严,防止漫无边际地滥用撤销权(联邦议会第15/2253号出版物,第10页)。在立法程序中,根据议会法律委员会的建议,"证明"被修改为"代替宣誓的保证"。

控诉法院还注意到,议会法律委员会还提出,通过代替宣誓的保证声明存在性关系,可以排除精子提供者作为"亲生父亲"的撤销权,但这一点并未体现在法律文本上。需要注意的是,发生性关系本身并非成功撤销申请的前提条件;根据《民法典》第1600条第2款提起的撤销之诉能否得到支持,完全取决于生理上的血缘关系,发生性关系只是代替宣誓的保证的内容而已。因此,草案理由书中规定的这一条件应被理解为仅是形式上的障碍,以避免轻率地提出撤销申请。如果当事人对子女的血缘关系并无争议,即不存在适用余地,本案即是如此。

联邦议会法律委员会对该条文的效力方式的解读是否构成立法者对法律适用的有权解释(参见《关于加强未获得法律父亲身份的生父之地位的立法》的立法理由书,联邦议会17/12163号出版物,第14页),对本案并无决定性影响。因为法律委员会的其他考虑显示,该条文主要针对的是《民法典》第1600条第5款意义上的、期望通过捐献精子生育子女的男子的同意(协商一致的异质人工授精),而本案中显然不存在这一角色。联邦参议院不同意政府草案中的条文,对于人工受孕问题单独提出立法建议,形成了对当时《民法典》第1600条第4款(后来的第5款)的补充,规定法律上的父亲、母亲和提供精子的第三人在此种情形下均不得主张撤销父亲身份。相应地,法律委员会认为,否定生父的撤销权并不侵害其受《基本法》第 6 条第 2 款保护的父母权利,因为提供者自愿参加精子捐献行为本身就意味着,其已经默示地放弃了父亲身份以及相应的撤销权(联邦议会 15/2942 号出版物,第 9 页)。因此法律委员会提出的考量仅是针对《民法典》第 1600 条第 5 款的情形,目的是排除法律上的父亲和母亲的撤销权。唯有当母亲、期望成为父亲的男子(Wunschvater)、提供精子的第三人就生育子女达成一致意见,约定由期望成为父亲的男子确定父亲身份时,才符合适用该规定的前提条件。也唯有在此种情况下,精子提供者的权利仅限于提供精子,他将本应承担的父母责任转交给期望成为父亲的人,同时在法律允许的范围内保持匿名状态。

也只有上述情形可以对应法律委员会在立法资料中体现的观点,即精子提供者默示地放弃法律上的父亲身份和撤销权。否则,如其嗣后应向子女披露身份,那么他就应该享有异质人工授精中生父的法律地位,而不只是第 1600 条第 5 款规定的精子供体。本案即属此例。《民法典》第 1600 条第 1 款第 2 句的规定只是一个形式障碍(formelle Hürde),其无关乎代替宣誓的保证内容是否正确,不排除生父的撤销权。

既然本案不存在《民法典》第 1600 条第 5 款规定的情形,精子提供者并没有放弃父母权利,他可以根据其基因上的关联性获得宪法保护,至少有权要求确立其父亲身份。

其次,在协商一致的异质人工授精情形之外,允许精子提供者获得父亲身份也符合对血缘关系法(Abstammungsrecht)的体系解释。协商一致的异质人工授精和单纯的承认父亲身份不同,包括子女受孕和出生的整个过程都是当事人协商一致的结果,在基于医疗卫生法进行的医学人工辅助异质授精(参见 Rütz:《异质人工授精:精子供体的法律地位》,2008 年,第 75 页以下)的情形下尤其如此(参见 Wanitzek:《医疗辅助繁殖技术下的法定父母身份》,2002 年,第 254 页)。进一步而言,即使撤销人作出代替宣誓的保证,且法律上的父亲和子女之间不再存在社会家庭关系，在《民法典》第 1600 条第 5 款情形下的精子供体也不能主张撤销权。

反之，如果并无其他男子期望通过人工生育成为父亲，并因此作出同意表示，就可以直接根据《民法典》第 1600d 条[⑦]确认精子提供者的父亲身份。根据本案发生时尚在适用的第 1600e 条第 1 款第 1、2 项（已废止），有权提出此种申请的不仅有子女和母亲，还包含作为生父的精子提供者。对于该申请的程序适用 2009 年 9 月 1 日开始实施的《家庭事件和非讼事件程序法》第 171 条[⑧]（参见 Löhnig 论文，载《家庭法大全杂志》2009 年卷，第 1798、1799 页；Prütting/Helms/Stößer：《家庭事件和非讼事件程序法》第 2 版，第 171 条，第 7 段）。据此，如果在人工生育过程中没有做出同意的意思表示，嗣后才决定取得父亲身份的，在法律上就不能得到特别保护。在此种情况下，认领父亲身份者和母亲都可以在撤销期限内随时撤销父亲身份。由于不存在男方允许（Einwilligung）以人工授精的方式借助于第三人的精子生育子女的情况，也就无需根据《民法典》第 1600 条第 5 款排除撤销权。同时也就没有理由去排除精子提供者的撤销权。若承认父亲身份者和子女并没有形成社会家庭关系，就更应该允许精子提供者提出撤销父亲身份的申请。

---

⑦ 《民法典》第 1600d 条　父亲身份的裁判上确定

（1）依第 1592 条第 1 项和第 2 项、第 1593 条，不存在父亲身份的，父亲身份必须在裁判上予以确定。

（2）在以父亲身份的裁判上确定为目的的程序中，推定父亲是在母亲怀胎之间与她发生性关系的人。存在对父亲身份的重大怀疑的，不适用该推定。

（3）子女出生前倒数第 300 天至第 181 天的期间，包括倒数第 300 天和第 181 天，视为怀胎期间。子女的母亲确系在第 1 句的时段以外怀孕的，该不同时段视为怀胎期间。

（4）以法律不另有规定为限，承认的法律效果自被确定时起才能加以主张。

⑧ 《家庭事件和非讼事件程序法》第 171 条　申请

（1）此等程序必须依申请启动。

（2）申请书中应载明程序目的和相关人员。依照《民法典》第 1600 条第 1 款第 1 项至第 4 项进行的否定父亲身份的程序中，应具体说明否定父亲身份的情形，以及知晓该情形的时间。依照《民法典》第 1600 条第 1 款第 5 项进行的否定父亲身份的程序中，必须说明据以认定不符合第 1600 条第 3 款规定之条件的情形，以及知悉该情形的时间。

审判庭在2005年1月26日的判决(《家庭法大全杂志》2005年卷,第612、614页)中发表的观点,也应当在此意义上进行缩限解释,即该观点仅针对单纯的精子提供者。至于该观点中的其他内容,审判庭并不继续坚持。

2. 母亲及其伴侣收养子女的愿望和本案的争议焦点并无关联,虽然对于原告是否一开始就同意该计划存在争议。本案诉讼标的是父亲身份的撤销,和其他事件没有关系。

母亲的伴侣是否可以取得父母权利,并非本案的审理范围,应当根据《同性共同生活伴侣关系法》第9条第7款的规定单独审理继子女收养问题。根据联邦宪法法院的相关判决,父母一方的生活伴侣在收养之前,不属于《基本法》第6条第2款第1句规定的父母权利主体,即使伴侣双方和子女之间形成了社会家庭关系。伴侣一方和另一方子女之间形成的社会父母关系并不构成宪法意义上的父母权利(联邦宪法法院法院判决,载《家庭法大全杂志》2013年卷,第524、5212页)。同样,当事人虽对原告是否已经事先同意由母亲的伴侣收养子女存在争议,该争议亦应在收养程序中审查,并在该程序中适当考虑子女最大利益原则。

上告人提出,母亲的伴侣也享有《基本法》第6条第1款规定的家庭保护,但这和本案诉讼标的没有直接关系。撤销父亲身份并不直接影响现有的社会家庭关系。本案针对的是身份程序,只涉及父亲的合法地位。根据《民法典》第1600条第2款,⑨子女和法律上的父亲形成的社会家庭关系可以阻却撤销。身份变更引起的间接效果,例如沟通父母照顾权或探望权,也应当在特别程序中结合儿童最大利益加以确认。

因此,不能将父亲身份的承认作为一种工具,通过让不相干的第三人承认父亲身份来促进收养,即让实际上没有利益关联的法律上的父

⑨ 《民法典》第1600条第2款:第1款第2项所规定的撤销的前提是,在子女与其第1款第1项意义上的父亲之间不存在社会家庭关系,或在他死亡时未曾存在社会家庭关系,且撤销人系子女的生父。

亲根据《同性生活伴侣关系法》第9条第7款和《民法典》第1747条被允许收养。这种安排不仅会误导家事法院在收养程序中的判断，也构成对通过承认获得父母权利的滥用，且此种滥用的唯一目的就是要排除真正的父亲的父母身份（参见欧洲人权法院判决，载《家庭法大全杂志》2004年，第1456页；联邦宪法法院判决，载《家庭法大全杂志》2004年卷，第1857页）。防止这种权利滥用并允许亲生父亲获得父母身份，应当是《民法典》第1600条第1款第2项规定的立法目的之一。

3. 综上所述，在不适用《民法典》第1600条第5款的情形下，精子提供者也享有第1600条第1款第2项规定的撤销权。

评析　德国法上父亲身份的取得和丧失

一、父亲身份的取得

在原则上，法律对所有子女规定了统一的父亲的身份确认规则，但在具体情况下又必须做出必要的区分：出生时父母已经结婚的，直接将丈夫认定为子女的父亲；若为非婚生子女，则需要其他条件才能确定父亲身份。第1592条规定，子女的父亲是具有下列情形之一的男子：(1)在子女出生时已经和子女的母亲结婚；(2)承认父亲的身份；(3)其父亲的身份已经被法院裁判确定。

（一）基于婚姻取得父亲身份

原则上，丈夫在子女出生时与子女的母亲结婚的事实，足以确立父亲的身份（第1592条第1项）。这一规定的目的在于，为婚内出生的子女提供可靠的身份基础。丈夫无须做出承认父亲身份的声明。婚姻必须是有效缔结的；也就是说，即使存在可废止事由，也不影响确立父亲身份。但如果婚姻没有成立，就不能根据婚姻确立父亲身份。

认定父的身份时，以子女的出生时刻为准，而不考虑开始怀孕的时间。因此对于婚前出生的子女，不能根据第11592条第1项认定丈夫的父亲身份。在这种情况下，只能根据第1592条第2项和第3项认定父亲身份。嗣后的结婚不能自动改变子女的地位。

以前的法律规定了“通过嗣后结婚获得准正”的制度(Legitimation durch nachfolgende Ehe),即子女通过父母的结婚直接获得婚生子女的地位。虽然1998年7月1日的子女法改革废除了这一制度,但子女父母的嗣后结婚仍会产生重要后果:父母结婚后自动获得对子女的共同父母照顾(第1626a条第1款第2项)。在母亲根据第1626 a条第2款单独行使照顾权的情况下,这一规定尤其重要。

子女在父母离婚或婚姻被废止后才出生的,即使子女是在婚姻期间受孕,丈夫也不能依据婚姻直接获得父亲身份。对于在离婚前很短时间内才受孕的子女,法律认为丈夫具有父亲身份的可能性很低。当然丈夫在这种情况下也可以根据第1592条第2项获得父亲身份。这里特别要注意离婚或婚姻废止裁定发生既判力的时间:哪怕子女是在判决生效前一天出生的,也可根据婚姻确定丈夫的父亲身份。分居对父亲身份的认定没有影响:即使子女在分居后1年出生,丈夫也根据第1592条第1项直接获得父亲身份,但他可以通过撤销程序否定自己的父亲身份。

子女在丈夫死亡后出生,且婚姻因为丈夫的死亡而解除的,应作为特殊情况处理。在这种情况下,子女为丈夫所出的可能性很大,所以法律有理由对“出生时刻”原则作出例外规定。根据第1593条的规定,第1592条第1项的适用范围扩展到那些在婚内受孕、父亲死亡后才出生的子女。为了配合这一目的,法律规定了受孕时间的范围:在丈夫死亡后300天内出生的子女,视为死者的子女(第1593条第1句,第1592条第1项)。子女确系在出生之前300天以前受孕的,以这一期间为准(第1593条第2句)。

离婚裁定生效之前父亲身份的承认。原则上应严格根据出生时刻确定父亲身份,但如果子女在离婚裁定生效前出生,同时又有第三人承认父亲身份(第1599条第2款),就应当适用例外规则。这种例外属于对按照婚姻确立父亲身份这一原则的干预,所以法律严格限制了该例外规则的适用条件。只有在满足下列条件时,才能认为婚姻期间出生的子女不是丈夫所生。(1)子女在离婚申请发生诉讼系属之后、离婚裁定发生效力之前出生。(2)丈夫之外的其他男子承认父亲身份,并且该承认最晚在离婚裁定生效后一年内作出。也就是说,承认既可以在婚姻存续期间(第1599条第2款第1句后半句/不适用第1594条第2款),也可以在子女出生之前做出(第1594条第4款)。除第1595条和第1596条规定的条件外,承认还必须取得丈夫的同意(第1599条第2款第2句);丈夫可在子女出生之前作出这种同意(第1599条第2款第2句和第1594条第4款)。承认最早在离婚裁定发生既判力时生效(第1599条第2款第3句)。

必须结合立法目的,才能理解这些复杂的规则。当婚姻"濒临解除"时,子女虽然在婚内出生,但通常情况下已经不大可能是丈夫所生的。这时如果无例外地坚持根据婚姻确定父亲身份,就会将明显不是丈夫所出的、甚至第三人已承认父亲身份的子女强加给丈夫;而且当事人必须发动撤销程序才能修改这一错误。正是为了避免让当事人进行费时费力的程序,法律特设第1599条第2款,对根据婚姻确定父亲身份的原则进行限制。只要符合第1599条第2款规定的条件,丈夫无须通过撤销程序就自动失去父亲身份。反之,若不符合第1599条的条件,丈夫依据第1592条第1项获得父亲的身份。

(二)根据承认取得父亲身份

出身也可以通过承认父亲身份加以确定(第1592条第2项,第1594~1598条)。承认自己为父亲的男子,须按照法律规定的形式作出单方的、无需受领的意思表示。承认父亲身份必须获得母亲同意(第1595条第1款)。只有当母亲在出身方面没有照顾权时(如母亲根据第1666条被剥夺了父母照顾,或子女已经成年),才需要子女的同意。

根据《民法典》第1594、1596条和第1597条的规定,承认的意思表示必须满足下列条件,方始有效:(1)该意思表示必须公开地作成证书。(2)不得附条件或附期限。(3)不能通过委托代理人作出。(4)承认人为无行为能力的,法定代理人(如照管人)可以代为承认,但需经照管法院批准。(5)承认人为限制行为能力人的,由于该事项具有高度的人身属性,他必须亲自为之,但须得到法定代理人的同意。(6)若另一男子已经确立了父亲身份,父亲身份的承认不能生效;另一男子的父亲身份既可能基于婚姻,也可能根据承认产生。违反该条件会导致待定的无效(schwebenden Unwirksamkeit)。一旦现有的父亲身份由于撤销而有溯及力地消灭的话,承认即刻变成有效。

承认可以在子女出生之前作出(第1594条第4款)。原则上,对承认不存在期限限制(keiner Frist):甚至在子女成年后也可以承认。但由于承认还需要其他当事人的同意,所以第1597条第3款规定,承认作成证书后一年仍未发生效力的,该男子可以撤回承认。在形式和方式上,承认的撤回适用和承认同样的规定(第1597条第3款第2句)。

承认父亲身份必须得到子女之母亲同意(第1595条第1款)。母亲同意在任何情况下都不能被代替;所以"自称为父亲人"是否可以如愿以偿,关键是看子女的母亲态度。即使作出承认的男子确系子女的生父,母亲也可以拒绝同意;在这种情况下,该男子只能通过法院确定其父亲身份(第1593条第3项)。

对于同意的意思表示,适用和承认一样的规则:同意必须公开地作成证书(第1597条第1款),不得设置条件(第1595条第3款和第1594条第3款),不能通过委托代理人作出(第1596条第4款)。母亲为限制行为能力或无行为能力人的,也适用和承认一样的规则(参见第1596条第1款第4句)。同意也可以在出生之前作出(第1595条第3款和第1594条第4款);同意没有期限限制,所以在承认和同意之间,可能会间隔很长时间。

承认父亲身份原则上不需要(in der Regel nicht erforderlich)子女的同意。只有当母亲没有照顾权的,承认才必须得到子女的同意(第1595条第2款)。在需要子女同意的情况下,适用如下规则:同意的意思表示无须受领,同意需要公开地作成证书(第1597条第1款),不能附条件(第1595条第3款和第1594条第3款),不能通过委托代理人做出(第1596条第4款)。在无行为能力或限制行为能力的情况下,应适用特殊规则：无行为能力或14岁以下的子女只能由法定代理人代为作出同意；年满14岁的子女或限制行为能力的子女，可以经法定代理人同意自己作出同意（第1596条第2款）。

由于承认的意思表示能够改变子女的身份地位，所以法律对这些意思表示规定了特殊的效力要求。有关承认、同意和撤回的意思表示只有在违反这些特殊规定时（第1594～1597条），才会归于无效（第1598条第1款）。这里不适用对法律行为和意思表示效力的一般规定，如第134、138条以及第116条以下。所以，即使当事人以开玩笑的方式承认父亲身份，该承认也同样有效；因受到恶意欺诈而作出承认的，不能根据第123条要求撤销。当事人必须根据第1600条提出撤销之诉，才能排除有瑕疵的承认。承认只要满足法律规定的条件，即发生效力（wirksam）。承认根据法律自动生效，无须法院或其他机构的协助。父亲身份的承认应当标注于出生登记簿（新《身份登记法》第27条第1款），但这并不是生效的前提条件。

（三）通过法院裁判确定的父亲身份

若没有通过婚姻或承认确立父亲身份（第1592条第1项和第2项），或此种父亲身份被有效撤销，就必须通过法院裁判确定父亲身份（第1600 d条第1款）。这种“确认父母子女关系之存在的程序”也属家事法院管辖（《法院组织法》第23a条第1款第1项；《关于家庭事件和非诉事件的程序的法律》第111条第3项，第169条第1项）。法院只能根据当事人的申请开始程序，而不能主动发动该程序（《关于家庭事件和非诉事件的程序的法律》第171条第1款）。申请的目的是确认某特定男子是子女的生父，从而排除法律上的父亲。法律没有明确规定哪些人有权提出申请，但从该程序的意义来看，只有子女、母亲以及父亲身份涉及的男子有权提出申请。在该程序中奉行依职权调查的原则。[10]

根据法律规定，只有法律上的父亲可以要求从基因上确认父亲身

[10] 有关具体程序规则参见《关于家庭事件和非诉事件的程序的法律》第169～185条。

份,而潜在的生父则没有这个权利,联邦宪法法院认为该规定不违反《基本法》。⑪

非婚母亲单独拥有照顾权的,可以以自己的名义,也可以作为法定代理人以子女的名义提出申请(第1629条第1款第3项)。作为子女的照顾权人,母亲有义务弄清楚父亲身份以及子女在法律上的归属。如果母亲出于对生父的体谅(如该男子已经和他人结婚)而怠于查明子女的生父,家事法院可以基于子女的最佳利益加以干涉,例如将子女的出身问题从父母照顾中分割出来,并就该问题设立保佐(第1909条第1款)。

只要能从基因上确认子女为其所出,就可以确认特定男子为子女的生父。法院可以借助医学司法鉴定人进行调查,并以司法鉴定人出具的意见书和其他事实证据一起,作为确认父亲身份或排除怀疑的基础。⑫

在难以确定父亲身份的情况下,法律规定了父亲身份的推定(Vaterschaftsvermutung):推定在母亲怀孕期间与其有性行为(法律中仍使用"同居"一词,第1600d条第2款第1句)的男子为子女的父亲。怀孕期间指的是子女出生前倒数第300天到第181天之间(第1600d条第3款第1句)。子女的母亲确系在该期间以外怀孕的,该期间也视为怀孕期间(第1600d条第3款第2句)。必须确定怀孕期间有同居行为,才能进行推定。存在对父亲身份的重大怀疑的,不适用这一推定(第1600 d条第2款第2句)。

确认父亲身份的裁判生效后,产生针对一切人的积极和消极效力(《关于家庭事件和非诉事件的程序的法律》第184条第1款、第2款),即对程序之外的人也发生效力。所有对父母子女之间法律效力的主张,包括对过去的权利,均以该确认判决为基础(如扶养请求权)。从男子有既判力地被确定为生父时起,才能主张(geltend gemacht)承认的法律效力,除非法律另有规定(第1600d条第4款)。确认判决的

⑪ 联邦宪法法院裁判,载《家庭法大全杂志》2008年卷,第2257页。
⑫ 联邦普通法院裁判,载《家庭法大全杂志》2006年卷,第1745页。

溯及力对"假父"的扶养费追索权有重要意义(参见第551段)。

二、父亲身份的撤销

根据婚姻或承认而被认定为父亲的男子,有可能并非子女的生父。为了矫正这种偏差,法律允许其通过法院裁判撤销父亲身份。撤销权利人可以向家事法院提出申请,撤销现有的父亲身份(《法院组织法》第23a条第1款第2句第12项;《关于家庭事件和非诉事件的程序的法律》第111条第3项,第169条第4项)。诉讼的目的在于,确认现有的根据婚姻或承认获得父亲身份的男子不是子女的父亲。由于子女的身份不能无期限地处于不稳定状态,所以撤销权必须在一定期间内行使(第1600 b条)。

(一)撤销权利人

有权申请撤销父亲身份的人(第1600条第1款)包括:(1)通过婚姻或承认获得父亲身份的男子(Mann);(2)母亲(Mutter);(3)子女(Kind)本身;(4)根据联邦宪法法院的判决,[13]有可能为子女生父(als leiblicher Vater des Kindes)的男子在一定条件下也有撤销权。

2008年3月13日的一项修订案曾经为国家机关(staatlichen Behörde)设立了有限的撤销权(第1600条第1款第5项),但后来联邦宪法法院认为该规定违反《基本法》第16条第1款、第6条第1款和第2款第1项,宣布其违宪。[14]

撤销权利人的范围在继承法上具有重要意义:例如具有父亲身份的男子死亡后,留下若干子女为法定继承人,其中一个子女不能通过撤销父亲身份来否定另一子女和死者的血统关系,从而排除其继承权。

(二)具有父亲身份的男子和母亲的撤销(第1600条第1款第1项)

此种诉讼不需要任何其他实质性条件。尽管子女和现有的父亲已经产生了个人联系,撤销会突然破坏此种既存联系,但这些事实不会影响诉讼上的许可性和案件的实际审理结果。也就是说,这里不考虑子

[13] 参见《家庭法大全杂志》2003年卷,第816页。

[14] 联邦宪法法院判决,载《家庭法大全杂志》2014年卷,第449页。

女的最佳利益。

判例中要求有初步怀疑(Anfangsverdacht)作为提出诉讼的前提条件,即撤销人必须提出一些具体情况,令人从客观上怀疑子女是否为具有父亲身份之人所生,且子女有可能是另一男子所生。[15] 未经子女或子女照顾权利人同意而秘密进行的父子鉴定(heimliche Vaterschaftstests)不能作为初步怀疑的证据。[16] 这一规定令希望知晓子女之真正出身的男子陷入困境:只要子女的母亲不同意进行此种测试,通常就很难提出其他支持初步怀疑的证据或事实。宪法法院认为,根据《基本法》第2条第1款所引申出的权利,男子有权知晓在法律上归属于自己的子女的真正出身。[17] 根据这一裁判,立法者为具有父亲身份的男子设立了新的权利,他们可以向母亲或子女提出请求权(Anspruch),要求其同意通过基因调查(genetische Abstammungsuntersuchung einzuwilligen)确定子女的出身,并且允许采集基因样本(Entnahme einer genetischen Probe zu dulden)。母亲和子女也有相应的权利。[18]

(三)子女的撤销

子女有独立的撤销权,并且该权利受到宪法保护。[19] 一般来说,撤销发生在子女尚未成年之时,所以第1600a条第3款规定,在这种情况下子女必须通过法定代理人进行撤销;即使子女已经年满14岁,撤销也无需子女的协作。只有当撤销父亲身份有利于子女的最佳利益时,法定代理人才能提出撤销(第1600 a条第4款)。

第1600 a条第3款的规定具有重要的实践意义:未成年子女由父母共同照顾的,父母必须共同为撤销行为;[20]若无共同照顾,才可以由一方父母提出撤销。这样一来,有单独照顾权的母亲——比如根据第

---

⑮ 联邦普通法院,载《家庭法大全杂志》2005年卷,第340页;2006年卷,第686页。

⑯ 《联邦宪法法院裁判集》第117卷,第202页;联邦普通法院裁判,载《家庭法大全杂志》2005年卷,第340页;2008年卷,第501页。

⑰ 《联邦宪法法院裁判集》第117卷,第202页。

⑱ 2008年3月26日立法修改后的第1598a条,《联邦法律公报》,第1部分,第441页;参见下文第554段以下。

⑲ 《联邦宪法法院裁判集》第79卷,第256页;第90卷,第263页。

⑳ 联邦普通法院裁判,载《家庭法大全杂志》2009年卷,第861页。

1626a 条第 2 款获得单独照顾权的母亲——就可以选择，以自己的名义还是以子女的名义提出撤销父亲身份的程序。她一般会趋向于选择前者，因为以自己的名义提出撤销时，无须根据第 1600 a 条第 4 款审查子女的最佳利益。只要在规定的期间内，成年子女也有撤销权。

（四）潜在的生父的撤销

根据联邦宪法法院的判决，[21]2004 年 4 月 23 日通过的一项法律[22]为潜在的生父设立了撤销权。只要满足下列条件，潜在的生父可以要求撤销父亲身份：

（1）该男子必须作出曾与子女之母在怀胎期间同居的代替宣誓的保证（第 1600 条第 1 款第 2 项）。

（2）在子女和目前具有父亲身份的人之间不存在"社会家庭的关系"。[23] 所谓的社会家庭关系，指的是有父亲身份的人"在适当的时间实际或曾经承担过对子女的责任"（第 1600 条第 4 款第 1 句）。根据第 1600 条第 4 款第 2 句，只要有父亲身份的人和母亲结婚或与子女长期共同生活，通常（也就是说存在例外）即存在事实上的责任。前提条件是，有父亲身份的人在撤销时仍对子女承担实际上的责任。[24] 有父亲身份的人已经死亡的，以死亡时是否存在此种社会家庭关系为准。

（3）最后，要求撤销的男子必须证明自己确系子女的生父。

特别要注意理解该规定的立法目的。上述条件（1）是为了防止不相干的男子在没有充分理由的情况下提出撤销诉讼，并干扰现有的家庭关系。法律希望通过代替宣誓的保证，防止轻率地提出撤销诉讼。条件（2）是为了保护现有的家庭共同生活：例如子女虽然并非母亲之丈夫的骨肉，但其已经和该夫妻长期共同生活，并将丈夫视为心理上的父亲。在这种境况下，即使子女实际上不是丈夫所出，也不应破坏此种

---

[21] 《家庭法大全杂志》2003 年卷，第 816 页。

[22] 《联邦法律公报》第 1 部分，第 598 页。

[23] 第 1600 条第 2 款，这也是撤销请求权成立的前提条件，参见联邦普通法院裁判，载《家庭法大全杂志》2007 年卷，第 538、540 页。

[24] 联邦普通法院裁判，载《家庭法大全杂志》2007 年卷，第 538、541 页。

家庭关系。应当优先保护子女在现有家庭中已经形成的社会联系。[25]条件(3)是为了防止撤销之讼导致子女“失去”父亲。因为有可能出现的情况是,子女既不是法律上的父亲所出,也不是撤销人的子女。在此情况下应当驳回撤销诉讼,维持现有的父亲身份。另一方面,只要不损害子女现有的社会联系,就不能剥夺生父的撤销权。[26]

(五)通过机关的撤销(第1600条第1款第5项)

2008年3月12日通过的法律增加了机关作为撤销权人(《联邦法律公报》第1部分,第313页),其目的是防止滥用父亲身份的承认:因为有时做出承认的男子并不是子女的生父,做出承认只是为了获得在德国的居住许可或让子女获得德国国籍。因此机关在一定条件下可以行使撤销权:(1)子女和承认人之间不存在社会家庭关系,或在承认时尚未建立这种关系;(2)承认使子女或父母一方获得入境许可或居住许可(第1600条第3款)。换句话说,机关撤销制度针对的是那些“虚假的父亲身份承认”。各州政府可以自行决定由哪些机关管辖该事务(第1600条第6款)。

(六)撤销期间

撤销诉讼必须在2年之内(Frist von zwei Jahren,第1600b条第1款第1句)提出。该期间自权利人知悉不利于父亲身份的情况时起算(第1600 b条第1款第2句),但不能从子女出生前起算,也不能在撤销所针对的承认发生效力前起算(第1600 b条第2款第1句)。

子女的撤销权(Anfechtungsrecht des Kinden)适用特殊的期间规则。未成年子女的法定代理人未及时提出撤销诉讼的,子女可在成年后自行提出撤销程序;此种情况下,其间从子女本人知悉不利于父亲身份的情况时起算;但不能从子女成年之前起算(第1600 b条第3款)。

对于无行为能力的撤销权人,若其法定代理人由于疏漏而没有及时提出撤销,在无行为能力的情况消失后,撤销权人可以自行撤销,期

[25] 联邦普通法院裁判,载《家庭法大全杂志》1999年卷,第716页。

[26] 参见维泽尔(E. Wieser)文章,载《家庭法大全杂志》2004年卷,第1773页。

间的计算方法同上(第 1600 b 条第 4 款)。

倘若子女知悉了某事实,并且该事实令人无法期待子女会继续承认父亲身份,子女重新获得撤销权(Anfechtungsrecht des Kindes lebt erneut auf);从这一时刻起重新计算 2 年期间(第 1600 b 条第 6 款)。例如,该男子对子女有过错地实施了严重的不当行为,或通过公然行为损害了子女的良好声誉或生活机遇。

对于要求获得父亲身份的男子(Mann, der seine eigene Vaterschaft geltend machen will,第 1600 条第 1 款第 2 项),2 年期间自权利人知悉不利于目前父亲身份的情况时起算。子女和法律上的父亲存在"社会家庭"关系的,不影响期间的进行(第 1600 b 条第 1 款第 2 句后半句)。

通过机关进行的撤销(Anfechtung durch die Behörde),也有特殊的期间规定(第 1600 b 条第 1a 款):机关必须自知悉那些令其有理由怀疑父亲身份的事实起 1 年内提出撤销诉讼。此外,撤销权本身也有时间限制。

(七)撤销程序

撤销父亲身份由家事法院管辖(《法院组织法》第 23a 条第 1 款第 1 项;《关于家庭事件和非诉事件的程序的法律》,第 111 条第 3 项,第 169 条第 4 项)。《非诉事件法改革法》生效后,程序不再通过"起诉",而通过撤销权利人的"申请"而发动。因此也不再存在"被告"。程序涉及的子女、法律上的父、子女的母均必须参加程序(《关于家庭事件和非诉事件的程序的法律》第 172 条第 1 款)。程序参与人为未成年人的,必须为其指定程序辅佐人,只要这样做是为保护其利益而必需的(《关于家庭事件和非诉事件的程序的法律》第 174 条)。法院依照职权查明相关事实(《关于家庭事件和非诉事件的程序的法律》第 26 条和第 177 条)。参与人在最终裁判发生既判力前死亡的,只有当参与人在 1 个月内要求继续程序的,程序才能继续进行(《关于家庭事务和非诉事件的程序的法律》第 181 条)。

即使子女或法律上的父亲死亡,法院也可以宣布撤销父亲身份,这具有重要的现实意义:子女死亡后,法律上的父亲也可以切断他们的出身联系;反之亦然。这对继承法有重大影响。

三、人工生育中的特殊问题

(一)人工生育技术

随着医学的进步,人们发明出各种人工生育的方法,这些方法是《民法典》编纂者们所始料不及的。人工生育的方法主要包括:(1)人工授精(Künstliche Insemination):妇女可以通过人工导入某男子的精子而受孕。精子来自丈夫的,传统上称为"婚内"(homologer)授精;如果精子来自其他男子,则称为"婚外"(heterologer)授精。人们可以有意识地隐藏精子的来源(如匿名的精子银行,或所谓的精子鸡尾酒方法)。(2)体外受孕(Extrakorporale Befruchtung):从妇女体内提取一个卵细胞,使其在体外受孕,然后将受孕胚胎(Embryo)移植到妇女的子宫内,该妇女可以是提供卵细胞的妇女,也可能是其他妇女;人们将后一种情况称为"卵子捐献",或"胚胎捐献"。这里也会有"婚内"和"婚外"之区分。(3)现代医学还可以将自然受孕的卵细胞从母体中取出,移植到另一个妇女体内。

法律并不禁止这些人工生育的方法,只是1990年12月13日通过的《胚胎保护法》将某些技术视为权利滥用(如将没有受孕的卵细胞移植到另一个妇女体内)。无论使用的技术是否为法律所许可,都必须明确子女的身份地位。

(二)父亲身份

人工生育的子女也可以根据婚姻或承认被确认为一个人的子女(第1592条第1、2项),但这种父亲身份随时有被撤销之虞。只要能够证明人工授精中使用的精子并非出自丈夫或承认者,就可以要求撤销父亲身份。一旦撤销成功,接着就可以进行父亲身份的确认程序,据此确认子女在基因上的出身。

(三)父亲身份的撤销限制

在异质人工授精的情况下,若丈夫开始已同意(zugestimmt)人工授精,嗣后是否可以撤销父亲身份?例如,丈夫不能生育,但夫妇二人渴望有一个孩子,于是丈夫同意妻子采用未知第三人的精子怀孕。子女出生后丈夫和妻子日益疏远,并要求撤销父亲身份。

针对这一长期存在争议的问题,2002 年的《进一步改善子女权利的法律》增设第 1600 条第 5 款,该款规定采纳了和联邦普通法院完全不同的观点:在夫妻双方一致同意的情况下,妇女通过人工授精的方式借助第三人提供的精子受孕并生育子女的,丈夫和子女的母亲均无权撤销父亲身份。但子女的撤销权不受影响。仍以上述案件为例:由于子女是在丈夫和母亲一致同意的情况下受孕的,所以丈夫的撤销权即被排除;母亲也不能撤销丈夫的父亲身份(第 1600 条第 5 款)。但子女可以要求撤销父亲身份。

(四)精子提供者的法律地位

当别的男子基于婚姻或承认拥有父亲身份时,精子提供者在法律上和子女没有任何联系。可是一旦现有的父亲身份被撤销,精子提供者就有可能获得父亲身份,他可以自己承认父亲身份,也可能被法院通过裁判确定为父亲。但他自己不能要求撤销现有的父亲身份,因为他并没有和子女的母亲同居过(第 1600 条第 1 款第 2 项)。虽然在大多数情况下,精子提供者并不想为人所知,但现行法律却并不想让他们如愿以偿。只要法院确认精子提供者为父亲,他就要承担作为父亲全部权利和义务。子女的母亲也不能以子女的名义放弃对提供者的扶养请求权(第 1614 条第 1 款)。为了解决这种尴尬局面,子女的母亲(或母亲的丈夫或者伴侣)和精子提供者可以缔结协议,在合同当事人内部(im Verhältnis unter den Vertragsparteien)免除提供者的扶养义务。

前述判例由于涉及宪法上的衡量,在德国学说和媒体中受到较多关注。该案涉及第三方精子提供者的特殊问题,即提供者并未和母亲及其丈夫协商一致保持匿名状态(协商一致地成为“异质自愿授精”,heterologe konsentierte Insemination)。本案的特殊性在于,通常来说精子提供方会保密自己的身份,但本案中当事人并未如此约定,反而要在将来告知子女其父亲身份:母亲登记了同性生活伴侣,生父自愿提供精子,但母亲又找来另外一个男子认领父亲身份,目的是排除生父身份,以便于其同性生活伴侣收养该子女。审判庭认为,不能仅基于“发生性关系”这一要件而排除精子提供者的父亲身份撤销权。在异质自愿授精的情形下,一般应推定生父(精子提供者)默示地放弃了撤销权;此种情形下(法律上的)父亲和母亲失去了《民法典》第1600条第5款意义上的撤销权(子女系经该男子和母亲允许,以人工授精方式借助于第三人精子而被孕育的,父亲身份不得由该男子和母亲撤销);本案中不能推定精子提供者放弃撤销权,故生父的诉讼请求得到支持;也就是说,应对“发生性关系”(Beiwohnung)进行扩张解释。

第八章　欺诈性扶养费赔偿责任

判例　联邦最高法院 2013 年 2 月 20 日判决：欺诈性扶养费的返还请求

要点提示：表面上的父亲（Scheinvater）就已支付的子女扶养费对母亲的损害赔偿请求权，通奸不产生财产损失赔偿请求权：婚姻法排除侵权法的适用；《民法典》第 826 条的可适用性和适用条件；对通奸没有披露说明义务；因为拒绝说明生父身份而根据《民法典》第 280 条第 1 款①承担损害赔偿。

案号：BGH, Beschluss vom 20. Februar 2013 - XII ZB 412/11-OLG Braunschweig.

引证注释：《新法学周刊》2013 年卷，第 2108 页；《联邦最高法院民事裁判集》第 196 卷，第 207 页。

裁判要旨

1. 无论是妻子的通奸行为，还是单纯隐瞒子女

---

① 《民法典》第 280 条　因违反义务而发生的损害赔偿

（1）债务人违反因债务关系而发生的义务的，债权人可以请求赔偿因此而发生的损害。债务人无须对义务之违反负责任的，不适用前句的规定。

……

可能并非丈夫亲生的事实,均不构成(前)妻的损害赔偿义务,即对丈夫已经向非亲生子女给付的扶养费不承担赔偿责任(和审判庭1989年12月19日的判决一致,IVb ZR 56/88,载《家庭法大全杂志》1990年卷,第367页;不同于审判庭2012年2月15日判决,XII ZR 137/09,载《家庭法大全杂志》2012年卷,第779页)。

2. 在(婚生)父亲身份撤销后,妻子原则上有义务向(前)夫说明其在受孕期间与何人发生性关系(结合审判庭判决,载《联邦最高法院民事裁判集》第191卷,第259页或《家庭法大全杂志》2012年卷,第200页)。

3. 若不提供相关信息,导致前夫无法针对真正的子女生育者主张追索权的,就有可能产生损害赔偿请求权,因为不提供信息就无法追回损失。

案件事实

申请人和丈夫1961年结婚,丈夫(以下简称被继承人)于2011年5月9日去世。该婚姻中生有儿子J,J在双方分居后一直和申请人共同生活。

在1968年6月21日举行的离婚庭审中,申请人声称"婚内最后一次性生活发生在1968年2月中旬。虽然明知违反婚姻义务,我仍和其他男子交往,并在婚内最后一次性生活后继续保持婚外关系"。

法院在当日判决双方离婚,离婚理由是双方均有严重的、导致婚姻破裂的不当行为。

根据被继承人的申请,区法院在2010年确认,J并非被继承人的子女。

被继承人多次要求被申请人披露J之亲生父亲的姓名,均未成功,遂向被申请人主张1533.84欧元的损害赔偿请求权。被继承人声称,这是他在1980年分摊的子女扶养费;1967年到1996年,他总共支付了38,960欧元扶养费。

区法院驳回该申请。高等地方法院驳回被继承人的抗告。被继承人去世后，其遗孀作为单独继承人继续提起法律抗告（Rechtsbeschwerde），并获得抗告法院的许可。法律抗告未获得支持。

裁判理由

一、

抗告法院（高等地方法院）认为，被继承人不能请求被申请人支付损害赔偿。虽然被申请人在1965年怀孕期间和其他男子有染，违反婚姻忠诚义务，且子女J经撤销程序被认定和申请人没有血缘关系，但该事实本身并不产生损害赔偿请求权。在家庭法关系领域中，家庭法之排他性规定排除了债法上的赔偿请求权，尤其是基于侵权行为的损害赔偿请求权。根据联邦最高法院判例中一直以来的观点，丈夫不能因为妻子的通奸行为（即使通奸生下子女）而根据侵权法向其主张财产损害赔偿，该损失系丈夫误以为子女为其亲生而产生的。婚姻妨害行为，尤其是通奸行为，直接涉及配偶之间的内部生活关系和性关系，此种内部关系不在侵权责任法的调整范围内。但如果出现了进一步的损害，也有可能根据《民法典》第826条（“更高级别的规范”）主张权利。也就是说，如果在通奸之外还有其他的背俗损害行为，且该行为符合损害赔偿责任中的故意要件，也可以在夫妻内部关系中例外地适用侵权法规则。若背俗性的判定标准并不是来自于婚姻生活共同体本身，而是其他独立的价值范畴（eigenständigen Wertungsbereichen），就具备了《民法典》第826条的适用条件。但如果妻子只是刻意隐瞒通奸事实并令丈夫相信孩子和其有血缘关系，尚不构成此种条件。被继承人没有充分说明并证明被申请人存在此种背俗的损害行为。

从离婚诉讼的庭审记录中，无法推断出（被申请人）对被继承人存在恶意欺诈。虽然被申请人在庭审中承认其在最后一次婚内性行为（1968年2月中旬）后和其他男子发生性关系，但该事实本身并不意味着她刻意隐瞒了1965年的通奸行为，也不能说她谎称自己在1968年2月之后才第一次发生婚外性行为。庭审记录中并没有载明曾询问被申请人，是否在儿子J出生前和其他男子发生过性行为。离婚程序的目的是确认婚姻是否破裂,并未涉及前述事项。同时,不能确认被申请人关于在最后一次婚内性行为后和他人发生性关系的陈述是否正确,故该发生婚外性行为的男子有可能并非子女的生父,而是另有其人。双方当事人在离婚审理时显然都急于摆脱婚姻,故双方均承认有不当行为,且表示互相放弃扶养费请求权。

即使被申请人在婚姻撤销程序中因故意或疏忽做出虚假陈述,声明其在怀孕期间未和其他男子发生性行为,被继承人是J的亲生父亲,被继承人也不能要求她赔偿自己在1967年至1996年支付的扶养费。

若被申请人拒不提供可能为孩子生父的男子的姓名,导致被继承人无法追索扶养费的,也很难确定被申请人是否有提供信息请求权。因为被申请人提出,因为年代久远,她确实无法记得44年前是和谁生下孩子。被继承人无法证明被申请人仍记得通奸对象的姓名,但却刻意隐瞒并虚假表述。

二、

抗告法院的上述观点在结论上通过了法律抗告审查。申请人并不因为通奸行为或不提供真实父亲的姓名而向被继承人承担损害赔偿责任。

(一)审判庭不认可法律抗告人的观点。无论是妻子的通奸行为本身,还是其对丈夫隐瞒非婚生事实,均不产生损害赔偿请求权。

1. 原则上,丈夫不能因为(前)妻通奸且生下子女的行为主张财产损害赔偿,即要求补偿其对非亲生子女的扶养费。

(1)婚姻不是普通意义上的法律行为,侵害该种法律关系不会产生一般意义上的财产赔偿请求权。侵害配偶之共同生活或婚内性关系的婚姻妨害行为,如通奸,属于婚内事件(innerehelichen Vorgang,参见审判庭1989年12月10日判决,IVb ZR 56/88,载《家庭法大全杂志》1990年卷,第367、368页;又参见《联邦最高法院民事裁判集》第57卷,第229、231页以下或《家庭法大全杂志》1972年,第199页以下)。此种婚姻妨害不属于侵权法上的责任构成要件的保护范围。婚姻法和家庭法排除了侵权规则的适用(审判庭1989年12月10日判决,IVb ZR 56/88,载《家庭法大全杂志》1990年卷,第367、368页)。除了侵权法规则，只要受侵害的权益（Rechtsgut）属于婚姻的核心领域，（离婚）配偶之间的其他类似请求权也被排除（审判庭1989年12月10日判决，IVb ZR 56/88，载《家庭法大全杂志》1990年卷，第367、368页）。

虽然婚姻法和家庭法的规则在通奸后果方面排除了侵权请求权，但如果出现其他进一步的损害事实，就有可能适用《民法典》第826条[②]规定的特别侵权规则（审判庭1989年12月10日判决，IVb ZR 56/88，载《家庭法大全杂志》1990年卷，第367、369页）。

根据《民法典》第826条的规定，以违反善良风俗的方式故意加害于他人的人，有义务向该他人赔偿损失。该规则同样适用于妨害配偶之间婚姻内部关系的行为，尤其是基于通奸产生的妨害，条件是在通奸行为之外还有其他背俗的侵害行为，且存在造成损害的故意。只要该背俗性的判定标准并不来自于婚姻生活共同体本身，而是其他独立的价值范畴（eigenständigen Wertungsbereichen），即具备了《民法典》第826条的适用条件。但如果妻子只是刻意隐瞒通奸事实并令丈夫相信孩子和其有血缘关系，尚不构成此种条件。妻子隐瞒了自己有违背婚姻忠诚的行为，该事实本身尚不构成《民法典》第826条意义上的背俗的致害行为。因为不存在损害赔偿法上的义务，要求一方配偶向另一方配偶披露通奸事实（审判庭1989年12月19日判决，IVb ZR/88，载《家庭法大全杂志》1990年卷，第367、369页）。

反之，如果因通奸而怀孕的妻子通过虚假陈述、明确否认通奸等方式打消丈夫对子女出身的怀疑，或者通过恶意欺诈或胁迫等方式阻止丈夫提起婚姻废止之诉，就具备了《民法典》第826条的适用条件（审判庭1989年12月19日判决，IVb ZR/88，载《家庭法大全杂志》1990年卷，第367、369页）。

（2）审判庭近期针对不同类型的家庭法案件做出的一系列判决，均未动摇前述判决中确立的原则。

审判庭在2012年2月15日的判决（XII ZR 137/09，载《家庭法大

---

② 《民法典》第826条　违反善良风俗的故意侵害

以违反善良风俗的方式故意加害于他人的人，有义务向该他人赔偿损害。

全杂志》2012年卷,第779页,第23段)中认为,若婚姻期间所生子女有可能系女方通奸所生,但妻子却设法令丈夫相信孩子只可能和他有血缘关系,这就属于超越了通奸本身的过错行为。妻子的行为侵犯了丈夫规划生活的基本人格权利,特别是剥夺了他对于是否延续婚姻的自主决定权。此种行为构成对丈夫人身生活的严重侵害,丈夫对子女及婚姻本身的关系和期待通常取决于父亲身份存在与否。妻子隐瞒子女可能系其他男子所生的行为构成《民法典》第1579条第7项[③]意义上的严重错误行为。

紧接着上一个判决,审判庭在2012年3月21日的裁定(XII ZB 147/10,载《家庭法大全杂志》2012年卷,第845页,第19段)中指出,此种隐瞒事实的行为,会导致丧失养老金补偿请求权。

审判庭在2012年6月27日的判决(XII ZR 47/09,载《家庭法大全杂志》2012年卷,第1353页,第26段)中指出,向丈夫隐瞒子女可能并非亲生,会导致根据《民法典》第123条规定的恶意欺诈撤销一项给予。据此,如果妻子基于家庭身份获得一项给予,应有义务主动披露子女可能和其他男子有血缘关系的事实。虽然该问题并不涉及配偶关于维持婚姻的决定,但会影响婚姻破裂时如何分配财产。倘若该给予的目的是通过标的物及其孳息来确保扶养费和养老金,则子女的血缘关系对于丈夫应有重大意义,妻子有义务披露相关信息(审判庭2012年6月27日判决,XII ZR 47/09,载《家庭法大全杂志》2012年卷,第1363页,第29段)。

针对家庭法特别规定的判决(参见审判庭1989年12月19日判决,IVb ZR 56/88,载《家庭法大全杂志》1990年卷,第367、368页),虽然涉及其他问题,但也没有改变相关原则,即对于以通奸为表现形式的

---

③ 《民法典》第1579条　因重大不公而限制或拒绝扶养

以即使在维护被托付给权利人照料或教育的共同子女的利益的情况下向义务人提出请求仍会显失公平为限,有下列原因之一时,扶养请求权必须予以拒绝、减少或在时间上限制:

……

7.显然重大且原因明显在于权利人方面的、对义务人而犯的错误行为,可归咎于权利人的;

……

婚姻妨碍,婚姻家庭法的规定原则上排除了一般侵权法上的赔偿请求权。例如审判庭 2012 年 2 月 15 日作出的一项判决涉及根据《民法典》第 1579 条第 7 项限制扶养费,之后还有一个关于养老金分配请求权的案例,涉及家庭法中关于排除养老金请求权的特别规定(《民法典》第 1587h 条第 1 项,审判庭 2012 年 3 月 21 日裁定,XII ZB 147/10,载《家庭法大全杂志》2012 年卷,第 845 页)。这些针对家庭法特别规定的判决没有改变前述原则。审判庭 2012 年 6 月 27 日的判决(XII ZR 47/09,载《家庭法大全杂志》2012 年卷,第 1363 页)和本案观点亦无冲突。该案系基于《民法典》第 123 条规定的恶意欺诈而撤销赠与。和本案的区别在于,该案涉及的是基于家庭关系对妻子的给予(参见审判庭 2012 年 6 月 27 日判决,XII ZR 47/09,载《家庭法大全杂志》2012 年卷,第 1363 页,第 29 段)。而在本案中,儿童扶养费本身只涉及子女,因此排除了母亲根据侵权赔偿法应承担的说明义务。

2. 抗告法院认为本案不具备《民法典》第 826 条的适用条件,该观点未通过本院的法律审查。

抗告法院正确地指出,从被申请人在离婚程序中的陈述来看,她并没有刻意否认 1965 年的通奸行为。其在应诉答辩中的表现也显示其并没有刻意欺骗在 1968 年 2 月的婚外情事实。因此高等地方法院认为,在该离婚程序中只需要确认婚姻是否已经破裂。最后,高等地方法院从当事人的陈述中,也无法认定妻子存在某种令被继承人相信其与子女有血缘关系的欺骗行为。

(二)和法律抗告人的观点不同的是,本庭认为申请人也不能以被申请人违反《民法典》第 280 条、[4]第 242 条(诚信原则)规定的答询义务(Auskunft)而损害其追索权为由,主张损害赔偿请求权。

---

④　第 280 条　因违反义务而发生的损害赔偿

(1)债务人违反因债务关系而发生的义务的,债权人可以请求赔偿因此而发生的损害。债务人无须对义务之违反负责任的,不适用前句的规定。

(2)债权人只能依第 286 条的附加要件,请求因迟延给付而发生的损害赔偿。

(3)债权人只能依第 281 条、第 282 条或第 283 条的附加要件,请求代替给付的损害赔偿。

当事人可以将《民法典》第 280 条作为损害赔偿的请求权基础(参见审判庭判决,因损害探望权的损害赔偿,载《联邦最高法院民事裁判集》第 151 卷,第 155 页或《家庭法大全杂志》2002 年卷,第 1099、1100 页)。根据第 280 条第 1 款第 1 句,权利主张者应就违反义务、损害发生以及两者之间的因果关系承担说明和举证责任(参见 Palandt/Grüneberg:《帕朗德民法典评注》第 72 版,第 280 条,第 34 段)。

1. 从已查明的事实来看,被申请人确有答询义务。被继承人有答询请求权,要求被申请人告知子女的生父,且该权利已经转移给申请人。

(1)在之前一个关于父亲身份认定的案件中,审判庭认为,基于《民法典》第 242 条规定的诚信原则,母亲有义务向表面上的父亲告知其在怀孕期间与何人发生性关系(审判庭判决,载《联邦最高法院民事裁判集》第 191 卷,第 259 页或《家庭法大全杂志》2012 年卷,第 200 页,第 17 段)。

根据联邦最高法院在判例中形成的一贯意见,如当事人之间的某种法律关系,导致无过错的权利人无法明晰自己是否以及在何种范围内享有权利,而义务人可以轻而易举地提供信息,从而消除此种不确定状态,则从诚信角度来说,权利人应有权主张答询请求权。根据诚信原则,答询义务的条件之一是当事人之间存在特别关系,本案中双方当事人之间存在"其他家庭法上的关系"(ein sonstiges familienrechtliches Verhältnis)即符合这一要件(审判庭判决,载《联邦最高法院民事裁判集》第 191 卷,第 259 页或《家庭法大全杂志》2012 年卷,第 200 页,第 20 段)。

首先,若男方经女方同意而承认父亲身份,当事人之间就构成了此种特别的家庭法上的关系。双方的共同声明足以产生法律上的父亲身份,从而将父母双方在各个方面联系起来。和父亲身份相关联的扶养义务及其他后果,都以父亲身份为前提条件,并由此产生相互答询义务。因此,若答询权利人无法掌握、也不能从其他途径获知某些重要信息,而答询义务人可以毫不费力地提供该信息,那么承认父亲身份的当事人之间互相负有答询义务。若父亲身份嗣后被有效废止，就之前有效成立的父亲身份承认的法律效果，亦适用此种相互答询义务（审判庭判决，载《联邦最高法院民事裁判集》第 191 卷，第 259 页或《家庭法大全杂志》2012 年卷，第 200 页，第 21 段）。

其次，若母亲和表面上的父亲结婚且有效撤销了父亲身份，也会出现前述的“其他家庭法上的关系”，本案中即是如此。在这种情况下，配偶双方通过法律上的父亲身份和婚姻本身在多个方面被联系在一起（《民法典》第 1353 条以下的规定）。在离婚情况下，双方的答询义务继续存在，和单纯撤销父亲身份的情形并无二致（审判庭判决，载《联邦最高法院民事裁判集》第 191 卷，第 259 页或《家庭法大全杂志》2012 年卷，第 200 页，第 21 段）。男方根据《民法典》第 1601 条以下的规定对子女继续承担扶养义务，就构成了通过婚姻而成立的父亲身份⑤的法律后果。

（2）提供信息义务并未侵害母亲的一般人格权。

要求女方提供其子女可能的父亲的身份信息，会涉及其根据《基本法》第 2 条第 1 款和第 1 条第 1 款规定享有的人格权，该权利包括对私人空间和隐私的保护，后者又包括有关性伴侣的信息。一般人格权意味着，个人原则上有权自行决定是否以及在何种程度公开私人生活情况（审判庭判决，载《联邦最高法院民事裁判集》第 191 卷，第 259 页或《家庭法大全杂志》2012 年卷，第 200 页，第 24 段）。

但本案中并不存在此种人格权侵害。在被继承人撤销父亲身份的程序中，被申请人已经承认在怀孕期间和其他男子存在性关系。故这里并不存在“公开”通奸行为，只是进一步确认谁是可能的父亲。

最后，从利益衡量的角度看，被申请人的一般人格权应受到继承人

---

⑤ 《民法典》第 1592 条　父亲身份

子女的父亲是具有下列情形之一的男子：

1. 在子女出生时与子女的母亲有婚姻关系的；

2. 已承认父亲身份的；或

3. 其父亲身份被依第 1600d 条或《关于改革家庭事件及非诉管辖事件的程序的法律》第 182 条第一款在裁判上确定的。

及申请人获取有效法律救济之利益的限制。若被申请人不提供怀孕期间同居者的信息，申请人就无法根据《民法典》第 1607 条第 3 款第 2 句⑥追索扶养费。虽然父亲身份撤销后尚未确立新的父亲身份，该扶养费追索权也不违反《民法典》第 1600d 条第 4 款⑦（审判庭判决，载《联邦最高法院民事裁判集》第 191 卷，第 259 页或《家庭法大全杂志》2012 年卷，第 200 页，第 15 段），因为从目前的程序状况来看，当事人可能在很长一段时间内都不会启动父亲身份确认程序。

2. 被申请人未提供充分信息的，是否构成违反义务？抗告法院对该问题作出否定回答，但该问题实际上并不重要。因为申请人并没有提出损害发生以及违反义务和损害之间的因果关系，从而已经排除了《民法典》第 280 条规定的请求权。

（1）存在疑问的是，被申请人在应诉答辩时提出，因为年代久远，自己无法回忆起 44 年前孩子生父的信息，这是否可以认为其已经适当履行了答询义务？对此，虽然申请人负有举证责任，但被申请人至少也应当做出实质性的合理说明，自己为何对怀孕这一重大事件会难以记起子女生父的姓名。

---

⑥ 《民法典》第 1607 条　替代责任和法定的债权转移

（1）以一个直系血亲依第 1603 条不负扶养义务为限，在其后负责任的直系血亲必须给予扶养费。

（2）在国内进行的对一个直系血亲的权利追诉已被排除或变得显著困难的，亦同。对此种直系血亲的请求权在依第 1 款负有义务的另一个直系血亲给予扶养费的限度内，转移给后者。

（3）以无扶养义务的另一个直系血亲或父母另一方的配偶依第 2 款第 1 句的要件代替父母一方给扶养费为限，子女对父母一方的扶养请求权转移给无扶养义务的另一个直系血亲或父母另一方的配偶。第三人作为父亲向子女给予扶养费的，准用第 1 句。

（4）不得使受扶养权人受不利益而主张请求权的转移。

⑦ 《民法典》第 1600d 条　父亲身份的裁判上确定

（1）依第 1592 条第 1 项和第 2 项、第 1593 条，不存在父亲身份的，父亲身份必须在裁判上予以确定。

（2）在以父亲身份的裁判上确定为目的的程序中，推定父亲是在母亲怀胎之间与她发生性关系的人。存在对父亲身份的重大怀疑的，不适用该推定。

（3）子女出生前倒数第 300 天至第 181 天的期间，包括倒数第 300 天和第 181 天，视为怀胎期间。子女的母亲确系在第 1 句的时段以外怀孕的，该不同时段视为怀胎期间。

（4）以法律不另有规定为限，承认的法律效果自被确定时起才能主张。

（2）尽管如此，仍然不存在《民法典》第 280 条第 1 款规定的损害赔偿请求权的要件。

唯有当负有答询义务的母亲知晓生父身份，且表面上的父亲可以根据《民法典》第 1607 条第 3 款第 2 句[⑧]的规定行使追索权时，申请人方可以妨碍追索为由向母亲主张损害赔偿请求权。

根据《民法典》第 1607 条第 3 款的规定，表面上的父亲对子女已经承担的扶养给付，系代替履行子女对实际上的父亲的扶养请求权。该转移请求权（übergegangener Anspruch）的法律性质仍属于扶养请求权（参见 Wendl/Scholz：《家庭法实务中的扶养权》第 8 版，第 2 章，第 805 段）。这意味着，追索债权的数额不能根据表面上的父亲实际履行的扶养费计算，而应当按照子女对生父能够主张的扶养费请求权来确定（参见柏林高等地方法院判决，载《家庭法大全杂志》2000 年卷，第 441 页以下）。因此该转移请求权的价值首先应取决于生父的给付能力（审判庭 2002 年 11 月 27 日判决，XII ZR 295/00，载《家庭法大全杂志》2003 年卷，第 444、445 页）。

因此，申请人必须说明其实际上能够从生父那里实现的追索权数额，才能确认《民法典》第 280 条第 1 款规定的损害发生要件，但其显然无法提供该信息。

（三）审判庭不同意法律抗告人的观点，申请人并非没有法律救济（参见审判庭判决，载《联邦最高法院民事裁判集》第 191 卷，第 259 页或《家庭法大全杂志》2012 年卷，第 200 页，第 26 段）。申请人可以要求被申请人提供信息，包括以代替宣誓的保证方式做出说明，对于不履行之行为可以申请执行措施。

同时审判庭也注意到，通过程序也可能无法实现答询请求，例如母亲确实基于某种客观原因而无法回忆起相关信息。但和法律抗告人的观点不同，这并不意味着从风险责任的角度而言可以主张损害赔偿请

---

⑧　以无扶养义务的另一个直系血亲或父母另一方的配偶依第 2 款第 1 句代替父母一方给扶养费为限，子女对父母一方的扶养请求权转移给无扶养义务的另一个直系血亲或父母另一方的配偶。第三人作为父亲向子女给予扶养费的，准用第 1 句。

求权。因为损害赔偿义务的前提是申请人能够证明否认通奸行为本身会产生损害赔偿请求权。但通过上面的论述可以看到,并不存在此种损害赔偿义务。

评析　父亲身份撤销后的赔偿请求

根据婚姻或承认而被认定为父的男子,有可能并非子女的生父。为了矫正这种偏差,法律允许通过法院裁判撤销父的身份。撤销权利人可以向家事法院提出申请,撤销现有的父亲身份。如果发现子女并非亲生,随之可能发生两项法律后果,一是撤销父亲身份,二是对已经支付的扶养费进行追索。

法院支持撤销申请的,即排除现有的父亲身份,且其效力可以追溯(rückwirkend)到父亲身份成立之时;对于婚生子女,即回溯到子女出生之时。与被撤销的父亲身份相关的各种法律效果、扶养义务以及通过虚假的父亲身份获得的国籍,均自始消灭("ex tunc")。随着父亲身份的撤销,被撤销父亲身份的男子对子女已经履行的扶养给付失去其法律上的原因,先前确定的对被撤销人或其血亲的法定继承权也被证明为错误,所以必须恢复到(假如)没有根据婚姻或承认确定父亲身份时的法律状态。确认出身的裁定对所有人发生积极或消极的效果(《关于家庭事件和非诉事件的程序的法律》第 184 条第 2 款)。

通常情况下,"假父"在父亲身份被撤销之前,已经在相当时间内向子女履行了扶养给付。随着父亲身份被撤销,此种给付也失去了法律上的原因。但根据第 818 条第 3 款的规定,给付人一般不能向子女提出不当得利返还请求权。[⑨] 给付人只能根据第 1607 条第 3 款第 2 句向真正的父亲进行追索(Regress gegen den wirklichen Vater):"作为父亲的第三人"履行了扶养义务的,子女对于生父的扶养请求权就依法转移到了第三人。另外,虽然第 1613 条第 1 款对过去扶养费的主张进

⑨ 参见联邦普通法院裁判,载《家庭法大全杂志》1981 年卷,第 30 页。

行了限制,但根据第 1613 条第 2 款第 2a 项,此种情况下可以免除该限制。一般来说,只有当生父身份已获得有效地、可以对抗一切人地确认时,才能对子女的真正的父亲进行追索。丈夫还可以根据第 1607 条第 3 款第 2 句,要求子女的生父补偿自己为撤销程序而支出的费用(Kosten des Anfechtungsverfahrens)。

除了追索扶养费,"假父"还可以对真正的"制造者"提出侵权请求权(deliktische Ansprüche)。单是破坏婚姻尚不足以构成侵权。[⑩] 只有当绝对权益或权利受侵害时,才发生第 823 条第 1 款规定的请求权。由于欠缺侵害的故意,这里不产生第 826 条规定的请求权。另外还可以考虑基于无因管理和不当得利的请求权,但这同样缺乏法定要件,就无因管理而言,这里欠缺管理他人事务的意愿。

原则上,"假父"不能请求母亲(Anspruch gegen di Mutter)补偿因为错误的父亲身份而产生的损失。即使母亲有违反婚姻义务的行为,其本身也不足以成立补偿请求权。[⑪] 但如果母亲在怀孕后告诉该男子其为子女的父亲,而实际上子女为他人所出,即通过错误表述诱使男子与自己结婚的,则另当别论。[⑫] 妻子因为通奸行为而怀孕,并通过不实陈述或明确否认打消丈夫对父亲身份的怀疑,导致丈夫放弃申请撤销的,也产生第 826 条规定的请求权。[⑬]

本案中,前夫针对前妻提出损害赔偿请求权,要求赔偿其对妻子和他人通奸所生育子女已支付的扶养费。审判庭否定该责任。即使存在婚姻妨害(Ehestörungen),婚姻本身原则上也排除了侵权责任规则。侵权责任构成要件的保护目的不包括婚姻。此外还有可能根据《民法典》第 826 条[⑭]主张责任,但审判庭对此也持否认态度,因为单纯隐瞒

---

⑩　参见《联邦普通法院民事裁判集》第 26 卷,第 217 页;第 57 卷,第 229 页。

⑪　《联邦普通法院民事裁判集》第 57 卷,第 229、232 页。

⑫　联邦普通法院裁判,载《家庭法大全杂志》1981 年卷,第 531 页。

⑬　联邦普通法院裁判,载《家庭法大全杂志》1990 年卷,第 367、369 页;卡尔斯鲁尔地方高级法院裁判,载《新法律周刊判例报导》,1992 年,第 515 页。

⑭　《民法典》第 826 条　违反善良风俗的故意侵害

以违反善良风俗的方式故意加害于他人的人,有义务向该他人赔偿损害。

通奸行为不符合该规范的构成要件。但如果妻子拒绝提供子女真实父亲的信息,阻碍丈夫根据《民法典》第1607条第3款第2句⑮行使追索权,就可以考虑《民法典》第280条⑯规定的损害赔偿请求权。

---

⑮ 《民法典》第1607条 替代责任和法定的债权转移

(1)以一个直系血亲依第1603条不负扶养义务为限,在其后负责任的直系血亲必须给予扶养费。

(2)在国内进行的对一个直系血亲的权利追诉已被排除或显著变得困难的,亦同。对此种直系血亲的请求权在依第1款负有义务的另一个直系血亲给予扶养费的限度内,转移给后者。

(3)以无扶养义务的另一个直系血亲或父母另一方的配偶依第2款第1句的要件代替父母一方给扶养费为限,子女对父母一方的扶养请求权转移给无扶养义务的另一个直系血亲或父母另一方的配偶。第三人作为父亲向子女给予扶养费的,准用第1句。

(4)不得使受扶养权人受不利益而主张请求权的转移。

⑯ 《民法典》第280条 因违反义务而发生的损害赔偿

(1)债务人违反因债务关系而发生的义务的,债权人可以请求赔偿因此而发生的损害。债务人无须对义务之违反负责任的,不适用前句的规定。

(2)债权人只能依第286条的附加要件,请求因迟延给付而发生的损害赔偿。

(3)债权人只能依第281条、第282条或第283条的附加要件,请求代替给付的损害赔偿。

第九章　父母照顾权和交往权

判例一　联邦最高法院 1990 年 4 月 24 日判决:父母照顾权的法律保护

要点提示:父母照顾权(Sorgerecht)系绝对权利;无父母照顾权的父母一方将子女带走的(Entführung)[①],应赔偿另一方因此而支出的侦探费用(Detektivkosten)。类似案件参见联邦最高法院判决(《新法学周刊》2002 年卷,第 2566 页),有探望权的父母一方因探望权未得到保障而提出的损害赔偿请求权,《民法典》第 1684 条第 1 款规定的探望权也属于《民法典》第 823 条第 1 款意义上的绝对权。

案号:BGH, Urt. v. 24. April 1990-VI ZR 110/89.

---

① Entführung,译为"民事诱拐"、"非法带走"或"不法留置"。《海牙国际性非法诱拐儿童民事事项公约》第 3 条规定:带走或扣留儿童,应视为非法的,如果根据儿童被带走或被扣留前当时的惯常居所地国家的法律规定,如有侵犯属于个人、机构或任何其他团体的共同或单独监护权;而且在带走或扣留的当时,实际上业已共同或单独行使上述监护权,或者如无带走或扣留情势,则将行使此项权利。特别是上述第一项述及的监护权,可因法律的规定或因司法判决或行政决定,或因依该国法律具有法律效力的某项协定而产生。

引证注释:《联邦最高法院民事裁判集》第 111 卷,第 168 页(BGHZ 111,168)。

裁判要旨

1. 父母照顾权是《民法典》第 823 条第 1 款②意义上的绝对权。

2. 有照顾权的父母一方为了查清非法带走子女的另一方父母的住所而花费的私家侦探费用,应当获得赔偿。

3. 诉讼费用确定程序(Kostenfestsetzungsverfahren)和损害赔偿程序的关系。

案件事实

原告要求被告赔偿自己为调查子女的住所而支出的私家侦探费用,其理由为:双方当事人原系夫妻,从 1983 年开始分居,两个女儿分别在 1978 年和 1981 年出生。1984 年 4 月 11 日 C 家事法院在离婚程序中做出裁定,将分居后的父母照顾权托付给原告(女方)。被告当时提起抗告,柏林高等地方法院在 1984 年 6 月 20 日裁定驳回。被告当时带着孩子住在柏林,拒绝把孩子交给原告,并且拒不告知原告自己的具体住址。W 家事法院在 1984 年 7 月 25 日作出裁定,要求被告将子女交给原告,并通过替代宣誓的保证声明将子女留在原告处,法院还委托法院执行官将子女带走,当时双方的离婚程序还没有结束。但被告宣布不会交出孩子,执行官无法找到其住所,执行失败。1984 年 12 月 13 日 H 高等地方法院又撤销了 W 家事法院的命令,因为其欠缺地域管辖权,并指定 C 家事法院继续审理案件。C 家事法院在 1985 年 1 月 31 日做出裁定,要求被告将孩子归还给原告,并且以替代宣誓的保证形式确保孩子留在原告处,同时也授权原告通过法院执行官联系警察

---

② 《民法典》第 823 条　损害赔偿义务

(1)故意或有过失地不法侵害他人的生命、身体、健康、自由、所有权或其他权利的人,有义务向该他人赔偿因此而发生的损害。

(2)违反以保护他人为目的的法律的人,担负同样的义务。依法律的内容,无过错也可能违反法律的,仅在有过错的情形下,才发生赔偿义务。

获得帮助。被告应承担原告的诉讼费用及法庭外的费用。被告对该裁定提起抗告,高等地方法院在 1985 年 3 月 28 日驳回抗告,并且进一步要求被告承担原告在 W 区法院和 H 高等地方法院的诉讼费用。

从 1984 年 12 月开始,原告在私家侦探的帮助下尝试寻找孩子的住处。G 侦探要求对 1984 年 12 月 3 日到 1985 年 1 月 29 日之间的工作支付 38,573.60 马克。D 侦探要求为 1985 年 1 月 25 日到 27 日的工作支付 11,464.24 马克,对于后续工作要求支付 61,141.40 马克。原告向私家侦探支付了 13,573.60 马克。两侦探就剩余款项对原告提起的诉讼被法院驳回。在 1985 年 10 月 30 日的裁定中,C 区法院拒绝在交付子女程序中一并处理原告主张的侦探费用。原告提出即时抗告(sofortige Beschwerde),柏林高等地方法院在 1986 年 10 月 10 日的裁定中驳回抗告。

原告认为,被告侵害其照顾权,应当承担损害赔偿责任,包括补偿其支出的侦探费用。被告认为,原告应当在交付子女程序结束后再提出费用请求;侦探费用账目不清楚,且这些侦探曾经使用过不合法的调查手段。

原告另行起诉被告,要求支付 97,605.64 马克及其利息,地方法院驳回诉请。原告提起控诉,柏林高等地方法院支持原告诉请。被告提起上告,上告法院撤销控诉法院的判决,并就诉请金额将案件发回控诉法院。

裁判理由

一、本案涉及的诉讼费用确定程序(Kostenfestsetzungsverfahren)和要求交还子女的家庭法程序相关,虽然在该程序中可以主张侦探费用,但审判庭仍驳回起诉。因为诉讼费用确认程序仅针对法院费用判决的赔偿,即法院根据相关规定在当事人之间就诉讼费用分担做出的判决。在此意义上,诉讼费用确认裁定生效后,不得另行判决。因其他事实或法律发生的补偿义务,如侵权行为,另行构成其他类型的诉讼标的,涉及当事人因为其他法律关系而发生的费用分担,其后果也取决于其他法律规定的要件(参见 Stein/Jonas/Leipold:《民事诉讼法》第 20 版,第 91 条导论,第 17、20 段;Zöller/Schneider:《民事诉讼法》第 15

版,第91条导论,第13段;Konzen:《诉讼当事人的法律关系》,1976年,第208页;Loritz:《实体法和程序法在费用补偿上的竞合关系》,1981年,第96页;科隆高等地方法院判决,载《司法办公室》(JurBüro)1977年卷,第1773页)。因此,在诉讼费用确定程序中驳回原告的诉请,并未排除其通过其他诉讼途径主张补偿请求权的权利。但在诉讼费用确认程序尚未完结时,原则上不应另行起诉,因为诉讼费用确认程序的费用通常更低(参见《联邦最高法院民事裁判集》第75卷,第230、235页;联邦最高法院1986年12月11日判决,III ZR 268/85,载《有价证券通讯》1987年卷,第247、248页;慕尼黑高等地方法院判决,载《新法学周刊》1971年卷,第518页;不莱梅高等地方法院判决,载《保险法杂志》(VersR)1974年卷,第371页;Loritz,前引书,第99页以下;Stein/Jonas/Leipold,前引书,第20段;Thomas/Putzo:《民事诉讼法》第15版,第91条导论,第4部分第2点;相反意见参见纽伦堡高等地方法院判决,载《德国法月刊》1977年,第936页)。另外,有部分侦探费用是在法院做出交还孩子的命令之后发生的,应当在另一个费用判决中作为执行费用进行处理,因此在有关交还子女的程序中,柏林高等地方法院在1986年10月10日的抗告判决中没有涉及这一问题,原告可以另行提起诉讼费用确认程序。但并不能因此否定原告诉请的许可性。按照上述观点,会让原告在诉讼法上处于不确定状态。此外,鉴于有关诉讼费用确定之诉的判例中对侦探费用的保守态度(学说观点总结,参见Becker-Eberhard:《民事请求权追索中的费用补偿》,1985年,第47页),这种方法能否获得成功本身也存在疑问。基于上述考虑,原告应有权通过诉讼的方式主张赔偿侦探费用,该费用在实体法上系应当获得补偿之损失。

二、同意控诉判决中关于请求权基础的观点。原告可以根据《民法典》第823条第1款请求补偿侦探费用。

(一)原告对于当事人双方的子女享有的父母照顾权(《民法典》第1626条以下)属于《民法典》第823条第1款意义上的绝对权(absolute Recht)。早在帝国法院时代,法院就将之前法律中规定的“父母权力”(elterliche Gewat)视为绝对权(参见《帝国法院民事裁判集》第141

卷，第 319、320 页；帝国法院判决，载《法学周刊》1913 年卷，第 202 页和《最高法院法官判例集》1928 年卷，第 1413 号；又参见柏林高等地方法院判决，载《法学周刊》1925 年卷，第 377 页；德累斯顿高等地方法院判决，载《法学周刊》1933 年卷，第 1160 页；科布伦茨高等地方法院判决，载《家庭法大全杂志》1958 年卷，第 137、138 页；纽伦堡高等地方法院判决，载《家庭法大全杂志》1959 年卷，第 71 页；科隆高等地方法院判决，载《家庭法大全杂志》1963 年卷，第 447 页；石勒苏益格高等地方法院判决，载《家庭法大全杂志》1965 年卷，第 224 页）。1979 年 7 月 18 日的立法将父母权力重新规定为“父母照顾权”（elterliche Sorge）后，学说上也无一例外地将该权利视为绝对权（参见 Erman/Schiemann：《艾曼民法典评注》第 8 版，第 823 条，第 46 段；MünchKomm/Hinz：《慕尼黑民法典评注》第 2 版，第 1626 条，第 5、63 段；MünchKomm/Mertens：《慕尼黑民法典评注》第 2 版，第 823 条，第 136 段；BGB-RGRK/Wenz：《联邦最高法院法官民法典评注》，第 12 版，第 1626 条导论部分，第 47 段；Soergel/Strätz：《索格尔民法典评注》第 12 版，第 1626 条第 4、21 段；Soergel/Zeuner：《索格尔民法典评注》第 11 版，第 823 条第 63 段；Staudinger/Schäfer：《施陶丁格民法典评注》第 12 版，第 823 条第 128 段）。审判庭亦持有这一观点。虽然随着对父母子女关系的认知的变化，之前的“父母权力”已经被法律重新规定为“父母照顾权”，但该权利的主体仍享有不受任何第三方侵害之法律地位。例如，《民法典》第 1632 条[③]规定，父母照顾权人对子女的人身照顾包括要求违反父母意愿而不法留置子女者返还子女（第 1 款），决定子女和

---

③ 《民法典》第 1632 条　子女的交出；交往的确定；在家庭照料的情形下命令留下

（1）人身照顾包括向违反父母双方或一方意愿而不法留置子女的人请求交出子女的权利。

（2）另外，人身照顾甚至包括以对第三人有利和不利的效力确定子女的交往的权利。

（3）就与第 1 款或第 2 款所规定的事务的争执，家事法院根据父母一方的申请而作出裁判。

（4）子女长期以来在家庭照料中生活，且父母想要将子女从照料人处取走的，如果且只要子女最佳利益将因取走而受到危害，家事法院就可以依职权或根据照料人的申请，命令子女留在照料人处。

第三人的交往,该决定对第三人也发生效力(第2款)。倘若父母照顾权不能被认定为绝对权并相应地通过《民法典》第823条第1款获得保护,就不能充分排除其他第三人,包括没有照顾权的父母一方对人身照顾的妨碍。当然,照顾权人在行使照顾权时必须考虑子女福利。但此种义务设置仅针对照顾权人和子女之间的关系,由国家根据《基本法》第6条第2款第1句[④]监督实施,并不影响父母照顾权在与第三人关系上的绝对权属性。就此意义而言,在照顾权人和子女的内部关系上,父母照顾呈现出相互义务关系,但在涉及第三人的外部关系上呈现为绝对权,即照顾权关系形成的生活领域受到法律的绝对保护(参见MünchKomm/Hinz前引书第5段;MünchKomm/Mertens前引书;Soergel/Strätz前引书第3、4、21段;BGB-RGRK/Wenz前引书第28、47段)。但这种侵权法保护必须以儿童福利为前提,照顾权人不得恶意利用此种绝对权保护。本案中并不存在此种情形。照顾权人雇佣私家侦探调查被不法留置之子女的住所,这本身并不会危害子女福利。

(二)被告扣留两个孩子,并拒不告知原告孩子的住所,从而侵害了原告对两个孩子的照顾权。他通过此种方式让原告在一定时间内无法实现父母照顾,尤其损害了法律特别强调的住所决定权(《民法典》第1631条第1款)。

被告行为的不法性显而易见。根据本案中的情形,被告没有任何合法理由让子女脱离原告的父母照顾,并将其隐藏起来。

控诉法院正确地指出,被告的行为有过错地侵害了原告的照顾权。法院判令其将照顾权托付给原告后,被告的抗告被驳回时,即柏林高等地方法院在1984年6月20日作出裁定后,被告就非常清楚,自己带走孩子并隐瞒住所的行为侵害了原告的权利。就算他打算嗣后重新提诉,要求法院根据儿童最大利益重新审查父母照顾权的归属,也不应对原告隐瞒孩子的住所。据此,被告的行为属故意侵害原告的父母照顾权。

(三)原告有权因照顾权受到侵害而请求损害赔偿,赔偿范围原则

---

④ 《基本法》第6条第2款:扶养与教育子女为父母之自然权利,亦为其至高义务,其行使应受国家监督。

上应包括诉讼中提到的侦探费用。该费用支出的目的是查明子女住所,这是找回孩子的前提条件。根据通说,照顾权人为找回被非法带走的孩子而支出的费用,属于侵害照顾权行为所产生的损害(参见 Erman/Schiemann 前引书;MünchKomm/Hinz 前引书,第 63 段;《联邦最高法院法官民法典评注》第 12 版,第 823 条第 69 段;BGB-RGRK/Wenz 前引书,第 1626 条导论部分,第 47 段;Soergel/Zeuner 前引书;亚琛地方法院判决,载《家庭法大全杂志》1986 年卷,第 713、714 页)。此外,照顾权人必须知晓子女的住所,才能确定子女目前的生活状况和需求。因此,照顾权人对子女住所的知悉属于照顾权的核心内容。从这一点看来,也应该补偿其为了调查子女住所而支出的费用。根据《民法典》第 823 条第 1 款,加害人侵害非财产性绝对权的(如照顾权),也应当赔偿由此引起的财产损害,即本案中的侦探费用。照顾权人的子女被非法留置,委托私家侦探查找孩子的下落,固然会产生超常的费用;但就对照顾权人的侵权法保护的目的而言,应当由非法带走孩子的人承担这种超常费用风险。根据现有判例,受害人为排除妨害而采取措施的费用补偿,以理性人在同等状况下认为必要的为限(参见审判庭判决,《联邦最高法院民事裁判集》第 66 卷,第 182、192 页;第 70 卷,第 39、42 页;第 75 卷,第 230、236 页;第 78 卷,第 274、280 页;第 103 卷,第 129、140 页)。对此还要考虑费用计算的时间节点,特别是时间点的适当性和合理性(参见《联邦最高法院民事裁判集》第 66 卷,第 182、192 页)。考虑到照顾权的人身性质以及知晓孩子下落对于实现父母照顾的特别意义,应当采取尽量宽泛的标准(großzügiger Maßstab)来判定照顾权人为查找孩子下落而支出费用的可补偿性(Erstattungsfähigkeit)。因此本案中的侦探费用应当得到补偿[下文三、(三)部分会审查诉讼请求的数额]。尽管《非讼事件程序法》第 33 条第 2 款第 2 句规定了交还子女程序,该法第 33 条第 2 款第 5 句也规定了义务人必须以替代宣誓保证的形式确保将孩子留在照顾权人处,但考虑到本案的特殊性,此种补偿仍为必要。一方面,照顾权人在领回孩子的过程中也可能发生程序之外的费用开支,例如电话费用或差旅费。

这些费用虽然发生在交还子女程序之外,也应当得到补偿(参见亚琛地方法院前引判决)。另一方面,还要考虑到照顾权人尽快查找孩子下落的实际需求。尤其是在本案中,加害行为人有意识地隐匿孩子的住所,增加了权利人对子女健康状况的担忧。虽然从法律上看,照顾权人在雇佣私家侦探之前应首先借助《非讼事件法》第 33 条第 2 款寻求救济。但不能忽视的是,恰是因为孩子住所的不确定性,依照第 33 条第 2 款进行的程序可能会持续很长时间,故不能强求权利人必须等待程序结束才能自行采取其他措施查找孩子的下落,包括借助私家侦探。控诉法院正确认识到本案情况的特殊性:因为离婚程序尚未审结,作为关联事件的交还子女程序就会因为无法确定法院管辖权而陷入停顿。W 区法院做出的交还命令(Herausgabeanordnung)也未能成功执行。被告在扣押记录(Pfändungsprotokoll)中明确表示自己不会交还孩子,并且再次重申会尽可能阻止交还孩子。那么从原告的角度来看,被告不会就孩子的下落做出替代宣誓的保证,或者很可能会再次转移孩子的住所。在这种情况下,原告借助私家侦探查明孩子住所的行为应得到充分理解,这样做的目的是确定孩子的下落,也是执行官得以执行法院交还命令的前提条件。

三、控诉法院未全面支持原告诉请的做法未能通过审查。

(一)原告为补偿侦探费用的损害赔偿请求权不受诉讼费用补偿请求权范围的限制,后者意味着,在诉讼费用确认方面应以《民事诉讼法》第 91 条第 1 款第 2 句⑤规定的"为主张权利目的而支出的费用"和《非讼事件法》第 13a 条第 1 款第 1 句规定的"为处理相关事件之目的"为限。虽然可以将诉讼费用补偿的法定限制推定为损害赔偿责任限制(参见审判庭判决,《联邦最高法院民事裁判集》第 66 卷,第 112、114 页;第 75 卷,第 230、231 页以下;第 76 卷,第 216、218 页以下)。据

⑤ 德国《民事诉讼法》第 91 条　负担费用的原则和范围

(1)败诉的当事人应负担诉讼费用,尤其是应当偿付对方当事人因达到伸张权利或防卫权利的目的而支出的必要费用。应偿付的费用也包括对方当事人必要的差旅费,以及对方当事人因遵守期日而花费时间所受的损失。对此准用对证人支付费用的规定。

……

此,审判庭曾在判例中根据诉讼费用补偿法原则,否定了受害人在程序之外基于自身行为发生之费用的补偿请求权(参见前引判决)。类似地,联邦劳工法院曾将《劳工法院法》第61条第1款第2句有关费用补偿的规定扩展适用于实体法上的费用补偿请求权,理由是这样做符合立法者利益衡量中的特殊社会目的[参见《联邦劳工法院裁判集》第10卷,第39、45页;第24卷,第486、489页;联邦劳工法院1977年12月14日判决,5 AZR 711/76,载《律师公报》(AnwBl)1978年卷,第310页]。但扩展适用的前提是,能够从法律中明确看出诉讼费用补偿和实体法补偿有同等的基础判断,且所涉费用的类别相同或者相似。对于本案所涉的侦探费用而言,并不存在此种法律特别规定。更为重要的是,根据联邦最高法院一直以来的判例,程序法上的费用补偿规则并未排除实体法上的费用补偿请求权,而且后者可以高于程序中的费用补偿义务(参见《联邦最高法院民事裁判集》第45卷,第252、256页;第66卷,第112、114页;第75卷,第230、235页;《帝国法院民事裁判集》第150卷,第37、39页;进一步可以参见《联邦最高法院民事裁判集》第21卷,第359、360页;联邦最高法院1962年5月14日判决,III ZR 39/61,载林登迈尔和默林主编:《联邦最高法院民事参考资料》,《民法典》第839条D Nr. 18;《联邦最高法院民事裁判集》第56卷,第92、95页;第94卷,第316、319页)。

(二)然而,本案中作为争议标的的侦探费用总计高达97,605.64马克。因此就有必要重新审查索赔数额。对于受害人为排除权利侵害而支出的费用,原则上应当根据理性人(verständiger Mensch)在同等状况下的行为来判定。该原则不仅适用于费用的类型[参见上文二、(三)部分],也适用于损害赔偿的范围(参见上文引用的判例)。若受害人自行排除妨害并为此目的支出费用,不应首先从减损义务(《民法典》第254条第2款)⑥的角度

⑥ 《民法典》第254条　与有过错

(1)在损害发生时,受害人的过错共同起了作用的,赔偿义务和待给予的赔偿的范围,取决于诸如损害在多大程度上主要由一方或者另一方引起等情势。

(2)即使受害人的过错限于没有提醒债务人注意债务人既不知道、也非应当指导的异常大的损害的危险,或限于没有避开或减轻损害,亦同。准用第278条的规定。

审查费用开支是否合适，而应当一开始就将损害赔偿义务保持在理性人应采取措施的框架范围。从《民法典》第249条第2句、第254条第2款、第670条，《民事诉讼法》第91条第1款以及《非讼事件法》第13a条第1款第1句等法律规定来看，在类似的需要赔偿或补偿的情形中，补偿的范围也以必要为限。这里的必要性应结合法律的上下文、立法保护目的等因素来确定。对于本案所涉案件类型（受害人为排除权利侵害的费用开支）而言，必要性并不是指《民法典》第254条第2款规定的减损义务，而是受害人在自行采取措施排除妨害时，应根据损害发生的情况，在其可以合理预见的范围内保持措施的适当性（in den Grenzen des Angemessenen），并且以此为限，向加害人主张由此发生的费用。

控诉法院理应从和原告处于同等境况下的理性人角度出发，兼顾受侵害之照顾权的特殊性质［参见上文二、（三）部分］审查诉请的侦探费用是否为必要，但其并没有这样做。鉴于事实尚未充分查明，不能做出终局判断。目前尚不能确定，雇佣侦探的应税费用或通常费用标准，以及对于寻人委托的收费方式。侦探会根据案件情况在不同阶段采取不同的调查手段。同时，在确定本案中的费用是在合理范围内还是畸高时，行业经验也有相当的参考价值。此外，控诉法院还应当调查，原告在具体雇佣过程中的行为是否符合理性人标准，例如，她委托的两名侦探在时间上有所交叉，在明知被告将孩子带到西威斯特法伦地区的情况下却雇佣柏林的侦探调查，而在威斯特法伦地区聘请侦探的费用可能更低，至少可以节约差旅费等。此外还要注意到，原告雇佣的侦探一出具的账单中，有的注明“标准小时收费60马克”，有些则注明“基础费率75马克每小时”；其他账单还注明“费率55马克每小时”。这里无法得知为什么会有不同的计时收费标准。上告法院认为，原告提交的侦探费用账单不符合通常可供审查的发票要求。特别是，从目前的账单无法看出计时收费和调查阶段的对应关系（参见柏林高等地方法院判决，载《司法办公室》1971年卷，第91页；柏林地方法院判决，载《司法办公室》1985年卷，第628、629页；以及Dessau：《私家侦探》，第 31 页）。

原告行为适当性的参考标准是理性人在类似情形下的行为。正常情况下，理性人不会完全无视成本，其在支付费用前会要求对方提供准确的计费标准。如果侦探对于账单金额不能做出合理说明，可以推定诉请的赔偿金额是过高的。但这并不意味着，原告必须就发票项目的实质合理性与侦探继续纠缠争辩。同样，虽然在调查过程中，侦探 D 的工作人员曾使用过非法调查手段，例如对被告 80 岁的母亲谎称自己是检察机构工作人员，并告知被告身患重病、生命垂危，要求其把孩子带到医院，但也不能因此强求原告向侦探主张返还多收的费用。根据损害赔偿法中通行的赔付原则，以及《民法典》第 255 条规定的利益让与制度[7]中体现的风险分配原则，受害人在排除权利侵害时有权向第三人付费，加害人只有在例外情况下才能就费用数额向第三人提出异议。因为这种费用争议最终也是侵权人行为引起的，受害人不应因他人的不法侵害行为承担额外负担。受害人在这种情况下可以直接要求加害人赔偿全部费用支出，同时根据利益让与原则（Vorteilsausgleichung），将对多付费用的返还请求权转让给被告（参见审判庭判决，《联邦最高法院民事裁判集》第 63 卷，第 182、186 页）。

最后，应根据上文提到的调查事项，借助《民事诉讼法》第 287 条规定的调查手段，最终确定原告可以主张的损害赔偿数额。

四、可以确认的是，原告对其支付的侦探费用至少可以获得部分补偿，即根据三、（三）部分的论述，按照同等境况下理性人的合理支出标准，最大限度地支持其费用补偿请求权。唯有当费用超出此合理限度，才可以驳回诉讼。为了进一步明确原告在本案中合理支出的侦探费用，本审判庭在请求权基础方面支持控诉法院的判决，同时仅就诉讼债权数额之司法审查将案件发回控诉法院。

---

⑦ 《民法典》第 255 条　赔偿请求权的让与

须为物或权利的丧失而给予损害赔偿的人，仅凭着向其让与有权受赔偿的人因物的所有权或因对第三人的权利而享有的请求权，才负有赔偿义务。

评析　侵害父母照顾权的法律救济

离婚后虽然配偶双方仍共同拥有父母照顾权(监护权),但事实上子女只能和一方共同生活。如父母一方未经另一方同意或法院裁判就将子女带走隐匿,就侵害了另一方的父母照顾权。

一、离婚后父母照顾权的变更

根据德国现行法律,父母的分居或离婚原则上不影响共同照顾权的继续存在。照顾权直接根据法律(unmittelbar auf dem Gesetz)而继续存在,无须法院的裁断。虽然配偶双方在离婚申请中必须说明,是否已经就父母照顾、交往权、子女扶养、配偶自身扶养以及婚姻住宅和家庭用具等问题达成协议,但法院并不就照顾权本身做出裁判。只有当父母一方根据《民法典》第1671条申请将照顾权单独托付给自己时,法院才会审理照顾权问题。法院有可能驳回该申请,从而继续保持共同照顾权,即使父母一方不愿意继续此种状况。在一般情况下,法院不能依职权发动照顾权程序,除非具备第1666条规定的条件。

(一)离婚后继续行使共同照顾权

父母分居或离婚后后,共同照顾权虽然继续存在,但其结构会发生变化。因为父母事实上已经不再继续共同生活,子女通常只能和母亲或父亲一方共同生活。父母通常已经不可能在事实上继续进行共同照料和教育。分居之后的"共同照顾"并不能确定子女应该和哪一方共同生活。所以父母必须就此问题进行协商;不能协商一致的,父母一方(或双方)可以向家事法院提出申请,要求根据第1671条获得单独照顾权,或要求根据第1628条获得对子女居所的决定权。在共同照顾的框架下,父母也会对很多问题发生争执:关于子女的居所(第1628条)、交往(第1684条第3款)、扶养费以及教育问题(第1628条)。所以必须明确,所谓的"共同照顾"只是一个法律上的概念,而非实际情况。这一概念的意义在于,令父母在分手后也能在重要事务上一起承担责任。

子女在父母离婚后虽然仍处于共同照顾权之下,但通常只能和父母一方共同生活。和子女共同居住的父母一方,可以就日常生活事务单独做出决定(第 1687 条第 1 款第 1、2 句),日常生活事务指的是“经常发生并对子女的发展没有难以改变的影响的事务”(第 1687 条第 1 款第 3 句)。涉及“对子女有重大意义之事项”时,仍需要父母协商一致。

(二)离婚后将父母照顾权托付给父母一方

父母分居之后,原本共同行使照顾权的父母任何一方均可向家事法院提出申请,要求将父母照顾的一部分或全部托付给该方(第 1671 条第 1 款)。在两种情况下,法院必须批准这种申请:(1)父母另一方同意的(第 1671 条第 2 款第 1 项);(2)法院认为废止共同照顾,并将照顾权托付给申请人最符合子女的最佳利益(第 1671 条第 2 款第 2 项)。

《民法典》第 1671 条第 2 款第 2 项针对的是父母就单独照顾不能达成一致的情况。此时任何父母一方均可以申请家事法院,将照顾权的一部分或全部托付给自己。法律对此种情况下的申请设置了较高的门槛。只有在具体情况下符合两方面预期的,才能批准申请:(1)取消共同照顾符合子女的最佳利益,单独照顾是比父母共同管辖更好的解决办法。(2)必须将单独照顾托付给申请提出人(gerade auf den Antragsteller)才最符合子女的最佳利益。这里需要考虑的因素包括:申请人作为单独照顾人是否可以为子女提供更好的发展机会(促进原则);该单独照顾是否最有利于维护子女已有的社会联系;申请的照顾权状况是否能最大限度地保持子女现有的生活环境(继续原则)。这里也需要考虑子女的意愿。

具备上述条件时,法院可以只托付一部分照顾权(将父母照顾的一部分进行托付,第 1671 条第 1 款)。法律并没有明确规定,父母照顾中的哪些具体事项可以进行部分托付。可以设立单独管辖的事项类型包括:财产照顾或一部分财产照顾、对人照顾或一部分对人照顾(如居所确定权、健康照料)。法院将照顾权的一部分托付给父母一方的,在托付部分之外仍为共同的父母照顾。若当事人申请将全部的父母照顾托付给自己,但法院认为,只在一部分事项中设置单独照顾才最符合子女最佳利益的,可以部分地批准当事人的申请。

二、侵害父母照顾权的法律责任

德国法院通过判例确认父母照顾权属于《民法典》第 823 条第 1 款意义上的绝对权利。⑧ 若第三人(包括父母一方)不法扣留子女,有父母照顾权的一方可以根据《民法典》第 1632 条第 1 款请求返还子女。第 1632 条第 1 款不仅构成父母对第三人的请求权基础,也构成父母一方对另一方的请求权基础。

所谓"扣留"(Vorenthalten)指的是,子女处于被申请人的控制范围,并且被申请人的行为阻挠或破坏了父母对子女行使居住地决定权。单纯为子女提供食宿尚不构成扣留。⑨ 对此需要根据子女的年龄进行区分:对于未满 14 周岁的儿童,未经父母同意的接收即构成扣留;对于年龄较大的青少年,只有当他们受到精神或身体上的压力被迫停留时,才属于第 1632 条第 1 款规定的非法扣留。

非法性(Widerrechtlichkeit)要根据权利人的意愿来判断。被申请人不能单方面主张自己的行为是为了子女的最佳利益。⑩ 但如果返还子女被视为第 1666 条第 1 款规定的危害子女最佳利益的行为,或明显属于滥用权利的行为,申请应当被驳回。

父母双方分居时,经常会出现一方向另一方请求返还的情况。行使对人照顾或有权决定居所的父母一方,可以向另一方提出返还子女的请求权。在此种程序中,法院必须仔细审查,当事人的返还申请是否

---

⑧ 《帝国法院民事裁判集》第 141 卷,第 319 页;联邦普通法院裁判,载《家庭法大全杂志》1990 年卷,第 966 页,受到侵权法上的保护。该原则适用于父母之间。例如,父母一方非法诱拐子女时,另一方可以提出损害赔偿请求权,要求支付因要回子女所支出的费用(联邦普通法院裁判,载《家庭法大全杂志》1990 年卷,第 966 页)。

⑨ 参见杜塞尔多夫高级地方法院裁判,载《新法律周刊》,1968 年,第 453 页以下;科隆地方法院裁判,载《家庭法大全杂志》1972 年卷,第 376 页。

⑩ 联邦普通法院裁判,载《新法律周刊》,1951 年,第 309 页。

会损害子女的最佳利益。若夫妻分手时尚没有对照顾权或居所决定权做出裁判,就不能按照第 1632 条第 1 款处理有关子女居所的争议,而应当首先根据第 1628 条或第 1671 条进行判断。只有当子女违反有居所决定权的父母一方的意愿而被带离时,才能考虑适用第 1632 条。例如妻子带着孩子离家出走,搬到父母处居住。丈夫希望能让孩子回来和他一起生活。如果他没有单独的照顾权或居所决定权,就不能直接根据第 1632 条第 1 款和第 3 款提出请求权。他必须首先根据第 1671 条或第 1628 条争取获得单独居所决定权,至少要以临时措施的方式获得。成功获得此种权利后,他才能在妻子不愿意自动交还子女时,根据第 1632 条第 1 款向妻子提出返还请求权。

三、跨国侵害父母照顾权——国际儿童诱拐

儿童诱拐(Child Abduction),指的是未经有权照顾儿童的人的同意或合法授权,将儿童带走的情形。如果儿童脱离照料者的照料或者未经照料者的同意,而被迁移出国界,那就构成了国际儿童诱拐(International Child Abduction)。一般认为,国际儿童诱拐应包括两种情况:一种是非法迁移儿童,指未经有权决定儿童生活居所的人的同意,单方将儿童迁移出国界的行为;另一种是非法滞留儿童,指侵犯另一方监护权而将儿童滞留在外国。

"诱拐"一词在大多数国内法中具有刑事犯罪的含义。[11] 在国际私法背景下,"儿童诱拐"已经成为父母、监护人或其他近亲属单方迁移或滞留儿童的同义词,而与第三方诱拐或"传统的绑架"(Classic Kidnappings)无关。第三方诱拐或绑架通常涉及刑法领域,无论是国内的还是国际性的,而大多数国家则认为父母诱拐子女不属于犯罪,属于私法事项。该行为在国际上称为"绑架子女",我国称之为"拐骗",我国香港称之为"拐带",我国台湾地区则称之为"略诱"。

"二战"以后,随着出入境手续的不断简化,越来越多的人选择到国外学习工作、结婚生子,然而,不同的文化信仰让跨国婚姻显得异常

---

⑪ 例如,在英国、美国和法国,儿童诱拐也可构成刑事处罚,相应的立法分别是英国 1984 年《儿童诱拐法》、美国 1993 年《国际父母绑架刑法》和法国新《刑法典》第 227 条。

脆弱。例如，在欧盟国家每年 87.5 万对离婚夫妇中，跨国婚姻占到 20%左右。跨国婚姻破裂后，最棘手的是孩子监护权的归属问题。涉外婚姻组建的家庭破裂后，父母一方把子女带回国（国籍国或住所地国）或者乘子女来访之机将他们留滞下来，从而使这些儿童脱离其监护人的事件在一些国家已屡见不鲜。此种现象自 20 世纪 70 年代以来尤为严重。⑫ 实际情形种类繁多，各不相同，但存在共同的基本因素：即“诱拐者”试图通过单方“诱拐”改变儿童的惯常生活环境，改变既存的监护关系；并试图在其所选择的法域将这种“诱拐”产生的事实状态合法化。⑬

对于国际诱拐究竟会如何影响儿童，还缺乏具体的分析。但是一般认为，不应孤立地看待诱拐本身，而应考虑儿童被迁移或滞留的情况和儿童被返还的情况。儿童对诱拐事件的承受能力取决于其年龄、与父母的关系、迁移或滞留的方式、时间、被迫生活的环境以及获得返回的支持等多种因素。儿童无论被父母迁移或滞留还是被陌生人诱

⑫ 在英国，一个名为“自由信息行动”的机构向英国《卫报》提供的数据显示，2009 年有近 500 名英国儿童被诱拐到国外。根据官方机构的数据，2009 年诱拐案例有 336 件，涉及 470 名孩子。这一数字比 2005 年增长了 20%，而自 1995 年以来，儿童被诱拐到国外的案件增长了 93%。儿童被诱拐到巴基斯坦的最多（30 例），其后依次为美国、爱尔兰、西班牙，其他热点地区还包括澳大利亚、法国、埃及等。这些诱拐案件通常发生在跨国婚姻破裂之后，没有得到看护权的家长会将自己的孩子非法诱拐到国外。在美国，平均每天大约发生 200 起父母诱拐儿童案件，参见美国国务院儿童事务办公室向美国国会提交的《国际儿童诱拐民事方面的公约》实施情况的报告。See Department of State, Report on Compliance with the Hague Convention on the Civil Aspects of International Child Abduction, 2007, 2008 & 2009. (Available at http://travel. state. gov/pdf/child_abduction_compliance_Report. pdf). 另外，根据 2006 年 10 月海牙国际私法会议第五次特别委员会提供的数据，在 2003 年度，通过海牙公约各国中央机关处理的诱拐案件为 1610 件，其中有 1335 件涉及申请儿童返还，255 件涉及申请探视。See Professor Nigel Lowe etc, A Statistical Analysis of Applications Made in 2003 under the Hague Convention of 25 October 1980 on the Civil Aspects of International Child Abduction, Preliminary Document No. 3, Part I, of October 2006 for the Attention of the Fifth Meeting of the Special Commission to Review the Operation of the Hague Convention of 25 October 1980 on the Civil Aspects of International Child Abduction. 由此可见，全球范围内国际儿童诱拐的数量是非常庞大的。

⑬ 胡斌：《海牙〈国际诱拐儿童民事方面的公约〉评析》，载《中国国际私法与比较法年刊》第 1 卷，法律出版社 1998 年版，第 147 页。

拐，强制安置在大多数情况下会带来不利影响，儿童要适应所在国家的生活，可能面临社会或语言方面的困难，或者因脱离其原有环境而产生失落感，有研究表明，一半以上被诱拐的儿童从被诱拐到返还的这段时间内，他们各方面的能力都有所下降。[14] 儿童被诱拐时，通常被诱拐父(母)从他们熟悉的环境中连根拔起，失去了与家庭、朋友、学校和社区的联系。他们会受到心灵的伤害，很多儿童被告知父母一方已经死亡或者不再疼爱他们。另外，诱拐儿童对享有监护权的一方父母来说也是一种伤害，侵犯了该父母对儿童的监护权、共同监护权或者探视权。受害父(母)为了找回孩子，遭受巨大的情感痛苦和经济损失。

在这一社会背景下，许多国家(特别是欧美国家)迫切要求加强国际合作，抑制这类行为。1980 年 10 月 24 日，海牙国际私法会议第十四届会议通过了《国际诱拐儿童民事方面的公约》(Conventionon the Civil Aspects of International Child Abduction)。该公约是国际社会最具影响力的国际私法公约之一，为国际儿童诱拐提供了有效的司法救济机制，目前已经有 90 多个缔约国。公约的总体目的是避免儿童诱拐现象的增多，而在发生儿童诱拐的情况下，提供一种简易而快速的返还机制。具体而言，公约的目的主要有两个：第一，确保迅速返还儿童至其惯常居所地国，这实际上是一种直接抑制“诱拐”现象的措施。在公约框架下，建立直接适用的管辖权规则是非常困难的，这一规定也就间接地意味着，让一合适法域的主管机关(在大多数场合，是儿童被迁移之前的惯常居所地国的主管机关)对监护事项的实质问题进行管辖，做出最终判决。第二，确保缔约国间对监护权和探视权的有效尊重，这是一种间接的预防性措施，通过被诱拐儿童的快速返还，使一方父母的监护权和探视权得以实现，并要求对两种权利予以同等尊重。

---

⑭ See Geoffrey L. Greif, “Impact on Children of International Abduction”, http://www.hiltonhouse.com/articles/Impact.txt.

判例二　联邦最高法院2016年11月23日判决:对父母照顾权的限制和剥夺

要点提示:儿童最佳利益;《民法典》第1666条规定的[15]法院干预措施;剥夺父母照顾权;《民法典》第1666a条规定的合比例原则[16]。

案号:BGH, Beschluss vom 23. 11. 2016-XII ZB 149/16.

引证注释:《联邦最高法院民事裁判集》第213卷,第107页;《新法学周刊》2017年卷,第1032页;《家庭法大全杂志》2017年卷,第212页。

裁判要旨

1. 若存在某种现实危险,且可以预见其进一步发展很可能危害子

---

⑮ 《民法典》第1666条　在子女最佳利益受到危害的情形下的法院措施

(1)子女身体上、精神上或心灵上的最佳利益或其财产受到危害,且父母无意或不能避开危险的,家事法院必须采取对于避开危险为必要的措施。

(2)有权进行财产照顾的人违反其对子女的抚养义务或其与财产照顾相关联的义务,或不服从与财产照顾有关的法院命令的,通常必须认为子女的财产受到了危害。

(3)下列措施尤其属于第1款所规定的法院措施:

1. 要求提供官方援助(如提供儿童或青少年援助和健康方面的照料)的命令;

2. 要求注意遵守就学义务的命令;

3. 禁止暂时地或就不确定的期间而使用家庭住宅或他住宅,禁止在特定的住宅周边地区内居留,或禁止探访子女通常在那里居留的特定的其他地点;

4. 禁止建立与子女的联系或安排与子女见面;

5. 代为做出有权进行父母照顾的人的表示;

6. 部分地或完全剥夺父母照顾。

(4)在人身照顾的事务中,法院也可以采取具有对第三人的效力的措施。

⑯ 第1666a条　合比例原则:官方援助的优先

(1)仅在不能以其他方式或官方援助方式排除危险时,方才采取让子女脱离父母家庭的措施。即使应暂时地或就不确定的期间而拒绝父母一方使用家庭住宅,也适用前句的规定。父母一方或第三人被禁止使用子女在其中同住的住宅或其他住宅,在计算该项措施的持续时间时,也必须考虑此人是否享有住宅所在土地的所有权、地上权或用益权;住宅区所有权、长期居住权、物上居住权,或父母盖房或第三人系住宅承租人的,准用前半句的规定。

(2)仅在其他措施仍无效果,或须认为它们不足以避开危险时,全部人身照顾才能予以剥夺。

女在肉体上、精神上或心灵上的最佳利益，即构成《民法典》第 1666 条第 1 款意义上的危害子女最佳利益。可能发生的损害越严重，可能性要求就越低。

2.《民法典》第 1666 条第 3 款规定的要求和禁止措施并非穷尽式列举，可采用其他适当措施避开危险。若涉及干预当事人的基本权利，唯有第 1666 条第 3 款明确规定的措施才可适用第 1666 条第 1 款和第 3 款的规定。

3. 根据第 1666 条采取法院措施的，应符合比例原则。在进行合比例审查时，应考虑对父母照顾干预的严重性和危害出现的可能性之间的关系。唯有当危害出现的可能性很高，即具备相当确定性时，方可采取剥夺父母照顾之措施（参见审判庭 2011 年 10 月 26 日判决，XII ZB 247/11，载《家庭法大全杂志》2012 年卷，第 99 页）。

案件事实

本程序涉及的是法院针对危害子女最佳利益的行为采取的措施。关系人 2（以下简称母亲）系 MC（以下简称子女）的单方照顾权人，后者在 2008 年 2 月 12 日出生。2015 年 6 月，母亲带着子女和 2003 年 6 月 16 日出生的儿子搬到其生活伴侣（本案中的关系人 5，以下简称伴侣）家中共同生活。该伴侣曾在 2000 年因性侵多名儿童被判处 6 个月监禁，在 2004 年又因为多项针对儿童的强奸和性侵行为被判处 4 年零 6 个月徒刑。2009 年 12 月刑罚执行完毕后，法院对其发布监督措施（Fuehrungsaufsicht），直到 2016 年 2 月结束。在监督措施期间，法院于 2015 年 4 月 16 日发布裁定，禁止其接触女性儿童和青少年，除非有照顾权人的监督和陪同。此外，他还在 2012 年因非法持有儿童色情作品、在 2013 年因为跟踪骚扰异性而被判决。

根据青少年福利局（Jugendamt）的建议，区法院剥夺了母亲对子女的居所决定权、医疗照顾决定权以及儿童救济措施（Jugendhilfemaßnahmen）的申请权，同时另行设立补充保佐（Ergänzungspflegschaft），规定青少年福利局为儿童的补充保佐人。根据青少年局的请求，子女先后被安置在友好家庭和儿童之家(Kinderhaus)。

母亲对区法院的裁定提出抗告,高等地方法院在 2015 年 9 月 14 日做出临时命令,暂时中止区法院裁定的执行,并对母亲和伴侣做出指令(Weisungen)。根据该指令,母亲必须在亲自陪同的情况下才能让孩子和伴侣见面,在晚 10 点到早 8 点之间不得允许伴侣进入孩子的房间。法院对伴侣也发布了类似的禁止命令。另外法院还告知母亲,青少年福利局或由其委托的工作人员得随时访问家庭且无须事先告知。在上述条件下,子女重新回到母亲住处。随后高等地方法院通过裁定变更了区法院判决,重申了其在临时命令中的安排,并且告知母亲,其可以继续申请家庭救济,并为此提交相应申请。

母亲和伴侣对高等地方法院的裁定提出法律抗告并获得许可。母亲仅对法院裁定中的指令提出抗告,而不涉及家庭救济。伴侣的法律抗告因为没有及时说明理由,在 2016 年 6 月 29 日被裁定驳回。

母亲的法律抗告虽然得到允许,但未能获得支持。

裁判理由

一、高等地方法院的裁判理由如下:

本案尚不具备部分剥夺母亲之照顾权的前提条件,但应根据《民法典》第 1666 条第 3 款和第 4 款对母亲及其伴侣作出指令。干预母亲之照顾权的前提在于,对儿童利益存在某种现实的、或者至少是迫在眉睫的危险。该危险造成的损害越大,对危险发生之可能性的要求就越低。本案中即存在此种具体危险,即伴侣可能会采取之前案件中的类似方式性侵儿童。特别是对于与其共同生活的女孩。法院指定专家出具的专家意见中指出,此种情形(再次性侵)的发生概率大约为 30%。鉴于之前性侵事件对孩子的危险程度较高,必须对子女采取保护措施。法院发布的要求和禁止命令对于避免危险具有必要性和充分性。相关的控制机制可以有效防范伴侣侵害儿童的风险,故无需再剥夺父母照顾权。

二、上述观点通过法律审查。高等地方法院有权发布指令。

(一)根据《民法典》第 1666 条第 1 款,子女身体上、精神上或心灵上的最佳利益或其财产受到危害，且父母无意或不能避开危险的，家事法院必须采取对于避开危险为必要的措施。适用和解释该规定时，应考虑《基本法》第 6 条第 1 款和第 2 款[17]对家庭的特别保护规定。《基本法》第 6 条第 2 款第 1 句保障父母对子女的教育和扶养权利。教育子女是父母的首要责任，这一“自然权利”并非来自国家授权，后者仅是通过立法认可该权利。父母原则上可以根据自身理解自由决定如何教育和扶养子女并实现父母责任，而不受国家的干预和影响。但在教育和扶养子女的过程中，必须以儿童最大利益（Kindeswhol）作为最高准则（oberste Richtschnur）（参见审判庭 2016 年 7 月 6 日裁定，XII ZB 47/15，载《家庭法大全杂志》2016 年卷，第 1752 页，第 21 段）。

根据联邦最高法院和联邦宪法法院一直以来的判例，（部分）剥夺父母照顾权（尤其是将子女带离父母）的前提是存在现实的危险，且可以预见该危险的继续发展会对儿童的精神或身体利益造成重大损害（参见审判庭 2016 年 7 月 6 日裁定，XII ZB 47/15，载《家庭法大全杂志》2016 年卷，第 1752 页，第 28 段；2011 年 10 月 26 日裁定，XII ZB 247/11，载《家庭法大全杂志》2012 年，第 99 页，第 25 段；联邦最高法院 1956 年 7 月 14 日裁定，IV ZB 32/56，载《家庭法大全杂志》1956 年卷，第 360 页；联邦宪法法院判决，载《家庭法大全杂志》2016 年卷，第 22 页，第 17 段）。

（二）在联邦宪法法院的判例中，除了剥夺父母照顾权，《民法典》第 1666 条规定的其他措施的适用条件，仅在部分领域能够成为诉讼标的（参见联邦宪法法院判决，载《家庭法大全杂志》2011 年卷，第 179～180 页）。

1. 根据第 1666 条采取措施的一般前提条件是存在某种针对儿童最佳利益的具体危险，且父母无意或不能避开危险。若存在某种现实的危险，且可以预见该危险的继续发展会对儿童的精神或身体利益造

---

[17] 《基本法》第 6 条

（1）婚姻与家庭应受国家之特别保护。

（2）抚养与教育子女为父母之自然权利，亦为其至高义务，其行使应受国家监督。

成重大损害,即具备这一条件(参见审判庭 2004 年 12 月 15 日裁定,XII ZB 166/03,载《家庭法大全杂志》2005 年卷,第 344、346 页;Staudinger/Coester:《施陶丁格民法典评注》2016 年,第 1666 条,第 82 段。有关充分可能性标准(hinreichende Wahrscheinlichkeit),参见联邦行政法院判决,载《新法学周刊》1974 年卷,第 807、810 页;《新法学周刊》1975 年卷,第 130、132 页;《新行政法杂志》2010 年卷,第 389、390 页;联邦宪法法院裁判,载《家庭法大全杂志》2005 年卷,第 2603、2610 页;《新法学周刊》2000 年卷,第 55、66 页)。

在此过程中,不能抽象定义危险的必要程度。因为"危害儿童最佳利益"(Kindeswohlgefährdung)之概念本身就包括了多种不同情况和可能性,因此事实审法官必须在个案中通过衡量各种情形进行具体化分析(参见 BeckOK BGB/Veit:《民法典评注》2011 年 11 月 1 日版,第 1666 条,第 7 段;Coester-Waltjen:《家庭法》第 6 版,第 57 节第 9 部分,第 106 段)。就发生损害的可能性要件而言,可能发生的损害越大,可能性要求就越低(参见卡尔斯鲁厄高等地方法院裁判,载《家庭法大全杂志》2009 年卷,第 1599 页;BeckOGK BGB/Burghart:《民法典评注》2016 年 7 月 1 日版,第 1666 条,第 85 段;Erman/Döll:《艾曼民法典评注》第 14 版,第 1666 条,第 6 段;MünchKommBGB/Olzen:《慕尼黑民法典评注》第 6 版,第 1666 条,第 48 段;Prütting/Wegen/Weinreich/Ziegler:《民法典评注》第 11 版,第 1666 条,第 2 款;Staudinger/Coester:《施陶丁格民法典评注》2016 年,第 1666 条,第 91 段;Weinreich/Klein/Ziegler:《专业律师法律评注(家庭法卷)》第 5 版,第 1666 条,第 3 段)。

在判定是否存在儿童最大利益危险情形时,无需考虑如何根据第 1666 条采取措施消除危险。唯有在确定存在儿童最大利益危险后,方才进一步考虑采取何种措施为必要和适宜,以及该措施是否符合比例原则(BeckOK BGB/Veit:《民法典评注》2016 年 11 月 1 日版,第 1666 条,第 12 段;Staudinger/Coester:《施陶丁格民法典评注》2016 年版,第 1666 条,第 92 段;不同意见参见 BeckOGK BGB/Burghart:《民法典评注》2016 年 7 月 1 日版,第 1666 条,第 86 段;Gernhuber/Coester-

Waltjen:《家庭法》第 6 版,第 57 节第 9 部分,第 106 段)。

判定损害发生可能性时,必须以具体的怀疑因素(Verdachtsmomenten)为基础。仅有抽象危险不足以构成该要件(参见卡尔斯鲁厄高等地方法院裁判,载《家庭法大全杂志》2009 年卷,第 1599 页;MünchKommBGB/Olzen:《慕尼黑民法典评注》第 6 版,第 1666 条,第 48 段;Prütting/Wegen/Weinreich/Ziegler:《民法典评注》第 11 版,第 1666 条,第 2 段;Weinreich/Klein/Ziegler:《专业律师法律评注(家庭法卷)》,第 5 版,第 1666 条,第 3 款)。最后,对儿童可能造成的损害必须是显著的。若某种损害并不严重,即使有很高的可能性发生,也无需根据第 1666 条采取措施。在此种情形下,就应当优先考虑父母在子女教育和排除危险方面的优先权(BeckOK BGB/Veit:《民法典评注》2011 年 11 月 1 日版,第 1666 条,第 11 段;Staudinger/Coester:《施陶丁格民法典评注》2016 年版,第 1666 条,第 91 段)。

2. 按照上述条件确认存在儿童最大利益危险后,事实审法官应通过自由裁量选择采取何种措施排除危险。法律抗告法院必须审查:事实审法官是否在选择措施时适当行使其选择裁量权(Auswahlermessen),所采取的具体措施是否合法,特别是是否遵守了比例原则。

(三)根据上述标准,高等地方法院确认本案中存在《民法典》第 1666 条第 1 款规定的儿童最大利益危险。借助专家鉴定意见,法院认为本案中存在显著危险,伴侣可能会以之前性侵案件中的类似方式对儿童实施侵害,虽然并非绝对如此。高等地方法院充分考量到性侵行为会对儿童造成严重损害,且指出此种损害的发生具有较高可能性。高等地方法院的看法通过了法律审查。

法律抗告人提出抗辩理由,认为高等地方法院没有采取《家庭事件和非讼事件程序法》第 26 条(依职权调查)规定的原则进行调查。考虑到 2000 年和 2004 年的判决均是依据 20 年之前的事实做出的,本案中尤有必要重新进行事实调查。对此高等地方法院采纳了专家意见,认为伴侣虽然不是恋童癖(Kernpädophilie),但确实对案涉儿童年龄段的女孩有性侵倾向,同时之前的判决对伴侣设置了内外部的控制机制,但这些机制随着时间的推移已经逐渐失效。因此,虽然时间久远,危险并未因此消除。虽然母亲主张其可以满足伴侣的性需求,但专家意见中已充分说明,这并不会降低伴侣性侵孩子的风险。

本案中无须采取其他调查措施,确认母亲是否有意或有能力采取措施避开危险。从母亲的陈述来看,她根本没有意识到伴侣可能会对女儿有特殊兴趣,这意味着她并未充分关注儿童的生活环境。她带着孩子搬到伴侣家中生活,本身就意味着提供了让伴侣不时侵犯孩子的机会,如在母亲外出或睡着之时。母亲不仅认为没有必要采取措施预防此种可能出现的危险状况,反而认为其伴侣不应受到刑事处罚。

(四)高等地方法院为避开儿童最佳利益危险而采取的措施,在法律上无可指摘。

1. 上述措施系根据《民法典》第 1666 条可以采取的措施。

(1)《民法典》第 1666 条第 3 款明确列举了除剥夺照顾权之外可以采取的各项措施(参见联邦宪法法院裁判,载《家庭法大全杂志》2011 年卷,第 179、180 页)。第 3 款中的“要求和禁止”(Ge-und Verbote)清单并非穷尽式列举(第 3 款本身即注明“下列措施尤其属于第 1 款所规定的法院措施”),即法院可以选择其他适当措施避开危险。若这些措施显著干预了关系人的宪法基本权利,法院需要说明该措施的法律基础(gesetzliche Grundlage)及其限制基本权利的范围。唯有当法院采取《民法典》第 1666 条第 3 款列明之措施或者类似措施的,方可将第 1666 条第 1 款和第 3 款视为此种法律基础(参见联邦宪法法院裁判,载《家庭法大全杂志》2011 年卷,第 179、180 页;BeckOGK BGB/Burghart:《民法典评注》2016 年 7 月 1 日版,第 1666 条,第 91 段)。

(2)法院根据第 1666 条第 3 款第 3 项和第 4 项结合第 4 款对伴侣做出指令。该条文规定,家事法院可以禁止第三人探访子女经常居留的地点,禁止与子女联系或与子女见面。高等地方法院根据上述规定对伴侣发布禁令,并在时间和具体情形方面做出限制。

对母亲的指令原则上也是《民法典》第 1666 条允许的措施。法院要求母亲配合对伴侣的指令安排,相应地禁止儿童和伴侣接触,属于与该禁止相似的措施，其目的是落实对伴侣的接触禁止，同时也督促母亲履行对子女的保护义务。要求母亲配合青少年局或其委派人员的突袭式访问，也是为了充分保障当事人遵守法院指令。这一要求和接触禁止关系密切，属于青少年救济措施的组成部分，该救济措施的法律依据为《民法典》第1666条第3款第1项（提供官方援助的命令，如提供儿童或青少年援助和健康方面的照料）。虽然该指令会干预母亲及其伴侣根据《基本法》享有的住宅不受侵犯权，但高等地方法院正确地指出，根据《基本法》第13条第7款，[18]为保护儿童利益，可以限制或干预住宅不受侵犯权。最后，根据第1666条第3款第1项，在母亲不作为的情况下，家事法院可以径行要求青少年福利局等机构提供官方援助（Familienhilfe）。

2. 高等地方法院做出的指令符合比例原则（Verhältnismäßigkeits-grundsatz）。

（1）对父母照顾权的任何干预都必须符合比例原则（审判庭2011年10月26日裁定，XII ZB 247/11，载《家庭法大全杂志》2012年卷，第99页，第27段；2004年12月15日裁定，XII ZB 166/03，载《家庭法大全杂志》2005年卷，第344页，第347段），《民法典》第1666a条对将孩子带离父母家庭的措施明确规定了合比例原则。该原则要求，必须根据父母怠于履行义务的程度和儿童利益来决定国家介入措施的类型和程度。就排除儿童最大利益危险而言，法院发布的措施必须是恰当的、必要的和相称的（geeignet, erforderlich und im engeren Sinne verhältnismäßig）。必要性意味着，应从能够达到同等目标的多个适当手段中选择破坏性最小的手段。因此国家必须优先考虑通过帮助和支持措施，来恢复或建立父母的责任能力（审判庭2016年7月6日裁定，XII ZB 47/15，载《家庭法大全杂志》2016年卷，第1752页，第22段）。相称性（狭义上的合比例性）则要求，干预手段在个案的具体情况中必须是合理的（zumutbar）。这里特别要考虑干预的严重程度和后

⑱ 《基本法》第13条第7款：除上述情形，以及为防止公共危险或个人生命危险，或根据法律为防止公共安全与秩序之紧急危险，尤其为解除房荒、扑灭传染病或保护遭受危险之未成年人，不得干预和限制住宅不得侵犯的权利。

果、儿童的损害危险及危险程度之间的关系。剥夺或部分剥夺父母照顾权属于非常严厉的干预措施,必须存在对儿童利益的持续危险,且从个案情形来看危险的发生具有高度盖然性,此种措施方可具备相称性。反之,发布其他措施的,无需损害发生的高度盖然性即可具备相称性。

(2)高等地方法院发布的指令符合上述标准。

这些指令对于防止伴侣对儿童的性侵危险是恰当的。根据高等地方法院的调查结果,这些指令和青少年局的监督形成了对伴侣的外部监督机制,确保其不会冒险侵犯儿童。指令中禁止子女在无陪同的情形下和伴侣接触,可以显著降低侵害风险。

上述指令也具备必要性,因为其他较为缓和的手段无法达到同样的效果。抗告人申诉到,儿童可以在第三人(不一定非要母亲)的陪同下和伴侣接触,对此不应采信。法律抗告人并未提出愿意承担这一任务的适格成年人,她提出让女孩的弟弟代替母亲陪同女孩和伴侣接触,但女孩的弟弟本身也是儿童,无法承担该责任。法律抗告人还提出,可以采取一些现代化技术手段确保孩子的安全,例如在儿童房放置实时监控或者开门报警器等,这一建议同样无法令人信服。相比法院发布的措施,这些措施明显效率低下,既不能防止儿童遭受侵害,也无法确保母亲及时收到相关信息。

由于此种侵害只要发生一次就会造成严重后果,法院选择措施时必须考虑到母亲、儿童和伴侣的过往经历和复发程度。故上述措施符合相称性要求。

3. 法律抗告人提出,高等地方法院必须根据《民法典》第1666a条第1款第3句[19]对发布的措施设定期限,这一主张也不能获得支持。根

---

[19] 《民法典》第1666a条　合比例原则:官方援助的优先

(1)仅在危险不能以其他方式和官方援助加以避免时,方可准许与子女脱离父母家庭相关联的措施。即使应暂时地或就不确定的期间而拒绝父母一方使用家庭住宅,也适用前句的规定。父母一方或第三人被禁止使用子女在其中同住的住宅或其他住宅,在计算该项措施的持续时间时,也必须考虑此人是否享有住宅所在土地的所有权、地上权或用益权;住宅区所有权、长期居住权、物上居住权,或父母盖房或第三人系住宅承租人的,准用前半句的规定。

……

据该条规定，在确定措施之期限时，若父母一方或第三人被禁止使用子女在其中同住的住宅，应考虑此人是否为该住宅的承租人。立法者的本意是，以合比例的方式暂时限制物权人和居住权人的权利（联邦议会第14/8131号出版物，第9页），因此通常应对此种措施设定期限（Staudinger/Coester：《施陶丁格民法典评注》2016年版，第1666a条，第30段）。此种离开指令（Wegweisung）系基于儿童最大利益保护而对《基本法》第14条所保护之财产权的限制，故应设置一定期限，或者在孩子搬家之后结束（参见MünchKommBGB/Olzen：《慕尼黑民法典评注》第6版，第1666a条，第22段；Staudinger/Coester：《施陶丁格民法典评注》2016年版，第1666a条，第30段）。

和法律抗告人的观点不同，高等地方法院既没有明确禁止，也没有在事实上禁止伴侣使用"自己的"房屋，故无需查明伴侣对房屋之用益关系的法律性质。有关夜间时间的指令，完全可以通过母亲带着孩子在其他住所过夜而实现。本案中并不涉及第1666a条意义上的离开指令（参见联邦议会第14/8131号出版物，第9页）。法院应根据《家庭事件和非讼事件程序法》第166条第2款[20]定期审查该措施的适当性，并在儿童最佳利益危险或该措施的必要性消除后根据《民法典》第1696条第2款废止该措施。

4.最后，高等地方法院在行使选择裁量权（Auswahlermessen）时，并无法律错误。

事实审法官可以在可供选择的措施中自行选择（审判庭2004年12月15日裁定，XII ZB 166/03，载《家庭法大全杂志》2005年卷，第344、347页；巴伐利亚高等地法院裁判，载《家庭法大全杂志》1999年卷，第318、319页；MünchKommBGB/Olzen：《慕尼黑民法典评注》第6

---

⑳ 《家庭事件和非讼事件程序法》第166条　判决和经法院批准之和解方案的变更和复核

（1）法院应按照《民法典》第1696条的规定变更判决或经法院批准的和解方案。

（2）对于持续时间较长的子女保护性安置措施，法院应在适当的时间段定期复查。

（3）法院未根据《民法典》第1666条至第1667条的规定采取措施的，应在适当时间段内审查其判决是否合理，该时间段通常是三个月。

版,第 1666 条,第 152 段;Staudinger/Coester:《施陶丁格民法典评注》2016 年版,第 1666 条,第 206 段)。法律抗告法院对该种选择的审查,仅限于确保事实审法院充分考量到了所有相关因素。本案中即是如此。法律抗告人虽然提出变通方案,但该方案缺乏可行性,高等地方法院无需特别考虑该替代方案。

法律抗告人进一步指出,高等地方法院为了将子女安置在其他地方而部分剥夺了父母照顾权,这种做法应当进行"恶化禁止"的审查("Verschlechterungsverbot",参见审判庭 2016 年 7 月 6 日裁定,XII ZB 47/16,载《家庭法大全杂志》2016 年卷,第 1752 页,第 52 段;2007 年 10 月 17 日裁定,XII ZB 42/07,载《家庭法大全杂志》2008 年卷,第 45 页,第 24 页;MünchKommFamFG/Fischer:《慕尼黑家庭事件和非讼事件程序法评注》第 6 版,第 74 条,第 3 款;Prütting/Helms/Abramenko:《家庭事件和非讼事件程序法评注》第 3 版,第 74 条,第 6 段和第 65 条,第 18 段)。对此无需考虑,根据已查明的危险发生概率,法院采取的措施对于损害发生是否为必要。高等地方法院根据其查明的事实正确指出,目前阶段尚无需剥夺父母照顾权,通过相关指令安排,就可以在不将孩子带离家庭的同时有效防范危险的发生。唯有当无法通过其他方式,包括官方援助而避开危险时,才能采取措施让子女脱离父母家庭(《民法典》第 1666a 条第 1 款第 1 句)。此即说明高等地方法院充分考量了干预措施的必要性。

青少年福利局在其为法律抗告出具的评估报告中指出,通过此种控制也不能完全保证不会发生侵害,故原则上将儿童安置在其他家庭会更加安全。但高等地方法院仍认为,目前的指令安排已经足以设立有效的外部控制机制,且应当优先考虑该种方式。此外高等地方法院还正确地指出,若当事人违反指令,即需要重新评估案件,并可能采取新的措施。

三、考虑到无需澄清有根本意义的法律问题,且对法律的续造和统一适用也并无帮助,故不再进一步说明其他判决理由(《家庭事件和非讼事件程序法》第 74 条第 7 款[21])。

评析　儿童最大利益原则和国家监督机制

随着 1989 年联合国《儿童权利公约》将“儿童最大利益”确立为处理儿童相关事项的基本原则,[22]以父母履行责任与义务、保障子女最大利益为特征的子女本位立法,已成为亲子关系立法的世界性趋势。[23]但“儿童最大利益原则”只指明了处理儿童事项时应坚持的方向,其内涵及适用均具有模糊性和不确定性,所以该原则的实现,在很大程度上依赖于各国自身的价值体系和具体立法。德国家庭法通过数十年的探索,对于如何通过具体规范配置和制度设计实现“儿童最大利益原则”积累了丰富的经验。

一、子女本位和儿童最大利益原则的确立

罗马法和日耳曼法中强调家父的父权(patria potestas,Munt),将其

---

[21] 《家庭事件和非讼事件程序法》第 74 条　对法律抗告的裁判

(1)法律抗告法院应审查,该法律抗告是否被准许,是否在法定期间内按法定形式提交,抗告书是否有充分理由。缺乏上述条件的,法律抗告不被准许。

(2)被声明不服的裁定虽然法律适用错误,但裁判结果因其他原因仍符合法律规定的,应驳回法律抗告。

(3)法律抗告法院的审查范围以关系人的请求为限,但不受抗告人提出的法律抗告理由的限制。对于需经当事人主张才审查的程序瑕疵,唯有当该缺陷根据第 71 条第 3 款和第 73 条第 2 款可被责问的,才能主动审查。准用《民事诉讼法》第 559 条和第 564 条的规定。

(4)程序的其他方面适用和一审程序同样的规定,除非本节另有规定。

(5)法律抗告成立的,应撤销被声明不服的裁定。

(6)法律抗告法院认为条件成熟的,可以直接改判。不宜直接改判的,法律抗告法院应在撤销裁定后将案件发回抗告法院,在特殊情况下将案件发回原审法院处理。原审法院应当另行组成审判庭审理被发回的案件。重新审理时应考虑法院撤销裁定的法律理由。

(7)若说明理由不利于澄清有根本意义的法律问题,或不利于法律发展,或不利于形成统一的判决时,无需说明理由。

[22] 第 3 条第 1 款:关于儿童的一切行动,不论是由公私社会福利机构、法院、行政当局或立法机构执行,均应以儿童的最大利益为首要考虑。

[23] 冉启玉:《从理念到制度的转变:离婚亲子法中的“儿童最大利益”原则》,载《湖北社会科学》2012 年第 11 期,第 170 页。

作为父母子女关系法的主要内容。在德国传统家庭法中，子女处于“父权”或“家长权力”之下，其家庭地位如同臣民之于领主。从20世纪开始，德国家庭法逐步重视对子女权利和自决利益的保护。最早的立法成果体现为1921年的《子女宗教教育法》和1922年的《帝国子女福利促进法》，但子女本位原则的真正确立发生在联邦德国成立之后。

德国《基本法》第6条第2款规定：照料和教育（zu pflegen und zu erziehen）子女是父母之自然权利，亦为其“至高”义务，其行使应受国家监督。这一规定意味着父母权利不仅是基本权利，也是基本义务，父母必须根据子女的最大利益履行教育义务，从而确立了子女有独立的人格尊严和人格权益，以及国家对父母权利的监督义务。[24] 另根据《基本法》第6条第5款，立法应当保证非婚生子女在身体与精神发展及社会地位方面，具有与婚生子女同等之条件。同时，联邦德国加入了《儿童权利公约》和1996年的《关于儿童权利行使的欧洲公约》，有义务实现公约确立的儿童最大利益原则。

根据上述基本原则，德国立法者对家庭法进行了多次重大修改，以彰显子女权利本位，实现儿童最大利益原则，其中较为重要的改革法案包括：（1）通过1969~1998年的一系列改革法案，在家庭法领域实现了对婚生子女和非婚生子女的平等对待。（2）1979年《关于重新规定父母照顾的法律》强调了父母权利的义务本质：父母照顾权仅为纯粹工具，其存在的意义在于实现子女之最大利益；在教育关系中应加强子女的自决权。该法用“父母照顾”（elterliche Sorge）取代了“父母权力”（elterliche Gewalt）这一表述。（3）1997年的《亲子关系改革法》进一步强调子女权利，重新规定了子女交往权：和父母双方的交往应以子女的最大利益为原则；不仅父母对子女有交往权，子女对父母也有正式的交往权；其他人只要“与子女建立了某种联系，并且保持此种联系对子女的发展有益”，也有和子女交往的权利，例如祖父母、兄弟姐妹、继父母和养父母。该法还进一步细化规定了照顾权改革法提出的“有损尊严

[24] 《联邦宪法法院裁判集》第56卷，第363、382页；第61卷，第358、372页；第24卷，第119、144页。

的教育手段”，体现了“禁止体罚”的意旨。(4)1997年12月16日通过的《修改子女权利的法律》，在法律上实现了对婚生子女和非婚生子女的平等对待；限制了子女的债务责任，即对于父母行使法定代理权造成的、在子女成年时仍负担于其财产之上的债务不承担责任，体现了对子女财产权益的保护。(5)2002年4月9日通过的《进一步改善子女权利的法律》明确规定：在合意的异质体外受精的情形下，母亲和事先表示同意的父亲均无权撤销父亲身份；为保护未成年子女利益考虑，家事法院可以采取措施要求父母一方或第三人离开家庭住宅。(6)其他的相关改革法案还包括：2007年12月21日通过的《修改扶养法的法律》、2008年3月13日通过的《增加撤销父的身份权利的法律》、2008年3月26日通过的《不经撤销程序而宣布父亲身份的法律》、2008年7月4日通过的《子女最大利益受到危害时简化家事法院措施的法律》、2008年12月17日通过的《关于改革家庭事件和非诉事件的程序的法律》等。通过上述立法，亲子关系发生了深刻的变化，其重心从父母权利转到子女权利，并逐步实现了儿童利益最大原则。

二、国家对父母照顾权的监督和干预措施

(一)国家的监督责任和机关

根据德国《基本法》第6条第2款第2句，受基本权利保护的未成年人有权要求国家保护，所以国家机构对父母责任有监督义务。国家监督的基本出发点是子女最大利益。[25] 国家在行使监督职能时应秉承克制的态度，不得随意剥夺父母的照顾和教育权利，应根据比例原则，选择与父母不履行义务的严重程度以及维护子女利益的要求相适应的干预措施。[26] 根据德国《民法典》第1666条，[27]当子女在人身方面的最大利益或财产利益受到危害时，家事法院必须采取措施加以干涉。

---

[25] 《联邦宪法法院裁判集》第59卷，第360、376页；《家庭法大全杂志》1989年卷，第145、146页。

[26] 《联邦宪法法院裁判集》第7卷，第320、323页；第60卷，第79、89页。

[27] 2008年7月4日的《子女最大利益受到危害时简化家事法院措施的法律》对《民法典》第1666条进行了修订，目的是引导法院采取切实的措施，为受害子女提供实际的帮助。

据此,如果父母没有依法履行对子女的照顾责任,并因此导致子女陷入危险,家事法院应在青少年局的协助下,依职权进行调查或采取措施。法院必须毫不迟延地审查是否需要立即发布临时措施。[28]

青少年局在国家监督体系中扮演着重要角色,不仅在人身照顾方面协助法院,还可以直接参与某些诉讼程序。[29] 青少年局可以直接提出诉讼,要求法院采取干预措施排除对子女最佳利益的妨害。[30] 为保护儿童和青少年,青少年局甚至可以不经法院而直接采取临时措施,例如,当儿童主动提出请求或对儿童最佳利益存在紧急威胁时,青少年局可以为儿童安排临时住所,但必须毫不迟延地通知照顾权人;照顾权人反对此项措施的,青少年局必须返还儿童,或者将争议提交家事法院进行裁判。[31] 在存在迟延危险的情况下,青少年局可以不经照顾权人同意而采取临时措施,例如将儿童带离某人或某机构,这里也必须毫不迟延地通知照顾权人,如果后者反对,应将有关事项提请家事法院裁判。[32]

(二)对子女人身利益的保护

根据第1666条第1款,在符合两个条件时,法院可以基于儿童最大利益干预父母的照顾权:(1)子女在身体上、精神上或心灵上的最大利益受到危害,即各种对子女完整性利益和发展利益的严重损害。其中,完整性利益指的是身体健康、生活用品和最低限度的人身投入。如在这些领域发生危害,国家必须迅速有效地采取干预措施。发展利益指的是通过教育和适当社会接触获得的发展、学校和职业培训、对精神和文化兴趣的培养以及随着年龄增长而逐步提高的自决能力。在发展利益领域,国家必须保持一定的克制,因为在一个多元化的社会中,对于“最好教育”本身就存在不同理解,所以只能对严重背离目标的行为

---

[28] 《关于家庭事件和非诉事件的程序的法律》第157条第3款。

[29] 参见《社会法典》第8编,第50条第1款,第52条。

[30] 《社会法典》第8编,第50条第3款。

[31] 《社会法典》第8编,第42条第2款第2~4句,第3款。

[32] 《社会法典》第8编,第42条第3款。

加以干涉。[33] 无论如何,国家干预必须以具体的、现实的危害为前提。[34] (2)父母无力或者不准备避开对子女的危险。如果父母不准备避开危险,法院首先要通过声明敦促其采取行为,以维护子女最大利益;危害严重的,法院可以立即进行干预。

法律重在判定客观上是否存在危害子女最大利益的状况,而不要求父母有过错。也就是说,即使对子女最大利益的危害是由于精神病、病态嗜酒或某种非自由状态引起的,法院也可以干预。根据新修订后的《民法典》第 1666 条第 1 款,第三人的行为危及子女最大利益的,家事法院可以直接针对该第三人采取干预措施(第 1666 条第 4 款),如禁止妓女和未成年人交往。法院干预的前提是父母不愿或无力避免此种危害,父母也可以主动向家事法院申请针对第三人的干预措施。法院作出的措施对第三人也发生效力。

就法院可以采取的措施类型而言,以前的德国法律没有明确规定,而是交给法院自行判断,但实践中法院采取的措施类型极为单一,没有考虑干预措施的多样性。[35] 为了提醒法官更好地采取干预措施,2008 年修订后的第 1666 条列举了可采取的措施类型:(1)要求父母寻求公共救助;(2)要求父母遵守教育义务;(3)禁止使用家庭住所或特定的其他住所;(4)如果子女通常停留在住所的特定区域,禁止停留或靠近该区域;(5)禁止和子女联系或会面;(6)代替照顾权人做出意思表示;(7)部分或全部地剥夺父母照顾;(8)其他措施,例如提出告诫或警告、要求或禁止特定行为、将子女安置在某处住所或其他家庭等。同时,法院可以采取的措施类型并不限于条文中的列举。

法院既要排除对子女最佳利益的危害,又不能过度干预父母权利,所以其选择的干预措施必须是适当的和必要的,且符合所追求的结

---

[33] 参见[德]迪特尔·施瓦布:《德国家庭法》,法律出版社 2010 年版,第 362 页。

[34] 联邦普通法院裁判,载《新法学周刊》1956 年卷,第 1434 页;联邦宪法法院裁判,载《家庭法大全杂志》2008 年卷,第 492 页。

[35] 参见联邦议会第 16/6815 号出版物。

果(比例原则)。[36] 对于重大的干预措施,法律特别强调了必要性原则:(1)只有当通过其他方式,包括官方援助都不能排除危险时,才能让子女脱离父母家庭(第1666 a条第1款);[37](2)只有当采取其他措施无效或不足以避开危险时,才能剥夺全部的人身照顾权(第1666 a条第2款),在这种情况下必须在程序中为子女指定法律顾问。法院在选择干预措施时应听取父母的意见,在适当情况下还应听取子女的意见。

(三)对子女财产利益的保护

在子女财产受到危害时,家事法院也可以根据第1666条第1款采取措施,其干预前提在于:(1)存在对子女财产的危害,并且(2)父母不准备或无力排除此种危险。这里的财产危害包括:父母为自己的好处使用子女的财产,或通过经济上无意义的措施造成子女现有财产的减少或损失,或让子女陷入不适当的债务风险。在通常情况下,进行财产照顾的人违反其对子女的扶养义务或与财产照顾有关的义务,或不服从与财产照顾有关的法院命令,均构成对子女财产利益的危害。[38]

法院在选择干预措施时需遵循必要性和适当性原则。第1667条列举了可以采取的措施类型:家事法院可以命令父母递交子女的财产目录并就财产管理提交报告(第1667条第1款);可以规定金钱投资的方式,并规定提取金钱必须获得法院批准(第1667条第2款);还可以责成危害子女财产的父母一方提供担保(第1667条第3款)。其他措施均不能奏效的,法院可以剥夺父母双方或一方的全部或部分财产照顾权。就财产照顾事项而言,法院不能直接针对第三人采取措施。但在人身照顾事务中,法院可以针对第三人采取措施。

---

[36] 联邦宪法法院裁判,载《家庭法大全杂志》2002年卷,第1021、1023页;《家庭法大全杂志》2008年卷,第492页。

[37] 特别注意《基本法》第6条第3款的规定,参见《联邦宪法法院裁判集》第60卷,第79页;又参见欧洲人权法院裁判,载《家庭法大全杂志》2002年卷,第1393页。

[38] 参见[德]迪特尔·施瓦布:《德国家庭法》,法律出版社2010年版,第366页。

判例三　联邦最高法院2002年6月19日判决:侵害交往权(探望权)[39]的赔偿责任

要点提示:《民法典》第1684条第1款[40]规定的交往权属于第823条第1款[41]意义上的绝对权;有交往权的父母一方受到阻碍的,可以提出损害赔偿请求权。

案号:BGH,Urteil vom 19. Juni 2002-XII ZR 173/00.

引证注释:《新法学周刊》2002年卷,第2566页。

裁判要旨

父母一方不按照家事法院规定的形式和方式保障另一方的交往权,并由此导致对方支出额外费用的,享有交往权的一方可以向另一方主张损害赔偿。

案件事实

本案当事人双方系1990年9月12日出生之L的父母。原告(男方)指称,自己在行使探望权时,被告的行为导致其支付额外费用,要求被告赔偿。

家事法院在1996年2月2日判令当事人双方离婚,并将对L的父

---

[39] 德语"Umgangsrecht",字面译为"交往权",即父母子女之间存在密切人身关系的人相互见面沟通的权利。我国大陆称之为"探望权",我国台湾地区一般称之为"会面交往",日本称之为"面见交流权"。和"探望权"相比,"交往权"更加强调子女的权利主体地位和此种权利的交互性,既包括父母对子女的探望,也包括子女主动探望父母的权利。

[40] 《民法典》第1684条　子女与父母的交往

(1)子女有与父母任何一方交往的权利;父母任何一方有义务并有权利与子女交往。

……

[41] 《民法典》第823条　损害赔偿义务

(1)故意或有过失地不法侵害他人的生命、身体、健康、自由、所有权或其他权利的人,有义务向该他人赔偿因此而发生的损害。

(2)违反以保护他人为目的的法律的人,担负同样的义务。依法律的内容,无过错也可能违反法律的,仅在有过错的情形下,才发生赔偿义务。

母照顾权托付给被告,同时详细规定了原告对L在学前阶段的交往权。根据法院的规定,原告应在特定周末前往母亲和孩子所在的M地行使交往权;在另外一些特定周末和假期,则由孩子前往原告位于B地的住所和他团聚。为此目的,孩子的母亲应当将其送至F机场,孩子通过航空公司的陪护服务抵达B地机场,原告则在机场等候接机;回程也按照同样的流程操作。

家事法院在1996年2月21日的独立程序中又对交往权单独做出判决,判决内容和之前的判决一致,目的是尽早让判决生效。

被告和青少年福利局对上述两份判决对提出抗告。高等地方法院在1996年4月4日听取了专家提供的鉴定意见后,于8月26日做出裁定,对未来的交往权行使方式重新作出规定:原告原则上应在M地及其周边地区行使交往权,只有在假期才能让孩子坐飞机去B地。同时在其他方面驳回了抗告。

在家事法院做出判决(1996年2月21日)和高等地方法院做出修改裁定(1996年8月26日)期间,区法院为孩子前往B地和父亲团聚安排了6次预约,但每次女方都拒绝送孩子去F机场。无奈之下,原告只好驾驶自己的卡车到M地接孩子,并开回B地;在探望结束后将孩子送上飞机回到F机场,由被告从机场接回。原告提起诉讼,指出自己开车和孩子返航的费用,超出了法院原本规定的孩子来回乘坐飞机的费用,要求被告赔偿自己因此多支出的费用。

区法院的家事法庭支持了部分诉请。被告提起控诉,高等地方法院驳回起诉,并驳回原告的控诉,但允许原告提起上告。原告提起上告,要求恢复一审法院的判决。上告法院支持原告诉请。

判决理由

一、

原告可以获得上告的法律救济。控诉法院将本案视为争议程序(Streitverfahren),而非作为家庭事件处理。这一定性对上告法院也有约束力(参见《民事诉讼法》第549条第2款,参见合议庭1988年11月

2 日裁定,IVb ZA 9/88)。高等地方法院虽然不能根据控诉法院提出的《民事诉讼法》第 621e 条第 1 款第 2 句允许上告,但可以根据《民事诉讼法》第 546 条第 1 款第 1 句结合第 545 条允许就该请求权提出上告。虽然从程序法来看,一审在区法院的民事案件应当以地方法院为控诉法院,一审法院将该案件作为家庭事件处理,从而使其可以向高等地方法院主张法律救济,这一点并不影响对本案的上告许可。

二、撤销控诉法院的判决,案件发回上告法院。

1. 根据高等地方法院的看法,父母照顾权属于《民法典》第 823 条第 1 款规定的“其他类型”的绝对权,侵害该权利会导致损害赔偿责任。该法院将照顾权视为一种绝对的防御权(Abwehrrecht):照顾权人可以针对任何第三人(包括另一方父母)主张该权利,特别是要求违反其意愿扣留孩子的人返还子女,以及决定孩子与其他人的交往权,该权限对第三人也具有直接效力。相应地,不具有照顾权的父母一方享有的交往权(Umgangsbefugnis)属于相对权,只能在照顾权人和交往权人之间产生权利义务关系,第三人一般也不会侵害此种权利。

此种观点是否正确,颇值得怀疑(不同观点参见卡尔斯鲁尔高等地方法院 2001 年 12 月 21 日判决,5UF 78/01,载《家庭法大全杂志》2002 年卷,第 15 期;Soergel/Strätz:《民法典评注》第 12 版,第 1634 条,第 5 段;Erman/Michalski:《艾曼民法典评注》第 10 版,第 1684 条,第 5 段;Staudinger/Rauscher:《施陶丁格民法典评注》第 13 版,第 1684 条,第 25 段;《帝国法院民事裁判集》第 141 卷,第 319、320 页。上述文献和判例均倾向于认为交往权系保留给权利人的部分亲权。又参见联邦最高法院 1999 年 2 月 11 日判决,4 StR 594/98,载《家庭法大全杂志》1999 年卷,第 651、652 页,其中指称交往权为“绝对权”)。一方面,交往权不仅针对照顾权人,也可以针对子女处于其住所时的任何人,因此交往权并非与父母照顾权相对应的权利,而是一项父母照顾权人自身也享有的权利。例如,照顾权人可以针对违反其意愿但合法收留子女的第三人主张交往权(参见《民法典》第1632条第4款和第1682条[42])。另一方面可以想到,子女或有照顾权的父母一方的亲友很有可能会阻碍或侵害另一方和孩子的交往;在这种情况下,就需要根据《民法典》第1004条第1款[43]结合第823条第1款排除妨害,同时考虑到《民法典》第1684条第4款第1句规定的儿童利益(参见Soergel/Strätz前引文;Staudinger/Rauscher前引文)。

但这个问题在本案中可以暂不考虑。高等地方法院正确地指出,既然任何父母一方均根据《民法典》第1634条第1款第1句享有和子女交往的权利,这就在交往权人和保障交往的义务人之间形成了法定的家庭法上的法律关系,该法律关系由《民法典》第1684条第2款第1句(旧《民法典》第1634条第1款第2句)进一步规定,子女作为受益人也加入该法律关系。为行使交往权而支出的费用原则上由交往权人承担(审判庭1994年11月9日判决,XII ZR 206/93,载《家庭法大全杂志》1995年卷,第215页),基于对儿童最大利益的保护,该法定关系还要求双方在配合行使交往权时,有义务考虑交往权人的财产状况,不能通过强求权利人做出不必要的财产牺牲使其行使权利变得困难或者完全无法行使权利,这不符合儿童权利和儿童福利。违反该种义务的,可以参考从债权侵害中发展出来的原则,让违反义务者向享有交往权的父母一方承担损害赔偿责任。

---

[42] 《民法典》第1632条……(4)子女长期以来在家庭照料中生活,且父母想要将子女从照料人处取走的,如果且只要子女最佳利益会因取走而受到危害,家事法院就可以依职权或根据照料人的申请,命令子女留在照料人处。

第1682条 为相关人的利益命令留下

子女长期以来同父母一方以及配偶在一个家庭内生活,且依第1678条、第1680条、第1681条可从现在起单独确定子女居所的父母另一方想要将子女从该配偶处带走的,如果且只要子女最佳利益会因带走而受危害,家事法院就可依职权或根据该配偶的申请,命令子女留在该配偶处。子女长期以来已同父母一方及其同性生活伴侣或依第1685条第1款有交往权的成年人在一个家庭内生活的,准用第1句。

[43] 第1004条 除去请求权与不作为请求权

(1)所有权人受到除剥夺或者扣留占有以外的其他方式的妨害时,可以要求妨害人排除妨害。所有权有继续受妨害之虞的,可以提起停止妨害之诉。

(2)所有权人负有容忍妨害义务的,不享有上述请求权。

2. 高等地方法院认为，并非所有与交往权人之财产利益相抵触的行为都会形成损害赔偿义务。因为在行使法院规定的交往权时，本来就会面临许多实际困难和意外状况，导致不得不放弃某个见面预约，所以必须对上述义务持谨慎解释的态度。高等地方法院认为，区分的必要标准是看是否构成权利滥用（Rechtsmissbrauch）。照顾权人不能因为个人兴趣和心情而拒绝另一方父母的交往权。倘若损害赔偿请求权不是基于拒绝交往本身，而是因为照顾权人的权利滥用行为，就应当对另一方父母的财产利益提供重返保护。这也符合联邦最高法院在判例中的一贯立场，即配偶之间无实质性理由而拒绝税收筹划上的配合义务（权利滥用）才会发生损害赔偿请求权。

权利人以不正当方式（in zu missbilligender Weiser）行使权利，才会存在高等地方法院所称的权利滥用。但在以违法方式侵害照顾权的案件中，并不存在此种权利滥用，或者说至少不是必备条件。孩子在其住处的父母一方应保障子女和另一方的交往，若该方父母排除或限制子女和另一方的交往，这并非一项独立的权利（nicht ein eigenes Recht），因此不是权利滥用的审查对象。该方父母只是妨碍另一方父母行使权利和履行父母义务。虽然高等地方法院引用了审判庭在 1976 年 10 月 13 日的判决（IV ZR 104/74，载《家庭法大全杂志》1977 年卷，第 38、40 页）以支持其看法，但其对该判决的理解并不正确。该判决针对的是配偶一方有义务同意另一方共同申报所得税，而不是像高等地方法院认为的权利滥用；该义务的前提条件是，共同申报所得税会给配偶一方带来税收上的好处，同时不会给被请求同意的一方带来额外负担。

此外，在拒绝或妨碍交往权的情形下，高等地方法院提出的“是否缺乏实质理由而拒绝交往”也不能构成赔偿责任的区分标准，即区分“不承担损害赔偿义务”之行为方式和“承担损害赔偿义务”之行为方式。这种区分会忽视父母根据家事法院判决的具体规定和子女交往的权利和义务。家事法院判决生效后，所有参与人均受该判决确立之义务的约束，原则上就排除了承担交往权保障义务的父母一方的权限，其不得拒绝另一方父母根据该判决行使交往权的权利，即使其认为家事法院的规定内容不符合子女最大利益。任何父母一方不能擅自用自己对子女最大利益的判断代替法院的命令。

父母一方对家事法院就子女最大利益的判断有异议的，可以通过抗告获得法律救济。但抗告并不阻碍家事法院之判决的持续约束力，尤其不能以抗告预期会获得上级法院的支持为由拒绝履行已生效的判决。抗告法院在对抗告做出判决前，认为有必要进一步调查并因此询问当事人的，也是如此，本案中就是这种情况。在这些情况下，抗告法院完全可以通过临时命令（einstweilige Anordnung）中止家事法院判决的执行，或通过发布临时命令对判决作出修正（《非讼事件法》第24条第3款）。抗告法院没有采取这些措施的，就应当继续维持家事法院命令的效力。

尽管如此，承担保障交往权义务的父母一方仍可申请家事法院修改有关交往的规定，在紧急情况下还可以申请发布临时措施。特别是如果出现了家事法院没有预料到的新情况，导致无法严格执行现有规定或者执行现有规定与子女福利严重抵触。家事法院随时可以依法变更相关规定，一方面意味着当事人可以随时根据实际情况的发展提出申请，另一方面也意味着，在现实情况发生变化时，在法院做出新的安排前，义务人不能单方面停止家事法院作出的规定。在子女最大利益受到紧急侵害的情况下，父母一方有权在没有家事法院事先许可的情况下采取单方措施，但原则上仍要受家事法院判决的约束。唯有当情况紧急、不能及时申请家事法院做出新的安排（包括临时措施），且与法院规定相冲突的儿童利益系在法院作出规定之后才出现或者才被意识到，即家事法院在评估儿童最大利益时并未考虑到该情形的，该方父母才有权采取单方措施。即使是在紧急情况下，当事人也不能因为自己对儿童最大利益的判断不同于家事法院的看法，而单方面违反家事法院的规定。

高等地方法院担心，支持损害赔偿责任会掏空《非讼事件法》第33条的规定，导致父母不能承担维护子女最大利益的义务。考虑到法律对有义务保障交往权的父母一方提供了前述多种救济途径，这种担心并无根据。进而，在父母一方违反家事法院之规定的情形下，虽然可以通过《非讼事件法》第 33 条强制其配合子女交往，但损害赔偿责任仍然不可或缺。这不仅是因为《非讼事件法》第 33 条第 2 款第 2 句禁止采取强制力手段取回子女，导致实践中难以执行有关交往权的法院命令。更重要的是，两种法律救济的目的完全不同：《非讼事件法》第 33 条规定的强制手段的目的是保障交往权的实现，而损害赔偿义务则是为了补偿未能根据法院规定行使交往权的权利人在经济上的损失。

3. 被提起抗告的判决未能通过法律审查。根据上述标准，被告拒绝执行家事法院确定的交往规则即违反了自身义务。虽然被告认为，家事法院的交往规则中要求子女乘坐飞机往来 B 地不符合儿童最大利益，但这不能成为违反义务的理由，被告也不能因此免于承担责任。虽然高等地方法院在嗣后的判决中修改了之前法院的规定内容，但并没有（高等地方法院自己也认为至少在“形式上”）改变家事法院之前判决的约束力。原则上，只能通过临时救济措施对法院已做出的命令进行临时修改。即使被告对于法律状况存在误解，也不影响其违反义务之事实（参见《联邦最高法院民事裁判集》第 118 卷，第 201、208 页）。

4. 但审判庭仍不宜对案件做出终局裁断。因为高等地方法院尚未确认原告得主张之损害的数额，以及原告对于损害发生可能存在的共同过错。案件发回高等地方法院，以进行必要的事实调查。

评析 侵害交往权的法律救济

父母照顾权属于《民法典》第 823 条第 1 款规定的属于“其他权利”的绝对权，对此并无争议。那么《民法典》第 1684 条规定交往权是否也具有绝对权属性呢？联邦最高法院在本案中明确指出，此种权利也应当归入绝对权之列,《民法典》第280条第1款[44]结合第1684条第2款的请求权也应当得到支持。

一、离婚后子女和父母之间的交往

在大多数情况下,离婚后,子女不再和父母双方而是和父母一方共同生活。立法者认为这会损害父母子女关系,子女会因为缺乏联系而与父或母逐渐疏远。所以《民法典》第1626条第3款第1句规定,子女和父母双方的交往一般属于子女的最佳利益。据此,子女和父母任何一方均有正式的交往权(第1684条第1款前半句)。与此相对应,父母有和子女进行交往的义务和权利(第1684条第1款后半句)。父母的交往权源自父母的天然权利以及与此相关的责任。[45] 交往权通过在时间上有限的接触而实现(如共度周末、打电话、写信、共同旅行或进行其他娱乐活动)。交往的类型和频率主要由父母之间的相互谅解而决定。考虑到子女具有独立的交往权,所以也必须根据具体情况顾及子女的愿望。

交往权不受照顾权状况的影响。在下列情况中,交往权具有重要意义:(1)法院将单独照顾或单独的对人照顾或居所决定权托付给父母一方。另一方对子女只有或基本上只有交往权;子女自身也有交往的请求权。(2)父母共同行使照顾权,但子女(主要)和父母一方共同生活。根据共同照顾权衍生出来的参与决定权,另一方既有权利、也有义务和子女交往。(3)子女在养父母家中生活;亲生父母既有权利、也有义务和子女交往。[46] (4)父母一方被剥夺了父母照顾,子女被托付给

---

[44] 《民法典》第280条　因违反义务而发生的损害赔偿

(1)债务人违反因债务关系而发生的义务的,债权人可以请求赔偿因此而发生的损害。债务人无须对义务之违反负责任的,不适用前句的规定。

(2)债权人只能依第286条的附加要件,请求因迟延给付而发生的损害赔偿。

(3)债权人只能依第281条、第282条或第283条的附加要件,请求代替给付的损害赔偿。

[45] 《联邦宪法法院裁判集》第64卷,第180、188页;联邦宪法法院裁判,载《家庭法大全杂志》2007年卷,第105页、第1078页、第1625页;欧洲人权法院裁判,载《家庭法大全杂志》2001年卷,第341页;《家庭法大全杂志》2002年卷,第381页。

[46] 联邦宪法法院裁判,载《家庭法大全杂志》2007年卷,第335页。

另一方;在不损害子女最佳利益的前提下,无照顾权的父母仍可以行使交往权。

二、家事法院对交往权的裁判

根据德国《民法典》第1684条第3款,家事法院可以就交往权的范围(Umfang)做出裁判,并详细规定交往权的行使(Ausübung);该裁判也可以针对第三人(如子女的父的新妻子)。家事法院还可以对父母一方发布命令,督促其承担最佳利益保留(Wohlverhalten)义务(第1684条第2款)。虽然从法律的表述来看,法院的处置无需当事人申请;但如果法院发布此种命令时没有正当理由,就构成对父母权利的不当干预;所以一般来说,只有当父母无法达成一致意见,或父母双方均无意帮助子女实现其享有的交往权时,法院才会发布命令。法院对交往的规定(明确规定交往的天数和时间,甚至电话和信件的数量)在现实中会显得僵硬和脱离生活。所以法院的处置命令应当具有灵活性,允许当事人就具体问题进行协商,这是法院应当遵循的目标。法院对联系的类型和范围形成一些标准,这些标准根据子女的年龄有所不同,并且注重和具体生活状况的协调。

根据《家庭事件和非讼事件程序法》的规定,《民法典》中增设了交往保佐制度(第1684条第3款第3~5句)。法院可以指定第三人在一定期间内为保佐人,该保佐人的任务是要求和子女共同生活的父母一方交出子女,以实现子女和另一方父母的交往,并且决定交往的停留期限。在此范围内,父母的照顾权受到限制,保佐人成为子女的法定代理人(第1630条第1款)。对于当事人特别是子女本人来说,设立交往保佐是为实现交往权的无奈之举,往往在心理上造成沉重的负担。故而,只有在当事人持续、反复地违反第1684条第2款规定的最佳利益保留义务时,才能设立交往保佐。

法院在裁判时必须遵循联邦宪法法院提出的基本原则。[47] 只有当必须这样做才能避免子女在心灵和身体发展上遭受危害时,才能限制

---

[47] Grundsätze;联邦宪法法院裁判,载《家庭法大全杂志》,2007年,第105页、第1078页和第1625页。

或排除照顾权。法院在确定交往范围时必须考虑具体情况的特殊性和子女的意愿，只有这样才符合子女的最佳利益。法院必须听取子女本人的意见（包括年龄很小的子女），令子女有机会“理解自己和父母之间的人身关系”。因此，家事法院在安排交往权时不能根据一般审判习惯裁断，而应当充分考虑案件中子女和父母的人格、利益和所处情势。

家事法院可以限制或排除（einschränken oder ausschließen）交往权，但以为子女的最佳利益所必要为限（第1684条第4款第1句）。只有当不这样做子女的最佳利益就会受到危害时，才能长期或持续地排除或限制交往权（第1684条第4款第2句）。法律规定了陪同交往（begleiteten Umgangs）作为限制的形式：在这种形势下，只有当乐意协助的第三人在场时，才能进行交往（第1684条第4款第3、4句）。陪同交往属于对父母交往权的严重限制，一般是因为交往人此前对子女或母的暴力行为令子女感到害怕，所以必须加以陪伴。

根据《家庭事件和非讼事件程序法》第89条和第90条，法院对交往的处理可以通过强制手段加以执行，例如罚款、处罚或直接使用强制力。在实现交往权时，不能针对子女直接使用强制力（keine unmittelbare Gewal gegen das Kind）。父母达成的和解协议经法院批准后，具有和法院发布的命令同等的地位（《家庭事件和非讼事件程序法》第156条第2款，第86条第1款第2项）。

三、子女的交往权

子女对父母双方均有独立的交往权：和子女共同居住的父母一方（Der Elternteil，in dessen Obhut es sich befindet）必须允许子女和另一方交往；而另一方原则上有义务和子女进行交往。[48] 但联邦宪法法院认为，应当限制对交往义务人使用强制手段：通过对交往义务人采取强制手段而获得的与子女的交往，一般都不利于子女的最佳利益；对不愿意进行交往的父母一方采用强制手段（Zwangsmitteln），通常也会对其人格权造成不当干预。所以父母的交往义务并不具有完全的法律意义。

---

[48] 联邦宪法法院裁判，载《家庭法大全杂志》2008年卷，第845页。

和照顾权一样，交往权的核心是维护子女的最佳利益。

交往的费用（交通费、住宿费以及子女的膳食费）原则上由有交往权的父母一方自行承担。[49] 若该方父母对子女承担扶养义务，他既不能从应支付的扶养费中，也不能从自己的纯收入中扣除该笔费用。但如果交往权利人经济窘迫，必须从自己的最低生活费中筹措交往费用，则可以根据具体情况提高其自留份额，相应地减少子女的扶养请求权。

四、对交往权的限制和损害赔偿责任

人的照顾包括对子女和第三人之联系（"交往"）的决定权。有照顾权的父母可以为此目的设置禁止。父母的意愿不能得到贯彻时，可以向家事法院寻求支持（第 1631 条第 3 款）。在此基础上，第 1632 条第 2 款进一步规定，父母对子女交往的决定对第三人也发生效力（mit Wirkung gegenüber Dritten）。也就是说，父母采取的措施对于知晓该措施的第三人也有约束力。违反该措施的行为构成对照顾权的不法干涉。

根据父母的申请，家事法院可以通过命令或禁止，对妨碍父母交往决定权的第三人进行干预。若具有一定独立意志的年轻人（如满 16 周岁）坚持和父母不喜欢的第三人（如朋友、未婚夫或密友）保持联系，这种针对第三人的措施在何种限度内为正当？由于父母有义务考虑子女对自决的不断增长的需要（第 1626 条第 2 款），所以父母禁止即将成年的子女和他人交往时，应当有适当的，或至少是可信的理由。还有观点认为，如果在此种情况下父母的决定危害了子女的最佳利益，应当终止父母的交往决定权（第 1666 条第 1 款）。子女和父母禁止交往的人已经建立了积极的社会关系时，禁止这种交往就必须说明理由。根据第 1626 条第 3 款第 2 句的规定，如果"维持子女和与之有联系的人的交往有益于子女发展的"，那么和这些人的交往即属于子女的最佳利益。

对人照顾由父母双方共同行使的，针对第三人的申请也必须由父

---

[49] 联邦普通法院裁判，载《家庭法大全杂志》2005 年卷，第 706 页、第 707 页；2007 年卷，第 707 页、第 709 页。

母双方共同提出。如果父母双方对子女和第三人的交往意见不一,可以根据第 1628 条的规定加以解决。父母分居时没有规定照顾权归属的,必须考虑对第三人的交往决定权是否属于日常生活事务;和子女长期共同生活的父母一方可以单独确定子女的日常生活事务(第 1687 条)。就日常生活的一般情况来看,和第三人的交往属于子女的日常生活事务(例如,和邻居或其他儿童的交往)。但交往确定也有可能对子女的发展产生根本性影响,尤其是和第 1626 条第 3 款第 2 句规定的人的交往。

如果照顾权人阻挠经法院裁定确认的交往,就有可能向交往权利人承担损害赔偿责任。例如,在法院确定的探访日期,父亲本应在 9 点从母亲那里接走孩子,但母亲却带着孩子外出,让远道而来的父亲无功而返,白白浪费了车费。

在判例三中,法院强调:即使父母一方对家事法院的交往权命令以及对子女最大利益之判断有异议,也只能通过抗告获得法律救济,抗告并不阻碍家事法院的判决的持续约束力。该方父母还可申请家事法院修改有关交往的规定,在紧急情况下还可以申请发布临时措施,特别是如果出现了家事法院没有预料到的新情况,导致无法严格执行现有规定或者执行现有规定和子女福利严重抵触。这意味着,即使现实情况发生变化,该方父母也不能单方面停止家事法院作出的规定。唯有在情况紧急、不能及时申请家事法院做出新的安排(包括临时措施),且和法院规定相冲突的儿童利益系在法院作出规定之后才出现或者才被意识到的,即家事法院在评估儿童最大利益时并未考虑到该情形的,该方父母才有权采取单方措施。即使是在紧急情况下,当事人也不能因为自己对儿童最大利益的判断不同于家事法院的看法,而单方面违反家事法院的规定。

第十章　收养关系的废止

判例　联邦最高法院 2014 年 3 月 12 日裁定：收养的废止

要点提示：被收养人成年后，不能废止其在成年之前成立的收养关系；类推适用的前提；合宪性审查。该案件在法学方法论上对于类推适用（Analogie）和合宪性审查（Prüfung der Verfassungsmäßigkeit）也具有重要意义。

案号：BGH, Beschluss vom 12. März 2014 – XII ZB 504/12 – OLG Karlsruhe.

引证注释：《新法学周刊》2014 年卷，第 1663 页；《联邦最高法院民事裁判集》第 200 卷，第 310 页。

裁判要旨

针对未成年人设立的收养关系（Annahmeverhältnis），在该儿童成年后，即使当事人存在极其严重的过错行为（schwersten Verfehlungen，如养父对养女的性侵），也不能再废止收养。

案件事实

该程序涉及未成年人收养的废止(Aufhebung)。

申请人(女性)的母亲于1992年和被申请人结婚。申请人出生于1991年2月,系母亲和其他男子所生,跟随母亲和被申请人共同生活。被申请人在1994年收养了申请人。申请人的母亲和被申请人结婚后,育有4个共同子女,其中包括1997年出生的女儿L。

申请人及其半血缘关系的姐妹L从6周岁开始(即1997年和2003年)持续受到被申请人的性侵(sexuell missbraucht),直到他于2008年被捕。2009年,被申请人被判处9年半的有期徒刑。之后申请人一直接受心理治疗,有时还会被临时安置在精神病院,18岁时曾企图自杀。

2009年11月,刚刚成年的申请人提出解除收养关系的申请。被申请人也同意了该废止申请。但区法院驳回该申请。申请人提起抗告,高等地方法院驳回抗告。申请人经法院批准后提起法律抗告。[①]法律抗告未获得支持。

裁判理由

申请人的法律抗告未获得支持。抗告法院的判决结果和理由均符合法律规定,根据现行法律,被收养子女一旦成年,即不能废止在其成年之前成立的收养关系。

一、抗告法院的主要判决理由在于:《民法典》第1763条[②]虽然规

---

① Rechtsbeschwerde,即再抗告。当事人对高等地方法院裁定不服的,以高等地方法院许可再抗告为限,得向联邦最高法院提起抗告;如高等地方法院以裁定的方式不许可抗告,则当事人可以针对该裁定提起抗告。

② 《民法典》第1763条 依职权废止

(1)在被收养子女未成年期间,家事法院可以依职权废止收养关系,但以出于重大原因,且这样做对于被收养子女最佳利益是必要的为前提。

(2)该子女被一对夫妻收养的,该子女与配偶一方之间现有的收养关系也可以予以废止。

(3)仅在有下列情形之一时,收养关系始得予以废止:a)配偶另一方在第2款的情形下或亲生父母一方准备承担该子女的照顾和教育,且由该方进行父母照顾不会与该子女的最佳利益相抵触。b)收养关系的废止将使该子女有可能被重新收养。

定法院可依职权基于儿童最大利益废止收养,但该条款针对的是未成年人收养,且只能适用于被收养人成年之前。法院也不能基于《民法典》第1771条第1句③废止收养,因为该条款从其文义来看仅适用于成年人收养。不能类推适用该条规定,因为不存在法律漏洞(Regelungslücke)。即使存在严重的实质不公正(krassen materiellen Unrech),也不应准用《民法典》第1771条第1句。因为立法者曾多次修改收养法,但均未涉及该条文,说明其并不存在法律漏洞。虽然法律现状导致申请人无法废止收养,但并不存在违宪之虞。

二、抗告法院的上述观点通过了法律审查。

(一)申请人不能援用《民法典》第1759条结合第1760条和第1763条④请求废止收养关系。本案中并不存在《民法典》第1760条规

---

③ 《民法典》第1771条 收养关系的废止

有重大原因的,家事法院可以根据收养人和被收养人的申请,废止对成年人成立的收养关系。除此以外,收养关系只能准用第1760条第1款至第5款的规定而予以废止。待收养人的申请代替子女的允许。

④ 《民法典》第1759条 收养关系的废止

收养关系只能在第1760条、第1763条的情形下予以废止。

第1760条 因欠缺表示而废止

(1)收养关系未经收养人申请、未经被收养子女允许或未经父母一方的必要允许而成立的,它可以由家事法院根据申请予以废止。

(2)仅在有下列情形时,该项申请或允许才不生效力;a)表意人在表示时出于丧失知觉或暂时的精神错乱状态下的,但以申请人无行为能力,或无行为能力或未满14周岁的子女已自行给予允许为前提;b)表意人不知道事情关系到收养,或虽已知道事情关系到收养但不愿意提出收养申请或不愿意允许收养,或表意人就待收养子女的身份发生错误,或待收养子女就收养人的身份发生错误的;c)表意人因受关于重要情势的恶意欺诈,致使做出表示的;d)表意人因受非法胁迫,致使做出表示的;e)表意人已在第1747条第2款第1句所规定的期间届满前给予允许的。

(3)表意人在无行为能力、丧失知觉、精神错乱状态、由胁迫所招致的急迫情势消失后,或在发现错误后,或在第1747条第2款第1句所规定的期间届满后补为申请或同意,或以其他方式明确表示收养关系应予维持的,收养关系的废止即被排除。第1746条第1款第2句、第3句和第1750条第3款第1句、第2句的规定必须予以准用。

(4)另外,就收养人或子女的财产状况受到欺诈,或欺诈系在申请权人或允许权人不知道的情况下,由既无申请权,亦无允许权,亦无收养中介权能者实施的,不得因关于重要情势的恶意欺诈而废止收养关系。

(5)在收养宣告时,父母一方被不正确地认为长期不能做出表示或其居所长期不明的,如父母该方补为同意或以其他方式明确表示收养关系应予维持,则收养关系的废止即被排除。第1750条第3款第1句、第2句的规定必须予以准用。

定的“收养成立时的严重瑕疵”。第 1793 条第 1 款规定的基于儿童利益的依职权废止收养，也必须是在“被收养子女未成年期间”。判定未成年的时间节点是在法院判决前的最后一次事实调查程序中（MünchKommBGB/Maurer：《慕尼黑民法典评注》第 6 版，第 1759 条第 4 段）。本案中申请人提起申请时就已经成年。

（二）根据《民法典》第 1771 条第 1 句，家事法院可以根据收养人和被收养人的申请，基于重大原因废止“对成年人设立的收养关系”。

1. 该规定表述清晰，不能直接适用于本案情形，因为本案涉及的是未成年人收养（巴伐利亚高等地方法院判决，载《家庭法大全杂志》1990 年卷，第 204 页；第 1392、1393 页；茨威布吕克高等地方法院判决，载《家庭法大全杂志》1986 年卷，第 1149 页；1997 年卷，第 577、578 页；卡尔斯鲁厄高等地方法院判决，载《家庭法大全杂志》1996 年卷，第 434、435 页；杜塞尔多夫高等地方法院判决，载《新法学周刊：民事裁判报告》1986 年卷，第 300 页；杜塞尔多夫地方法院判决，载《家庭法大全杂志》2001 年卷，第 648、649 页）。对此没有必要对《民法典》第 1771 条第 1 句进行合宪性解释（verfassungskonforme Auslegung），因为在条文表述清晰的情况下，并无解释之必要（参见联邦宪法法院判决，载《新法学周刊》1983 年卷，第 1179、1181 页；《新法学周刊》1981 年卷，第 39、43 页；又参见审判庭 2009 年 6 月 24 日判决，XII ZR 161/08，载《家庭法大全杂志》2009 年卷，第 1477 页，第 28 段）。

2. 抗告法院进一步指出，对于未成年人收养，即使被收养人嗣后成年，也不能类推适用该规定。该观点符合判例和学说中的一致意见［相关判例参见哈姆高等地方法院法院判决，载《新法学周刊》1981 年卷，第 2762、2763 页；巴伐利亚高等地方法院判决，载《家庭法大全杂志》1990 年卷，第 204、205 页；1991 年卷，第 227、228 页；茨威布吕克高等地方法院判决，载《家庭法大全杂志》1986 年卷，第 1149 页；《家庭法大全杂志》1997 年卷，第 577、578 页；卡尔斯鲁厄高等地方法院判决，载《家庭法大全杂志》1996 年卷，第 434、435 页；斯图加特高等地方法院判决，载《家庭法大全杂志》1988 年卷，第 1096 页；杜塞尔多夫高等地方法院判决，载《新法学周刊：民事裁判报告》1986 年卷，第 300

页；杜塞尔多夫地方法院判决，载《家庭法大全杂志》2001 年卷，第 648、649 页。学界通说参见 Palandt/Götz：《帕朗德民法典评注》第 73 版，第 1771 页，第 2 段；BeckOK BGB/Enders：《贝克民法典评注》（2013 年修订版），第 1771 条，第 2 段；Staudinger/Frank：《施陶丁格民法典评注》2007 年版，第 1771 条，第 5 段；MünchKommBGB/Maurer：《慕尼黑民法典评注》第 6 版，第 1771 条，第 6 段］。这里不存在规则漏洞（planwidrigen Regelungslücke）。立法者明知，任何一个未成年人收养总有一天会转化为成年人之间的收养关系，但仍规定该关系不得废止。这一点从 1976 年 7 月 2 日《收养法政府草案》（《联邦法律公报》第 1 部分，第 1749 页）的官方立法理由中可以清楚看出。在"子女成年后不得协议撤销"这一章节标题下，草案理由明确指出，收养子女并非仅为了让子女获得教育和照顾；被收养子女应当"永久性地（auf dauer），包括在成年之后，归属于新的家庭"。否则，若子女不再需要养育，收养的目的就无法实现。此种家庭联系和家庭归属感对于成年人来说也具有重要意义。就正常的父母子女关系而言，"子女成年"对家庭归属没有任何影响。基于上述原因，草案中规定，被收养人成年后，"不得通过合意或其他便利方式（keine vertragliche oder sonst erleichterte Möglichkeit）废止收养"（联邦议会第 7/3061 号出版物，第 27 页）。

（三）学者 Bosch 曾经在文章中指出（载《家庭法大全杂志》1984 年卷，第 829、842 页；《家庭法大全杂志》1986 年卷，第 1149 页），被收养的未成年人在成年后，至少可以在"严重实质不合理"（krassen Fällen materiellen Unrechts）的情形下，例外地准用《民法典》第 1771 条第 1 句的规定废止该收养关系（参见 Soergel/Liermann：《索格尔民法典评注》第 12 版，第 1771 条，第 10 段；Erman/Saar：《艾曼民法典评注》第 12 版，第 1759 条第 3 段）。部分高等地方法院在判决中对该观点亦有所提及（例如巴伐利亚高等地方法院裁判，载《家庭法大全杂志》1990 年卷，第 204、205 页和《家庭法大全杂志》1991 年卷，第 227、228 页；茨威布吕克高等地方法院裁判，载《家庭法大全杂志》1997 年卷，第 577、578 页），但并未结合相关案件所涉事实进一步分析该观点。抗告法院对此正确地指出，虽然长期以来都有观点要求在极端情况下增加废止收养事由(Aufhebungsmöglichkeit in Extremfällen),但立法者在收养法历次重大修改时均未呼应这一要求,尤其是1992年12月4日《关于变更收养法规定的法律》(AdoptRÄndG,《联邦法律公报》第1部分,第1974页)和1997年12月16日的《改革子女关系法的法律》(KindRG,《联邦法律公报》第1部分,第2942页)均未涉及这一点。故即使在类似本案的情况中,收养关系已经出现灾难性的失败(in katastrophaler Weise fehlschlägt),仍不能认为存在规则漏洞(参见Soergel/Liermann:《索格尔民法典评注》第13版,第1771条,第4段和第10段;Erman/Saar:《艾曼民法典评注》第13版,第1759条,第3段)。

与这种价值判断相一致的是,收养未成年人养父母也不能基于严重理由废止收养,包括被收养人“针对父母严重犯罪”的极端情况(联邦议会第7/3061号出版物,第26页)。也就是说,立法者从一开始就有意识地要消除被收养子女和亲生子女的区别。这也说明,收养法的基本思路就是未成年人收养原则上不可废止(Unauflösbarkeit);其目的是让收养家庭产生和原生家庭同样的家庭内部联系。

此外,从一般法律原则来看,每个家庭都是持续存在的法律关系,不能因为出现某种重要理由而提前终止(审判庭判决,载《联邦最高法院民事裁判集》第103卷,第12、18页或《家庭法大全杂志》1988年卷,第390、392页)。在被收养人成年后,即使在极端情况下,也不能废止未成年收养,无论是通过《民法典》第1771条第1句规定的双方申请,还是(如同抗告人主张的)类推适用第1763条第1款规定的法官依职权废止。

三、审判庭认为无需根据抗告人的申请,根据《基本法》第100条第1款提请联邦宪法法院审理。⑤ 审判庭的观点和抗告法院一样,现

---

⑤ 《基本法》第100条

(1)法院如认为某一法律违宪,而该法律之效力与其审判有关者,应停止审判程序。如系违反邦宪法,应请有权受理宪法争议之邦法院审判之;如系违反本基本法,应请联邦宪法法院审判之。各邦法律违反本基本法或各邦法律抵触联邦法律时,亦同。

(2)诉讼进行中如关于国际法规则是否构成联邦法律之一部分及其是否对个人产生直接权利义务发生疑义时,法院应请联邦宪法法院审判之。

(3)某一邦宪法法院解释本基本法时,如欲背联邦宪法法院或他邦宪法法院原有之判决,该宪法法院应请联邦宪法法院审判之。

行法律虽然不允许当事人废止收养，但并不构成违宪（verfassungswidrig）。

（一）法律抗告人认为该判决违反《基本法》第3条（平等权），该主张不成立。根据联邦宪法法院在判例中的一贯意见，《基本法》第3条第1款的平等原则要求立法者对“本质相等者相等处理”和“本质不等者不等处理”（联邦宪法法院判决，载《家庭法大全杂志》2010年卷，第2050页，第44段）。但这并不是禁止立法者做任何形式的区分。平等原则主要是禁止对一部分规范相对人（Normadressaten）做出和其他规范相对人不同的处理，且两个群体并无任何足以导致不等对待的区别（联邦宪法法院裁判，载《家庭法大全杂志》1999年卷，第99页和《新法学周刊》1992年卷，第2213页）。

1. 在未成年人收养中，法官在未成年人成年之前可以根据《民法典》第1763条第1款，基于未成年子女利益的考虑而依职权废止收养，但在子女成年后不能再废止收养。根据前述标准，此种区分处理并不违反平等原则（类似观点参见巴伐利亚高等地方法院裁判，载《家庭法大全杂志》1991年卷，第227、229页）。区别对待未成年和成年子女的原因在于，被收养人未成年的，为保护未成年人利益，应当允许废止收养，以便其重新回归亲生父母家庭或被其他人收养（参见联邦义务第7/3061号出版物，第26页）。从体系角度来看，《民法典》第1742条[⑥]规定的禁止“连环收养”（Kettenadoption）[参见MünchKommBGB/Maurer：《慕尼黑民法典评注》第6版，第1763条第3段；Staudinger/Frank：《施陶丁格民法典评注》（2007年），第1771条，第5段；又参见第1763条第3款b项[⑦]]和《民法典》第1763条第1款形成呼应。该条意味着，未成年被收养人在之前的收养关系被废除前，不能被重新收养，以避免被收养子女被“依次递送”（Herumreichen，参见联邦议会第

---

⑥ 《民法典》第1742条　只收养为共同子女
只要存在收养关系，在收养人生存期间，被收养人的子女就只能被收养人的配偶收养。

⑦ 第1763条第3款：仅在有下列情形之一时，收养关系始得予以废止：a）配偶另一方在第2款的情形下或亲生父母一方准备承担该子女的照顾和教育，且由该方进行父母照顾不会与该子女最佳利益相抵触。b）收养关系的废止将使该子女有可能被重新收养。

7/3061号出版物,第31页)。

《民法典》第1763条第1款体现了对未成年子女的特殊保护考量,这种立法考量不能扩展到已经成年的被收养人。成年人不再需要照顾和抚养,故融入新家庭对其而言并无和未成年人同等的重要意义。相应地,连环收养禁止也不适用于成年收养(参见《民法典》第1768条第1款第2句[⑧]),故成年子女虽然不能根据第1763条第1款废止之前成立的未成年收养关系,但可以被重新收养,包括被亲生父母反收养(Rückadoption),从而恢复和亲生父母在法律上的父母子女关系(参见审判庭2014年1月15日判决,XII ZB 443/13)。

2. 根据《民法典》第1771条第1句,当事人可以基于重大原因合意废止收养,立法者将该规定的适用范围限于"弱效"(schwachen Wirkungen)的成年收养,并不违反基本法规定的平等原则。立法者的结构设计并不违反宪法(参见联邦宪法法院判决,载《新法学周刊》2013年卷,第847页,第94段)和欧洲人权公约(参见欧洲人权法院裁判,载《家庭法大全杂志》2008年卷,第377页,第80段)。因为未成年人收养属于完全收养(Volladoption),完全消除了被收养人和原生家庭之间的法律关系(《民法典》第1755条);而成年收养仅具有"弱效力"(《民法典》第1770条第2款)[⑨],即在不消除原有亲属关系的基础上,在收养人和被收养人之间另行成立法律上的亲属关系。两种收养的法律效果不同,其废止理由也应有所不同。立法者必须考虑到,若未成年人收养在数年或者几十年后仍可以废止,子女和(之前)亲属的法律关系也

---

⑧ 第1768条 申请

(1)成年人的收养,由家事法院根据收养人和待收养人的申请予以宣告。第1742条、第1744条、第1745条、第146条第1款与第2款、第1747条不得予以适用。

⑨ 第1770条 收养的效果

(1)成年人的收养的效果不及于收养人的血亲。收养人的配偶或同性生活伴侣不与被收养人互为姻亲,被收养人的配偶或同性生活伴侣不与被收养人互为姻亲。

(2)以法律不另有规定为限,因被收养人及其晚辈直系血亲与他们的血亲的血统关系而发生的权利义务,不因收养而受影响。

(3)收养人先于被收养人的亲生血亲而有义务向被收养人及其晚辈直系血亲给予抚养费。

很难恢复[参见茨威布吕克高等地方法院判决,载《家庭法大全杂志》1986年卷,第1149页;杜塞尔多夫高等法院判决,载《家庭法大全杂志》2001年卷,第648、650页;又参见Staudinger/Frank:《施陶丁格民法典评注》(2007年),第1771条,第5段]。基于同样的考虑,《民法典》第1772条第2款第1句[⑩]也禁止具有"强效力"(starken Wirkungen)的成年人收养根据第1771条第1句废止。

(二)子女成年后,收养人和被收养子女之间建立的亲属关系即不可变动。该法律设计不违反儿童的一般人格权(《基本法》第2条第1款结合第1条)。

1. 立法者之所以不允许被收养子女在成年后废止收养,是为了追求(收养)家庭的合法性(legitimen)以及《基本法》第6条第1款[⑪]规定的制度保障(Institutsgarantie),尽量减少家庭解散的情形,从而尽可能消除亲生子女和被收养子女在法律地位上的区别(参见杜塞尔多夫地方法院判决,载《家庭法大全杂志》2001年卷,第648、650页),这本身符合宪法的意旨。

2. 即使收养出现了严重问题,如本案中的情形,立法者在法律结构上的选择仍具有宪法上的正当性。因为立法者必须考虑到,如果废止完全收养,则已经消除的被收养人和原生家庭的亲属关系重新恢复,由此引起的扶养法和继承法上的后果会损害第三人受宪法保护的利益。联邦宪法法院在其判例中指出,国家机关在选择通过何种措施保护人

---

⑩ 《民法典》第1772条 具有未成年人的收养的效果的收养

(1)家事法院可以在宣告成年人被收养时,根据收养人和待收养人的申请而规定:有以下情形之一时,收养的效果依关于未成年人或有血统关系的未成年人的收养的规定予以确定:

a)待收养人的未成年之弟或未成年之妹已被收养人收养或被同时收养的;或

b)待收养人已作为未成年人被接纳入收养人的;或

c)收养人收养其配偶的子女的;或

d)待收养人在收养的申请被递交给家事法院时尚未成年的。

待收养人的父母的压倒性利益与之相抵触的,此种规定不得被作出。

(2)在第1款的情形下,收养关系只能准用第1760条第1款至第5款的规定而予以废止。待收养人的申请代替子女的允许。

⑪ 《基本法》第6条第1款:婚姻与家庭应受国家之特别保护。

格权时,享有广泛的评估、衡量和设计的自由裁量权(Gestaltungsspielraum),必须综合权衡各种相互冲突的基本权利(联邦宪法法院判决,载《家庭法大全杂志》1997年卷,第869、870页)。

立法者在其自由裁量范围内决定,即使根据收养成立的家庭关系对已成年的被收养人构成严重负担,也不得废止该收养关系;同时,允许被收养子女通过自由安排事实上的家庭关系来缓和此种负担(参见巴伐利亚高等地法院判决,载《家庭法大全杂志》1991年卷,第227、229页),如变更姓名(《姓氏变更法》第3条)、抵制收养在扶养法(《民法典》第1611条)和继承法(《民法典》第2333条和第2339条)上的效果;这也是亲生子女(例如本案中申请人的姐妹L)在类似情况下可以采取的措施。立法者认为,即使一方当事人有严重的不当行为,原则上也不能废止完全收养。这一规定可能并非强制性[参见Staudinger/Frank:《施陶丁格民法典评注》(2007年),第1771条,第14段],在立法政策上也可能有值得检讨之处,但其并未脱离宪法所规定的自由裁量范围。

评析　德国法中收养关系的成立和废止

一、德国收养法的原则

有关收养的制度分为合意主义(Vertragssystem,通过收养人和子女之间的合同成立收养)和宣告主义(Dekretsystem,通过国家主权行为的收养)。德国采取了严格的宣告主义,家事法院必须根据收养人的申请做出裁定(Beschluss des Familiengerichts auf Antrag des Annehmenden),始能成立收养(《民法典》第1752条)。虽然该规定确立了宣告体系,但收养关系当事人之间的合意仍是最重要的因素。收养必须得到被收养子女(第1746条)及其父母(第1747条)的允许。另外还要获得收养人或被收养人的配偶或生活伴侣的允许(第1749条;《生活伴侣关系法》第9条第6款)。即使获得了法律要求的所有允许,收养也不一定能成立：法院有义务以子女最佳利益（第1741条第1款）和他人利益（第1745条）为标准，审查收养的内部正当性。

同时，德国法律在收养效力上采纳了完全收养。该原则完全适用于对未成年子女的（minderjährigen Kindes）收养。被收养人是成年人（Volljährigen）的，该原则受到一定限制，即成年人收养的效力，不及于收养人的血亲（第1770条第1款），但在特定条件下可以获得完全收养的效力（第1772条）。收养成年人属于例外，只有当该收养在“风俗上是正当的”才能获得许可（第1767条第1款）。下面的论述主要针对未成年人收养，但这些规则也适用于成年人收养，只要第1768～1772条没有作出相反规定。

二、收养的前提条件

收养程序由收养人发起。收养人必须向家事法院提交作成公证证书的申请（Antrag），该申请不能附加条件或期限，也不能通过代理人提出（第1752条第2款）。通常情况下，收养人必须年满25周岁。收养配偶子女时，必须年满21周岁（第1743条第1句）。夫妻共同收养子女的，配偶一方必须年满25周岁，另一方必须年满21周岁（第1743条第2句）。

德国法对收养的类型有详细规定，法院必须根据当事人申请的收养类型进行审查并批准。夫妻一般只能共同收养子女（第1741条第2款第2句，第1754条第1款）。配偶一方由于无行为能力或未满21周岁而不能收养子女的，另一方配偶也可以单独收养子女（第1741条第2款第4句）。配偶一方可以收养另一方的子女（例如来自前一个婚姻的子女）。未婚者只能单独收养子女（第1741条第2款第1句），未婚伴侣不能与其共同收养子女。若存在收养关系，在收养人在世期间，被收养子女只能为收养人的配偶所收养（第1742条）。

收养需要获得一系列允许，包括待收养子女的允许、待收养子女父母的允许、待收养子女配偶的允许以及收养人配偶的允许。各种允许都必须以作成公证证书的形式，不得附有条件或期限，必须亲自作出且不能撤回（第1750条第1～3款）。收养申请一旦被收回或被拒绝，允许自动失效(第1750条第4款第1句)。具体而言:(1)收养必须得到子女的允许(第1746条)。子女为限制行为能力人或年满14岁的,必须在其法定代理人的同意下自行给予允许(第1746条第1款第3句)。在其他情况下,由子女的法定代理人(第1746条第1款第2句),即有照顾权的父母代替其给予允许。有行为能力的子女必须亲自做出第1746条第1款第3句规定的意思表示,而不能由他人代替。年满14周岁的子女可以在收养宣告生效前撤回允许,而无需法定代理人的同意。这样可以进一步保障子女的自决权(第1746条第2款)。(2)收养还必须得到子女父母的允许(第1747条)。无论父母是否有照顾权,都需要获得他们的允许。有限制行为能力的父母必须亲自给予允许,且无需得到法定代理人的同意(第1750条第3款);父母一方长期不能做出意思表示的,无需得到其允许(第1747条第4款)。即使父亲没有结婚,也必须给予允许。父亲身份不明的,在收养程序中将能够证明自己在怀孕期间和子女的母同居的男子视为父亲(第1747条第1款第2句和第1600d条第2款第1句)。对于未婚的父母,还需要注意第1747条第3款的规定。(3)父母一方长期不能做出意思表示或居所长期不明的,无需获得其允许(第1747条第4款)。此外,在特定情况下,家事法院可以通过裁判代替(durch gerichtliche Entscheidung zu ersetzen)父母的允许(第1748条)。也就是说,如果不能用其他方式排除对子女的严重损害,法院可以在违反父母一方或双方意愿的情况下宣告收养。[12] (4)收养人之配偶或生活伴侣的允许。第1749条第1款还要求获得收养人配偶的允许。由于夫妇一般只能共同收养,所以该要求仅针对例外情况。根据《生活伴侣关系法》第9条第6款要求的生活伴侣(Lebenspartners)的允许,在实践中具有更为重要的意义。这种意思表示的形式要求同子女父母的允许一样(第1750条第1~3款)。在同等条件下,也可以免除该允许(第1749条第3款)。收养人可以向家事法院提出申请,要求法院代替(ersetzen)配偶或生活伴侣给予允许。另一

---

⑫ 对于此规定的合宪性,参见《联邦宪法法院裁判集》第24卷,第119页;联邦宪法法院裁判,载《家庭法大全杂志》2002年卷,第535页。

方或整个家庭的正当利益与收养相抵触的，法院不得代为允许（第1749 条第 1 款第 2、3 句）。

三、收养宣告及其效果

（一）法院的宣告裁定

有管辖权的法院须审查上述的法定要件及收养的实质合理性。只有当收养有利于子女的最佳利益，并且可预期在收养人和子女之间会形成父母子女关系时，才能批准收养申请（第 1741 条第 1 款）。此外，法院还必须顾及收养人或待收养人的子女的利益；如果待收养人的利益有受到收养人的子女的危害之虞，则不得宣告收养。但财产法上的利益不应是决定性的（第 1745 条）。

收养程序属于家庭案件，由家事法院管辖（《法院组织法》第 23a 条第 1 款第 1 项；《关于家庭事件和非诉事件的程序的法律》第 111 条第 4 项、第 186～199 条）。必须听取收养人和子女本人的意见（《关于家庭事件和非诉事件的程序的法律》第 192 条），也要听取他们的子女的意见（《关于家庭事件和非诉事件的程序的法律》第 193 条），若待收养人是未成年人，还需听取青少年局的意见（《关于家庭事件和非诉事件的程序的法律》第 194 条第 1 款）。法院通过裁定对收养申请加以裁断。裁定到达收养人时生效（《关于家庭事件和非诉事件的程序的法律》第 197 条第 1 款、第 2 款），该裁定可以撤销，也可以变更（《关于家庭事件和非诉事件的程序的法律》第 197 条第 3 款，参见第 803 段以下）。

子女死亡后（Tod des Kindes）不得进行收养（第 1753 条第 1 款），但若收养人生前已经向家事法院递交了申请，或正在将申请作成公证证书，或作成证书后已经委托公证人递交申请，收养人的死亡（Tod des Annehmenden）不影响收养的成立（第 1753 条第 2 款）。在前述情形中，收养在裁定送达被收养人时生效（《关于家庭事件和非诉事件的程序的法律》第 197 条第 2 款），并且效力回溯到收养人死亡之前（第 1753 条第 3 款）；这意味着被收养人对死者有法定继承权和特留份权。

（二）收养的效果

1. 子女权利和照顾权。被收养人取得收养人的子女的法律地位（第1754条第2款）。收养人获得父母照顾权（第1754条第3款）；所有的父母子女关系效果也随之产生。夫妻共同收养子女的，被收养人取得和配偶双方的共同子女（gemeinschaftliches Kind）同样的法律地位（第1754条第1款）；双方共同拥有照顾权（第1754条第3款）。收养配偶或生活伴侣的子女的，也是如此（第1754条第1款、第3款；《生活伴侣关系法》第9条第7款第2句）。

2. 新的血亲关系。子女及其直系卑亲属和收养人及其血亲之间产生完整的血统关系（verwandtschaftsrechtlichen Beziehungen；如法定继承权，第1601条以下规定的扶养请求权）。被收养子女原则上具有和收养人的亲生子女同等顺位的扶养请求权。⑬

3. 现有血亲关系的消灭。子女及其直系卑亲属和现有血亲的血统关系消灭（第1755条第1款第1句）。这里需要注意几个特殊的问题：（1）配偶一方收养其配偶子女的，仅在子女与父母另一方及其血亲之间发生血统关系的消灭（第1755条第2款）。（2）收养人和被收养人互为二等或三等的血亲或姻亲的，消灭的仅是子女和亲生父母的血统关系，子女和其他血亲的血统关系不受影响（第1756条第1款，注意第1925条第4款规定的继承权）。（3）收养配偶或生活伴侣的子女的，若被收养人的另一方父母曾经拥有父母照顾权并且已经死亡的，子女和另一方父母的血亲的血统关系不消灭。（4）收养也会产生姓名法上的效果。被收养子女获得收养人的家庭姓氏作为出生姓氏（第1757条第1款）；"家庭姓氏"不包括收养人根据第1355条第4款添加的姓氏附件。若共同收养子女的夫妻本来就没有选择共同婚姻姓氏，则必须确定子女的姓氏（第1757条第2款，援引第1617条第1款、第1617c条第1款第2句）。

四、收养的废止

原则上，收养不能撤销并且是终局的：新的父母子女关系必须在牢

⑬ 有关第1609条第1款的适用，参见联邦普通法院裁判，载《家庭法大全杂志》1984年卷，第378页。

固的法律基础上才得以发展。无论是收养程序有瑕疵，还是收养人和子女之间的关系出现裂痕，都不能作为解除收养关系的正当理由。但法律对这一原则也规定了例外情况。只有在两种情况下，收养才能通过法院的裁判废止，并且只对未来发生效力：(1)欠缺收养必需的意思表示或意思表示无效(第1760~1762条)；(2)由于重大原因，废止收养是为被收养子女最佳利益所必要的，并且子女不会因此而无家可归(第1763条)。

(一)基于意思表示瑕疵的废止

废止收养必须经当事人申请，只有那些收养必须经过他们同意才能成立的人可以提出此种申请(第1762条第1款第1句)。同时还必须存在废止原因(Aufhebungsgründe；第1760条第1款)：收养人的有效收养申请中的错误(第1752条)，子女的有效允许中的错误(第1746条)，子女父母一方或双方的有效允许中的错误(第1747条)。被收养人或收养人的配偶的允许有瑕疵的，不属于废止收养的理由。

法律采用穷尽列举(abschließend aufgezählt；第1760条第2款)的方式，规定了意思表示无效的原因：做出意思表示的人无行为能力、做出允许的人未满14周岁并且违反第1746条第1款第2句的规定、基于重大错误做出的允许(如认错人，但不包括性质错误!)、因受关于重要情况的恶意欺诈而做出的意思表示(注意第1760条第4款规定的其他限制)，或因受非法胁迫做出的意思表示。在第1747条第2款第1句规定的期间届满前给予的允许也属无效(第1760条第2款e项)。

意思表示的无效可以补正(geheilt)，补正的方式可以是意表人之后作出有效的补正同意的意思表示，或以其他方式明确表示收养关系应当得到维持(第1760条第3款)。如果在收养程序中不正确地做出免除父母一方允许(第1747条第4款)的决定，也应如此处理(第1760条第5款)。收养宣布生效3年后，所有的意思表示瑕疵自动得到补正(第1762条第2款第1句)。

若欠缺的(有效)允许可以被代为做出(Einwilligung, die ersetzt werden kann，第1748条和第1746条第3款)，并且代为允许的要件在收养程序中已经具备,或在法院准备就废止收养关系的申请做出裁判时已具备的,同样不能废止收养关系(第1761条第1款)。

因收养关系的废止会显著危害子女的最佳利益(Kindeswohl erheblich gefährdet),不得废止收养关系,除非收养人有压倒性的(!)、超过子女危害的利益要求废除收养关系(第1761条第2款)。

收养废止只能在一定时间限制内(zeitlich begrenzt)主张,这是对废止的重大限制。如上所述,收养经过3年后,所有的意思表示瑕疵都可以补正。在这之前,废止的申请也必须在1年内提出(有关时效的具体规定参见第1762条第2款)。

废止申请(Aufhebungsantrag)必须作成公证证书(第1762条第3款),并且必须亲自提交。限制行为能力人无需法定代理人的允许,无行为能力人和未满14周岁的被收养人必须通过法定代理人为此种行为(第1762条第1款第2~4项)。

(二)根据子女利益的废止

根据法律的规定,法院可以基于对未成年子女利益的考虑而依职权废止(Aufhebungvon Amts wegen im Kindesinteresse)未成年子女的收养关系(第1763条)。这一法院权限并没有代替家事法院根据一般条款(特别是第1666条)对收养的监督,而是作为其补充。废止的条件(Voraussetzung)包括:(1)由于重大原因,这样做对被收养子女的最佳利益为必要的(第1763条第1款);(2)废止收养关系可能使子女重新被收养的(第1763条第3款b项)。若子女被夫妻共同收养,也可以只废止子女和夫妻一方的收养关系(第1763条第2款)。此种废止必须出于保护子女最佳利益的重大原因,并且配偶另一方或被收养子女的亲生父母一方已经准备承担对子女的照料和教育,并且这样做不会和子女的最佳利益相抵触(第1763条第3款a项)。

废止裁定(Aufhebungsbeschluss)随着既判力的发生而生效(《关于家庭事件和非诉事件的程序的法律》第198条第2款),原则上没有溯及力(第1764条第1款第1句)。废止裁定发生既判力时,基于收养产生的子女及其直系卑亲属和现有血亲之间的血统关系随之消灭(第

1764 条第 2 款）；同时，子女及其直系卑亲属同亲生血亲之间的血统关系自动恢复（第 1764 条第 3 款）。但对未成年子女的父母照顾权并不能自动返回到亲生父母：家事法院必须将父母照顾权重新托付给亲生父母，只要这样做和被收养子女的最佳利益不相抵触，否则就要为子女设立监护人或保佐人（第 1764 条第 4 款）。

若夫妻双方共同收养，后来废止了子女和一方配偶的收养关系，就要适用特殊规定。此时子女仅失去了和“被排除”的配偶一方及其血亲的血统关系，收养关系本身仍存在，所以子女和亲生血亲之间的血统关系不能恢复（第 1764 条第 5 款）。随着收养的废止，子女失去通过收养获得的家族姓氏（第 1765 条），但法院可以根据子女的申请，在废止收养时命令，被收养子女可以保留该家族姓氏（第 1765 条第 2 款）。

图书在版编目(CIP)数据

德国联邦最高法院典型判例研究．家庭法篇 / 王葆莳著．-- 北京：法律出版社，2019
(德国联邦法院典型判例研究丛书 / 方小敏，邵建东主编)
ISBN 978-7-5197-3960-7

Ⅰ．①德… Ⅱ．①王… Ⅲ．①婚姻法－判例－研究－德国 Ⅳ．①D951.6

中国版本图书馆 CIP 数据核字(2019)第 216643 号

德国联邦最高法院典型判例研究·家庭法篇
DEGUO LIANBANG ZUIGAO FAYUAN DIANXING PANLI YANJIU · JIATINGFA PIAN

王葆莳 著

责任编辑 孙东育 王 珊
装帧设计 马 帅

出版 法律出版社
总发行 中国法律图书有限公司
经销 新华书店
印刷 三河市龙大印装有限公司
责任校对 杨锦华
责任印制 陶 松

编辑统筹 学术·对外出版分社
开本 710 毫米×1000 毫米 1/16
印张 22.5
字数 299 千
版本 2019 年 11 月第 1 版
印次 2019 年 11 月第 1 次印刷

法律出版社 / 北京市丰台区莲花池西里 7 号(100073)
网址 / www.lawpress.com.cn
投稿邮箱 / info@lawpress.com.cn
举报维权邮箱 / jbwq@lawpress.com.cn
销售热线 / 400-660-8393
咨询电话 / 010-63939796

中国法律图书有限公司 / 北京市丰台区莲花池西里 7 号(100073)
全国各地中法图分、子公司销售电话：
统一销售客服 / 400-660-8393/6393
第一法律书店 / 010-83938432/8433 西安分公司 / 029-85330678 重庆分公司 / 023-67453036
上海分公司 / 021-62071639/1636 深圳分公司 / 0755-83072995

书号：ISBN 978-7-5197-3960-7 **定价**：88.00 元
(如有缺页或倒装，中国法律图书有限公司负责退换)